DELIUS KLASING

Heinz Overschmidt
Ramon Gliewe

Sportbootführerschein Binnen

Mit offiziellen Prüfungsfragen

Segel Motor

Delius Klasing Verlag

Bibliografische Information Der Deutschen Bibliothek
Die Deutsche Bibliothek verzeichnet diese Publikation in der Deutschen Nationalbibliografie; detaillierte bibliografische Daten sind im Internet über »http://dnb.ddb.de« abrufbar.

11. Auflage
ISBN 3-7688-0657-X

Fotos: Seiten 2, 34, 39 oben, 60, 110, 116, 120, 172: Kurt Schubert; alle Übrigen Hans-Günter Kiesel
Einbandgestaltung: Ekkehard Schonart
Zeichnungen: Karin Buschhorn
Gesamtherstellung: Kunst- und Werbedruck, Bad Oeynhausen
Printed in Germany 2004

Unter Mitwirkung der Segelschulen Sail & Surf, Puerto Pollensa, und Sail Point, Waren/Müritz

Delius Klasing Verlag, Siekerwall 21, D - 33602 Bielefeld
Tel.: 0521/559-0, Fax: 0521/559-115
E-Mail: info@delius-klasing.de
www.delius-klasing.de

Vorwort

Segeln zählt fraglos zu den schönsten Freizeitbeschäftigungen. Verbindet es doch sportliche Aktivität mit dem intensiven Erleben der freien Natur, und es ist an kein Alter gebunden. Doch um ein Boot sicher handhaben zu können, bedarf es zunächst einer qualifizierten praktischen Ausbildung auf einer Segelschule oder in einem Segelclub. Zudem ist es auf unseren heimischen Gewässern längst ziemlich eng geworden. Deshalb ist darüber hinaus eine genaue Kenntnis der verschiedenen Vorschriften erforderlich, die das Miteinander auf dem Wasser regeln, das sich die Wassersportler mit der vorfahrtberechtigten Berufsschifffahrt teilen müssen. Parallel zum Erlernen der seglerischen Fertigkeiten muss also eine gründliche Unterweisung in der Gesetzeskunde laufen. Denn nur das enge Zusammenwirken von theoretischer und praktischer Ausbildung befähigt den künftigen »Bootsführer« tatsächlich dazu, sein Boot überall sicher und ohne Risiko für sich und andere zu führen.

Als Nachweis der erlernten Fähigkeiten dient der amtliche »Sportbootführerschein Binnen« für Segler und Surfer. Mit der Zusatzprüfung »Motor« gilt er auch für motorisierte Segler, Motorbootfahrer und Wasserbiker. Er ist auf fast allen deutschen Binnengewässern vorgeschrieben und wird in den meisten jener Länder anerkannt, die selbst entsprechende Führerscheine haben. Für einige wenige Länder ist das zusätzliche »Internationale Zertifikat für Führer von Sport- und Freizeitfahrzeugen« der Europäischen Union erforderlich. Es wird gegen Vorlage des »Sportbootführerscheins« ausgestellt.

Dieses Lehrbuch ist, seit der Einführung des ersten Segelführerscheins – lange vor dem heutigen Sportbootführerschein – das mit Abstand meistgekaufte, das sich bei Segellehrern und Segelschülern gleichermaßen großer Beliebtheit erfreut. Geschrieben aus der unmittelbaren Ausbildungspraxis heraus, immer auf dem neuesten Stand, konzentriert es sich im Wesentlichen auf den Prüfungsstoff. So ermöglicht es eine unkomplizierte und schnelle Vorbereitung auf die theoretische Prüfung, ohne dass das notwendige praktische Basiswissen zu kurz käme. Denn bei der Aufbereitung des Prüfungsstoffs nach modernen methodischen und didaktischen Gesichtspunkten wurde niemals der unmittelbare Bezug zur täglichen Segelpraxis aus dem Auge verloren.

Wunsch und Ziel ist es, mithilfe dieses Lehrbuches qualifizierte und motivierte Wassersportler heranzubilden, um Behörden und Wassersportverbände bei ihrem Bemühen zu unterstützen, die Sicherheit und Leichtigkeit des Verkehrs auf unseren überfüllten Segelrevieren zu gewährleisten.

Heinz Overschmidt (1925–2001)
Ehrenpräsident des Verbandes
Deutscher Sportbootschulen

Inhalt

HANS GUTZEIT

YAMAHA
8

RUND UMS BOOT

Bootsbau

Das Baumaterial

Vollholz ist das klassische Bootsbaumaterial. Es vereinigt Festigkeit mit langer Lebensdauer und es ist von Natur aus schwimmfähig, weil sein spezifisches Gewicht geringer ist als das des Wassers. Aber Holz arbeitet unter der Einwirkung von Trockenheit und Feuchtigkeit. Das kann zu einem undichten Boot führen. Außerdem fault es bei mangelhafter Pflege.
Sperrholz, bestehend aus wasser- und kochfest verleimten Holzfurnieren, kann kaum schrumpfen, schwellen oder sich verziehen. Eine sorgfältig gebaute Sperrholzbootshaut bleibt immer dicht.
Stahl zählt ebenfalls zum konventionellen Bootsbaumaterial. Es ist zehnmal so schwer wie Teak und Eiche. Da die Festigkeit aber wesentlich größer ist, kann die Außenhaut viel dünner sein als bei einem Holzboot. Doch sind dem Grenzen gesetzt, sodass kleinere Yachten aus Stahl verhältnismäßig schwer werden. Ein Stahlschiff ist unbedingt dicht, rostet aber, wenn es nicht sorgfältig gepflegt wird.
Aluminium ermöglicht, sehr leichte, dichte Rümpfe zu bauen. Es rostet nicht, neigt aber zu galvanischer Korrosion. Außerdem ist es ein ziemlich teures Baumaterial.
Kunststoff, richtiger: glasfaserverstärktes Kunstharz (GFK), ist das Hauptbaumaterial für Boote und Yachten. Es lässt sich besser formen als Holz oder Stahl, ist seewasserbeständig, relativ pflegeleicht und korrodiert kaum. Sorgfältig gebaute Kunststoffrümpfe sind immer dicht.
Unter **Kompositbauweise** versteht man die Verwendung von zwei Materialien, beispielsweise eine hölzerne Außenhaut auf Stahlspanten.

Der Kunststoffbau

Die verwendeten Harze – Polyester und Epoxid – allein besitzen nur geringe Zug- und Bruchfestigkeit. Erst die Verbindung mit der Glasfaser zu einem Laminat ergibt ein geeignetes Bootsbaumaterial. Am gebräuchlichsten ist die Armierung mit Glasseidenmatten. Besser, aber auch teurer, sind Roving-Gewebe, verflochtene Glasseidenstränge. Je höher der Glasanteil, umso besser ist das Laminat.
Die meisten Boote werden im so genannten **Handauflege-Verfahren** gebaut. Eine Hohlform, das Negativmodell, wird mit einem Trennmittel präpariert und dann eine eingefärbte Harzschicht aufgetragen, das **Gelcoat**. Es bildet die Außenhaut des künftigen Bootes. Sobald es ausgehärtet ist, folgt die erste Lage Glasfasermatten, die in Harz eingebettet wird. Harzschicht darüber, nächste Lage Matten und so weiter. Auf diese Weise wird der Bootsrumpf von außen nach innen aufgebaut, bis die gewünschte Wandstärke erreicht ist.
Deck und Aufbauten werden in einer zweiten Form in derselben Weise aufgebaut und mit der Rumpfschale zusammenlaminiert.
Beim **Faserspritz-Verfahren** werden mit einer Spritzpistole Harz und Glasfaserhäcksel zusammen unter hohem Druck in die Form gespritzt. Dabei lässt sich die Laminatstärke nicht genau kontrollieren. Deshalb gilt das Handauflege-Verfahren als das qualitativ bessere.
Bei der **Sandwichbauweise** wird zwischen zwei Deckschichten ein fester Stützkern aus Hart-PVC oder Balsaholz eingebettet. Das ergibt sehr leichte, aber steife Bauteile. Meist nur für Decks und Aufbauten verwendet.

Der Holzbau

Ein Vollholz- oder Sperrholzboot wird über einem Skelett von Längs- und Querverbindungen aufgeplankt. Das Rückgrat bildet der **Kiel** mit dem **Vor-** und **Achtersteven.** Am Kiel sitzen die **Spanten. Bodenwrangen** dienen der Aussteifung des Bootsbodens. Sie verbinden die Spanten mit-

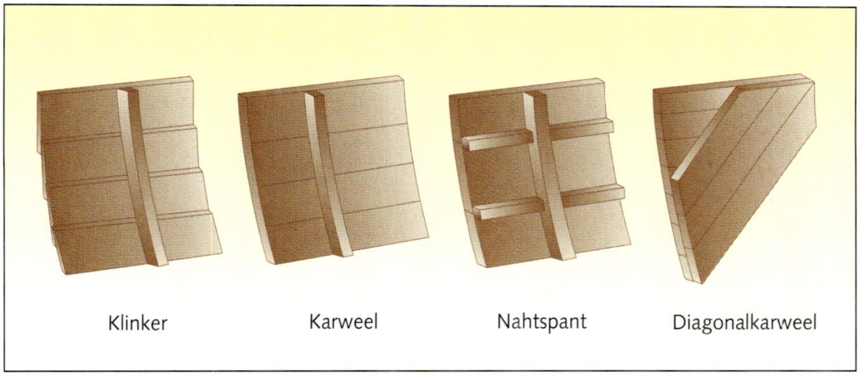

einander und mit dem auf dem Kiel sitzenden **Kielschwein.** Die Versteifung in der Längsrichtung ergeben die **Stringer,** die mit jedem Spant verbunden sind. Die oberen Spantenden verbindet in der Längsrichtung der **Balkweger.** Er dient zugleich als Auflage für die **Decksbalken.** Sie tragen die **Decksplanken.** Die Decksplanke mittschiffs bezeichnet man als **Fisch** oder **Fischung,** die beiden äußeren als **Schandeck** oder **Schandeckel.** Durch Querschotte kann der Rumpf in Sektionen unterteilt und hinten durch eine Spiegelplatte abgeschlossen sein.
Beim formverleimten Sperrholzbau werden Sperrholzfurniere über einem formgebenden Blockmodell – ähnlich der Diagonalkarweel-Bauweise – verleimt.

Merke:
Längsverbindungen sind Kiel, Kielschwein, Steven, Stringer, Balkweger
Querverbände sind Spanten, Bodenwrangen, Decksbalken (eventuell auch Schotte und Spiegel)

Es gibt zwei Arten der Beplankung. Bei der **Klinkerbauweise** überlappen die Planken dachziegelartig. Sie ist einfacher in der Herstellung und kommt mit weniger Spanten aus.
Bei der **Karweelbauweise** stoßen die Planken plan aneinander. Sie ergibt eine glatte, strömungsgünstigere Außenhaut. Manchmal werden die Stoßnähte durch so genannte Nahtspanten abgedeckt.

Die massivste Außenhaut ergibt die Diagonalkarweel-Beplankung. Sie führt zwangsläufig aber auch zu relativ schweren Rümpfen und spielt im Yachtbau kaum eine Rolle.
Die **Bilge** ist der Raum zwischen Fußboden und Kiel. Auf größeren Booten wird dort häufig der Frischwasser- oder Treibstofftank eingebaut.
Als **Vor-** und **Achterpiek** bezeichnet man abgeschlossene Stauräume im Vor- und Achterschiff.

Die Besatzung hält sich an Deck im **Cockpit** oder in der **Plicht** auf. Meistens eine hinter dem Kajütaufbau ins Deck eingelassene Vertiefung. Auf Jollen bezeichnet man den gesamten uneingedeckten Raum als Cockpit oder Plicht.

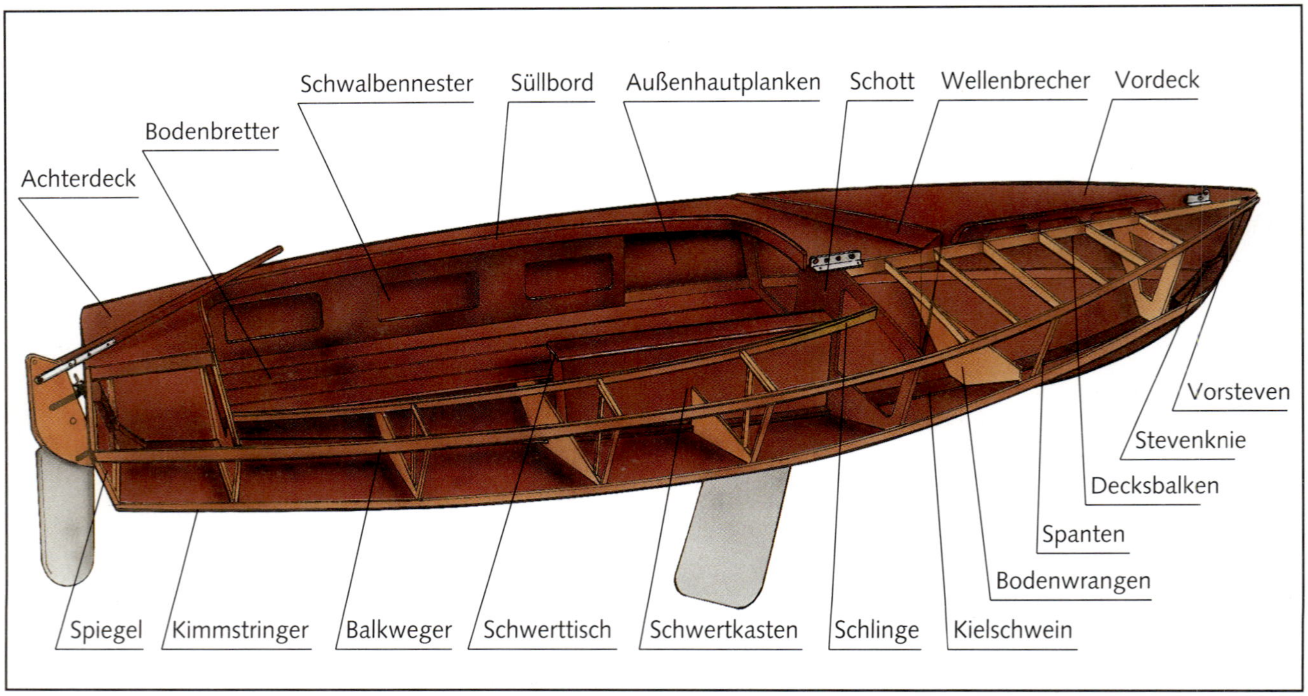

Der Rumpf

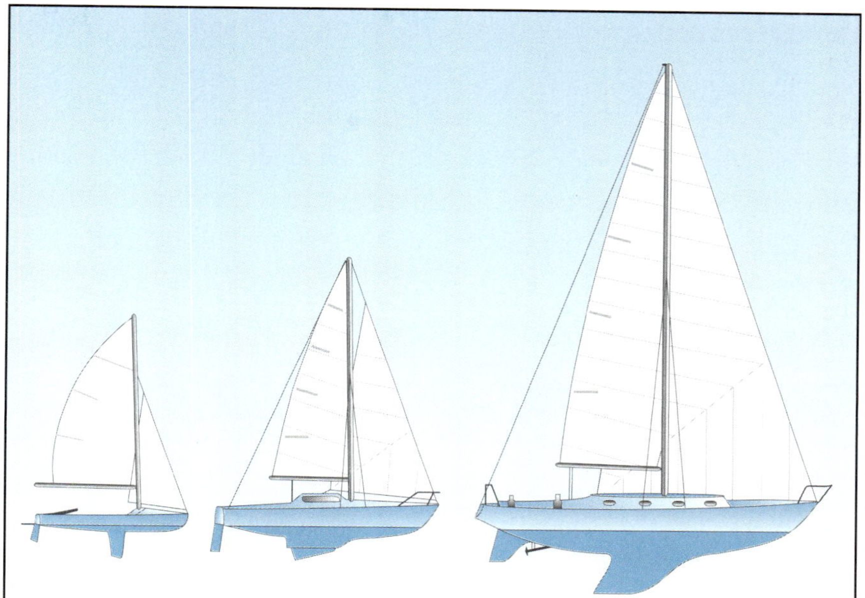

Jollen, Kiel- und Mehrrumpfboote

Vielfältig wie der Verwendungszweck – Fahrtenboot für See, Küste oder Binnengewässer oder Rennyacht – sind die Formen und Typen der Boote. Ihre Klassifizierung und Bezeichnung erfolgt nach gewissen charakteristischen Merkmalen. Zunächst lassen sich nach der Bauart des Bootskörpers – des Rumpfes – zwei Grundtypen unterscheiden: das Kielboot und das Schwertboot – die Jolle.
Jollen sind offene flachgehende Boote mit einer aufholbaren senkrechten Platte im Boden, die als Schwert bezeichnet wird. Es verhindert beim Segeln die seitliche Abdrift. Mit Jollen kann man bequem Ufer und Strände anlaufen. Da sie jedoch mehr oder minder leicht kentern, das heißt umkippen können, gehören sie nicht auf die See. Allerdings müssen Jollen genügend Auftriebskörper oder Lufttanks besitzen, die das voll Wasser geschlagene Boot samt seiner Besatzung über Wasser halten.
Jollenkreuzer sind größere Schwertboote mit Kajüte. Da auch sie kentern können, gehören sie ebenfalls nicht auf ein offenes Seerevier.
Kielboote sind meistens Kajütboote. Sie haben ein fest angebrachtes Ballastgewicht aus Blei, Eisen oder auch Beton. Wenn sie leck schlagen und voll Wasser laufen, werden sie von ihrem Ballastgewicht unweigerlich in die Tiefe gezogen. Aber sie sind kentersicher. Selbst wenn sie von einer starken Bö, um 90° gekrängt, aufs Wasser gedrückt oder gar in einem Sturm kieloben gedreht werden – durch den Ballast im Kiel richten sie sich wie ein Stehaufmännchen immer wieder in die Horizontale empor.
Kielschwerter verbinden den Vorteil eines geringeren Tiefgangs – durch das aufholbare Schwert in einem verhältnismäßig flachgehenden Kiel – mit einer der Schwertjolle weit überlegenen Stabilität. Sie können sinken, sollten aber kentersicher sein. Der geringere Tiefgang gegenüber einer Kielyacht ermöglicht, flachere Gewässer anzulaufen und erleichtert den Landtransport.
Beim **Hubkieler** kann der Kiel, bis auf die Ballastbombe am Kielende, in den Rumpf eingefahren werden. Er ist ebenfalls kentersicher und kann mit aufgeholtem Kiel noch besser verladen werden als der Kielschwerter.
Kimmkieler oder auch Doppelkieler wurden speziell für die Tidengewässer entwickelt. Zwei seitlich angesetzte Kiele ermöglichen, das Boot in aufrechter Lage trockenfallen zu lassen.
Mehrrumpfboote werden oft auch bei uns englisch als **Multihulls** bezeichnet. Zu ihnen gehören **Katamarane** oder **Kats,** die gleich lange Doppelrümpfe haben, und **Trimarane** mit drei Rümpfen. Die meistens kürzeren beiden Seitenrümpfe dienen nur als stützende Ausleger. Die Rümpfe beider Bootstypen sind jeweils durch eine Brückenkonstruktion miteinander verbunden. Sie beziehen ihre hohe Stabilität aus ihrer ausladenden Breite. In extremen Situationen können sie aber – genau wie Jollen – kentern. Katamarane gibt es als Fahrtenboote mit Kajütaufbauten und als kleinere Strandkats nur mit einem Trampolindeck zwischen den Rümpfen.

Rumpfformen

Diese verschiedenen Bootstypen können entweder eine runde Querschnittsform haben, ein **Rundspant,** oder eine mehr oder minder, einmal oder mehrfach geknickte Querschnittsform, ein **Knickspant.** Eine Yacht mit einer schlanken Spantform ist rank. Sie hat eine geringe Anfangsstabilität und legt sich bereits bei leichterem Winddruck stärker über. Eine vollspantige Yacht ist dagegen steif. Sie kann dem Winddruck länger und besser widerstehen. Sie hat eine hohe Anfangsstabilität. Einfluss auf die See- und Segeleigenschaften hat auch der **Lateralplan.** Das ist die Fläche des Unterwasserschiffes, die der seitlichen Abdrift entgegenwirkt. Ein langer Lateralplan verspricht gute Kursstabilität, erzeugt aber auch – durch die große Fläche –

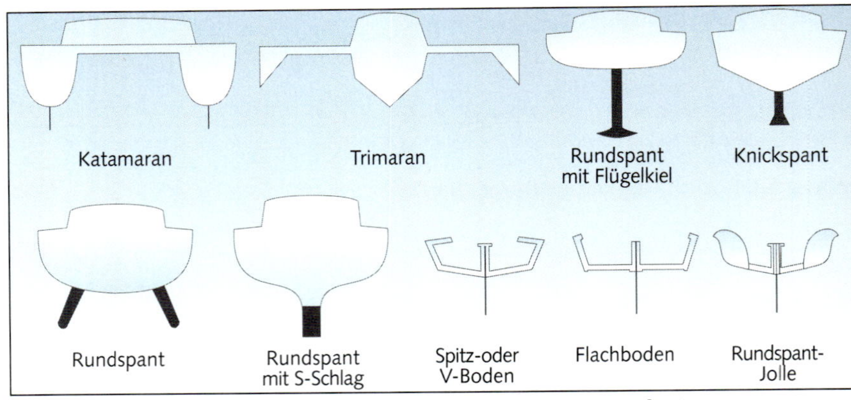

***Katamaran** (Doppelrumpfboot) mit Rundspantrümpfen. Bei Sportkatamaranen sind die Rümpfe nur durch Traversen und ein Trampolindeck verbunden. Auf Kreuzerkatamaranen befindet sich auf der Brückenkonstruktion die Kajüte.*
***Trimaran** (Dreirumpfboot) mit V-Spantrümpfen. Die Kajüte befindet sich im Mittelrumpf.*
***Rundspanter,** extrem flach mit angesetztem Flügelkiel, Typ der modernen schnellen Yacht.*
***Knickspantrumpf** mit angesetztem Wulst- oder Bulbkiel. Typisch für kleinere Stahlyachten.*
***Rundspanter** mit stumpf angesetzten Doppelkielen.*
***Rundspanter** mit so genanntem S-Schlag und gebautem Kiel. Typ der konventionellen Fahrtenyacht.*
***Knickspant-Jolle** mit Spitz- oder V-Boden.*
***Knickspant-Jolle** mit Flach- oder Plattboden.*
***Rundspant-Jolle**, U-förmig, mit eingeformten Lufttanks.*

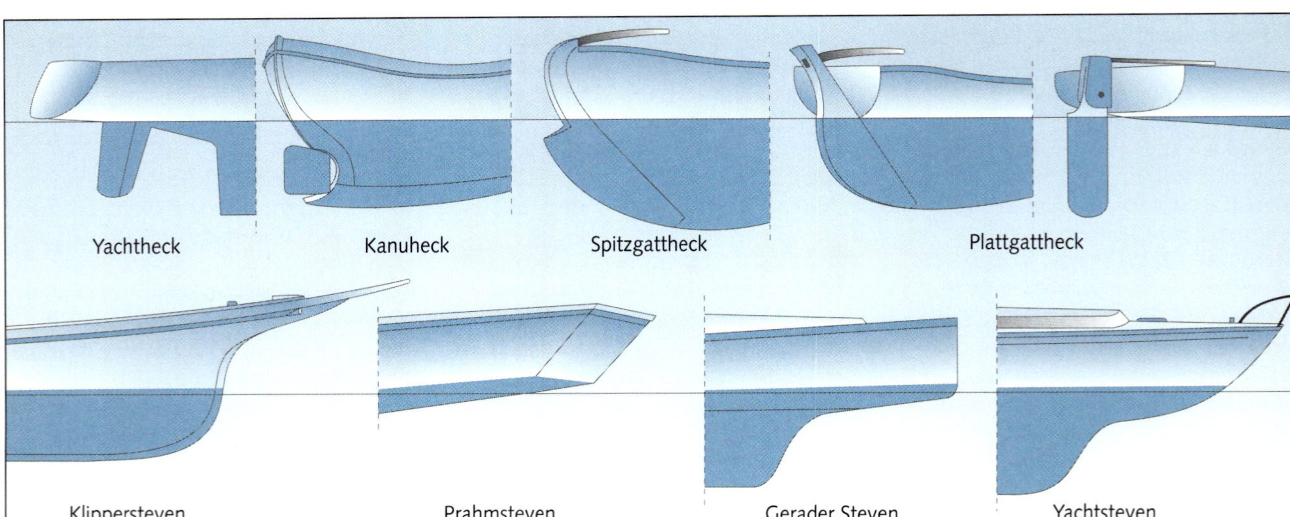

einen höheren Reibungswiderstand im Wasser. Ein solches Boot wird relativ langsam sein, aber kursstabil. Je kürzer oder »beschnittener« der Lateralplan ist, umso geringer der Reibungswiderstand. Entsprechend wird die Yacht schneller segeln, aber auch schwieriger zu steuern sein.

Bug- und Heckformen

Die Schiffsenden bezeichnet man als **Bug** (vorne) und **Heck** (hinten). Sie sind von beträchtlichem Einfluss auf das Seeverhalten einer Yacht. Mäßige Überhänge an Bug und Heck bedeuten zusätzliche Auftriebsreserve, die verhindert, dass die Yacht in rauer See unterschneidet.
Zu lange runde Überhänge führen dagegen zu heftigen Stampfbewegungen im Seegang, die Material und Mannschaft ermüden. Ein Boot mit einem schmalen scharfen Bug neigt zum Unterschneiden und segelt ziemlich nass.
Für kurze steile Wellen, wie auf Binnenseen, ist der gerade Steven am günstigsten.
Als **Steven** wird vorne der Abschluss des Bugs bezeichnet, hinten das Bau-

Yachtheck *mit einfallendem Spiegel. Ist er auswärtsgeneigt, spricht man von ausfallendem Spiegel.*
Kanuheck. *Eine ältere Heckform. Da der Bug meist ähnlich geformt ist, spricht man auch von einem Doppelender.*
Spitzgattheck, *nach dem solche Boote auch Spitzgatter genannt werden. Der Vorteil gegenüber dem Kanuheck: Das außen angebrachte Ruder ist bei Schäden leichter zugänglich.*
Plattgatt- *oder* ***Spiegelheck,*** *wie es die meisten Jollen haben. Auf Kielyachten nur noch selten.*

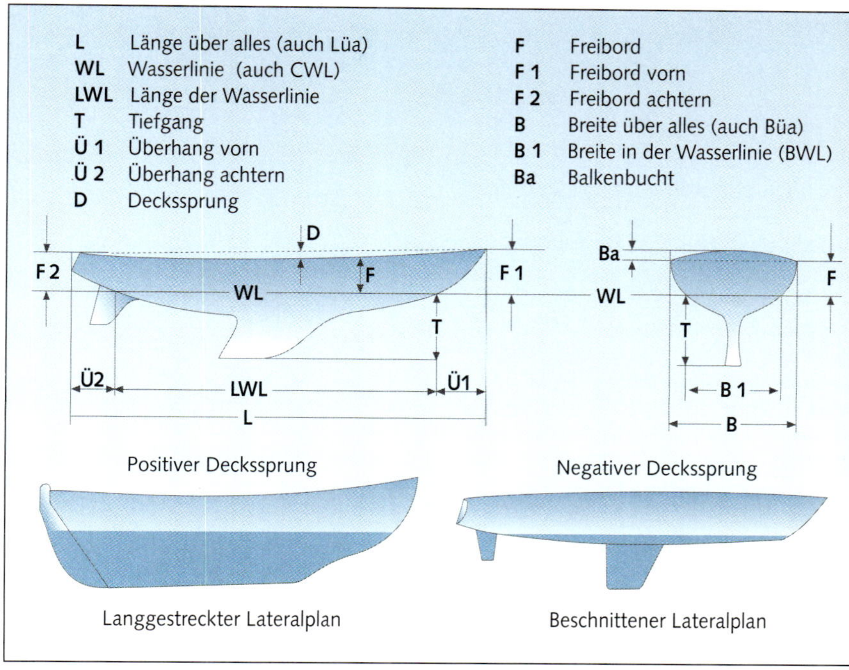

teil, das den Kiel mit dem Spiegel verbindet. Entsprechend gibt es einen Vor- und Achtersteven. Der Begriff dient ferner zur Bezeichnung der verschiedenen Bugformen. Alle Steven laufen vorne spitz zu. Einzige Ausnahme: der **Prahmsteven.** Er hat auch vorne einen Spiegel.

Begriffe rund um den Rumpf

Ein Boot schwimmt auf seiner **Wasserlinie** (WL). Sie weicht meistens geringfügig von der vom Konstrukteur errechneten **Konstruktionswasserlinie** (CWL) ab, weil sie von der unterschiedlichen Beladung einer Yacht abhängig ist. Die Wasserlinie trennt **Über-** und **Unterwasserschiff.**

Die **Länge Wasserlinie** (LWL) ist maßgeblich für die Geschwindigkeit, die ein Schiff erreichen kann. Die **Breite über alles** (Büa) entspricht jeweils der breitesten Stelle des Rumpfes.
Ist der **Freibord** in der Mitte am geringsten, steigen also die Bootsenden leicht an, spricht man von einem **positiven Deckssprung**. Er ist im Allgemeinen üblich. Manche Boote haben jedoch auch einen **negativen Sprung:** Der Freibord ist mittschiffs höher und fällt zu den Schiffsenden leicht ab.
Die Wölbung des Decks in der Querschiffsrichtung bezeichnet man als **Decksbalkenbucht.**
Eine Yacht ohne Aufbauten heißt **Glatt-** oder **Flushdecker.**

Das Rigg

Takelungsarten

Ihre Typenbezeichnung erhält eine Yacht nach ihrer Takelungsart, der Anzahl der Segel und Masten und ihrer Aufstellung.
Das **Katboot** führt nur ein Großsegel an einem weit vorne stehenden Mast. Es ist am einfachsten zu bedienen. Fast alle Einmann-Jollen sind Katboote. (Nicht zu verwechseln mit dem auch Kat abgekürzten Katamaran.)
Die **Slup** hat ein Groß- und ein Vorsegel, die Fock oder Genua. Diese Takelungsart ist am meisten verbreitet und gilt als die effektvollste.
Der **Schoner** ist ein echter Zweimaster. Vor dem Großmast steht ein meistens etwas kürzerer Vor- oder Fockmast. Auf modernen Schonern sind die Masten häufiger aber auch gleich lang.
Der **Kutter** ist, wie die Slup, ein Einmaster, fährt neben dem Groß- aber zwei Vorsegel: die Fock und davor den Klüver.
Die **Ketsch** unterscheidet sich von der Yawl durch eine größere Segelfläche am Besan, der innerhalb der Konstruktionswasserlinie an Deck steht. Da die Segel in mehrere annähernd gleichwertige Flächen unterteilt sind, gilt die Ketschtakelung als geeignet für größere, schwach bemannte Hochseeyachten. Auch wenn eine Ketsch (oder Yawl) zwei Vorsegel führt, wie hier, gilt sie deshalb nicht als Kutter.
Die **Yawl** ist ein Eineinhalbmaster mit einem Groß- und einem kleinen Besanmast, auch Treiber genannt, der außerhalb der Konstruktionswasserlinie steht.

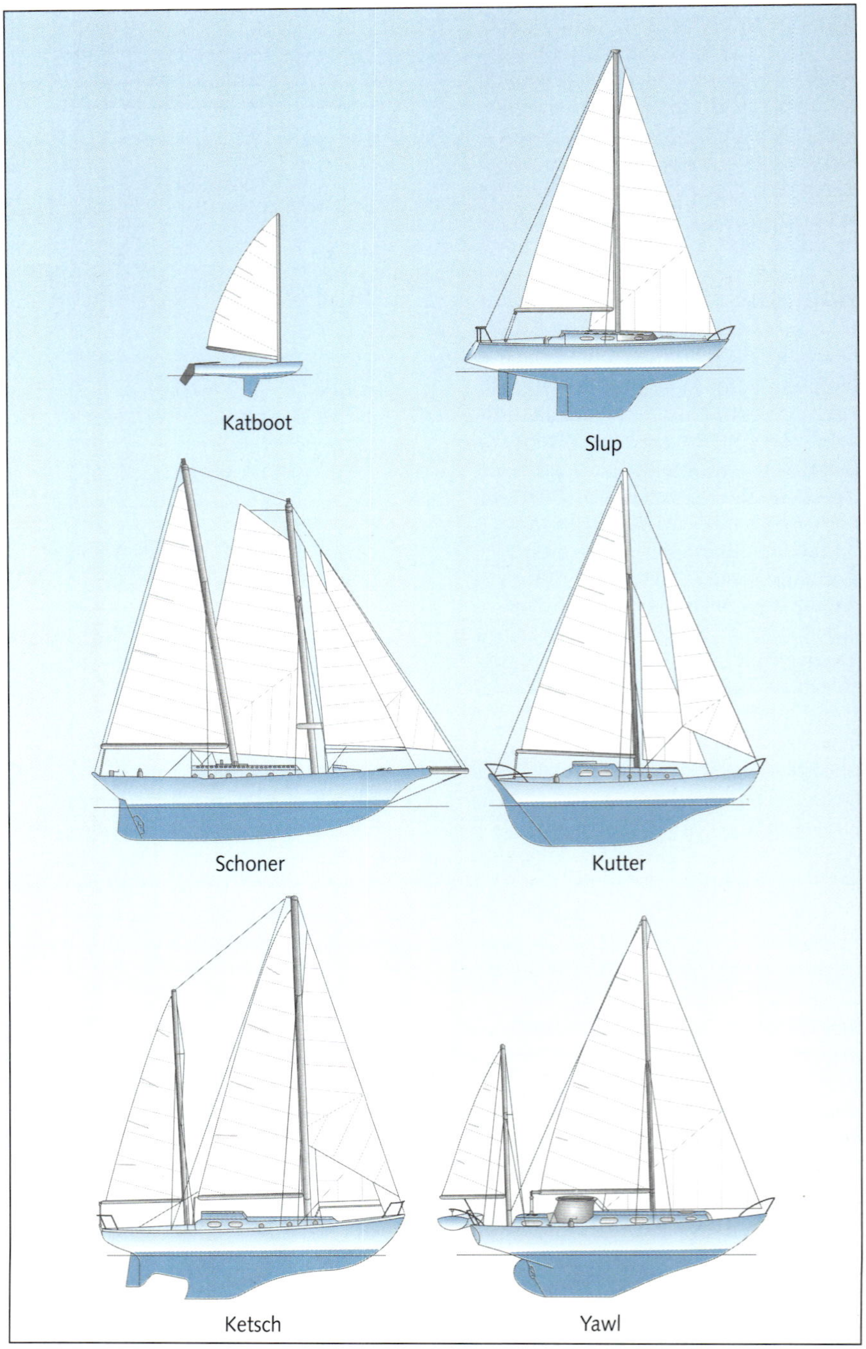

Mast und Spieren

Wie eine Yacht mit ein oder zwei Masten bestückt ist, das bezeichnet man als **Takelung**. Das gesamte Drum und Dran, ausschließlich der Segel, als **Takelage** oder **Rigg**. Entsprechend wird eine Yacht aufgetakelt oder geriggt.
Der **Mast**, früher aus Holz, ist heute meistens aus eloxiertem Aluminium. Er steht an oder unter Deck in einer Mastspur. Meist hat er eine leichte Neigung nach achtern, die als **Fall** bezeichnet wird. (Nicht zu verwechseln mit dem Fall zum Setzen der Segel.)
Spieren sind alle so genannten »Rundhölzer«, heute meistens aus Aluminium: Großbaum, Besanbaum, Fockbaum und Spinnakerbaum, aber auch die Salinge am Mast.

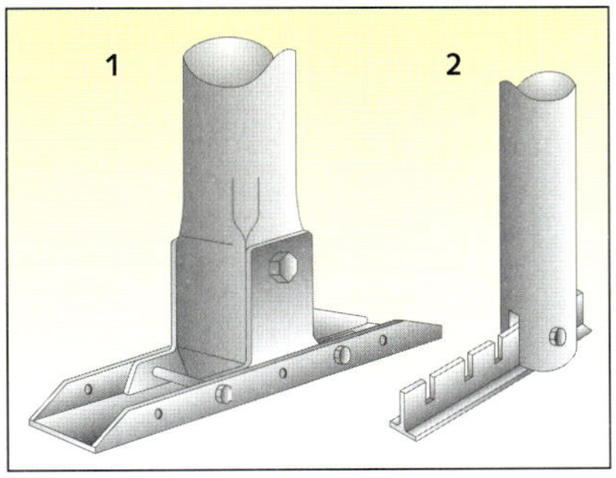

1 *An Deck stehender Klappmast. Der Mastfuß, von zwei Mastbacken umschlossen, ist um einen Mastbolzen in der Längsrichtung drehbar. Die Mastbacken gehören zur Mastspur, einem Schlitten, der sich zum Trimmen des Mastes in der Längsrichtung verstellen lässt.*
2 *Jollenmast. Als »Mastspur« dient eine Kerbschiene, auf der sich der Mast zum Trimmen mehrere Zentimeter nach vorne oder hinten versetzen lässt.*

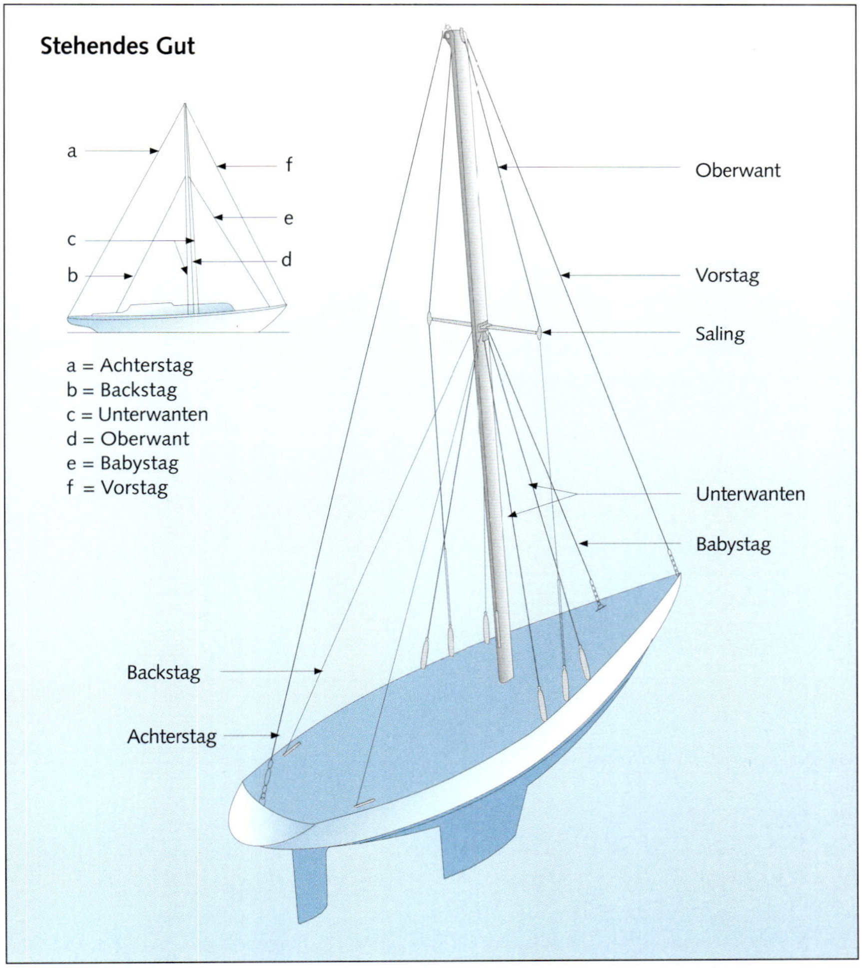

Stehendes Gut

Das stehende Gut besteht aus Stahldraht und hält den Mast. Als **Stage** bezeichnet man die Absteifungen in der Längsschiffsrichtung: Vorstag, Baby- oder Trimmstag, Jumpstag und Achterstag, als **Want** die in der Querschiffsrichtung: Topp-, Ober-, Mittel- und Unterwanten. Auch das Backstag gehört zu den Wanten, das jeweils auf der Seite losgeworfen werden muss, auf der der Baum gefahren wird.
Die **Saling** spreizt die Wanten im oberen Bereich des Mastes ab, um einen günstigeren Zugwinkel zu erreichen. Am Mast wird das stehende Gut mit Wanthängern befestigt, am Rumpf mit **Püttings** oder **Rüsteisen:** Die Spannung wird mit Wanten-, Vor- und Achterstagspannern reguliert.

Laufendes Gut

Das laufende Gut umfasst alle Leinen und Drähte, mit denen etwas bewegt wird:
Die **Fallen** (Einzahl: das Fall) zum Heißen (Hochziehen) der Segel, aber auch zum Heißen von Ruderblatt und Schwert.
Die **Schoten**, mit denen die Stellung der Segel zum Wind reguliert wird.
Ferner **Auf-, Nieder-** und **Achterholer**, **Streckertaljen, Bullenstander** und **Dirken** – Leinen, mit denen der Baum in der Horizontalen und Vertikalen fixiert werden kann. Außerdem alles übrige Tauwerk, das beweglich über Rollen oder durch so genannte Leitösen läuft. Die Fallen haben meistens einen Drahtvorläufer, auf großen Yachten sind sie vollständig aus Stahldraht.

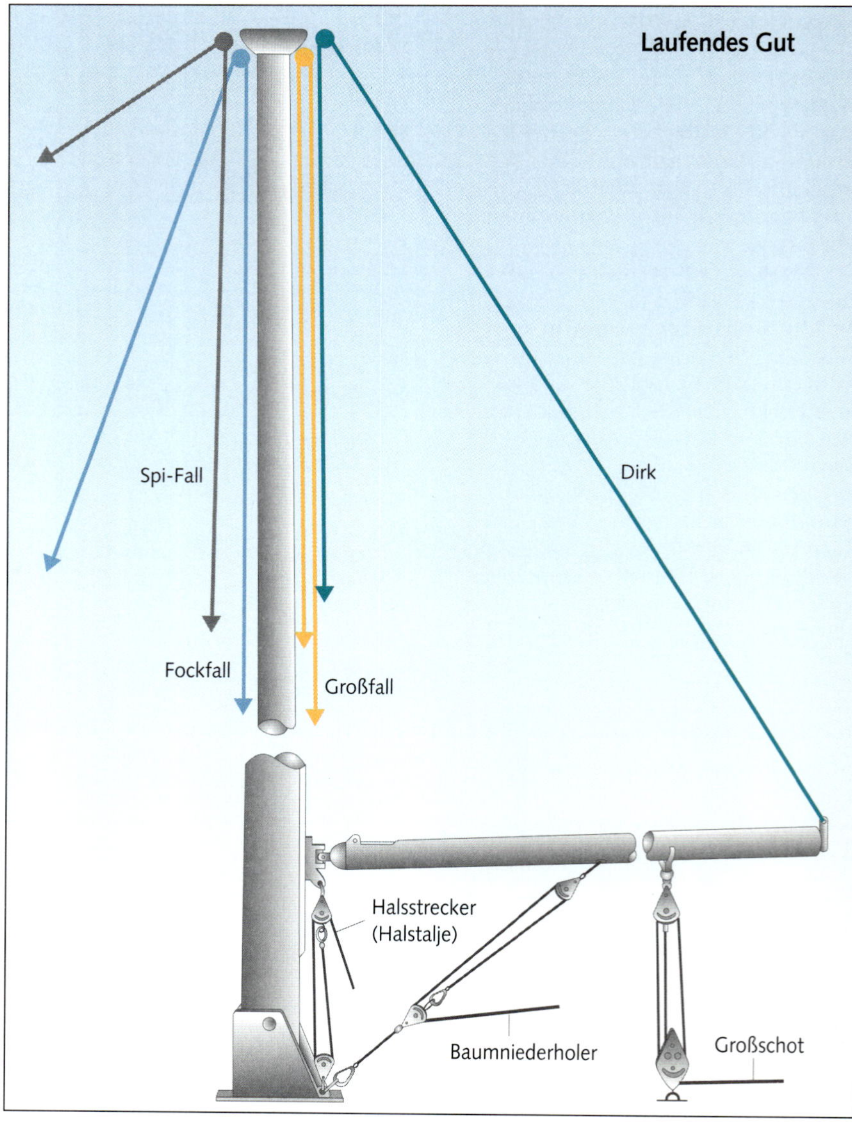

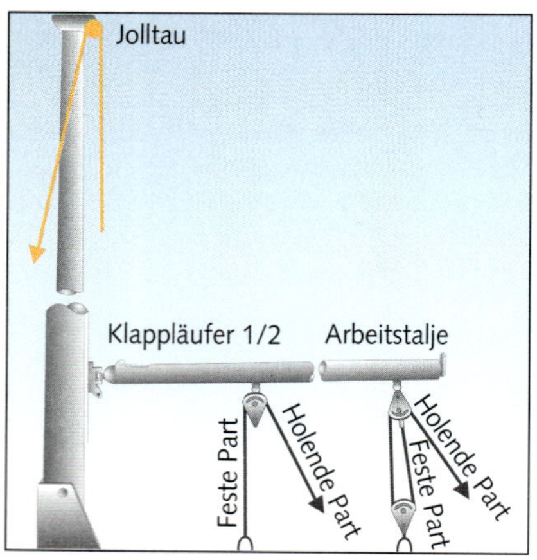

Taljen

Taljen – eine Kombination von Blöcken und Tauwerk – dienen der Arbeitserleichterung. Sie finden an Bord als Großschot, Halsstrecker, Baumniederholer, an Traveller, Schwert und Ruderblatt Verwendung. Das durch den Block laufende Ende bezeichnet man als **Läufer,** den Teil des Läufers, an dem geholt (gezogen) wird, als **holende Part**, das andere Ende, das an einem festen Punkt oder an der Last angreift, als **feste Part**. Das **Jolltau** lenkt nur die Zugrichtung um, erspart aber keine Kraft. Der **Klappläufer** verringert die aufzuwendende Kraft um die Hälfte, die **Arbeitstalje**, je nach Anbringung der festen Part, um die Hälfte oder zwei Drittel. Jeweils abzüglich eines Reibungsverlustes.

Das Segel

Bis vor einigen Jahren wurde für Yachtsegel ausschließlich das aus Polyester entwickelte Dacron verwendet. Nylon oder Perlon gab es nur als leichtes Spinnakertuch, weil sich die Faser stark reckt. Polyestertuche leiden unter UV-Strahlung und sind empfindlich gegen Abrieb und Knicken. Ende der 70er-Jahre kam der Polyesterfilm Mylar auf. Das verhältnismäßig schwache Polyestertuch wurde auf eine Mylar-Folie geklebt und dadurch stark wie ein Tuch von doppeltem Gewicht. Es folgte die Aramidfaser Kevlar. Diese gelblich schimmernde Faser ist zugfest wie Stahl und extrem leicht, bricht jedoch leicht und verliert unter UV-Einwirkung schnell an Festigkeit.
Die Kunst des Segelmachers liegt im richtigen Zuschnitt der einzelnen Bahnen mit leicht kurvenförmigem Verlauf zu den Segelecken. Beim Zusammennähen erhält man dann die gewünschte Wölbung, den so genannten Bauch.
Liek heißen die Ränder eines Segels. Vor- und Unterliek sind meistens durch ein Liektau verstärkt. Das Vorliek des Großsegels wird auch als Mastliek bezeichnet, das Unterliek als Baumliek; das Unterliek des Vorsegels dagegen als Fußliek.
Am Vorliek des Vorsegels – es ist meistens durch ein Liektau aus Draht verstärkt – sitzen die **Stagreiter,** mit denen das Vorsegel am Vorstag angeschlagen wird.
Die Liektaue an Vor- und Unterliek des Großsegels werden in die Keep, Nut oder Hohlkehle von Mast und Baum eingeführt. Am Vorliek können aber auch Rutscher angenäht sein, die auf einer Schiene im oder am Mast laufen.

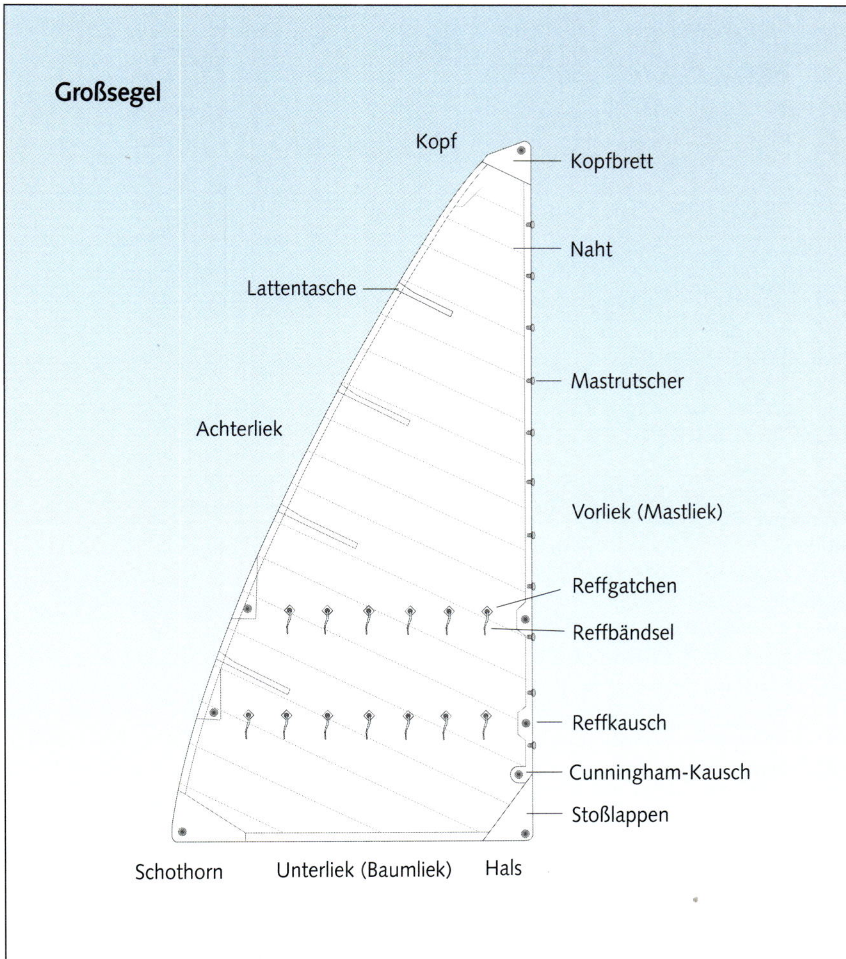

Kopf ist die obere Ecke des Segels, beim Großsegel durch ein Kopfbrett aus Holz, Alu oder Kunststoff verstärkt,
Hals die vordere untere Ecke, an der auf größeren Booten ein Halsstrecker angreift,
Schothorn die hintere untere Ecke, an der bei der Fock die Fockschot angreift.
Segellatten aus Holz oder Kunststoff in den Lattentaschen am Achterliek dienen der Formgebung des Segels und sollen ein Flattern (Killen) des Achterlieks verhindern.
Reffkausch, Reffgatchen und **Reffbändsel** braucht man zum Reffen, das heißt Verkleinern der Segelfläche bei viel Wind, die
Cunningham-Kausch (oder -Hole) zum Segeltrimmen. Zieht man es auf den Hals herunter, wandert der Bauch nach vorne.

Segelbezeichnungen

Grundsätzlich zu unterscheiden sind **Rahsegel** und **Schratsegel.**
Rahsegel sind viereckige Segel, die an einer rechtwinklig am Mast angeschlagenen Rah gefahren werden. Man sieht sie heute fast nur noch auf so genannten Windjammern, wie beispielsweise der »Gorch Fock«.
Schratsegel werden in Längsschiffsrichtung gesetzt.
Das **Lateinersegel** hat zwar eine Rah, doch ragt sie weit über den Masttopp hinaus, und sie wird in Längsschiffsrichtung gefahren.
Beim **Luggersegel** ist die Rah zur Gaffel verkürzt, die allerdings noch etwas nach vorne über den Mast hinausragt.
Das **Sprietsegel** ist ein viereckiges Segel und wird durch eine diagonale Spreize, Spriet genannt, ausgespreizt.
Beim **Gaffelsegel** sitzt die Gaffel mit einer Klau schwenkbar am Mast. Gelegentlich auch englisch als Gunther-Rigg bezeichnet.
Das **Hochsegel,** auch Bermudasegel genannt, weil es ursprünglich auf Fischerbooten der Bermudas gefahren wurde. Ob ein Boot Lugger-, Gaffel- oder Hochsegel fährt, hat keinen Einfluss auf die Typenbezeichnung wie Kat,

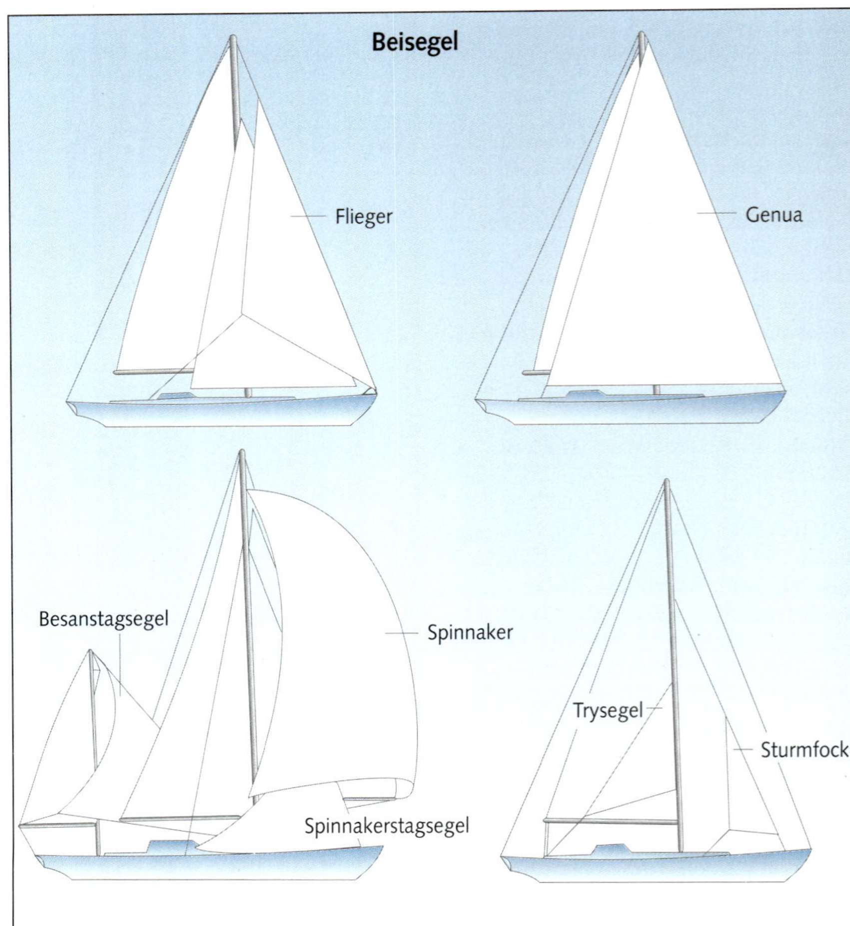

Slup oder Ketsch. Die hier gezeigten Boote wären von ihrer Takelungsart her alle Katboote (ohne Vorsegel). Eine weitere Unterteilung der Schratsegel führt zu den **Stagsegeln.** So bezeichnet man alle Segel, die nicht am Mast, sondern an einem Stag gesetzt werden, wie beispielsweise alle Vorsegel.

Haupt- und Beisegel

Unter Haupt- oder Arbeitssegel versteht man die Grundausstattung des betreffenden Yachttyps. Also Fock und Großsegel einer Slup; Fock, Groß- und Besansegel einer Ketsch oder Yawl; Klüver, Fock und Großsegel eines Kutters. Hinzu kommen die Beisegel, zusätzliche Leicht- oder Schwerwettersegel.
Wohl das wichtigste Beisegel ist die **Genua**, eine übergroße Fock aus leichterem Tuch. Sind mehrere an Bord, werden sie von der größeren zur kleineren mit I, II usw. bezeichnet.
Der **Spinnaker** ist ein großes bauchiges Vorsegel aus sehr leichtem Tuch, das mit losem Unterliek am Spinnakerbaum gefahren und bei achterlichen Winden gesetzt wird.
Der **Blister** ist eine Art verkleinerter asymmetrisch geschnittener Spinnaker für Fahrtensegler, der »fliegend«, ohne Baum gefahren wird. Ähnlich geschnitten ist der **Gennaker,** an einer Art Bugspriet gefahren.
Der **Flieger** oder **Yankee** ist ein Leichtwetter-Klüver für Kutter.
Das **Spinnakerstagsegel** ist eine extrem niedrig und breit geschnittene Fock, die den freien Raum unter dem Spinnaker ausnutzt.
Das **Trysegel** ist ein dreieckiges Segel, wie die Sturmfock aus derbem Tuch, das statt des Großsegels mit losem Fußliek gefahren wird.

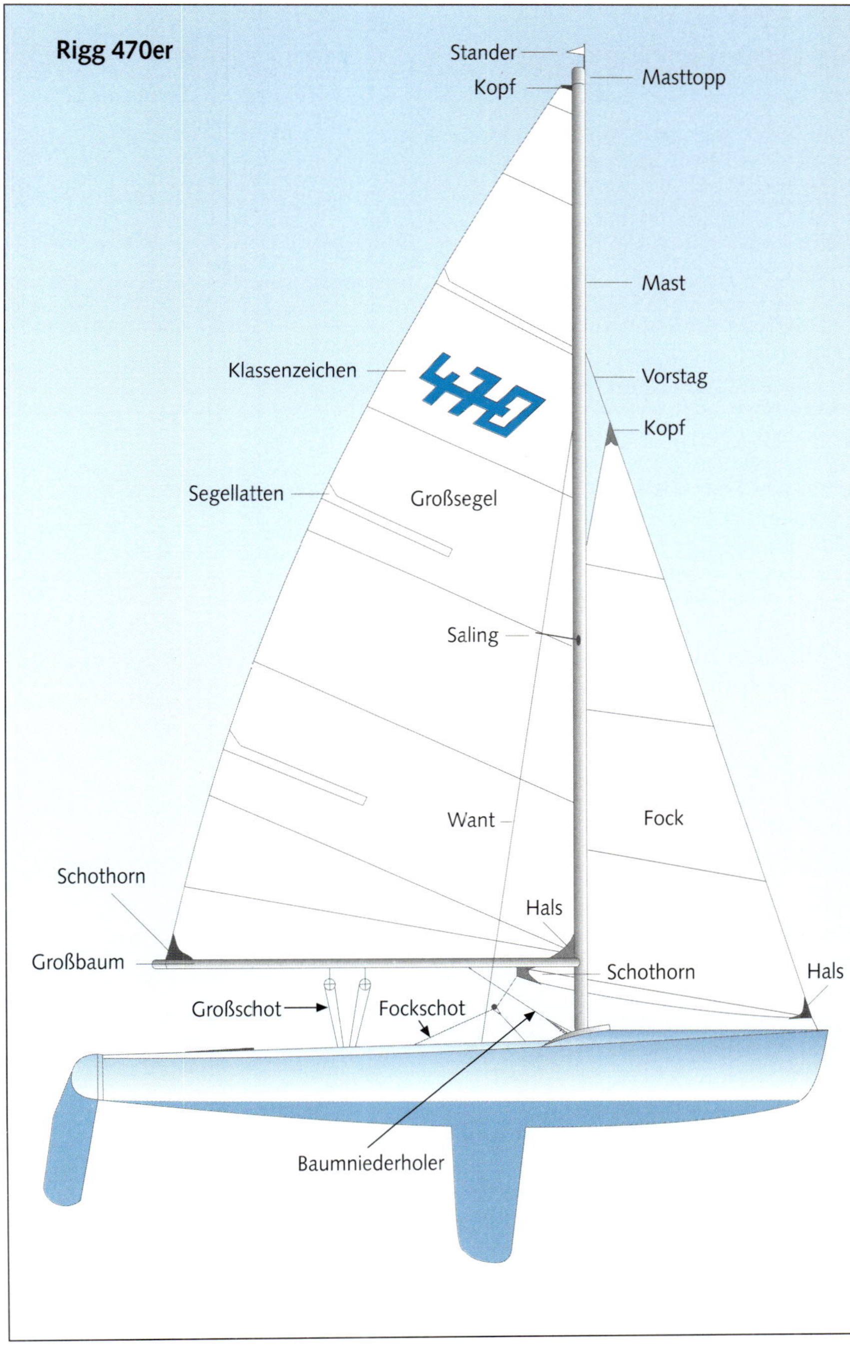

Reffen und Reffeinrichtungen

Frischt der Wind stärker auf, muss gerefft, das heißt, die Segelfläche verkleinert werden, damit sie dem Wind weniger Angriffsfläche bietet. Sie würde sonst eine starke Krängung des Bootes bewirken, die die Fahrt verringert und die Abdrift erhöht. Außerdem werden Kielboote mit zunehmender Krängung manchmal so luvgierig, dass der Rudergänger kaum noch gegensteuern kann. Schließlich kann es bei zu viel Segelfläche Bruch geben. Jollen unter zu viel Tuch sind womöglich nur noch mit killenden Segeln aufrecht zu halten, und das bedeutet ständige Kentergefahr.
Um das Großsegel zu verkleinern, gibt es verschiedene Systeme.

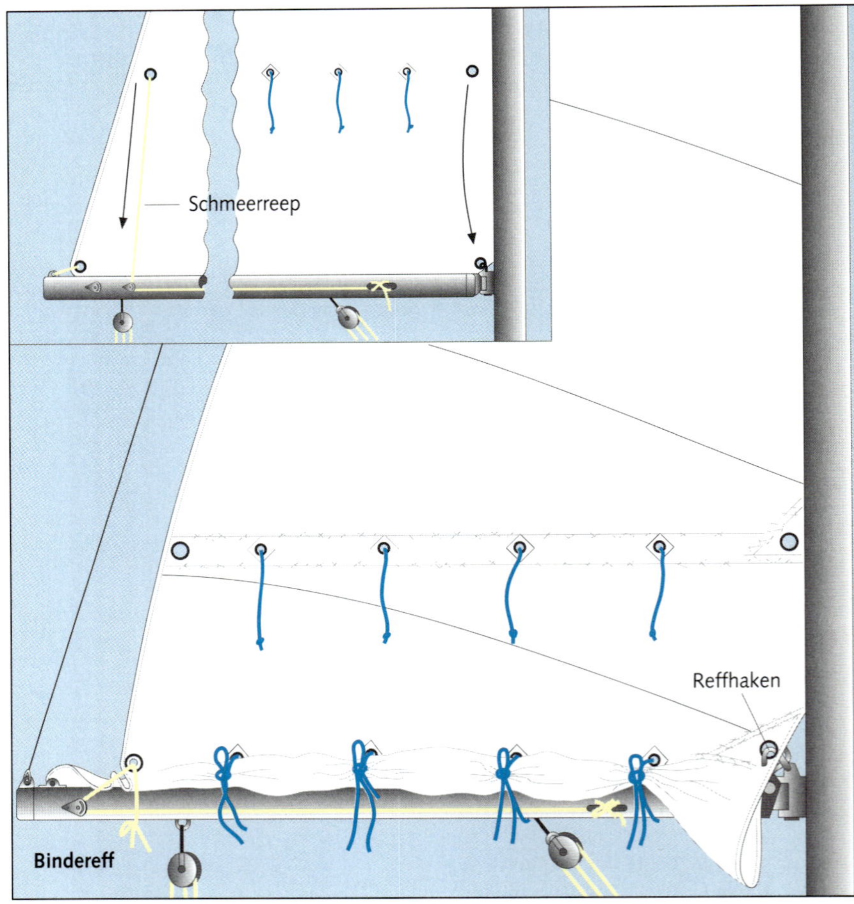

1. Das so genannte **Dreh-, Roll-** oder **Patentreff.**
   Man dreht den Baum mit einem Hebel oder einer Kurbel und wickelt dadurch das Segel von unten auf den Baum. Dieses Prinzip findet man nur noch auf älteren Yachten, denn es hat erhebliche Nachteile: Das Segel steht nicht mehr gut, das Tuch wird stark verzogen und der Baumniederholer kann nicht mehr gefahren werden.
2. Das moderne **Rollreff.**
   Das Großsegel wird mit einer Reffleine auf ein Hohlkammerprofil gerollt und mit einer Ausholerleine wieder abgerollt. Die Hohlkammer befindet sich im oder am Mast – vertikales System – oder aber im Baum (horizontales System). Die Nachteile des alten Drehreffs entfallen, es sind jedoch speziell geschnittene Segel erforderlich.
   Vorteile: Niemand braucht bei rauer See das sichere Cockpit zum Reffen zu verlassen. Das Segel kann stufenlos verkleinert und den Windverhältnissen genau angepasst werden.
   Nachteile: Eine wartungsintensive und mitunter störanfällige Mechanik.
3. Das **Binde-** oder **Bändselreff.**
   Es gibt im Großsegel meistens zwei, seltener auch drei Reihen Reffbändsel, mit denen das weggereffte Tuch am Baum beigebändselt wird.
   Eine Variante ist das Hakenreff.

Reffen mit Bindereff
Das Großfall so weit fieren, dass die Reffbändsel bis auf den Baum herunterkommen, und gleich wieder belegen. Vor- und Achterliek an ihren Reffkauschen steif durchsetzen. Sie müssen den gesamten Druck aufs Segel aufnehmen. Häufig kann die Reffkausch des Vorlieks in einen Reffhaken am Baum gehakt, das Achterliek mit einem so genannten Schmeerreep – einer kleinen Talje – auf den Baum heruntergeholt werden. Das durchhängende Segeltuch an einer Seite auf den Baum rollen, mit den Reffbändseln festbinden.

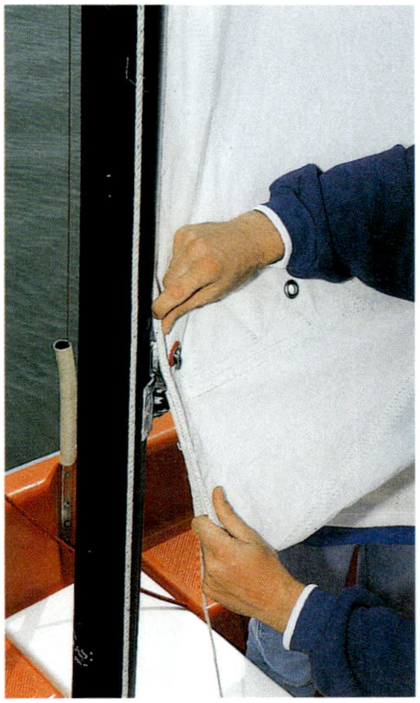

Die Vorliekkausch herunterziehen und über den Reffhaken – sofern vorhanden – hängen

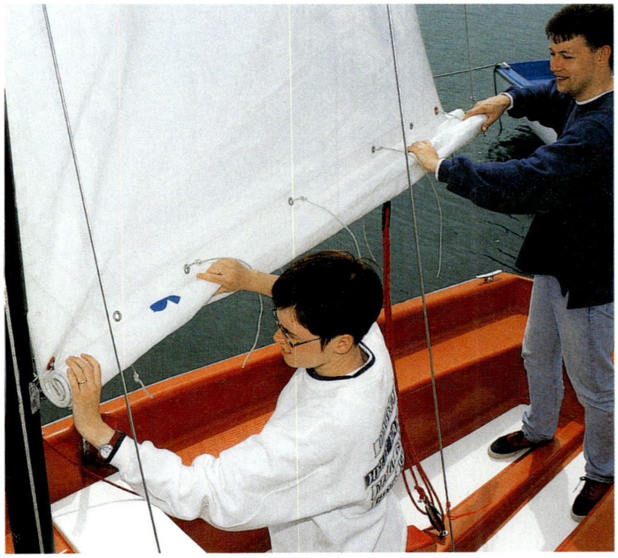

Das weggereffte Tuch, am besten zu zweit, auf den Baum rollen...

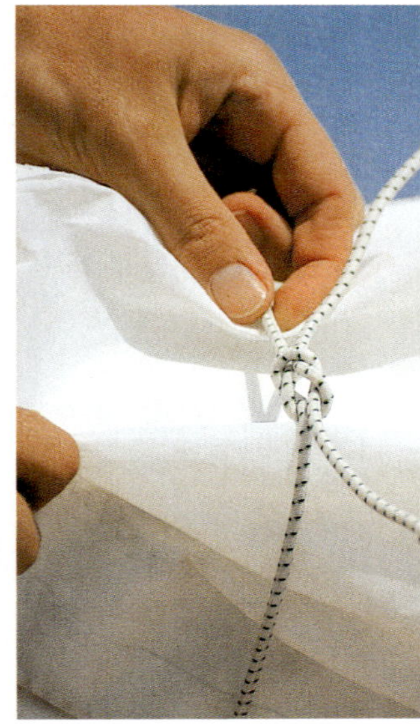

...und die Bändsel mit einem Kreuzknoten um Tuch und Baum binden.

Es hat statt der Reffbändsel eine durchgehende Reffleine, deren Buchten über Reffhaken am Baum gehakt werden.
Vorteile: Das gereffte Segel steht einwandfrei. Das Tuch wird nicht vertrimmt. Ein speziell gearbeitetes Segel ist nicht erforderlich.
Nachteile: Mehr Arbeitsaufwand beim Reffen, weil das Achterliek extra auf den Baum heruntergeholt und jedes einzelne Bändsel gebunden werden muss.
Unsicheres Arbeiten, am Mast am Fall und auf dem Kajütdach oder der Cockpitbank stehend, falls Fall und Schmeerreep nicht ins Cockpit umgeleitet sind.
Meist nur zwei genau fixierte Reffmöglichkeiten, von Bändselreihe zu Bändselreihe, die oft zu weit auseinanderliegen.

Auf Jollen ohne Reffeinrichtung nimmt man zum Reffen des Großsegels einfach den Baum aus seinem Lager, dem Lümmelbeschlag, und rollt das Segel von Hand auf. Möglich ist das allerdings nur, wenn die Großschot an einem Schotring angreift oder an der Baumnock, wo sie ab- und nach dem Reffen wieder angeschäkelt werden muss.
Die Schotführung vieler Trapez-Jollen erlaubt überhaupt nicht, das Großsegel zu reffen. Wenn das Boot im Trapez nicht mehr auszureiten ist, muss entweder die Fock oder das Großsegel geborgen werden.

Reffen des Vorsegels

Auf Kielbooten wird bei zunehmender Brise meist die größere Genua gegen die kleinere Fock ausgetauscht. Das ist ein einfacher Segelwechsel – noch kein Reffen. Mehr und mehr Fahrtenyachten sind jedoch mit Vorsegel-Rollreffanlangen ausgerüstet. Sie kommen mit einem Vorsegel aus, das auf ein Vorstagprofil aufgerollt wird. So besteht auch hier die Möglichkeit, das Vorsegel stufenlos zu verkleinern und somit regelrecht zu reffen. Die Bedienung erfolgt ebenfalls aus dem Cockpit heraus.
Zum Reffen muss das Boot nahezu im Wind liegen, bei Großsegel-Rollreffanlagen sogar möglichst direkt im Wind. Flaut der Wind wieder ab, wird in der umgekehrten Reihenfolge ausgerefft: Bändsel, achtere Reffkausch (Schmeerreep), vordere Reffkausch lösen und Fall durchsetzen. Man spricht auch vom Reff »ausschütten«.

Bootsklassen

Sportliche Wettfahrten sind nur dann möglich, wenn jeder Teilnehmer über das gleiche »Sportgerät« verfügt. So entstanden weitgehend genormte Bootstypen für das Regattasegeln, die Klassen. Die Klassifizierung selbst erfolgt nach recht unterschiedlichen Gesichtspunkten.
Internationale Klassen müssen in mehreren Ländern verbreitet und vom in London residierenden Welt-seglerverband, der International Sailing Federation (ISAF), anerkannt sein. Er wählt unter ihnen auch die **olympischen Klassen** aus.
Sie werden jeweils nach den Olympischen Spielen neu festgelegt.
Nationale Klassen werden von den nationalen Segelsportverbänden anerkannt und eingeführt. In der Bundesrepublik durch den Deutschen Segler-Verband (DSV). Voraussetzung für die Anerkennung ist eine Verbreitung von mindestens 200 Booten einer Jollenklasse und mindestens 150 Booten einer Kiel- oder Kajütboot-Klasse.
Anerkannte ausländische Klassen sind zwar vom Deutschen Segler-Verband anerkannt, erhalten dadurch aber noch keinen nationalen Status. Eine andere Art der Klassifizierung erfolgt nach den Bauvorschriften.

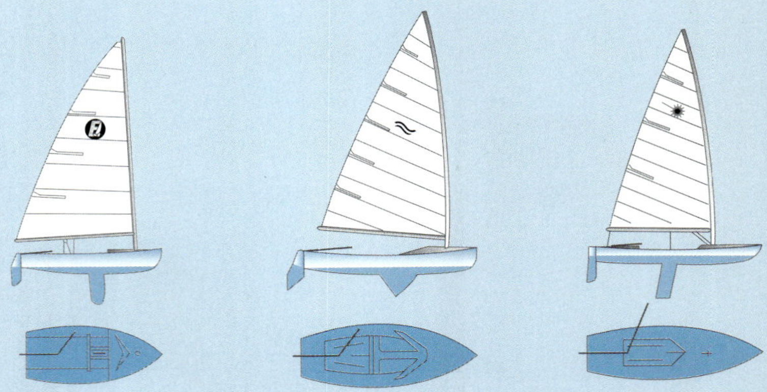

Europe – Olympische Einmann-Frauen-Jolle

Länge	3,35 m
Breite	1,38 m
Tiefgang	1,00 m
Segelfläche	7,00 m²
Gewicht	63,00 kg

Finn-Dinghy – Olympische Einmann-Jolle

Länge	4,50 m
Breite	1,51 m
Tiefgang	0,90 m
Segelfläche	10,00 m²
Gewicht	145 kg

Laser – Olympische Einmann-Jolle

Länge	4,23 m
Breite	1,37 m
Tiefgang	0,90 m
Segelfläche	7,10 m²
Gewicht	57 kg

Tornado – Olympischer Zweimann-Katamaran

Länge	6,10 m
Breite	3,05 m
Tiefgang	0,78 m
Segelfläche	21,50 m²
Gewicht	140 kg

Star – Olympisches Zweimann-Kielboot

Länge	6,92 m
Breite	1,73 m
Tiefgang	1,01 m
Segelfläche	26,13 m²
Gewicht	750 kg

Yngling – Olympisches Dreimann-Frauen-Kielboot

Länge	6,35 m
Breite	1,73 m
Tiefgang	1,05 m
Segelfläche	14,00 m²
Gewicht	645 kg

470 Olympische Zweimann-Jolle

470er

Länge	4,70 m
Breite	1,64 m
Tiefgang	1,05 m
Segelfläche	12,70 m²
Gewicht	115 kg

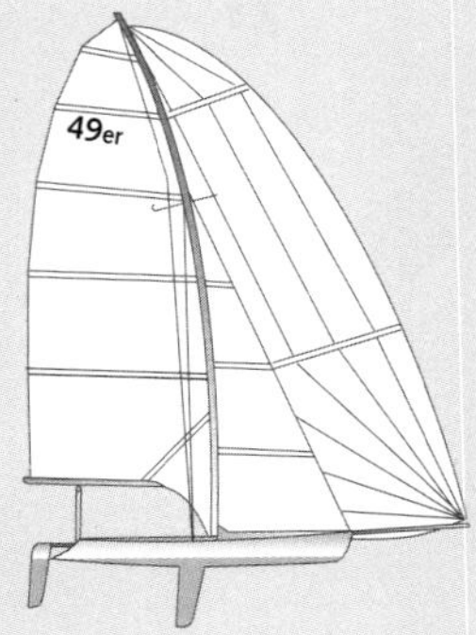

49er Olympische Zweimann-Jolle (Skiff)

49er (Fourty Niner)

Länge	4,99 m
Breite	1,69 m
Breite mit Flügeln	2,90 m
Tiefgang	1,30 m
Segelfläche	21,20 m²
Gennaker	38,00 m²
Gewicht	125 kg

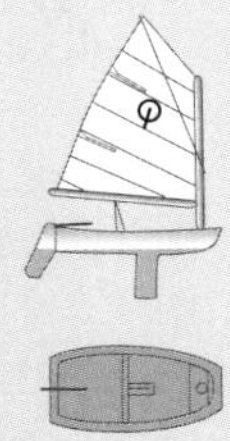

Internationales Jüngstenboot

Optimist

Länge	2,30 m
Breite	1,13 m
Tiefgang	0,65 m
Segelfläche	3,50 m²
Gewicht	50 kg

Internationale Zweimann-Jolle

Vaurien

Länge	4,08 m
Breite	1,47 m
Tiefgang	0,96 m
Segelfläche	8,10 m²
Gewicht	95 kg

FD Internationale Zweimann-Jolle

Flying-Dutchman

Länge	6,05 m
Breite	1,80 m
Tiefgang	1,10 m
Segelfläche	15,00 m²
Gewicht	160 kg

420 Internationale Zweimann-Jolle

420er

Länge	4,20 m
Breite	1,63 m
Tiefgang	0,97 m
Segelfläche	10,25 m²
Gewicht	98 kg

505 Internationale Zweimann-Jolle

505er

Länge	5,05 m
Breite	1,94 m
Tiefgang	1,20 m
Segelfläche	16,30 m²
Gewicht	130 kg

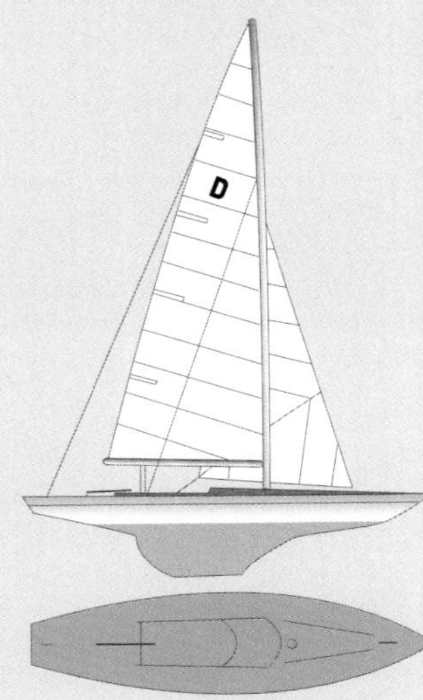

D Internationales Dreimann-Kielboot

Drachen

Länge	8,90 m
Breite	1,96 m
Tiefgang	1,20 m
Segelfläche	26,60 m²
Gewicht	1700 kg

Olympische Klassen

Olympische Klasse seit 1976: der Tornado (rechts)

Olympische Klasse von 1992 bis 2004: die Europe (oben)

Olympische Klasse seit 1976: der 470er (oben rechts)

Olympische Klasse seit 1996: der Laser

Olympische Klasse 2004: der Yngling

Olympische Klasse seit 2000: der 49er (unten links)

Olympische Klasse seit 1932 mit einmaliger Unterbrechung: das Starboot (unten rechts)

Olympische Klasse seit 1952: das Finn-Dinghy (unten)

Einheitsklassen werden nach demselben Bauplan und sehr eng gefassten Vorschriften gebaut, die Abmessungen, Gewicht, Material, Segelfläche und Ausrüstungsdetails genau festlegen. Beispiele: Laser, 420er, 470er.
Beschränkte Klassen haben etwas gelockertere Vorschriften. Im Allgemeinen werden nur Abmessungen, Mindestgewicht und Segelfläche festgelegt. Andere Einzelheiten sind freigestellt. So das Baumaterial, Schwert- und Schotführung, Größe des Cockpits und die Verstagung. Neben Flying Dutchman und Korsar gehören die meisten Gleitjollen in diese Gruppe.
Konstruktionsklassen werden nicht durch Festmaße beschränkt. Boote dieser Klasse können beträchtliche Abweichungen in Länge, Breite, Gewicht und Segelfläche aufweisen. Diese Abweichungen werden durch eine Messformel gegeneinander aufgewogen. Beispielsweise eine größere Länge durch eine kleinere Segelfläche oder ein größeres Gewicht. Beispiel: die International America's Cup Class (IACC), in der um den berühmten America's Cup gesegelt wird.
Eine besondere Art von Konstruktionsklassen sind die **Grenzmaßklassen** des DSV. Bei ihnen werden meist nur Höchst- und Mindestmaße und die Segelfläche vorgeschrieben. Beispiel: H-Jollen, 16-m²-Jollenkreuzer.

Katamaran-Klassen: Die Rennkatamarane werden nicht in Klassen, sondern in Divisionen A bis D unterteilt. Innerhalb der einzelnen Divisionen ist nur ein Höchstmaß für Länge, Breite und Segelfläche festgelegt. Somit handelt es sich im Grunde um Grenzmaßklassen. Beispiel eines B-Katamarans: der olympische Tornado.
In keine dieser Divisionen gehören die

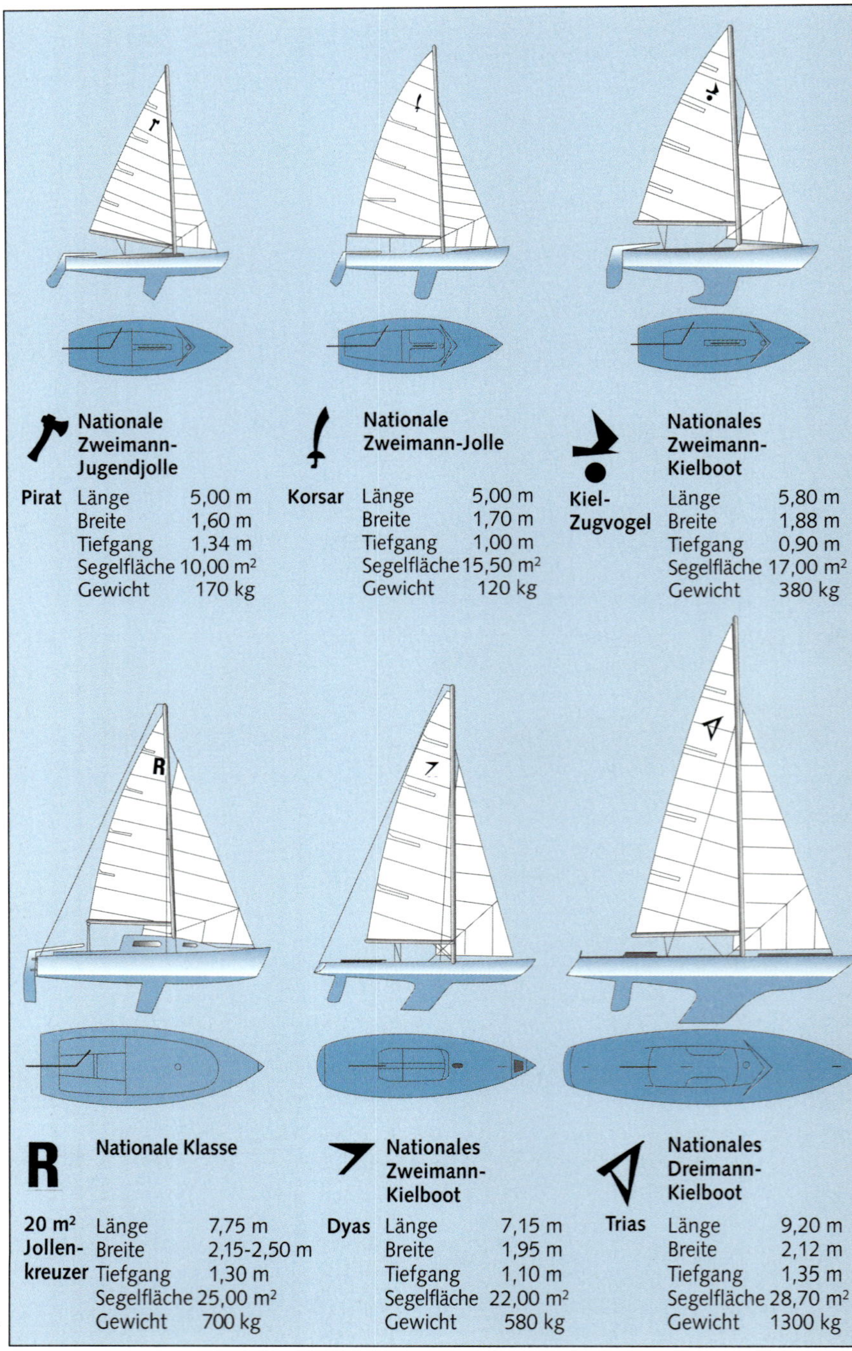

so genannten Strandkatamarane wie beispielsweise Hobie, Prindle oder Top-Cat. Es handelt sich hier im Prinzip um Werftklassen, die an Zahl und Verbreitung aber alle anderen Kat-Klassen weit übertreffen.

Das Yardstick-System

Eine Möglichkeit, um auch Boote unterschiedlicher Klassen in einer Regatta gegeneinander segeln zu können, besteht darin, ihnen einen empirisch ermittelten Rennwert zuzuordnen: die so genannte Yardstick-Zahl. Sie wird anhand von Testregatten und Regattaergebnissen ermittelt und ist umso genauer, je mehr Boote dieses Typs zum Vergleich herangezogen werden können. Die tatsächlich gesegelte Zeit des jeweiligen Bootes wird mit 100 multipliziert und das Ergebnis durch die Yardstick-Zahl dividiert. So erhält man die berechnete Zeit. Sie ist entscheidend für die Platzierung. Eine Liste mit den Yardstick-Zahlen der meisten Boote gibt es beim Deutschen Segler-Verband.

Segelzeichen

Alle an segelsportlichen Veranstaltungen teilnehmenden Boote müssen im Segel
- ❑ das Klassenzeichen,
- ❑ das Nationalitätszeichen und
- ❑ die Segelnummer führen.

Einzige Ausnahme ist die Starboot-Klasse. Sie kennt kein Nationalitätszeichen, sondern ist international durchnummeriert.
Das Klassenzeichen können Buchstaben, Ziffern oder Symbole sein.
Zum Beispiel:
FD = Flying Dutchman
470 = 470er Jolle
Doppelwelle = Finn-Dinghy
Stern (engl. Star) = Starboot
Das Nationalitätszeichen besteht aus drei Großbuchstaben. Beispielsweise bedeutet:

GER	Deutschland
AUT	Österreich
SUI	Schweiz
NED	Niederlande
DEN	Dänemark
FRA	Frankreich
GBR	Großbritannien
SWE	Schweden
NOR	Norwegen
ITA	Italien

Die Segelnummer ist die laufende Nummer der Eintragung ins Yachtregister des Landesverbandes, in der Bundesrepublik des Deutschen Segler-Verbandes.

Ausrüstung und Beschläge

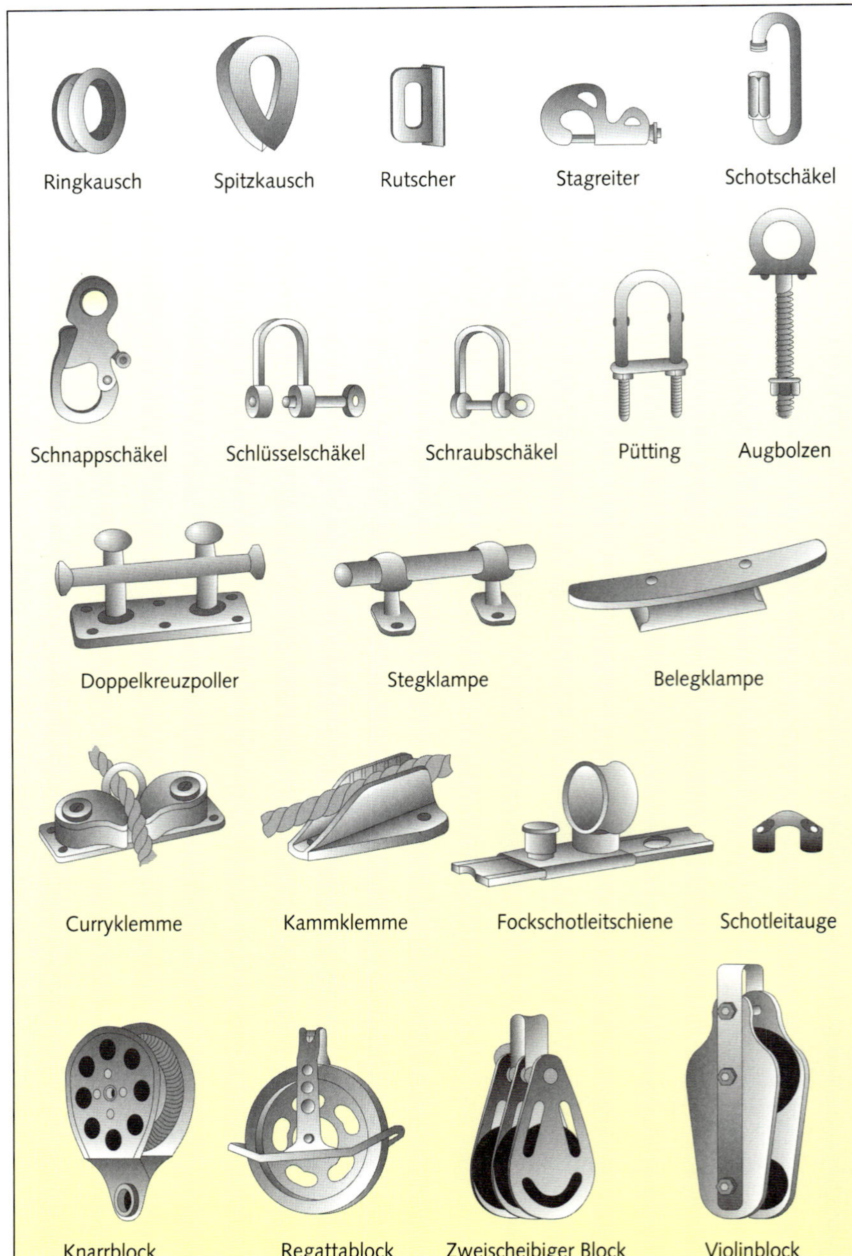

Zur Ausrüstung eines Bootes gehört eine Vielzahl von Beschlägen. Beschlag ist ein Sammelbegriff für nahezu alle Einrichtungen an Bord, die irgendetwas verbinden, befestigen, festhalten oder auch nur der Arbeitserleichterung dienen.
Kausch: Metall- oder Kunststofföse als Einlage oder zur Verstärkung, beispielsweise in einem Tauwerkauge zum Schutz gegen Scheuern.
Stagreiter am Vorliek der Vorsegel werden beim Segelsetzen aufs Vorstag gesetzt oder gehakt.
Schäkel sind kleine Bügel, meistens aus nicht rostendem Stahl, um alles Erdenkliche miteinander zu verbinden.
Püttings oder **Rüsteisen** sind sehr verschiedenartige Beschläge, die das stehende Gut mit dem Rumpf verbinden.
Klampen und **Poller** dienen zum Belegen von Tauwerk. Kleinere Klampen sind aus Kunststoff oder Holz, stärkere meistens aus Metall.
Klemmen bekneifen Leinen. Die Curryklemme hat zwei bewegliche Backen, die sich bei Gegenzug öffnen, die Kammklemme (Clamcleat) bekneift in einem geriffelten Spalt, häufig verwendet am Schwert- oder Ruderfall.
Fockschotholepunkte sind meistens auf einer Leitschiene – einem Lochband mit Federstift – verstellbar. Sie ermöglichen den Trimm in ihrer Größe unterschiedlicher Vorsegel. Zur einfachen Fockschotführung dienen feste Leitaugen oder -ösen.
Blöcke sind Gehäuse mit gekehlten Rollen (Scheiben), über die eine Leine läuft. Ein Block kann nur eine Scheibe haben oder aus einer Kombination von Scheiben bestehen.

Entsprechend der Art ihrer Verwendung haben Blöcke am Fuß oder

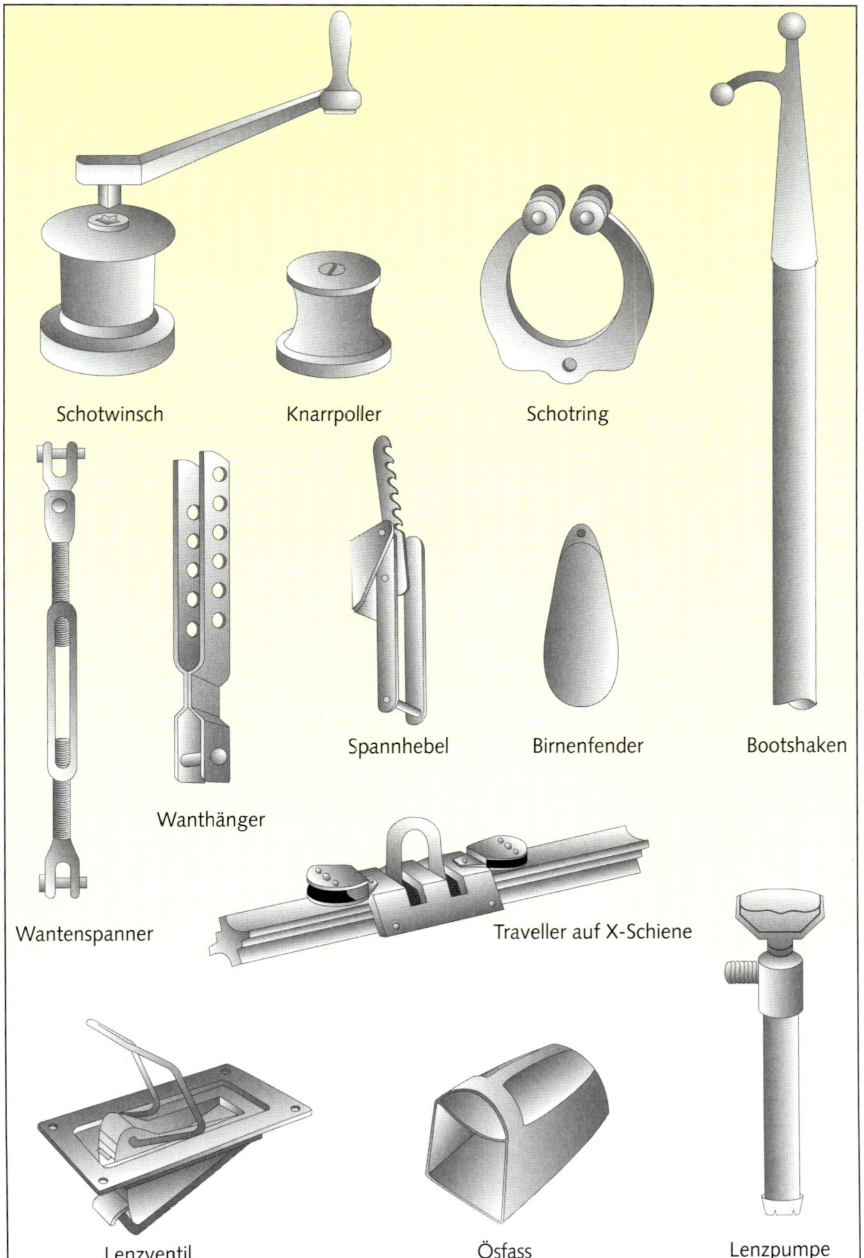

Kopf die unterschiedlichsten Beschläge. Der Winsch-, Knarr- oder Ratschblock hemmt den unfreiwilligen Rücklauf und nimmt durch Reibung den Zug auf. Meist für die Jollen-Großschot verwendet.

Schotwinsch: Je nach Größe mit oder ohne Hebel, ohne oder mit Untersetzung, auf größeren Schiffen auch als 2- oder gar 3-Gang-Winsch. Die Trommel, um die Vorschot oder auch Fall gelegt wird, ist jeweils nur in einer Richtung drehbar und sperrt in der anderen.

Schotring: Er wird über den Großbaum gestreift und daran der obere Block der Großschot angeschäkelt. Er ist unerlässlich, wenn man bei einer Mittelschotführung, zum Verkleinern der Segelfläche, das Segel auf den Baum rollen will.

Wantenspanner sind Spannschrauben, die das stehende Gut mit den Püttings oder Rüsteisen verbinden.

Wanthänger oder **Wantlaschen** (Lochbänder) ersetzen auf Jollen häufig die Wantenspanner.

Spannhebel oder **Hebelstrecker** dienen zum Durchsetzen von Backstagen, Fallen und Ähnlichem.

Fender sind Schutzpolster aus Gummi oder Kunststoff für das Boot. Es gibt zylindrische, kugel- und birnenförmige, massive, aufpumpbare.

Bootshaken zuweilen mit einem Paddel kombiniert, dienen auf Jollen auch zum Ausbaumen der Fock.

Traveller: Eine quer übers Cockpit laufende Leitschiene, auf der der Travellerschlitten rutscht oder rollt, auf dem der Fußblock der Großschot sitzt. Er dient dem Großsegeltrimm.

Lenzer sollen Wasser aus dem Boot befördern. Die einfachste Form besteht aus zwei Klappen im Spiegel. Hand- oder auch elektrisch betriebene **Lenzpumpen** sind für die Sicherheitsausrüstung eines größeren Bootes unerlässlich. Es können Kolben- oder Membranpumpen sein.

Ösfass oder **Pütz,** ein Schöpfgerät.

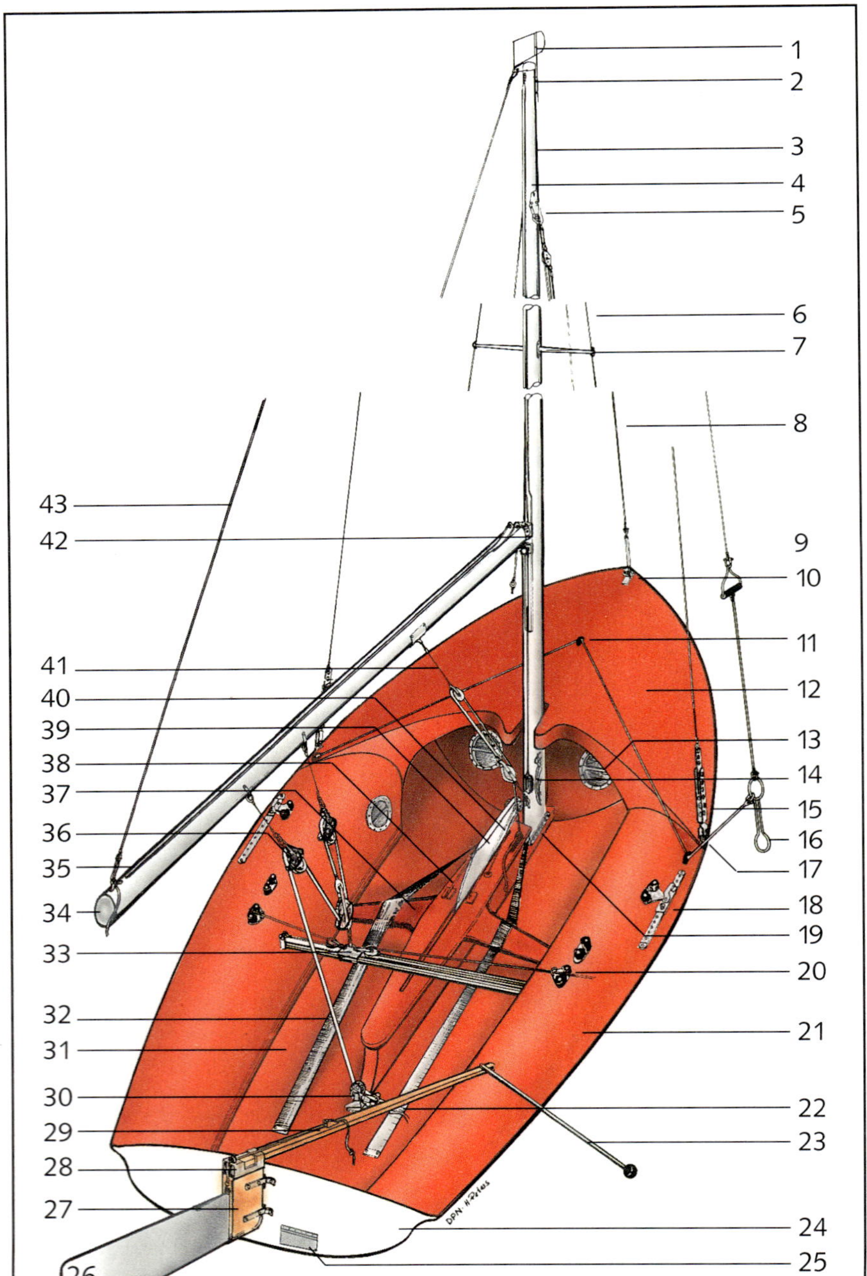

Wie heißt was auf einer Jolle?

1 *Verklicker, Drehvorrichtung einer Windfahne auf dem Masttopp.*
2 *Großfall-Umlenkrolle, sitzt im (hohlen) Mast.*
3 *Mast, durchweg aus Aluminium.*
4 *Keep, Hohlkehle im Mast, in die das Vorliek des Großsegels eingezogen wird.*
5 *Wanthänger, ein Blechbeschlag, an dem die Wanten befestigt sind.*
6 *Wanten.*
7 *Saling, Spreize für die Wanten, damit sich ein günstigerer Zugwinkel zum Mast ergibt.*
8 *Vorstag.*
9 *Vorstagspanner, um das Vorstag steif durchsetzen zu können (fehlt häufig auf Jollen).*
10 *Stevenbeschlag, an ihm ist das Vorstag befestigt.*
11 *Trapezleitlöse für den umlaufenden Gummistropp, der den Trapezdraht unter Spannung hält (haben nicht alle Jollen).*
12 *Vordeck.*
13 *Inspektionsluken für die eingeformten Lufttanks im Vorschiff und unter den Seitendecks.*
14 *Umlenkrollen für das im Mast verlaufende Groß- und Fockfall.*
15 *Wantenspanner, Lochbänder mit Bolzenverbindung, durch Splinte gesichert.*
16 *Trapezgeschirr, ein am Mast befestigter Draht mit Handgriff und Ring zum Einhaken des Trapezgurtes, an dem sich der Vorschoter weit über die Bordkante hinausschwingt, um das Boot besser auszubalancieren (haben nicht alle Jollen).*
17 *Pütting, Wantbefestigung im Deck.*
18 *Fockschot-Leitschiene mit Schlitten, Umlenkrolle und Curryklemme.*
19 *Mastspur mit Mastfußbolzen zum Verstellen des Mastes.*

20 Curryklemme mit Leitöse für den Traveller-Stopper.
21 Seitendeck, gleichzeitig Lufttank.
22 Ruderpinne.
23 Pinnenausleger, meistens um 360° schwenkbar und hochklappbar.
24 Spiegel, hinterer Abschluss des Cockpits.
25 Lenzklappe, durch die Wasser aus dem Cockpit abfließen kann.
26 Senkruderblatt, hier aufgeholt.
27 Ruderschaft, bestehend aus zwei Ruderbacken, befestigt an Ruderzapfen.
28 Ruderkopf.
29 Ruderfall zum Absenken und Aufholen des Ruderblattes.
30 Großschot-Ratschblock mit Wirbel, der in einer Richtung blockiert.
31 Cockpit (seltener auch Plicht), auf Jollen der gesamte nicht eingedeckte Innenraum.
32 Ausreitgurte, hinter die die Füße gehakt werden.
33 Traveller mit Großschotschlitten, er reguliert den Zugwinkel der Großschot in der Waagerechten.
34 Baumnock.
35 Baum mit Keep (Nut), in die das Unterliek des Großsegels eingezogen wird.
36 Großschot mit Blöcken (Umlenkrollen).
37 Schwertkasten-Absteifung.
38 Schwertkasten.
39 Senkschwert.
40 Schwertfall zum Aufholen und Fieren des Schwertes.
41 Baumniederholer, der das unerwünschte Steigen des Baumes auf Raumschots- und Vorm-Wind-Kursen verhindert.
42 Lümmel(beschlag), die Verbindung zwischen Baum und Mast.
43 Dirk, eine zum Masttopp führende Leine, in der der Baum ohne Segel hängt, sofern er nicht in einer Baumstütze oder -schere ruht.

Wirtschafts- und Sanitäreinrichtungen

Fast jedes Fahrtenboot besitzt eine Pantry, eine kleine Kücheneinrichtung mit ein- oder zweiflammigem Kocher und einer Spüle.
Kocher werden mit Spiritus, Petroleum oder Flüssiggas (Butan, Propan) betrieben. Da diese Gase höchst explosiv sind, hat der Einbau grundsätzlich nach den »Richtlinien für Einbau und Prüfung von Flüssiggasanlagen auf Wassersportfahrzeugen« des Germanischen Lloyd zu erfolgen.
❑ Die Kocher müssen eine automatische Zündsicherung haben, die Leitungen stets auf Dichtigkeit überprüft werden. Die Gasflasche muss in einem abgeschotteten Raum mit Entlüftung nach außenbords stehen. Aber auch Petroleum und Spiritus erfordern etwas Umsicht. Bei heißen oder gar brennenden Kochern darf niemals Brennstoff nachgefüllt werden.

Kocher sollten mindestens halbkardanisch aufgehängt sein, das heißt, um ihre Längsachse schwingen können.
Spülen – aus Kunststoff oder Nirosta – müssen Abflüsse mit Absperrhähnen, so genannten Seeventilen haben, damit bei starker Krängung kein Wasser über die Abflussleitung ins Boot steigen kann. Das Gleiche gilt für die Ab- und Zuleitungen von **Yacht-Toiletten**. Zwar haben die Leitungen Rückschlagventile, doch sie können leicht sperren oder undicht werden. Es gibt genügend Beispiele, dass eine Yacht über die Toilette vollgelaufen und gesunken ist. Deshalb sind die Seeventile nur jeweils bei Gebrauch zu öffnen.
❑ Verboten ist es aus verständlichen Umweltschutzgründen, ein Spül-WC auf Seen und in Häfen zu benutzen. Alternativen sind WCs, die in einen bordeigenen Schmutzwassertank einleiten (auf größeren Yachten), und das Chemie- oder Trocken-WC. Ein Eimer-Klosett, in dem die Fäkalien durch chemische Wirkstoffe zersetzt und neutralisiert werden.

SEEMÄNNISCHE ARBEITEN

Tauwerk

Ein Tau nennt der Seemann Ende oder Leine. Anfang und Ende heißen Tampen. Aber auch kurze Stücke Tauwerk werden als Tamp(en) bezeichnet. Schwere Leinen sind Trossen, sehr dünne Bändselgut.

Das Material

Für Tauwerk verarbeitet werden:
Kunstfasern (Polyester, Polyamid, Polypropylen, Polyäthylen, Aramid) und **Stahldraht.**
Kunstfasertauwerk ist verrottungsfest und altert wenig. Es hat eine hohe Reißfestigkeit, ein geringes spezifisches Gewicht und nimmt nur wenig Wasser auf.
❑ Die Nachteile: Es verliert an Festigkeit durch Wärme, Reibung und UV-Strahlung und ist empfindlich gegen Scheuern, seemännisch als Schamfilen bezeichnet.
Polyester (PES) – Markennamen Dacron, Trevira, Terylene und Diolen – hat nur einen sehr geringen Reck und eignet sich deshalb besonders gut für Fallen und Schoten.
Polyamid (PA) – Markenbezeichnung Perlon, Nylon – verbindet eine extrem hohe Bruchfestigkeit mit großer Elastizität. Deshalb eignet es sich besonders gut für Anker- und Schleppleinen.
Polypropylen (PP) – Markennamen Polyprop, Hostalen PP, Ulstron – ist ein sehr leichtes schwimmfähiges Tauwerk mit einer mittleren Reißfestigkeit. Geeignet als Festmacher und Leichtwetterschoten.
Polyäthylen (PE) – Markenname Dyneema – weist von allen Kunstfasern die besten Eigenschaften auf.
Aramid – Markenname Kevlar – ist bedeutend reißfester als Polyester,

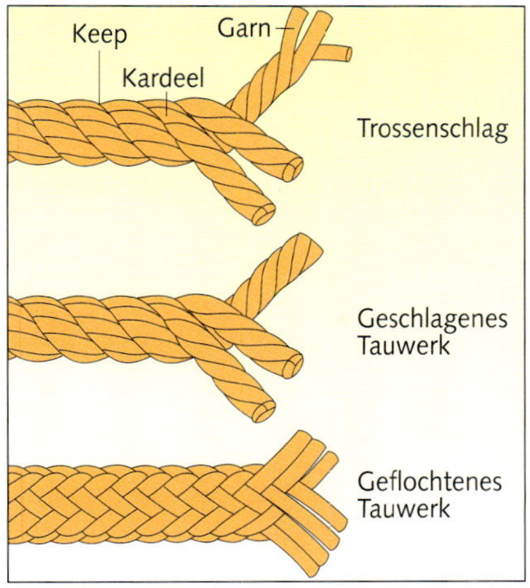

hat aber nur geringe Biegefestigkeit, z. B. wenn es über eine Fallrolle mit kleinem Durchmesser läuft.
Drahttauwerk für die Verstagung und als Vorläufer für Fallen wird heute fast nur noch aus nicht rostendem Stahl hergestellt, aus Legierungen auf Chrom-Nickel-Basis, bekannt unter den Markenbezeichnungen V2A und V4A.

Die Herstellung

Fasern werden zu **Kabelgarnen** gesponnen, die Garne zu **Kardeelen** verdrillt und die Kardeele zu Enden geschlagen oder geflochten. Geschlagenes dreischäftiges Tauwerk – es besteht aus drei Kardeelen – nennt man **Trossenschlag,** vierschäftiges **Wantschlag.**
Das Tauwerk ist vorwiegend rechtsherum geschlagen. Der Rechtsschlag heißt Z-Schlag, der Linksschlag S-Schlag. Sind also die Fasern rechtsherum zum Garn gesponnen, die Garne linksherum zum Kardeel gedreht und die einzelnen Kardeele rechtsherum zum Ende geschlagen, hat man einen ZSZ-Schlag.

❑ Geschlagenes Tauwerk hat weniger Reck und ist bruchfester als vergleichbares geflochtenes. Man verwendet speziell vorgerecktes für Fallen.
❑ Geflochtenes Tauwerk ist lehniger und griffiger und wird hauptsächlich für Schoten genommen. Für Fallen hat es zuviel Reck.

Spleiß und Takling

Mit Spleißen bezeichnet man die dauerhafte Verbindung von Tauwerk durch Verflechten der einzelnen Kardeele.
Häufigste Verwendung ergibt sich für den **Augspleiß** am Tampen einer Leine. Wie er gemacht wird, lässt sich nur in der praktischen Anschauung erlernen.
Jeder Tampen muss vor dem Aufdröseln gesichert werden. Kunststofftauwerk lässt sich über einer Flamme sehr einfach verschweißen. Eleganter ist es jedoch, einem Tampen mit Takelgarn einen **Takling** aufzusetzen. Auch der erlernt sich am besten bei der praktischen Vorführung.

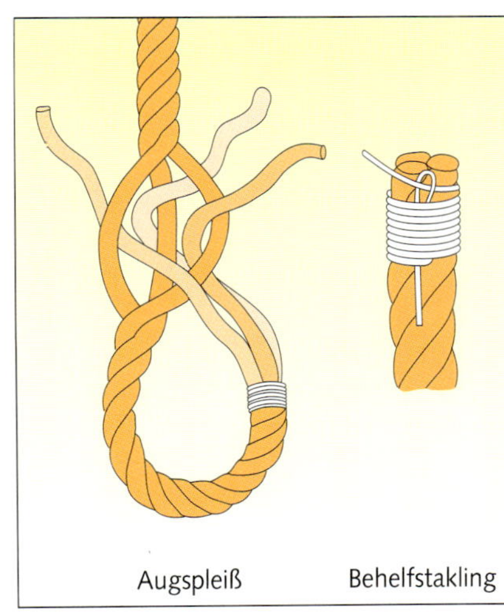

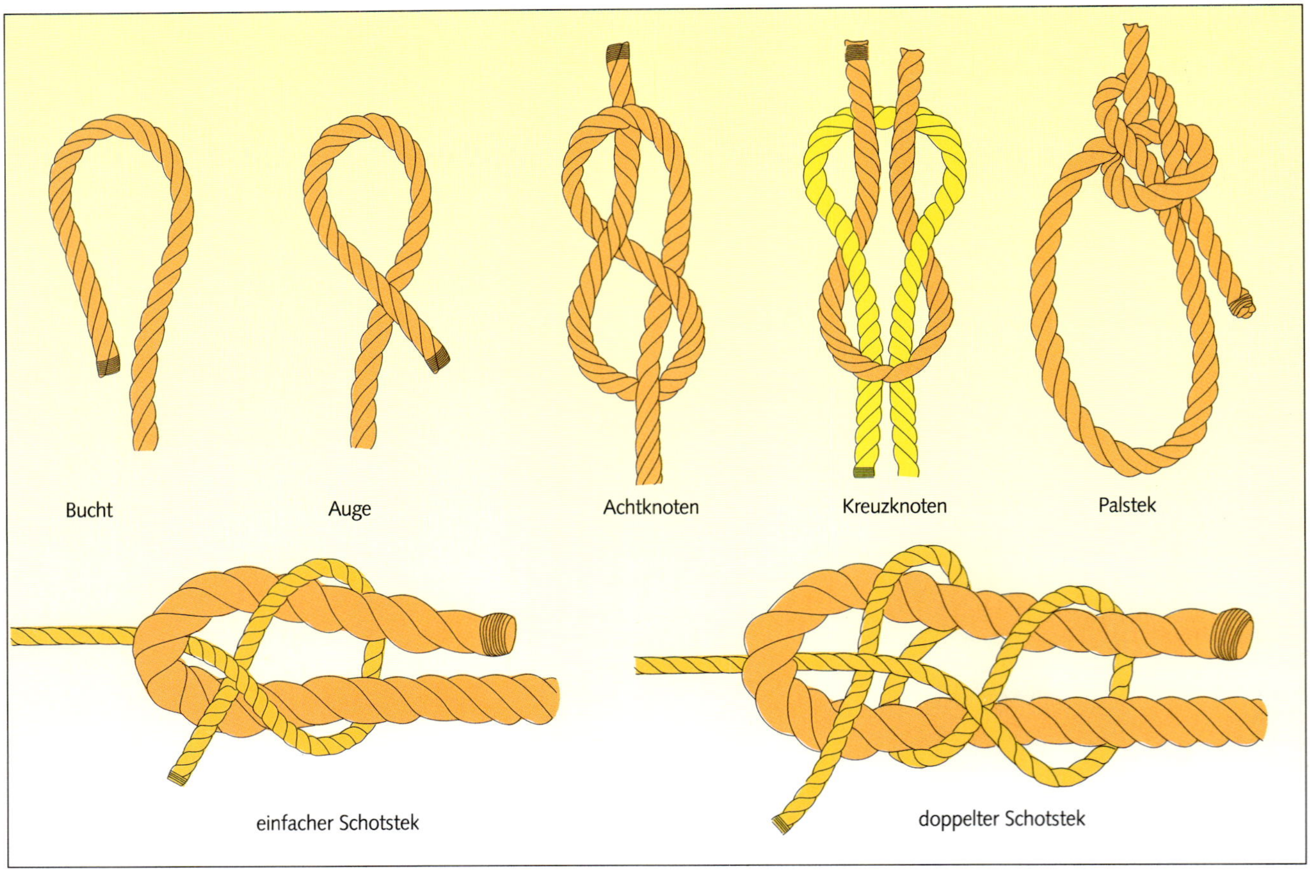

Knoten

Alles, was zum Sichern oder Festmachen einer Leine an irgendetwas oder zum Verbinden von Leinen dient, heißt Knoten oder Stek. Seemännische Knoten müssen

- ❑ einfach und schnell herzustellen sein,
- ❑ sich zuverlässig bekneifen und halten und
- ❑ leicht wieder zu lösen sein, auch in nassem Tauwerk.

Immerhin kann von der Haltbarkeit eines solchen Knotens die Sicherheit von Schiff und Besatzung abhängen.

Bucht ist ein in Haarnadelform gelegtes Ende.

Auge ist die seemännische Bezeichnung für alle Arten von Schlingen. Es kann ein lose gelegtes Auge sein (wie hier) oder auch ein festes, wie beim Augspleiß.

Achtknoten: Er kommt stets in den Tampen von Schoten, damit sie nicht aus ihren Blöcken oder Leitösen rauschen.

Kreuzknoten: Er dient zum Verbinden zweier gleich starker Enden aus gleichem Material. Wichtig: Er muss symmetrisch sein, die Tampen müssen auf derselben Seite aus der Bucht des anderen Tampens kommen. Vorsicht, auch wenn er richtig gemacht worden ist, kann er sich in sehr glattem Kunstfaser-Tauwerk aufziehen.

Einfacher und **doppelter Schotstek:** Beide verbinden zwei ungleich starke Enden oder Enden aus ungleichem Material. Die Tampen müssen sich gegenüberliegen. Bei steifem Kunstfaser-Tauwerk ist unbedingt der doppelte Schotstek zu empfehlen. Auch bei glatten gleich starken Enden sollte

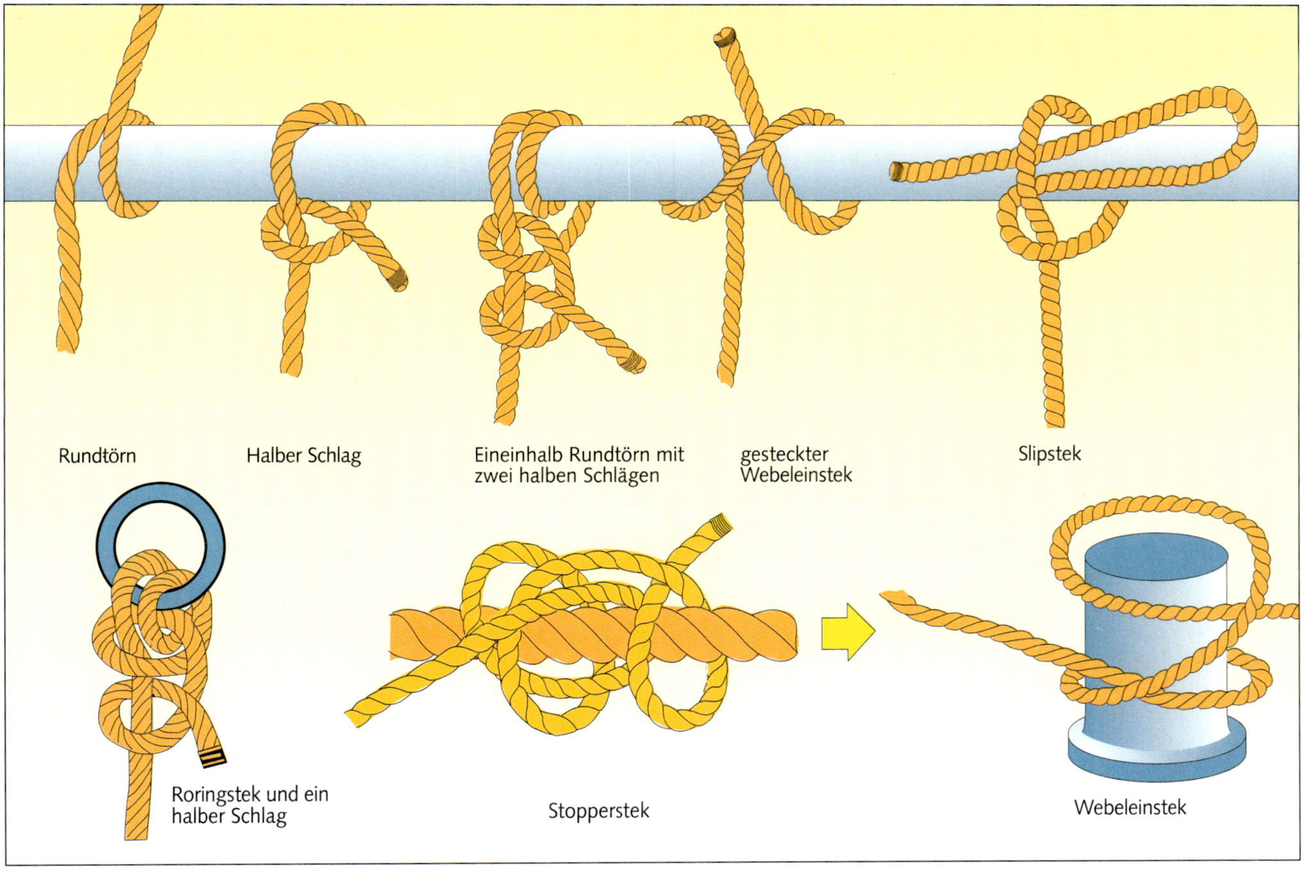

man den doppelten Schotstek dem Kreuzknoten vorziehen.
Palstek: Er ist der wichtigste Knoten an Bord. Mit ihm lässt sich ein beliebig großes Auge herstellen, das sich nicht zusammenziehen kann. Er dient zum Festmachen an Pfählen, Pollern oder auch Ringen oder im Notfall, um jemand, der über Bord gefallen ist, im Wasser zu sichern. Auch Leinen kann man mit zwei Palsteks zuverlässig verbinden. Der Tampen soll außerhalb des Auges liegen.
Rundtörn und **halber Schlag** sind Ausgangsbasis für weitere Knoten.
1½ Rundtörn und **2 halbe Schläge** sind eine Knotenverbindung zum vorübergehenden Festmachen an Rohr, Ring, Spieren oder Stangen.
Slipstek: Überall dort wichtig, wo man ein belegtes Ende, auf dem Kraft steht, schnell loswerfen will oder muss. Ein Ruck am Tampen, und der Knoten ist gelöst.
Webeleinstek: Er dient zum Festmachen an Pollern oder Ähnlichem, sofern Poller oder Festmacheleine nicht zu dick sind. Dann bekneift er sich nicht genügend. Zusätzlich sollte er unbedingt durch zwei halbe Schläge gesichert werden. Man kann ihn über einen Poller werfen, indem man einfach zwei Augen legt, oder ihn auch stecken. Beispielsweise um Fender an der Seereling oder Ähnlichem festzubändseln.
Roringstek: Ihn verwendet man zum Festmachen an Ringen. Zusätzlich sollte er stets mit ein oder zwei halben Schlägen gesichert werden.
Stopperstek: Mit ihm kann ein Tampen an ein laufendes Ende gesteckt werden, beispielsweise die Vorleine an eine Schlepptrosse. Er hält nur, solange Kraft in Zugrichtung darauf steht.

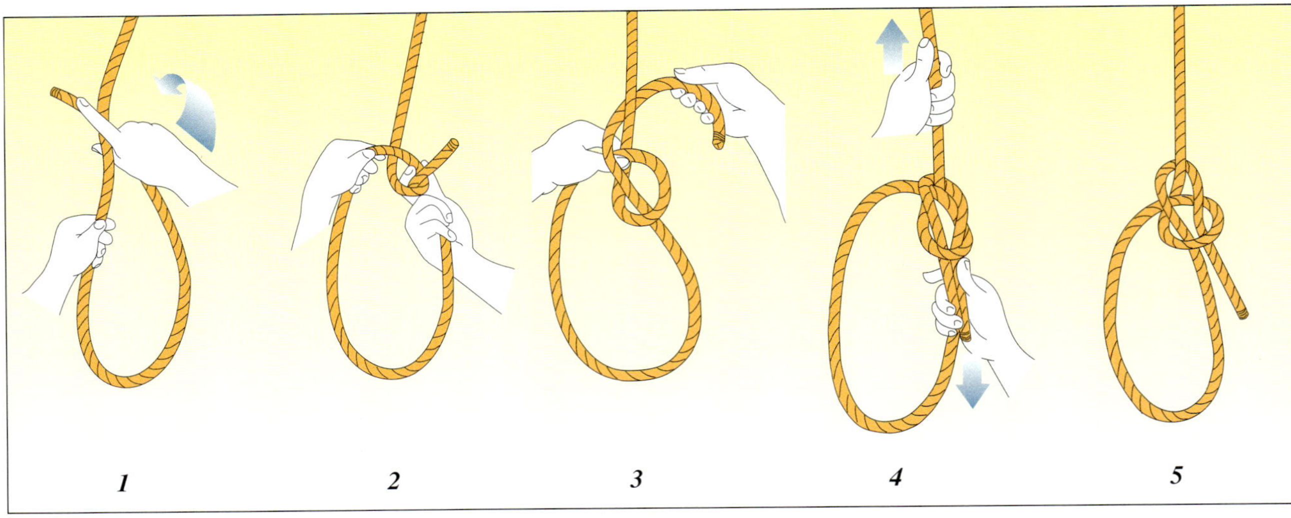

Palstek mit Trick

*1 Das Ende der Leine mit der Linken etwa in der Höhe abgreifen, an der der Knoten sitzen soll. Den Tampen in die Rechte nehmen, parallel zum Zeigefinger legen und mit Daumen und Tampen um das Ende greifen. Dann die Rechte mit dem Tampen nach rechts drehen (Handrücken nach unten), und schon ist ein Auge in der Leine, aus dem der Zeigefinger mit dem Tampen heraussieht **2**.*
*Jetzt mit dem Daumen der Linken das Auge festhalten, damit es nicht »herausfällt«, mit der Rechten den Tampen greifen und damit von links hinten um die Leine rumgehen **3** und wieder ins Auge rein, aus dem er kommt **4**. Den so entstandenen Palstek fest zusammenziehen – fertig.*
5 In glattem synthetischem Tauwerk sollte der Tampen gut eine Handspanne aus dem Auge heraushängen. Hinten von links nach rechts herumzugehen ist wichtig, damit der Tampen außerhalb des Auges liegt.

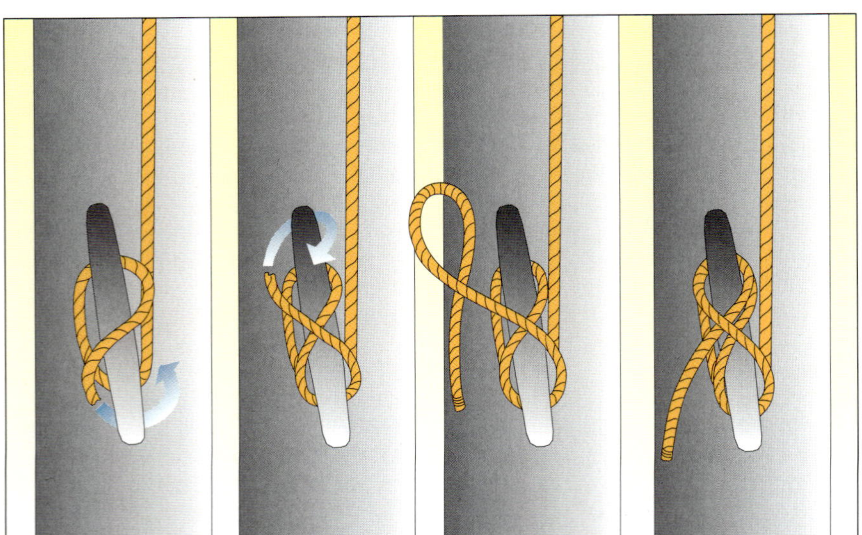

Belegen auf einer Klampe
Zunächst einen Rundtörn um den Fuß der Klampe legen, aber so, dass sich die Leine nicht selbst bekneift. Dann Kreuzschläge in Achtform um die Klampe legen. Zwei genügen im Allgemeinen. Wenn man beim Festmachen sichergehen will, kommt zum Abschluss ein Kopfschlag drauf – der durchgesteckte Tampen wird bekniffen. Achtung: Der sich durch den Kopfschlag bekneifende Tampen muss immer die Klampe kreuzen. Fallen auf Jollen sollten nie mit Kopfschlag belegt werden. Er lässt sich notfalls nicht schnell genug lösen.

Leine aufschießen
Da die meisten Leinen rechtsherum geschlagen sind, müssen sie auch rechtsherum aufgeschossen werden. Die gleich langen Buchten werden durch einige rechtwinklig herumgelegte Törns »zusammengeschnürt«. Dann den letzten Törn als Bucht oben durchziehen, über den Kopf rüber- und zusammenziehen.

Fall aufschießen
Zunächst das Fall auf der Klampe am Mast belegen, dann das Ende aufschießen. Nun kann man es einfach hinter das Fall klemmen, eleganter aber ist es, wenn es über das obere Horn der Klampe gehängt wird. Die letzte Bucht von hinten durchholen, über Kreuz »verdrillen« und das so gewonnene Auge rüberhängen.

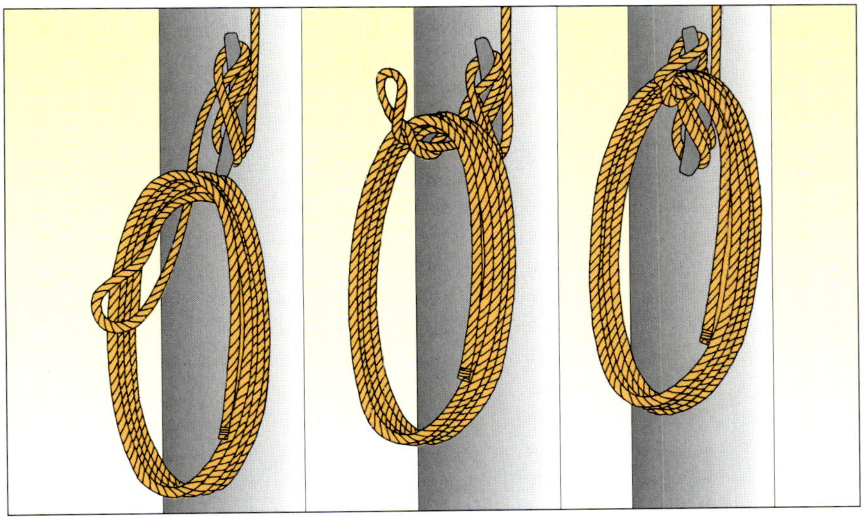

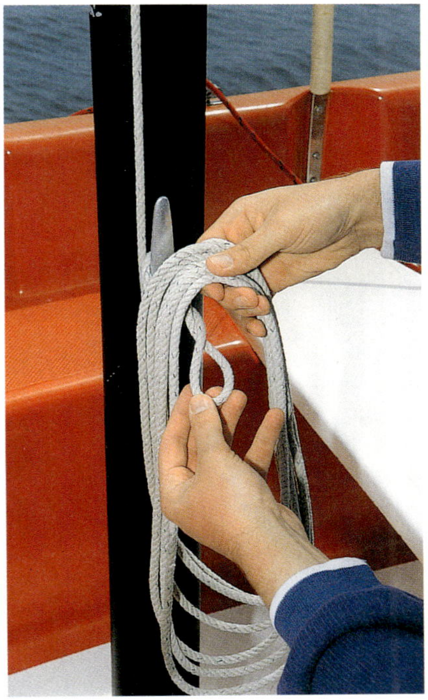

Bootspflege

Durch ein paar vorbeugende Maßnahmen lässt sich der natürliche Verschleiß von Boot und Material so gering wie möglich halten.

❑ Segel sollten nicht länger als unbedingt nötig im Wind killen, das heißt flattern. Appretur und Kunststofffaser ermüden dabei schnell, das Segel verliert seine Form, Lattentaschen oder Achterlieksaum reißen ein. Deshalb sofort nach dem Anlegen alle Segel bergen.

Wenn das Großsegel an den Salingen schamfilt (scheuert), sollten diese mit Gummi- oder Kunststoffbällen umkleidet werden.

❑ Wantlaschen, Püttings oder Spanner sind Vorschotenfresser. Deshalb sollten sie, sofern die Vorschot daran schamfilt, mit Kunststoffrohr ummantelt werden. Auch die Unterwanten kann man zum Schutz des Großsegels eventuell mit Schläuchen überziehen. Splintsicherungen am stehenden Gut und Schäkelverbindungen sollten regelmäßig kontrolliert werden.

❑ Festmacher sollten dort, wo sie durch Lippen oder Klüsen laufen, bekleidet, das heißt mit Tuch umnäht oder mit Gummi oder Kunststoff bezogen werden. Ein nur lose übergeschobener Schutz rutscht durch die ständige Reibung beiseite.

❑ Die Fallen sollten, wenn das Boot am Steg liegt, durch Gummistropps oder Bändsel vom Mast abgehalten werden. Einmal, weil die im Wind am Mast peitschenden Fallen ein nervtötendes Geräusch verursachen, zum anderen, weil sie die Lackierung, beziehungsweise die Eloxierung von Alumasten beschädigen.

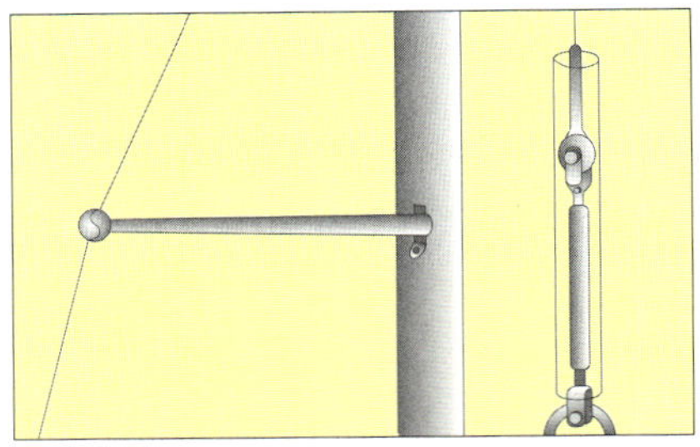

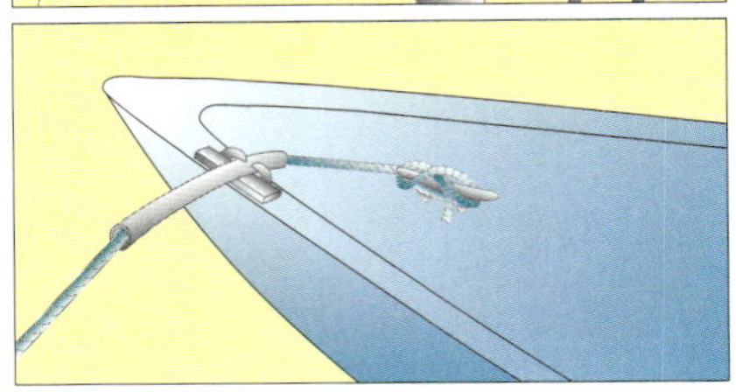

Schutz der Segel durch Kunststoffbälle auf der Salingnock und ummantelte Wantenspanner. – Ummantelter Festmacher.

❑ Leinen – Schoten, Fallen oder Festmacher mit Abrieb sofort durch neue ersetzen. Angerautes Kunstfasertauwerk kann bis zu 50 % seiner Festigkeit verlieren. Wenn eine Kunstfaserleine bricht, kündigt sich das nicht – wie bei Naturfaser – durch Knirschen an. Es geschieht urplötzlich. Leinen, die mit Chemikalien (Lösungsmitteln) in Berührung gekommen sind, sofort gründlich mit Wasser abwaschen.

❑ Reinschiff wird nach jedem Segeltörn gemacht. Nicht zu verwechseln mit dem so genannten Klarschiff, bei dem lediglich das Deck aufgeklart, das heißt aufgeräumt wird. Beim Reinschiff wird die Bilge gelenzt und – nach Salzwasserfahrt – das Deck, eventuell auch das Überwasserschiff mit Süßwasser abgespült. Reinigungsmittel dürfen aufgrund der deutschen Umweltschutzgesetzgebung nicht verwendet werden.

❑ Schrammen in einem Kunststoffrumpf, an denen Glasfasern zutage treten, müssen sofort – ohne Rücksicht auf Schönheit – mit geeignetem Spachtel ausgebessert werden, weil das Laminat sonst Wasser aufnimmt, das zu größeren Schäden im gesamten Laminat führen kann.

Das Einwintern

Seemännisch wird das Ein- und Auswintern eines Bootes als Außerdienst- und Indienststellung bezeichnet.

Das Rigg: Bevor das Boot aus dem Wasser kommt, wird es abgetakelt, das heißt, das gesamte Rigg wird abgenommen. Den Mast so lagern, dass er nicht durchhängt. Das Drahttauwerk des stehenden Gutes auf Schäden hin durchsehen, besonders an den Eintrittsstellen in die Terminals und an den Pressungen der Kauschen. Das laufende Gut und sonstige Tauwerk mit Süßwasser abwaschen, ebenfalls kontrollieren und trocken lagern.

Den Rumpf mit Süßwasser reinigen und sofort den Bewuchs des Unterwasserschiffes entfernen. Später, nachdem er angetrocknet ist, wird das zur mühseligen Plackerei. Dann den Rumpf aufpallen, das heißt auf passende Lagerböcke setzen, und so unter- und abstützen, dass er nicht durchhängt.

Ob in der Lagerhalle oder draußen unter einer Plane, stets ist für eine gute Durchlüftung des ganzen Schiffes zu sorgen, um Rott und Korrosion vorzubeugen. Luken, Schränke und Schubladen offen halten, Bodenbretter am besten aus dem Boot nehmen, auch alle beweglichen Einrichtungsgegenstände. Innen muss das Boot vollständig trocken sein, will man Frostschäden vermeiden.

Die Segel erforderlichenfalls leicht

waschen und trocken lagern. Reparaturbedürftiges gleich jetzt zum Segelmacher bringen.
Der Motor: Bei seewassergekühlten Motoren (Einkreiskühlung) muss das Kühlsystem gründlich mit Süßwasser durchgespült werden, bei einer Zweikreiskühlung Frostschutzmittel in den Frischwasserkreislauf geben.
Bei Benzinmotoren schraubt man die Zündkerzen heraus und füllt durch jedes Kerzenloch Motoren- oder Rostschutzöl ein. Anschließend die Kerzen – am besten neue – wieder einschrauben.
Bei Dieselmotoren müssen die Einspritzdüsen entfernt werden. Das macht aber besser der Mechaniker.
Den Außenborder, nach Salzwasserbetrieb, in Süßwasser laufen lassen und einige Sekunden Konservierungsmittel in den Luftfilter des Vergasers spritzen. Dann den Benzinschlauch abziehen und warten, bis der Motor von selbst stehen bleibt.
Motorblock, Stecker, Klemmen und Kabel säubern und mit Konservierungsmittel einsprühen. Getriebeöl wechseln und nach Betriebsanleitung abschmieren.
Tank und Batterie: Fest eingebaute Brennstofftanks entleeren und mit Druckluft ausblasen oder mit CO_2 auffüllen, um die Explosionsgefahr auszuschließen. Tragbare Tanks (und Gasflaschen) von Bord nehmen. Die Batterie ebenfalls herausnehmen und frostsicher lagern und gegebenenfalls nachladen. Am sichersten, man gibt sie einem Wartungsdienst in fachgerechte Pflege.

Die Frühjahrsüberholung

Während die Überwasserschiffe von Holz- und Stahlyachten zur Konservierung regelmäßig lackiert werden müssen, dient der Anstrich bei Kunststoff- und Aluschiffen allenfalls der Schönheit. Das Unterwasserschiff hingegen muss in jedem Fall einen Schutzanstrich gegen Bewuchs erhalten. Mit einem so genannten Hart- oder auch einem Copolymer-Antifouling.
Die Farbenfabriken geben ausführliche Broschüren heraus über den richtigen Umgang, die richtige Anwendung und den richtigen Aufbau des Anstrichs für die verschiedenen Bootsbaumaterialien. Wenn man sich daran genau hält, kann man eigentlich kaum etwas falsch machen.
Deshalb hier nur einige grundsätzliche Hinweise:
❑ Niemals mit der Lötlampe – wie häufig gemacht – alte Farbe von einem Holzboot abbrennen, weil die Hitze nicht nur die Farbe ablöst, sondern auch die natürlichen konservierenden Öle aus dem Holz treibt und dadurch den Rumpf anfällig gegen Trockenfäule macht.
❑ Holz nie quer zur Faser schleifen. Keine Tellerschleifmaschinen (Bohrmaschinen) verwenden, sondern Band- und Vibrationsschleifer.
❑ Kunststoffrümpfe nicht mit Reinigungsmitteln säubern, die scharfe organische Lösungsmittel enthalten, oder schmirgeln.
❑ Zweikomponentenlacke nach dem Ansetzen nie unbeaufsichtigt stehen lassen. Sie können sich bis zur Selbstentzündung erhitzen. Gleiches gilt für mit Härter und Beschleuniger angesetzten Kunstharz. Er kann sogar explodieren.
Soll Zweikomponentenlack auf einen alten Anstrich aufgebracht werden, zunächst prüfen, ob der neue den alten nicht eventuell anlöst.
Motor und Wellenanlage: Am Kühlsystem alle Lenzstopfen wieder einschrauben. Ölstand prüfen. Die Stopfbuchse der Propellerwelle neu packen, sofern sie nicht eine wassergeschmierte Lippendichtung hat.

Der Bootstransport

Dachtransport

Die einfachste Art, sein Boot über Land zu befördern, ist die auf dem Autodach. Die zulässige Dachlast schränkt Größe und Gewicht des Bootes jedoch stark ein. Sie liegt bei den meisten Automarken um 60 kg. Eine Geschwindigkeitsbeschränkung für Dachtransporte gibt es nicht. Aber das Fahren mit solcher Bürde auf dem Dach ist ohnehin kein ungetrübtes Vergnügen. Der Luftwiderstand wird erheblich größer.
Selbst die verbliebene Spitze auszufahren, kann ein riskantes Unterfangen sein, weil das Boot auf dem Dach meist einen spürbaren Auftrieb erzeugt. Er ist beim Transport kielunten stärker – weil das Boot da in seiner natürlichen »Schwimmlage« im Luftstrom liegt – als beim Transport kieloben. Starker Seitenwind ist besonders unangenehm. Durchfahrten von Straßenüberführungen sind wegen der dort auftretenden Sogwirkung mit Vorsicht anzugehen.

Trailertransport

Für Boote schwerer als etwa 70 kg braucht man einen Trailer genannten Anhänger.
Trailer erhalten ein eigenes polizeiliches Kennzeichen und müssen regelmäßig TÜV oder Dekra vorgeführt werden. Der Trailer muss Brems-, Schluss- und Blinkleuchten, Rückstrahler und Nummernschild-

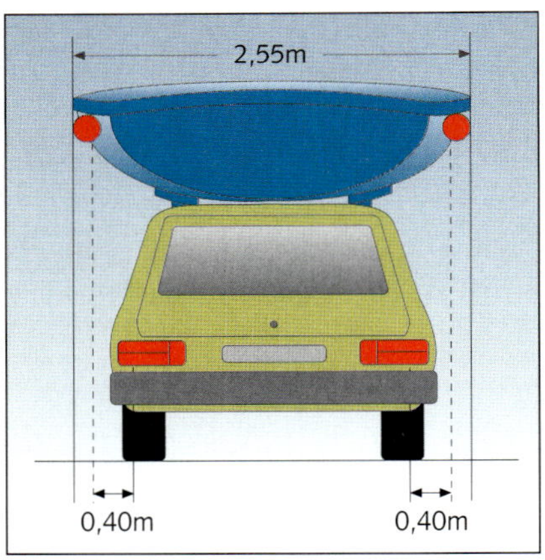

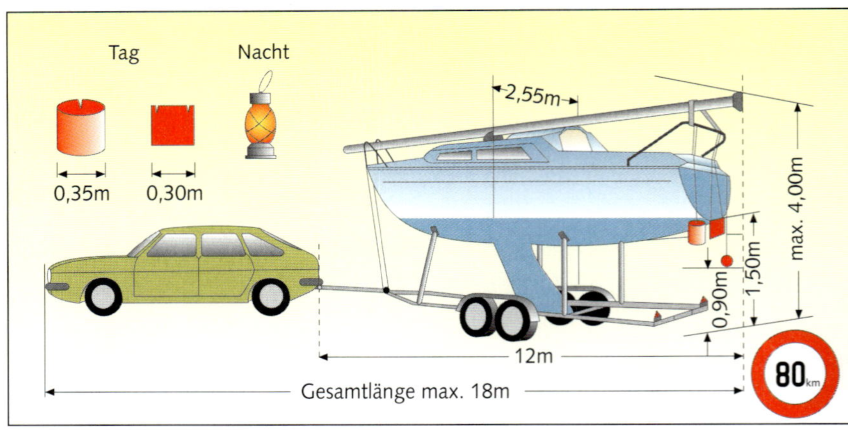

Vorschriften für den Dachtransport
Maximale Höhe 4,00 m.
Maximale Breite 2,55 m.
Ragt das Boot mehr als 0,40 m über den Außenrand der Scheinwerfer hinaus, muss es nachts mit Begrenzungsleuchten – weiß nach vorne, rot nach hinten – kenntlich gemacht sein.
Boot oder Mast dürfen nach vorne nicht über den Wagen hinausragen. Nach hinten bis zu 1,50 m.
Beim Transport innerhalb 100 km bis zu 3,00 m.
Markierung am Tage und bei Nacht wie beim Trailertransport.

Vorschriften für den Trailertransport
Höchstgeschwindigkeit 80 km/h.
Unter bestimmten Voraussetzungen, mit Genehmigung, 100 km/h.
Maximale Gesamtlänge des Gespanns 18 m, des Anhangs 12 m.
Maximale Höhe 4,00 m.
Maximale Breite 2,55 m.
Das Gesamtgewicht des ungebremsten Trailers darf 750 kg nicht übersteigen.
Im Übrigen gilt: Gesamtgewicht Trailer und Boot = 1/2 Pkw-Leergewicht + 75 kg.
Nach hinten dürfen Boot und Ausrüstung 1,50 m, beim Transport innerhalb 100 km bis zu 3,00 m über die Schlussleuchten hinausragen.
Markierung am Tage:
ein 0,30 x 0,30 m großes hellrotes Schild oder eine gleich große auseinandergespreizte Fahne oder ein hellroter zylindrischer Körper von 0,30 m Höhe und 0,35 m Durchmesser. Nicht höher als 1,00 m über der Fahrbahn. Bei Dunkelheit: ein rotes Licht nicht höher als 1,50 m über der Fahrbahn und ein roter Rückstrahler nicht höher als 0,90 m über der Fahrbahn.

beleuchtung haben und ein Typenschild des Herstellers.
Es gibt gebremste und kleinere ungebremste Trailer. Einachsige sind meistens ungebremst. Zweiachsige müssen eine eigene Bremsvorrichtung haben mit Abreißsicherung. Sie betätigt die Handbremse des Trailers, wenn er sich während der Fahrt vom Zugwagen löst.

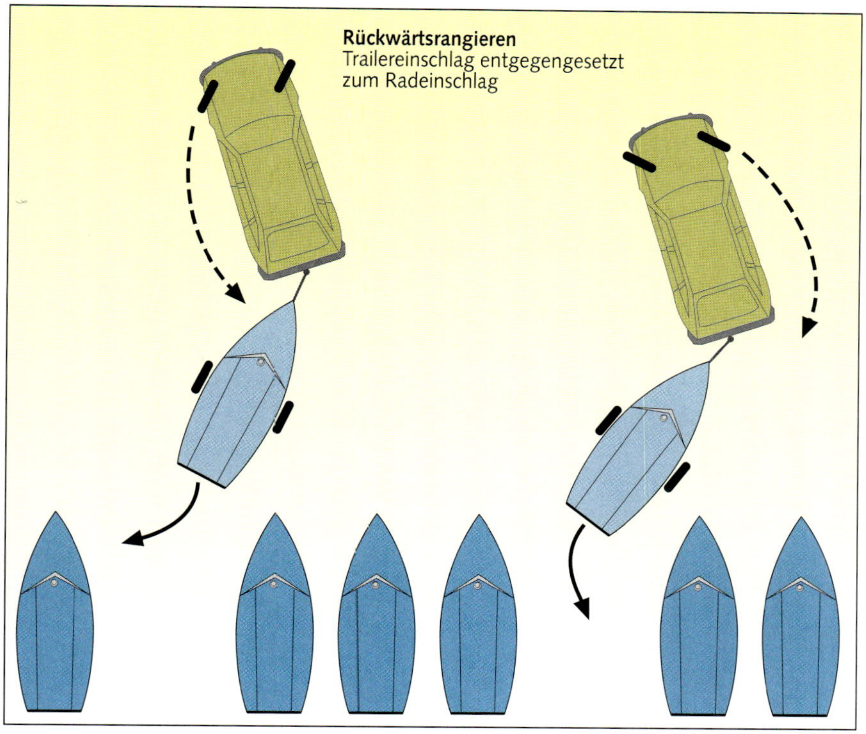

Rangieren mit dem Trailergespann
Umdenken erfordern Rückwärtsmanöver mit Trailer. Hat er eine Auflaufbremse, muss sie zuvor gesperrt werden. Dann wird das Lenkrad jeweils entgegengesetzt der Richtung eingeschlagen, in die man seinen Anhang haben möchte. Will man den Trailer nach links bugsieren, das Lenkrad nach rechts drehen, die Vorderräder also nach rechts einschlagen. Das Heck des Wagens dreht nach rechts, der Trailer schwingt nach links. Oder umgekehrt.

Zulässige Anhängelast: Sie wird vom Autowerk festgelegt und liegt zwischen 300 und 1600 kg. Bei schweren Wagen gibt es Ausnahmegenehmigungen bis zu 2 t.
Die Anhängelast setzt sich zusammen aus der Zuladung (dem Gewicht des Bootes) + Gewicht des Trailers. Die Zuladung geben die Trailerhersteller an. Bei etwa 1,5 t Gewicht hört die Trailerbarkeit eines Bootes auf.
Der Deichseldruck darf nur etwa 10 % der Anhängelast ausmachen.

Ist die Ladung bug- oder hecklastig, kann es zu unangenehmem Aufschaukeln kommen, und das Lenkverhalten des Zugwagens wird unsicher.
Bremsungen sind frühzeitig und weich einzuleiten. Der Bremsweg mit Gespann kann bis zum Doppelten des normalen Bremsweges eines anhanglosen Wagens betragen. Bei hartem Bremsen mit ungebremstem Trailer kann es geschehen, dass sich der Trailer querstellt und das Heck des Wagens zur Seite reißt.

Ab- und Aufslippen

Jollen, kleinere Kielschwerter, Doppel- oder Hubkieler kann man slippen. Das heißt, direkt vom Trailer über eine Sliprampe oder auch vom festen Ufer aus zu Wasser bringen und auf dem gleichen Wege wieder herausziehen. Ablaufrollen und eventuell eine Kippvorrichtung am Trailerrahmen erleichtern diese Arbeit.
Für etwas größere Boote ist eine Seilwinde am Trailer unerlässlich. Sie dient gleichzeitig auch der Transportsicherung des Bootes.
Vorm Wassern des Trailers unbedingt die elektrische Anlage abnehmen. Sie ist nicht wasserdicht. Auch die absolut wasserdichte Radnabe gibt es nicht. Gegen Wasser hilft nur gründliches Abschmieren.
Nach einem Salzwasserbad sollte der Trailer mit Süßwasser abgespritzt werden, um frühzeitiger Korrosion vorzubeugen.
Auch die Bremsleitung von gebremsten Trailern zeigt sich gelegentlich gegen Salzwasser anfällig und neigt dann zum Blockieren. Meist hilft ein kurzes Rückwärtsfahren, um die Blockierung zu lösen. Da sie beim nächsten Bremsen aber wieder auftreten kann, sofort eine Werkstatt aufsuchen.

THEORIE DES SEGELNS

Richtungs- und Kursbezeichnungen

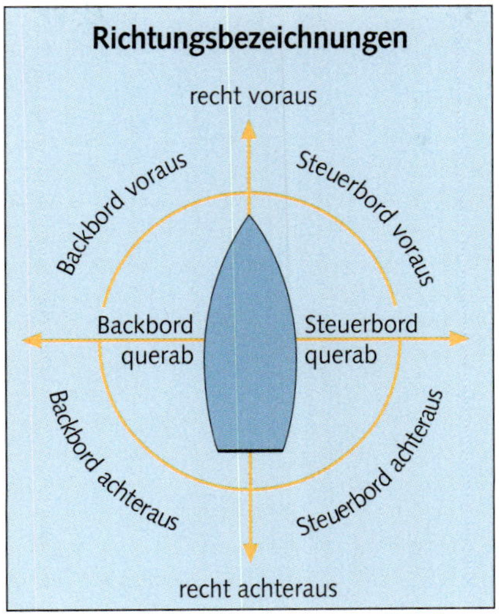

Steuerbord (Stb) ist die rechte Seite eines Schiffes in Fahrtrichtung gesehen;
Backbord (Bb) die linke Seite.
Querab und **dwars** bedeutet im Winkel von 90° zur Mittschiffslinie. Achteraus ist alles, was dahinter liegt.
Recht – nicht zu verwechseln mit rechts – heißt genau oder richtig. Entsprechend ist recht voraus oder recht achteraus etwas, das sich genau in Kiellinie voraus oder achteraus befindet.
Steuerbord-Bug oder **Backbord-Bug** besagt, dass der Baum des Großsegels auf der Steuerbordseite beziehungsweise auf der Backbordseite gefahren wird.
Luv ist die dem Wind zugekehrte Seite eines Schiffes oder auch einer Küste.
Lee ist die dem Wind abgewandte Seite, auf der normalerweise die Segel stehen.
Kommt der Wind genau von achtern, kann das Großsegel beliebig an Steuerbord oder Backbord gefahren werden – das Boot über Steuerbord-Bug oder Backbord-Bug segeln. Entsprechend wechseln auch die Lee- und Luvseite. Lee bleibt aber stets die Seite, auf der der Großbaum geführt wird. Die Seite, auf der der Baum vor dem Wind gerade gefahren wird, kann bei Begegnungen sehr entscheidend sein, denn Steuerbord-Bug ist Backbord-Bug gegenüber ausweichpflichtig.
Anluven heißt mit dem Bug näher an den Wind gehen.
Abfallen mit dem Bug vom Wind abdrehen.
Kurs ist die Richtung, in die ein Boot fährt. Anluven und abfallen sind Kursänderungen. Sie erfordern auch eine Änderung der Segelstellung.

Beim Anluven müssen die Schoten dichter geholt, beim Abfallen müssen sie gefiert werden.

> *Merke: Ran an den Wind – Segel ran. Weg vom Wind – Segel weg.*

Das **Ruder** ist das Steuer eines Bootes. Seine Wirkung beruht auf dem Staudruck, der vor dem Ruderblatt entsteht, wenn es gegen die Strömung angestellt wird. Wird beispielsweise das Ruderblatt nach Steuerbord eingeschlagen, drückt er das Heck zur gegenüberliegenden Seite. Der Bug dreht nach Steuerbord.
❑ Ein Boot dreht stets nach der Seite, auf der das Ruderblatt liegt. Nach der Stellung des Ruderblattes wird auch die Ruderlage bezeichnet:
Steuerbord-Ruder dreht das Boot nach Steuerbord.
Backbord-Ruder dreht das Boot nach Backbord.
Entsprechend lässt das Luv-Ruder das Boot anluven und Lee-Ruder (nach Lee) abfallen.
❑ Die Richtung, in die die Ruderpinne weist, hat nichts mit der Bezeichnung der Ruderlage zu tun. Die Pinne zeigt stets in die entgegengesetzte Richtung. Bei Steuerbord-Ruder also nach Backbord oder bei Luv-Ruder nach Lee.

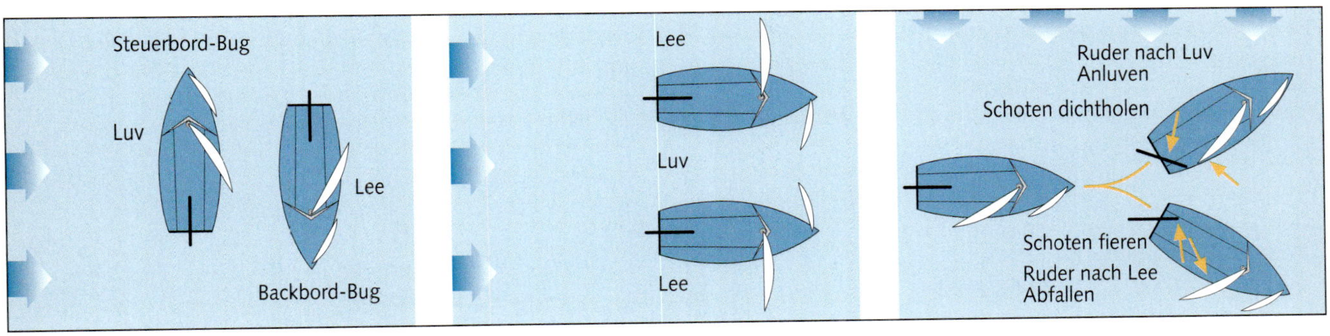

Kurse zum Wind

Für jedes Segelboot gibt es einen etwas unterschiedlich großen Sektor zum Wind, in dem es nicht mehr voraus segelt, sondern mit killenden (schlagenden) Segeln stehen bleibt. Liegt es genau im Wind, treibt es sogar achteraus.
Fahrtenyachten können kaum höher als bis zu 45° an den wahren Wind herangehen. Ausgefeilte Rennyachten schaffen es bis zu etwa 38° Höhe. Es gibt also einen toten Sektor von ungefähr 90° – jeweils 45° rechts und links der Windrichtung –, den ein Boot unter Segeln nicht direkt befahren kann.
Zwischen diesem Sektor und dem Segeln »platt vorm Laken«, das heißt mit Wind genau von hinten, liegen mehrere Kurse, die jeweils eine andere Segelstellung erfordern. Gesegelt wird nur mit dem scheinbaren Wind, der sich aus wahrem Wind und Fahrtwind zusammensetzt.

Am Wind bedeutet die maximale Höhe, die ein Boot laufen kann. Der Winkel zwischen Kurs und einfallendem Wind ist am kleinsten, die Fahrt, die das Boot macht, aber auch nur gering.

Voll und bei ist ein Am-Wind-Kurs, auf dem das Boot nicht mehr größtmögliche Höhe schindet, aber schneller segelt und somit die **optimale Höhe** läuft oder, anders ausgedrückt, den besten Weg nach Luv macht.

Halber Wind ist dementsprechend der von querab einfallende scheinbare Wind und bedeutet nicht etwa, in einem Winkel von 90° zum wahren Wind zu segeln.

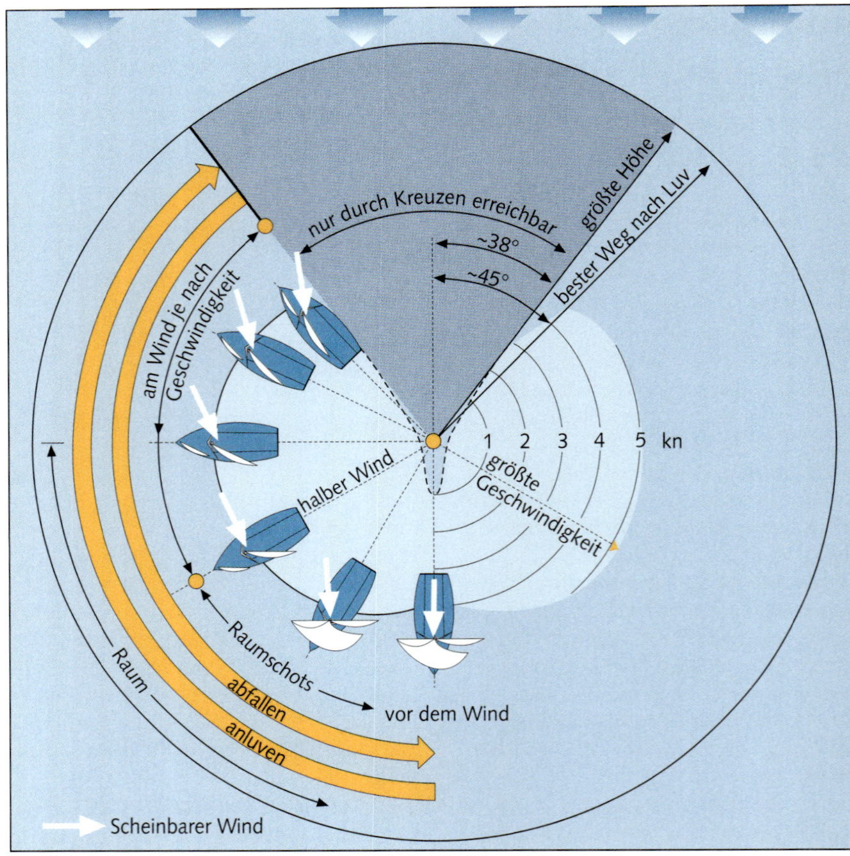

Raumer Wind weht in dem Sektor zwischen halbem und genau achterlichem Wind. Das Segeln in diesem Bereich wird als **Raumschots-Kurs** bezeichnet. **Raum** nennt man jedoch verallgemeinernd auch alle Kurse zwischen »am Wind« und »vorm Wind«.

Vor dem Wind kommt der Wind von recht achteraus.
Alle diese Kurse sind spiegelgleich für Steuerbord- und Backbord-Bug.

Die verschiedenen Kurse zum Wind
Die herzförmig geschwungene Linie ist die typische Geschwindigkeitskurve einer kleinen Rennyacht. Bei etwa 45° segelt sie ihre optimale Höhe. Man kann sie zwar noch bis etwa 38° an den Wind knüppeln, doch macht sie dann nur noch wenig Fahrt. Mit ungefähr halbem (scheinbarem) Wind erreichen alle Segelboote ihre maximale Geschwindigkeit. Diese hier beispielsweise 5,5 Knoten (kn = Seemeilen in der Stunde). Auf Raumschots-Kurs wird das Boot wieder langsamer, und auf Vorm-Wind-Kurs kommt es nur noch auf etwa 75 % bis 80 % seiner maximalen Geschwindigkeit.

Wahrer und scheinbarer Wind

Der tatsächlich wehende Wind ist der **wahre Wind.** Seine Richtung und Stärke (Geschwindigkeit) kann man nur an einem festen Punkt feststellen oder messen. Auf einem Boot, solange es am Steg oder vor Anker liegt. Sobald es jedoch Fahrt aufnimmt, werden Richtung und Stärke des wahren Windes durch den Fahrtwind beeinflusst. Der wahre Wind wandelt sich zum **scheinbaren Wind.** Nur dieser ist an Bord spürbar und maßgeblich für die Kurse. Nur die Richtung des scheinbaren Windes zeigt der Verklicker auf dem Masttopp an.
Je schneller ein Boot segelt, umso stärker wird der Fahrtwind und umso mehr weicht die Richtung des scheinbaren Windes von der des wahren Windes ab.

❑ Der scheinbare Wind fällt stets vorlicher ein als der wahre, ausgenommen auf Vorm-Wind-Kurs. Man segelt scheinbar höher am Wind als »wirklich«.

❑ Je mehr ein Boot anluvt, umso stärker wird der scheinbare Wind, je mehr es abfällt, umso mehr nimmt er ab.

Auswirkungen des Fahrtwindes
Am Wind *fällt der scheinbare Wind am vorlichsten ein und weht wesentlich stärker als der wahre Wind.*
Halber Wind: *Der scheinbare Wind ist merklich schwächer geworden. Er fällt zwar immer noch vorlicher als der wahre Wind ein, erreicht aber nicht mehr dessen Stärke.*
Vor dem Wind *fallen wahrer und scheinbarer Wind zusammen.*

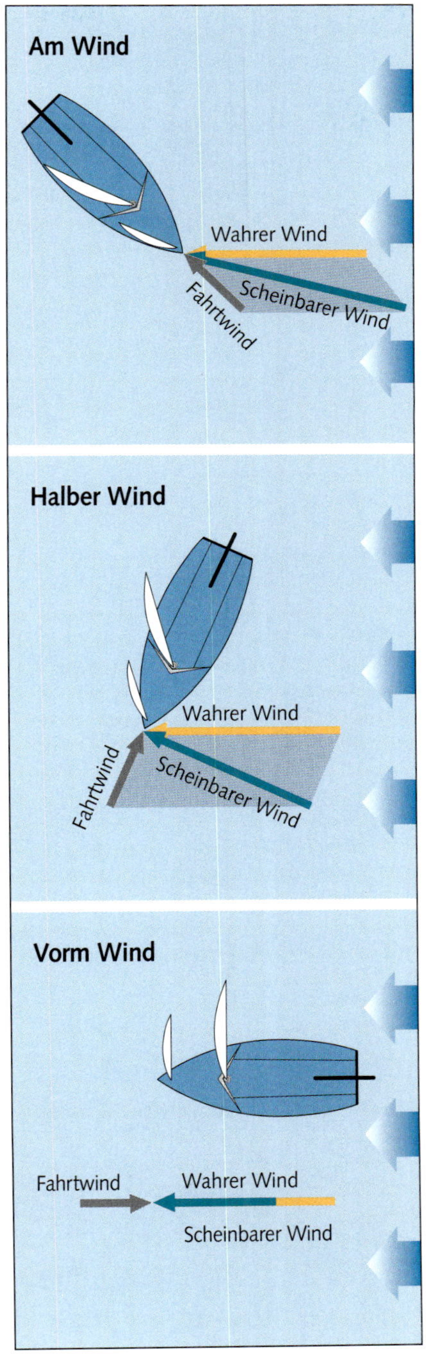

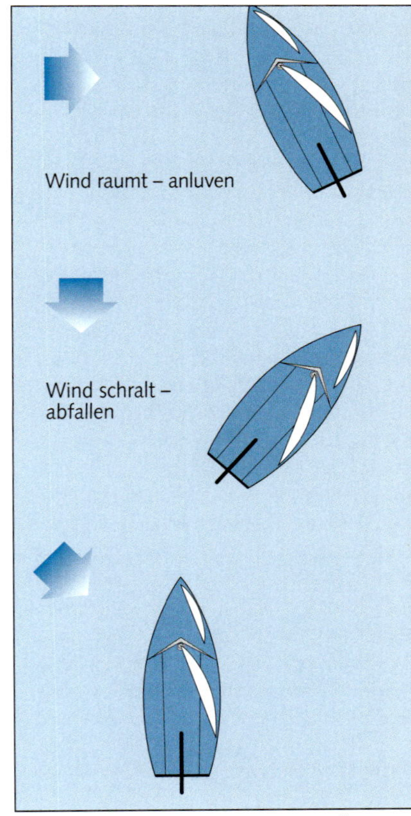

Raumen und Schralen

Raumen bedeutet, dass der Wind nach einer Richtungsänderung weiter von achtern und somit günstiger einfällt,
schralen, dass er vorlicher, also ungünstiger einfällt. Wer am Wind segelt, muss bei schralendem Wind von seinem Kurs abfallen, bei raumendem kann er Höhe heraussegeln. Die Ursachen für diese Erscheinung sind unterschiedlich. Einmal schwankt der wahre Wind in seiner Richtung. Zum anderen kann die Geschwindigkeit des Bootes zunehmen, sodass der scheinbare Wind vorlicher einfällt, also schralt.

Die Antriebskräfte

Antrieb durch Widerstand

Dass Rückenwind schiebt, ist eine jedermann bekannte Tatsache. Nach diesem Prinzip segelt ein Boot vor dem Wind und auch teilweise auf Raumschots-Kurs. Die Segel setzen dem Wind einen Widerstand entgegen. Die Luftströmung wird abgebremst und unterbrochen. Je größer die Widerstandsfläche ist, umso mehr Luftmasse wird abgebremst und umso größer ist der Schub. Am meisten Schub, der gleichbedeutend mit Vortrieb ist, bewirkt eine hohle Halbkugel. Deshalb sind auch spezielle Vorm-Wind-Segel, die Spinnaker, annähernd halbkugelförmig geschnitten.
❑ Je bauchiger die Segel geschnitten, beziehungsweise getrimmt sind, umso wirksamer sind sie auf Kursen, auf denen Vortrieb durch Widerstand erzeugt wird.

Antrieb durch Auftrieb

Auf andere Art entsteht der Vortrieb beim Segeln im Am-Wind-Bereich. Nicht mehr ein bauchiges Segel erzeugt Widerstand, sondern ein flaches, als aerodynamisches Profil geschnittenes Segel bewirkt eine störungsfreie Ablenkung des Windes. Die Luftströmung wird dabei gleichzeitig in Luv verzögert und in Lee beschleunigt.
Dabei entsteht ein Überdruck in Luv und durch die Beschleunigung der Luftströmung ein erheblich größerer Unterdruck in Lee. Beide Kräfte wirken als Gesamtkraft in die gleiche Richtung, fast senkrecht zur Richtung des einfallenden Windes.
Das Segel arbeitet nach demselben Prinzip wie die Tragfläche eines Flugzeuges. Aus der Aerodynamik stammt denn auch die Bezeichnung »Auftrieb«, der nicht mit Vortrieb gleichzusetzen ist. Der Wind liefert dem Boot überhaupt keinen nach vorn gerichteten Vortrieb, sondern nur einen quer zur Windrichtung orientierten Auftrieb. Erst das Boot selbst, sein aus Schwert oder Kiel und Unterwasserschiff gebildeter Lateralwiderstand verwandeln ein Teil der quergerichteten Gesamtkraft des Auftriebs in Vortrieb. Das heißt, in Fahrt voraus.

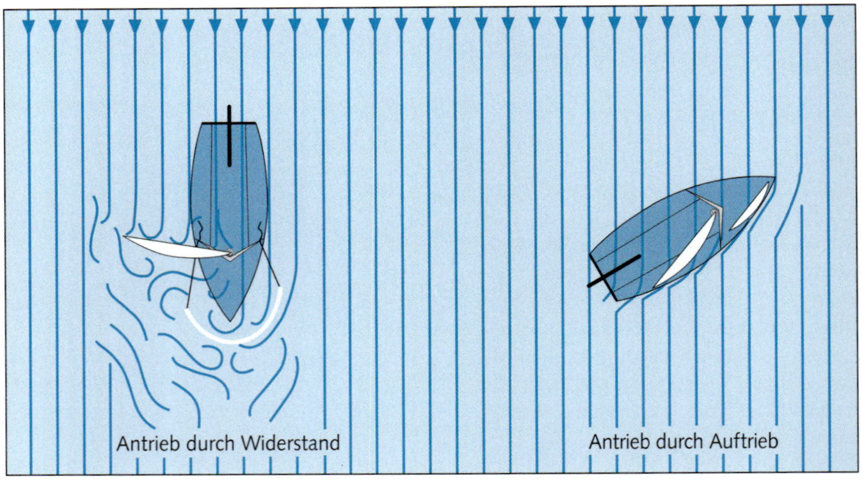

Die Querkraft

Zerlegt man die vom Wind auf das

Segeln vorm Wind – Antrieb durch Widerstand

Antrieb durch Auftrieb – Segeln am Wind

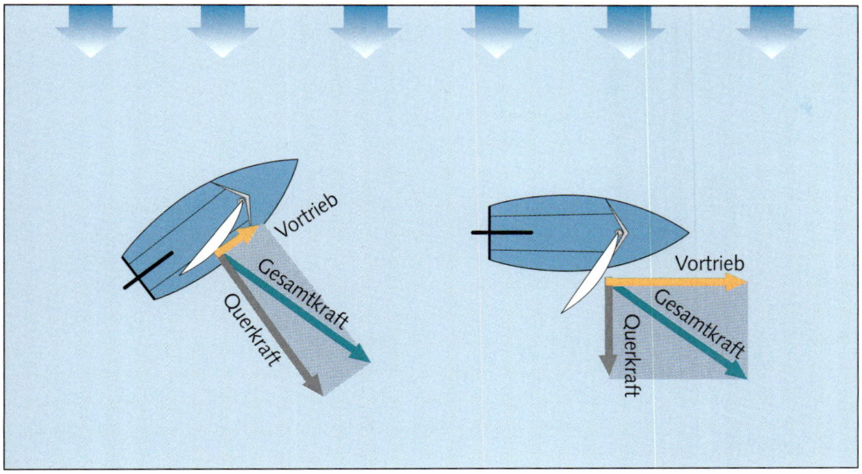

Boot gerichtete Gesamtkraft mit einem Kräfteparallelogramm in Querkraft und Vortrieb, wird deutlich, wie gering der gewonnene Vortrieb ist. Dass es ihn überhaupt gibt, bewirkt der Lateralplan. Er stellt sich mit seinem großen seitlichen Widerstand im Wasser der Querkomponente der Gesamtkraft entgegen, nützt aber die voraus gerichtete Komponente umso besser aus. Denn in Vorausrichtung ist der Widerstand minimal. Die Querkraft bewirkt die Krängung des Bootes und die seitliche Abdrift.

❑ Am Wind ist das Verhältnis von Vortrieb zu Querkraft am ungünstigsten. Die meiste Windenergie wird in Krängung und Abdrift umgesetzt.

❑ Auf raumeren Kursen nimmt der Anteil der Querkraft und damit Krängung und Abdrift ab, während der Vortrieb entsprechend wächst. Deshalb segelt man raumschots am schnellsten.

Der Anstellwinkel des Segels

Denkt man an die Flugzeugtragfläche, wird deutlich, wie wichtig der richtige Anstellwinkel des Segels auf Am-Wind-Kursen ist. Der optimale Anstellwinkel ist erreicht, wenn das Segel im unteren Drittel am Vorliek gerade noch nicht killt, das heißt, zu flattern beginnt.

❑ Großsegel zu dicht geholt: Die Luftströmung in Lee reißt ab. Es kommt zu Verwirbelungen, das Druckgefälle zwischen Luv- und Leeseite baut sich ab, das Boot läuft nicht mehr.

❑ Großsegel zu weit gefiert: Es steht weitgehend parallel zur Luftströmung. Es entsteht kaum oder gar kein Druckgefälle zwischen Luv und Lee und somit kein Auftrieb, der in Vortrieb umgesetzt werden kann. Der Wind streicht wirkungslos an der Segelfläche vorbei.

Ähnlich liegen die Dinge auch beim Zusammenspiel von Vor- und Großsegel. Kann die Luft zwischen beiden Segeln ungestört hindurchstreichen, wird sie durch den so genannten Düseneffekt beschleunigt. Der Unterdruck in Lee des Großsegels wird dadurch erhöht und der Auftrieb und damit Vortrieb verstärkt.

❑ Vorsegel zu dicht: Die Luftströmung reißt ab, der Abwind des Vorsegels wird gegen das Großsegel gelenkt und wirkt bremsend.

Die Abdrift

Der Querkraft wirkt der Lateralwiderstand unter Wasser entgegen. Je länger und tiefer diese Lateralfläche ist, umso wirksamer. Doch sie kann auf Am-Wind-Kursen nicht verhindern, dass das Boot unter dem Winddruck auf das Segel stets etwas in Querrichtung ausweicht. Dieser Winkel zwischen dem gesteuerten und dem tatsächlich gesegelten Kurs ist die Abdrift.

❑ Auf Am-Wind-Kursen muss mehr nach Luv gehalten werden als der direkte Kurs zum Ziel erfordern würde. Auf Vorm-Wind-Kurs kann eine schwache Abdrift durch ungleiche Verteilung der Vortriebskräfte rechts und links vom Mast entstehen.

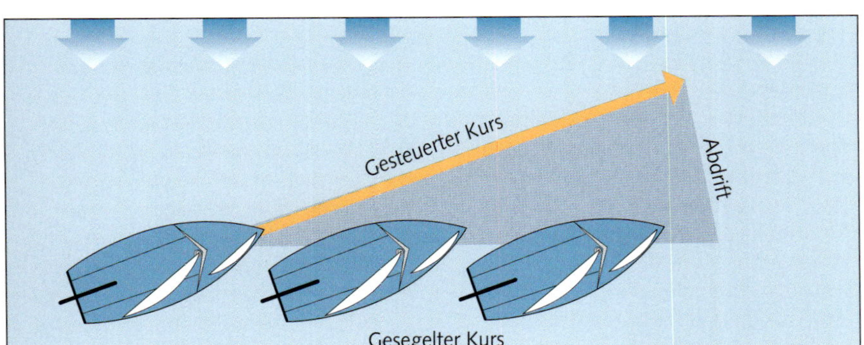

Die Stabilität

Unter der Stabilität eines Bootes versteht man die Fähigkeit, sich aus einer gekrängten Lage wieder aufzurichten. In ihren Stabilitätsverhältnissen unterscheiden sich Jollen erheblich von Kielbooten.

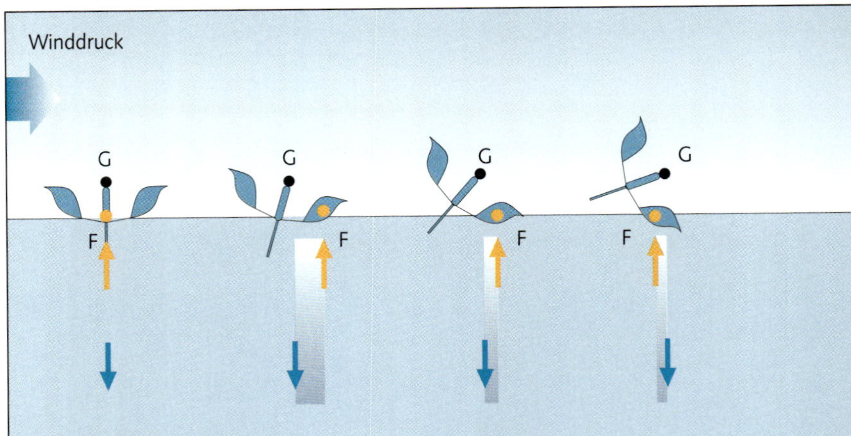

Formstabilität einer Jolle

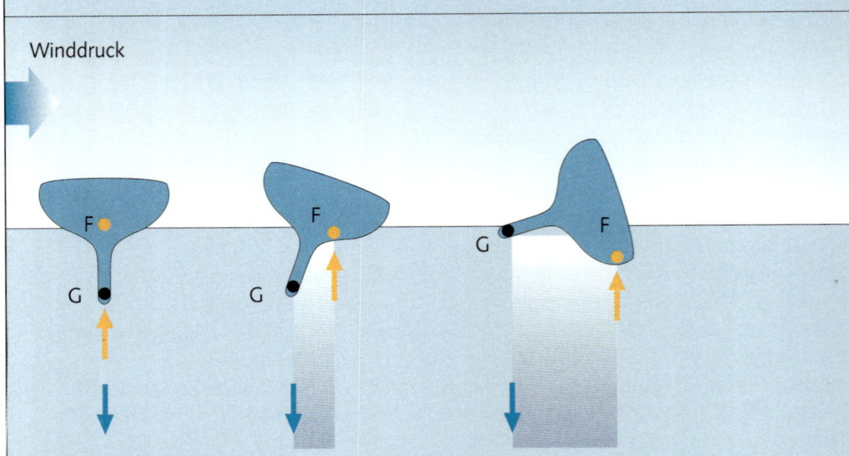

Gewichtsstabilität einer Kielyacht

Die Formstabilität

Jollen besitzen ausschließlich Formstabilität, die sich aus der mehr oder minder breiten Form des Rumpfes ergibt. Sie allein ist nur gering. Die zusätzlich erforderliche Stabilität beim Segeln erbringt der »lebende Ballast«, das Gewicht der Mannschaft.

❑ Die Stabilität einer ballastlosen Jolle hängt wesentlich vom Körpergewicht der Mannschaft ab. Je weiter das Mannschaftsgewicht nach Luv gebracht wird, umso länger wird der aufrichtende Hebelarm, umso höher ist die **Anfangsstabilität.**
Über einen gewissen Krängungswinkel hinaus jedoch wirkt der lebende Ballast in die entgegengesetzte Richtung: Das Boot kentert.

❑ Eine Jolle hat eine geringe **Endstabilität.**

Die Gewichtsstabilität

Kielboote beziehen ihre Stabilität im Wesentlichen aus dem tiefsitzenden Kielballast, auch als toter Ballast bezeichnet. Der aufrichtende Hebelarm liegt also nicht über Wasser, wie bei der Jolle, sondern unterhalb der Wasserlinie. Das heißt, je mehr eine Kielyacht krängt, umso größer wird die aufrichtende Kraft.

❑ Ein Kielboot hat eine hohe Endstabilität.
Es kann unter extremen Wetterbedingungen zwar durchkentern, richtet sich danach aber wieder auf, während eine Jolle »kieloben« liegen bleibt.
Aber auch eine Kielyacht besitzt eine sich aus der Rumpfform ergebende Formstabilität. Sie macht das Boot »rank« – geringe Anfangsstabilität – oder »steif« – hohe Anfangsstabilität.

Bei der ballastlosen Jolle liegt der Gewichtsschwerpunkt (G) über dem Form- oder Auftriebsschwerpunkt (F). Zunächst wandert F nach Lee aus, wird dann aber von G »überholt«: Die Jolle kippt um.
Bei der geballasteten Kielyacht liegt der Gewichtsschwerpunkt (G) unter dem Formschwerpunkt (F). Je weiter F nach Lee wandert, umso länger wird der aufrichtende Hebelarm.

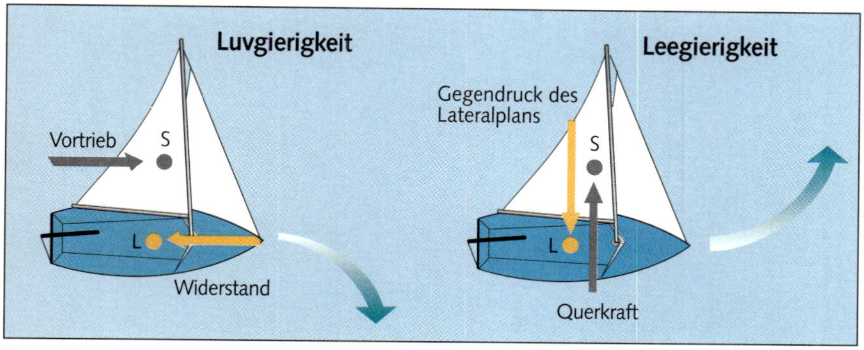

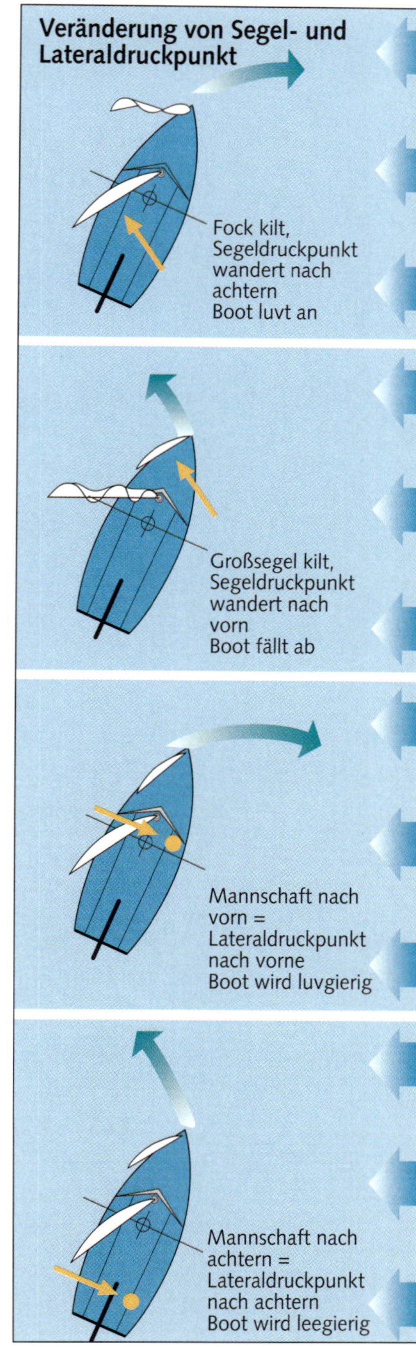

Luv- und Leegierigkeit

Unter Luv- beziehungsweise Leegierigkeit versteht man den Hang mancher Boote, bei mittschiffs gelegtem Ruder anzuluven beziehungsweise abzufallen. Wie kommt es dazu?

Man denke sich alle Windkräfte, die auf die gesamte Segelfläche einwirken, in einem Angriffspunkt konzentriert: dem Segeldruckpunkt S. Und alle der seitlichen Abdrift entgegenwirkenden Kräfte in einem Angriffspunkt am Unterwasserschiff konzentriert: dem Lateraldruckpunkt L. Vortrieb der Segel (S) und Widerstand des Unterwasserschiffes (L) bilden einen Hebelarm, der ein Drehmoment nach Luv bewirkt.

Dem wirkt als Hebelarm die auf das Segel ausgeübte Querkraft und der Gegendruck auf den Lateralplan (L) entgegen. Durch ihn erhält das Boot ein Drehmoment nach Lee. Bei einem gut konstruierten Boot sind diese Gegenkräfte so ausgewogen, dass es ausgeglichen segelt. Aus dem Gleichgewicht kommen sie jedoch leicht bei stärkerer Krängung, weil der Segeldruckpunkt dabei nach Lee auswandert, oder bei Gewichtsverlagerung.

❑ Luvgierigkeit entsteht, wenn der Segeldruckpunkt nach achtern oder der Lateraldruckpunkt nach vorne wandert.

❑ Leegierigkeit entsteht, wenn der Segeldruckpunkt nach vorne oder der Lateraldruckpunkt nach achtern wandert.

In jedem Fall muss gegengesteuert werden. Das ist nicht nur anstrengend, sondern verursacht auch Fahrtverlust, weil das ständig leicht eingeschlagene Ruderblatt bremst.

Wie ist Luvgierigkeit zu beheben?

❑ Traveller nach Lee
❑ Fockschotholepunkte weiter einwärts versetzen
❑ Vorsegel vergrößern
❑ Vorsegel weiter nach vorn versetzen
❑ Mast nach vorn versetzen
❑ Großsegel verkleinern (Reffen)
❑ Schwert und Ruderblatt aufholen
❑ Mannschaft nach achtern

Wie ist Leegierigkeit zu beheben?

❑ Traveller nach Luv
❑ Fockschotholepunkte weiter nach auswärts versetzen
❑ Vorsegel verkleinern
❑ Vorsegel weiter nach achtern versetzen
❑ Mast nach achtern versetzen
❑ Schwert und Ruderblatt fieren
❑ Mannschaftsgewicht nach vorne

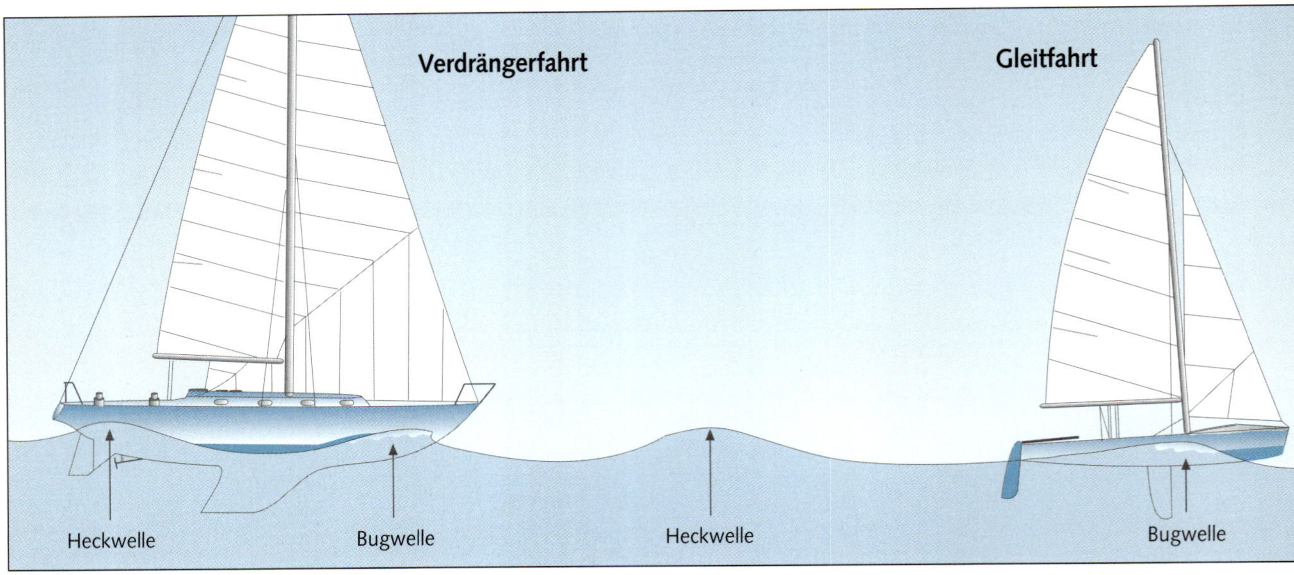

Verdränger und Gleiter

Die Rumpfgeschwindigkeit

Jedes Schiff hat eine rechnerisch zu ermittelnde Rumpf- oder Grenzgeschwindigkeit. Sie ergibt sich aus der Länge der Wasserlinie. Man rechnet:
❑ Wurzel aus der Wasserlinienlänge in Metern × 4,5 = Geschwindigkeit in Stundenkilometern (km/h).
❑ Wurzel aus der Wasserlinienlänge in Metern × 2,43 = Geschwindigkeit in Knoten (kn) = Seemeilen pro Stunde.
Hat beispielsweise eine Kielyacht eine Wasserlinienlänge von 9 m (2,43 × $\sqrt{9}$), so liegt die höchste erreichbare Geschwindigkeit bei 7,3 kn. Ihre Rumpfgeschwindigkeit erreichen Kielboote meist nur unter idealen Voraussetzungen.
Ob ein Schiff seine Rumpfgeschwindigkeit läuft, ist leicht zu erkennen. Der Rumpf liegt dann in einem ausgeprägten Wellental, eingebettet zwischen Bug- und Heckwelle. Mehr Antriebskraft – sei es durch Segel oder Motor – macht das Boot kaum schneller. Sie erzeugt nur eine höhere Heckwelle, an der sich das Heck gefährlich festsaugt, und ein tieferes Wellental.
Man spricht in diesem Fall von einem **Verdränger** und **Verdrängerfahrt**. Das Boot verdrängt eine Wassermenge, deren Gewicht gleich seinem eigenen Gewicht ist.
❑ Ein Verdränger bleibt immer in seinem eigenen Wellensystem gefangen.

Dynamischer Auftrieb

Leichte Boote hingegen, Jollen mit einer entsprechend ausgelegten flachen Bodenform, können ihrem Wellensystem entrinnen. Zwar macht sich auch bei ihnen ein erhöhter Widerstand bemerkbar, wenn sie ihre Rumpfgeschwindigkeit erreichen, aber sie überwinden diesen kritischen Punkt. Sie schieben sich auf ihre Bugwelle und lassen ihre Heckwelle hinter sich. Sie gleiten. Je weiter die Heckwelle achteraus wandert, umso höher ist die Gleitfahrt. Ermöglicht wird sie durch einen teilweise dynamischen Auftrieb unter dem Bootsboden, der den Bug trägt. Ein Boot in Gleitfahrt wird also leichter, es verdrängt weniger Wasser als seinem Gewicht entspricht. Gleichzeitig verringert sich die vom Wasser benetzte Rumpffläche und damit der Reibungswiderstand.
❑ Ein Gleitboot kann ein Mehrfaches seiner Rumpfgeschwindigkeit erzielen.
Gleiten ist nicht zu verwechseln mit **Surfen**, einem zeitweiligen Reiten auf einem Wellenhang. Auch dabei wird die Rumpfgeschwindigkeit überschritten. Ins Surfen können auch größere Kielyachten kommen.

PRAXIS DES SEGELNS

Segel setzen

Um dem Wind beim Setzen der Segel keine Angriffsfläche zu bieten, muss das Boot mit dem Bug im Wind liegen. Möglichst sollte auch das Heck schwojen, das heißt, frei ausschwingen können, dann stellt sich das Boot, ähnlich einer Wetterfahne, selbst in den Wind. Ist dies am Liegeplatz nicht möglich, muss man sein Boot an die Leeseite eines Steges, an einen Pfahl oder eine Boje paddeln oder mit Leinen verholen.
Damit jeder an Bord weiß, was läuft und was er zu tun hat, ist eine einheitliche so genannte Kommandosprache entwickelt worden. Sie besteht aus der Manöveranweisung und der Ausführungsmeldung.
Als **Manöver** werden alle Tätigkeiten bezeichnet, die irgendwelche Veränderungen in der Bootsführung bewirken. Beispielsweise Segelmanöver, Ablegemanöver, Ankermanöver etc.

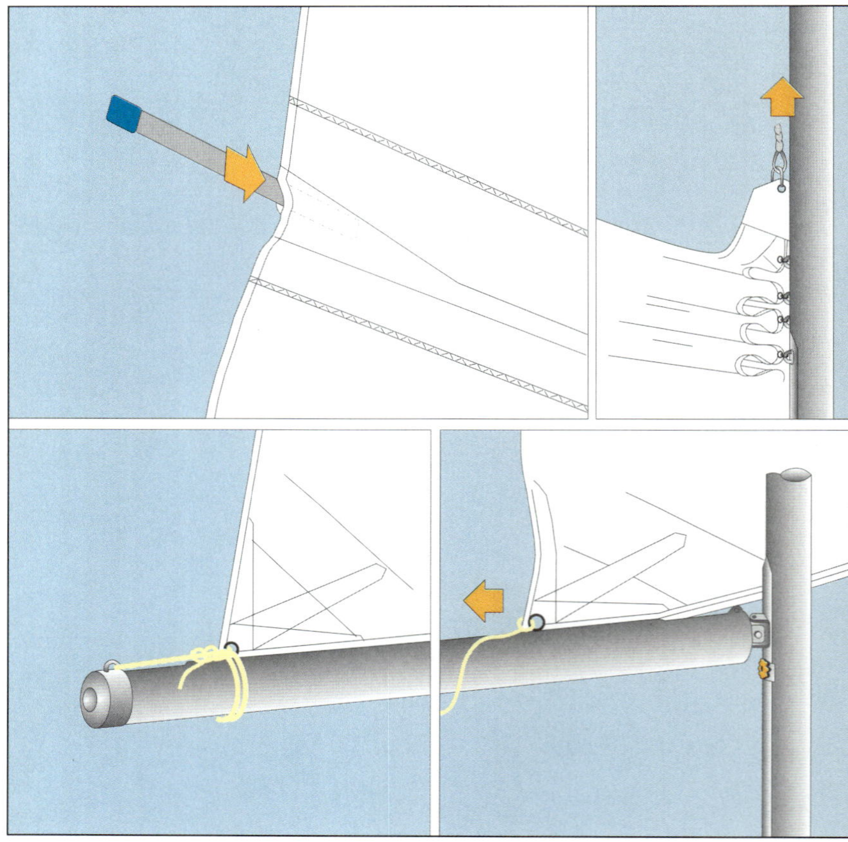

Segel anschlagen

Um die Segel setzen zu können, müssen sie zunächst einmal angeschlagen werden. Fälschlicherweise wird das An- und Abschlagen der Segel oft als Auf- und Abtakeln bezeichnet. Das aber bedeutet das Aufrichten und Abnehmen des gesamten Riggs.

Anschlagen des Großsegels

Zunächst die Großschot am Baum und am Fußbeschlag anschäkeln. Kontrollieren, ob sie nicht blockiert. Achtknoten in den Tampen der Großschot.

Statt der Mastnut kann es auch eine Mastschiene sein, auf die Rutscher gesetzt werden. Bevor man den Kopf anschäkelt, kontrollieren, ob das Vorliek nicht vertörnt ist, indem man es vom Hals zum Kopf durch die Hand laufen lässt.
Die Segellatten in ihre Taschen stecken. Entweder gleich nachdem man das Segel aus seinem Sack geholt hat oder während des Segelsetzens (wenn man zu zweit ist). Einige Latten klemmen sich fest, andere müssen eingebunden werden.
Das Segel eventuell am Baum zeisen (festbinden), damit es nicht ausweht.

1 Das Unterliek am Schothorn in die Baumnut einziehen und nach hinten stramm durchholen.
2 Die Halskausch vorne am Baum anschäkeln.
3 Das Schothorn an der Baumnock festbändseln.
4 Das Vorliek am Segelkopf in die Mastnut einführen und das Großfall am Kopfbrett anschäkeln.

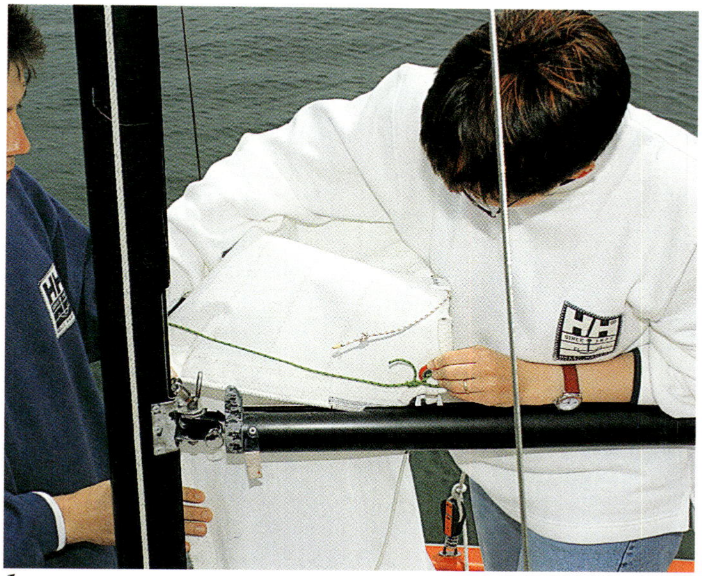

1

2

3

4

Anschlagen der Fock

1

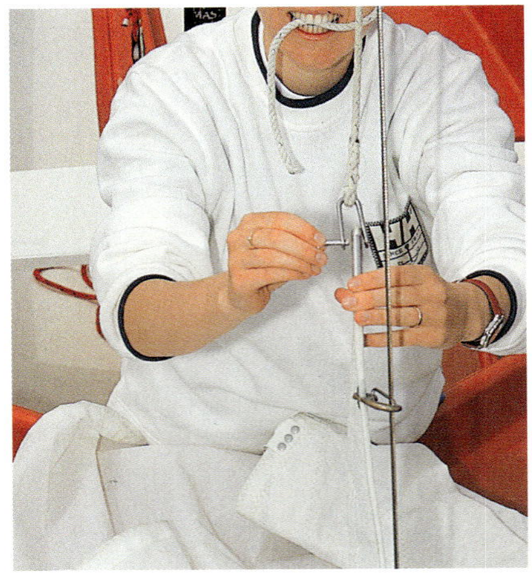

2

3

4

5

***1** Den Segelhals am Vorstagbeschlag anschäkeln. Die Stagreiter von unten nach oben aufs Vorstag setzen.*
***2** Das Fockfall los (nicht ausrauschen lassen!) und den Segelkopf am Fall anschäkeln. Fockfall provisorisch belegen.*
***3** Die Fockschot am Schothorn anschäkeln oder besser einknoten und auf beiden Seiten außen ums Want nehmen…*
***4** …und durch die Leitösen oder den Leitblock führen…*
***5** …und auf beide Tampen Achtknoten setzen, damit sie nicht ausrauschen können.*

Merke:
Beim Segelanschlagen niemals das jeweilige Fall aus der Hand lassen, es könnte sonst allzu leicht unerreichbar in den Mast hochrauschen.

Auf einer Jolle die Fallen niemals auf der Klampe mit Kopfschlag belegen. Er lässt sich notfalls nicht schnell genug loswerfen.

Legt man nicht unmittelbar ab, die Fock am Vorstag zeisen (anbinden), damit sie nicht schlägt oder Wind fängt.

Segel setzen

Das **Großsegel** wird zuerst gesetzt oder geheißt: Das Fall Hand über Hand holen, zum Schluss in einer Bucht um die Klampe legen und mit der rechten Hand in die feste Part einfallen, um das Fall steif durchsetzen zu können. Das Fall auf der Klampe belegen und das Ende aufschießen. Auf Kielbooten die Dirk lose geben (Jollen haben meist keine). Hat der Baum eine Streckertalje, diese ebenfalls durchsetzen und den Baumniederholer einpicken und durchsetzen.

Kommandotafel Segelsetzen

Klar zum Setzen des …segels!
…segel ist klar zum Setzen!
Heiß …segel!

1

2

1 Zu zweit ist es einfacher: Während einer das Fall holt, hat der andere beide Hände frei, um für einen glatten Einlauf des Vorlieks in die Mastnut zu sorgen.

2 Den Baum nahe am Lümmel hochdrücken, um das Fall besser steif durchsetzen zu können.

Beim **Vorsegel** (Fock) das Fall so steif durchsetzen, dass das Vorstag gerade anfängt, lose zu kommen. Auf Jollen geht das leichter, wenn man mit einer Hand ins Vorstag einfällt. Das Fall auf der Klampe belegen und das Ende aufschießen.

❑ Alle Vorsegelfallen kommen an die Backbordseite des Mastes, das Großsegelfall an Steuerbord.

Typische Anfängerfehler
Das Boot liegt nicht genau im Wind, die Schot hakt, das Großsegel fängt Wind, das Boot beginnt zu »segeln«.
Eine Segellatte gerät mit dem Achterliek beim Großsegelsetzen hinter das Want.
Achtknoten auf den Fockschottampen vergessen. Sie rauschen aus ihren Leitösen.

Segeltrimm

Nur ein optimal getrimmtes Segel garantiert optimale Segeleigenschaften. Richtiger oder falscher Trimm beginnt bereits beim Segelsetzen. Die Fock darf an keinem der drei Lieken Falten ziehen.

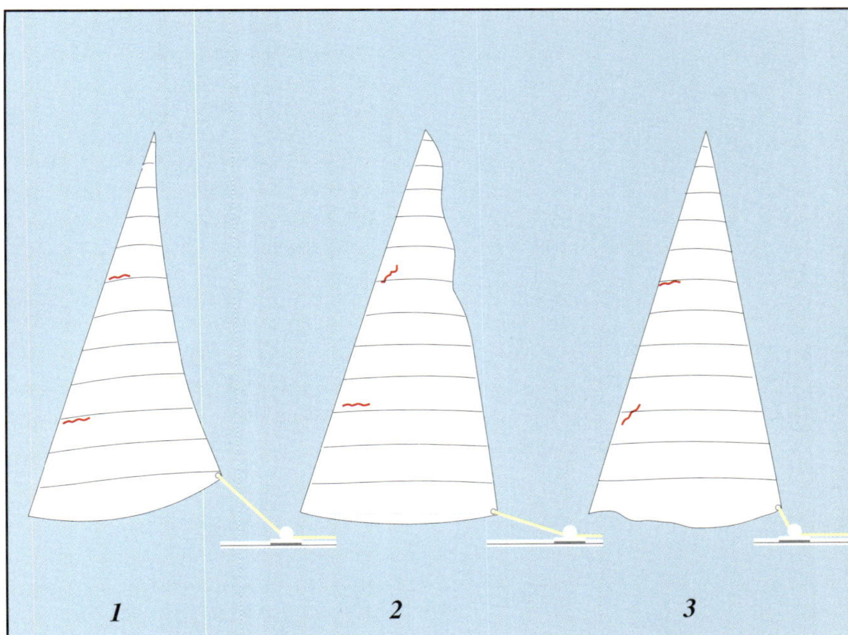

Trimm- oder Windfäden, zu beiden Seiten hinter dem Vorliek des Vorsegels angebracht, zeigen sofort an, ob der Holepunkt der Vorschot stimmt.

1 Flattern alle Fäden auf beiden Seiten nach hinten, stimmt der Holepunkt.

2 Wirbeln die oberen hoch und flattern nur die unteren nach hinten, steht der Holepunkt zu weit hinten.

3 Wirbeln die unteren hoch und wehen nur die oberen nach hinten, sitzt der Holepunkt zu weit vorne.

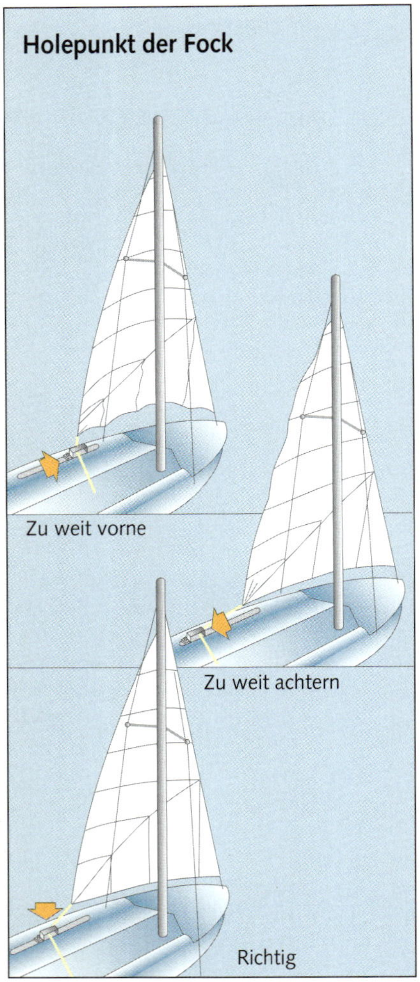

❑ Falten am Vorliek: Das Fall ist nicht steif genug durchgesetzt.
❑ Falten am Unterliek: Die Fockschotleitöse muss weiter nach achtern versetzt werden.
❑ Falten am Achterliek: Die Fockschotleitöse muss weiter nach vorne versetzt werden. Vorausgesetzt, die Fock ist vom Segelmacher nicht verschnitten.

Bei dichtgeholter Fockschot müssen Unter- und Achterliek gleichmäßig unter Zug stehen und dürfen nicht killen, das heißt flattern. Der Schotzug muss etwa der Winkelhalbierenden zwischen Achter- und Unterliek entsprechen.

Trimm des Großsegels

Ähnliches gilt für den Trimm des Großsegels. Falten am Vorliek bedeuten: Das Großfall oder der Halsstrecker ist nicht steif genug durchgesetzt. Eine weitere Möglichkeit, die Vorliekspannung zu regulieren, bietet die Cunningham-Kausch.
Allgemein gilt für den Trimm des Großsegels:
❑ bei leichten Winden Bauch ins Segel rein,
❑ bei viel Wind Bauch aus dem Segel raus.
Der Bauch, die durch den Schnitt der Bahnen dem Segel mitgegebene Wölbung, lässt sich durch unterschiedliche Spannung in den Lieken beeinflussen. Unabhängig von der Windstärke ist ein gewölbteres Segel auf Kursen mit achterlichem Wind wirksamer – ein flaches auf Am-Wind-Kursen.
Die einfachste und effektivste Maßnahme, um ein flaches Segel bauchiger zu bekommen, ist, den Schothornausholer loser zu fahren. Dadurch rutscht das Unterliek etwas in Richtung Mast.
Am Wind lässt sich die Wölbung auch mit dem Traveller beeinflussen. Ein mittschiffs geholter Traveller bewirkt eine leichte Wölbung für leichte Winde, ein weit nach Lee gefahrener Traveller ein flacheres Segel für viel Wind.

Segel bergen

Auch zum Segelbergen muss das Boot im oder nahezu im Wind liegen. Wenn man seinen Liegeplatz nicht vorm Wind unter Fock anlaufen muss, wird sie zuerst geborgen, um bei Anlege- oder Ankermanöver auf dem Vorschiff unbehindert arbeiten zu können.

Kommandotafel Segelbergen

Klar zum Bergen des ...segels!
...segel ist klar zum Bergen!
Hol nieder ...segel!

Die Fock bergen: Das Fockfall fieren und die Fock, so wie sie kommt, zwischen die Knie klemmen, damit sie nicht ins Wasser weht. Fall abschäkeln und belegen. Stagreiter und Segelhals auspicken. Achtknoten lösen, Fockschot aus den Leitösen ziehen. Das Segeltuch vom Kopf zum Hals hin einrollen, den so entstandenen Schlauch locker zusammenlegen und im Segelsack verstauen.
Bleibt die Schot angeschlagen, aufschießen und aus dem Sack heraushängen lassen. Zusammenrollen ist beim Vorsegel deshalb sinnvoll, weil es meistens ein Drahtvorliek hat und der Draht beim lagenweisen Zusammenlegen unnötig geknickt oder verbogen würde.
Das Großsegel bergen: Schot loswerfen, Dirk durchsetzen oder Baumstütze aufstellen. Großfall fieren, mit der Hand ins Vorliek greifen und holen. Den Kopf vom Fall abschäkeln. Wenn das Segel am Baum angeschlagen bleiben soll, das Tuch lagenweise auf dem Baum zusammenfalten, nach innen einschlagen, das verbleibende Tuch fest zusammenrollen, dabei darauf achten, dass die Segellatten parallel zum Baum eingerollt werden und das aufgerollte Tuch mit Zeisern (Gummistropps) beschlagen. Mit einer Persenning abdecken. Oder – auf kleinen Booten – Großschot abschäkeln und den Baum samt Segel von Bord nehmen. Häufiger jedoch wird das Großsegel vom Baum abgeschlagen. Die Segellatten herausnehmen, das Segel ziehharmonikaartig, vom Unterliek beginnend, zusammenlegen, und das so entstandene Paket zusammenrollen und im Segelsack verstauen.

Typische Anfängerfehler
Fallen vertörnen: Die Segel kommen nicht schnell genug herunter.
Das versehentlich losgelassene Fall geht in dem Mast hoch.
Das Boot liegt zum Bergen des Großsegels nicht genau im Wind: Das Mastliek verklemmt, die Baumnock klatscht seitlich ins Wasser.
Der Baum wird beim Bergen des Großsegels nicht abgefangen: Er kracht aufs Achterdeck oder ins Cockpit.
Die Fock wird beim Bergen nicht eingefangen und weht ins Wasser.

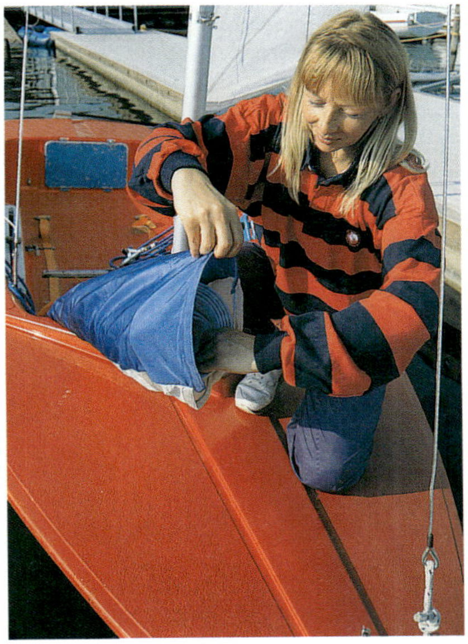

Großfall fieren, das Vorliek aus der Mastnut nehmen...

...den Baum in die Baumstütze legen, das Fall abschäkeln...

...das Segel vom Vorliek ausgehend fächerförmig zusammenlegen...

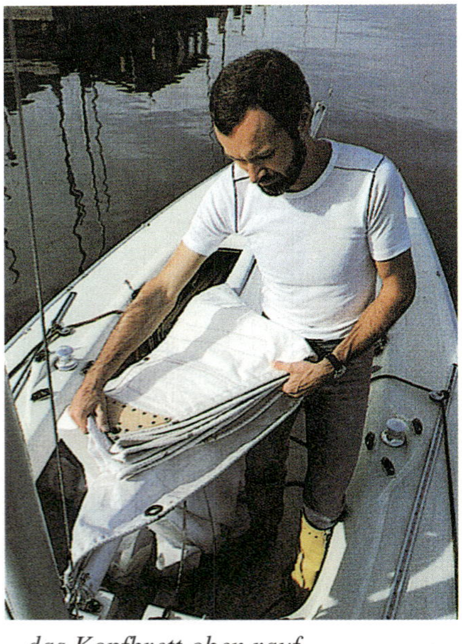

...das Kopfbrett oben rauf.

Das Ganze auf den Baum rollen...

...mit Stropps zusammenhalten, Persenning rüber oder den Baum mitsamt dem Segel mitnehmen.

Auftuchen des Großsegels

Wenn man einige Zeit nicht segelt, sollte das Großsegel unbedingt vom Baum abgeschlagen und im Segelsack mit nach Hause genommen oder unter Deck gestaut werden.
Das Segel auf der grünen Wiese zusammenzulegen ist nicht unbedingt empfehlenswert. Zum einen wegen Verfärbung des Tuches, zum anderen wegen möglichem Pilzbefall.

Das Segel glatt ausbreiten...

...und vom Unterliek ausgehend...

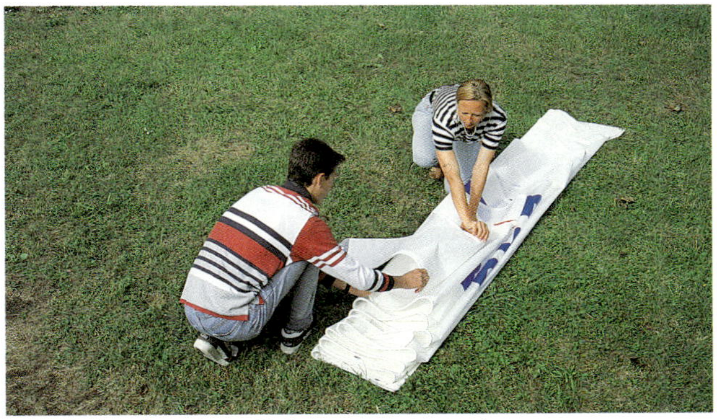

...in fächerförmigen Bahnen zusammenlegen.

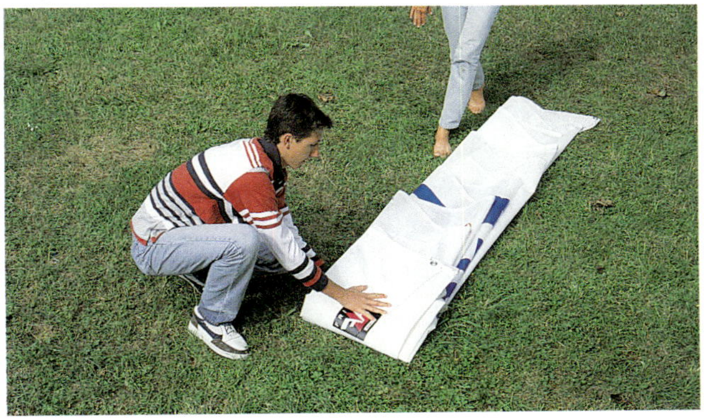

Das Ganze vom Vorliek ausgehend...

...zu einem handlichen Paket zusammenfalten.

Das Ablegen

Achteraussegeln

Da das Boot zum Segelsetzen im Wind liegen muss, beginnt das Ablegen meist damit, ein Stück achteraus zu segeln oder besser, sich treiben zu lassen, um vom Steg oder Pfahl freizukommen. Nicht nur Anfänger haben dabei manchmal Schwierigkeiten mit der Ruderlage. Am besten vielleicht verdeutlicht man sich das auf einem Kreisbogen. Ob voraus oder achteraus, die Bewegungsrichtung bleibt stets gleich:

❑ Steuerbord-Ruder bei Fahrt voraus dreht das Vorschiff nach Steuerbord,
❑ Steuerbord-Ruder bei Fahrt achteraus dreht das Achterschiff nach Steuerbord.

Segel backhalten: Will man länger recht achteraus laufen, wird das Großsegel am Baum gegen den Wind herausgedrückt, das heißt, backgehalten. Das Ruder liegt dann mittschiffs. Meist wird man aber nur weit genug achteraus treiben wollen, um abfallen und danach Fahrt voraus aufnehmen zu können. Dazu wird die Fock backgehalten. Immer entgegengesetzt der Seite, über die abgefallen werden soll.

❑ Bei Fock back an Backbord dreht der Bug nach Steuerbord – oder umgekehrt.

Merke:
Beim Achteraustreiben nach dem Ablegen Pinne zu der Seite, über die später losgesegelt werden soll. Fock back gegenüber der Pinne.

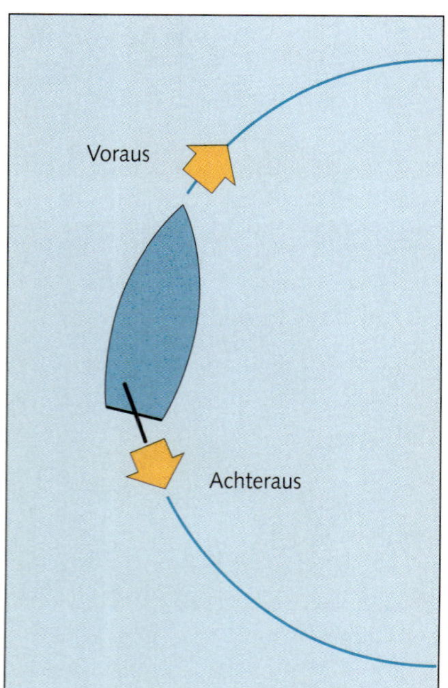

Ablegen vom Steg

Am einfachsten ist es, wenn das Boot längsseits am Steg liegt, Wind parallel zum Steg. Es genügt dann, Fender am Heck auszubringen, den Bug kräftig abzusetzen – der Wind drückt ihn weiter herum –, das Ruder zum offenen Wasser zu legen, die Schoten anzuholen und abzulaufen.

Kommandotafel Ablegen vom Steg

Klar bei Vorleine!
Vorleine ist klar!
Vorleine los!
Fock back an ...bord!
Über die Fock!
Schoten an ...bord!

Ablegen -
Wind von vorne parallel zum Steg

Das Boot liegt in Lee vom Steg im Wind, die Segel sind gesetzt, alle Schoten los. Vorleine los. Beim An-Bord-Gehen das Boot kräftig achteraus drücken.

***1** Ruder zum Steg hin auf Fahrt achteraus legen.*

***2** Fock am Schothorn back halten. Die Großschot bleibt gefiert, das Großsegel killt. Das Boot treibt achteraus und fällt ab.*

***3** Fock über, Ruder nach Lee, Großschot anholen.*

***4** Fahrt voraus aufnehmen und auf Kurs gehen.*

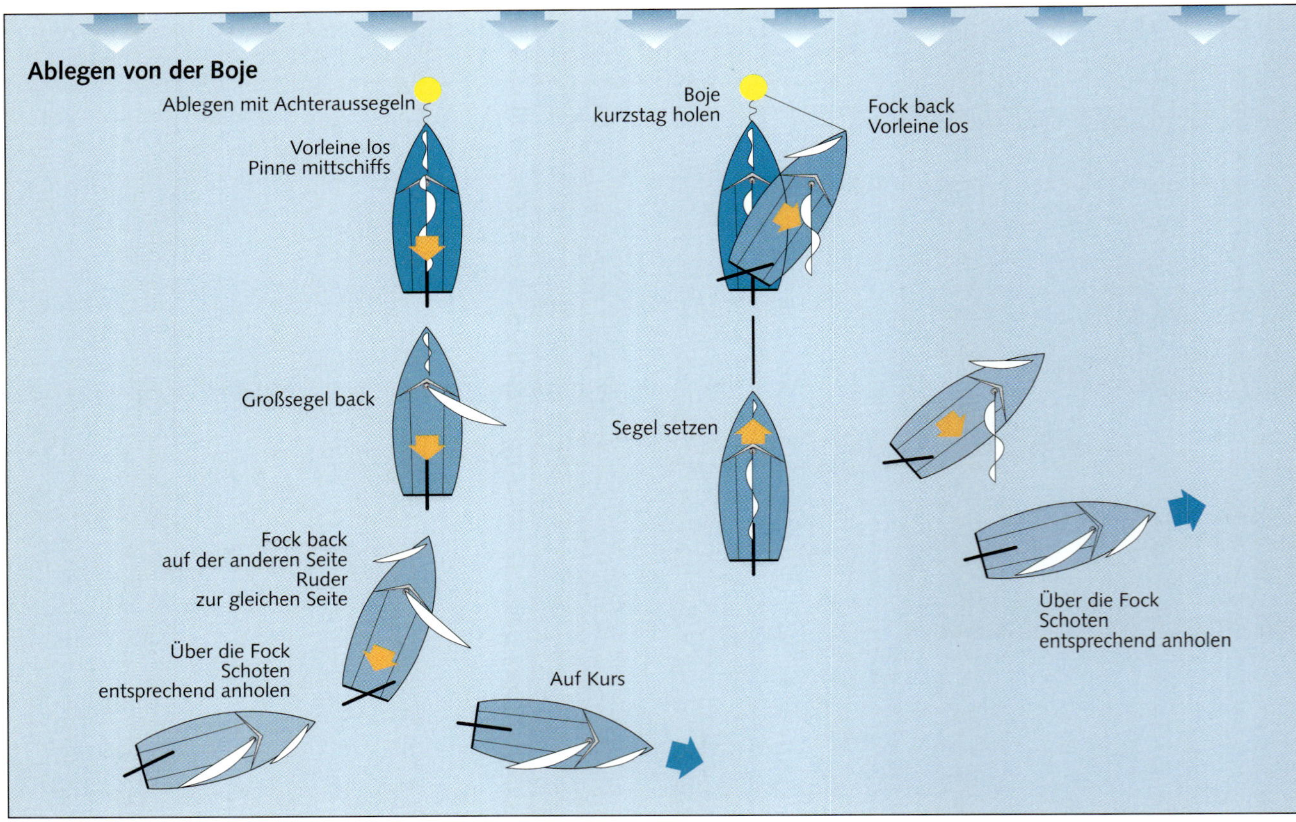

Ablegen von der Boje

Häufig wird man mitten in einem Bojenfeld liegen und muss sich vorher genau überlegen, über welchen Bug man abfallen will, um sich von anderen Booten oder irgendwelchen Hindernissen freizuhalten. Damit der Bug beim Loswerfen nicht mit der Boje kollidiert, muss sie beim Ablegen über Backbord-Bug an Steuerbord kurzstag geholt werden, also jeweils auf der gegenüberliegenden Seite. Die Bojenleine gleich loswerfen, wenn der Bug abzufallen beginnt, sonst könnte er vom Bojengeschirr wieder zurückgerissen werden. Manchmal wird man, um sich überhaupt freihalten zu können, das Boot weit achteraus treiben lassen müssen. Ist die auf Slip belegte Vorleine nicht lang genug, muss mit dem backgehaltenen Großsegel achteraus gesegelt werden.
Backhalten auf der Seite, über die man später lossegeln will, denn es entsteht eine leichte Drehtendenz in diese Richtung.

Merke:
Die Boje stets an der Seite kurzstag holen, auf der die Fock backgesetzt wird.

Kommandotafel Ablegen von der Boje

Klar zum Setzen des Großsegels!
Großsegel ist klar zum Setzen!
Heiß Großsegel!
Klar zum Setzen des Vorsegels!
Vorsegel ist klar zum Setzen!
Heiß Vorsegel!
Boje kurzstag holen an ...bord!
Boje ist kurzstag!
Klar zum Loswerfen der Boje!
Boje ist klar!
Fock back an ...bord!
Los vorne!
Boje ist los!
Über die Fock!
Schoten an ...bord!

Der Aufschießer

Ein Segelboot kann man nur abstoppen, indem man in den Wind schießt oder aufschießt, das heißt, hart anluvt, bis das Boot mit dem Bug im Wind steht.

> *Merke:*
> *Aufgeschossen wird in den wahren Wind, der achterlicher einfällt als der scheinbare, mit dem man segelt. Man unterschätzt deshalb leicht beim Ruderlegen und Andrehen den Winkel-Bogen, den der Bug zu durchmessen hat, bis er im wahren Wind liegt.*

Mit einem Aufschießer legt man überall dort an, wo man in Lee genügend Raum hat. Es wird ein gedachter Punkt angesteuert, dort die Fock geborgen, das Boot in den Wind gedreht und mit loser Großschot auslaufen gelassen. Der Abstand des Drehpunktes von der Anlegestelle muss so bemessen sein, dass das verbleibende Fahrtmoment des Bootes gerade ausreicht, um mit killendem Großsegel an den Steg (Festmachepfahl oder Boje) zu kommen. Das Geschick bei einem Anlegemanöver liegt darin, diese Auslaufstrecke richtig einzuschätzen. Sie ist abhängig von der Windstärke, dem Seegang und dem Bootsgewicht.
Allgemein gilt:
❑ Je größer und schwerer das Boot ist, umso länger ist aufgrund der größeren Masseträgheit der Auslauf.
❑ Je stärker der Wind und bewegter die See ist, umso kürzer ist der Auslauf.
❑ Je härter die Ruderlage beim Aufschießen, besonders auf Jollen, umso stärker ist die Bremswirkung und umso kürzer ist daher der Auslauf.

Der Nahezu-Aufschießer

Er ist ein modifizierter Aufschießer. Der Drehpunkt liegt nicht mehr genau in Lee, sondern etwa drei Bootslängen rechts oder links vom Ziel. Das Boot läuft mit killenden Segeln auf einem Am-Wind-Kurs, entweder über Steuerbord- oder Backbord-Bug aus.
❑ Besonders wichtig beim Nahezu-Aufschießer ist, dass Fock- und Großschot völlig losgegeben werden und nicht haken, damit die Segel frei nach Lee auswehen können.
❑ Der Vorteil des Nahezu-Aufschießers: Merkt man, dass der Auslauf zu kurz bemessen war, kann man durch kurzes Holen der Schoten wieder etwas mehr Fahrt aufnehmen und sich auf diese Weise an das Ziel heranarbeiten.
Die Schoten müssen allerdings geholt werden, bevor das Boot zum Stillstand gekommen ist. Sonst erzeugt das Schotenholen statt des erwünschten Vortriebs nur Abdrift, und man muss, um wieder etwas Fahrt aufzunehmen, so weit abfallen, dass man sehr wahrscheinlich in Lee an seinem Ziel vorbeitreibt.

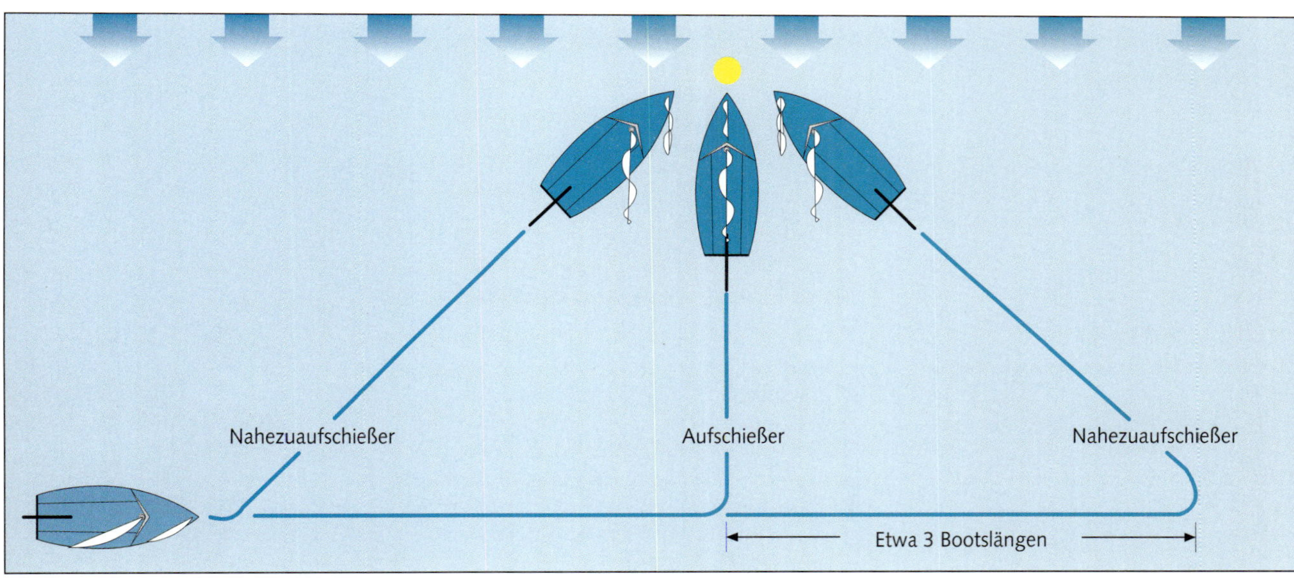

Anlegen

Anlegen am Steg

Selbstverständlich liegen schon vor dem Aufschießer Festmacheleinen, Fender und der Bootshaken bereit. Der Bootshaken kann bisweilen recht nützlich sein, um den letzten fehlenden halben Meter zu überbrücken, sich an einen Pfahl zu verholen oder bei zu viel Fahrt das Boot vom Steg abzusetzen. Ist es am Steg nicht tief genug, muss auf einer Jolle das Schwert rechtzeitig entsprechend aufgeholt werden.
Die Fock ist vorm Aufschießen zum Anlegen zu bergen, weil durch Schlagen und Haken der Fockschoten das Vorsegel leicht back kommen kann und das Boot abfallen lässt.

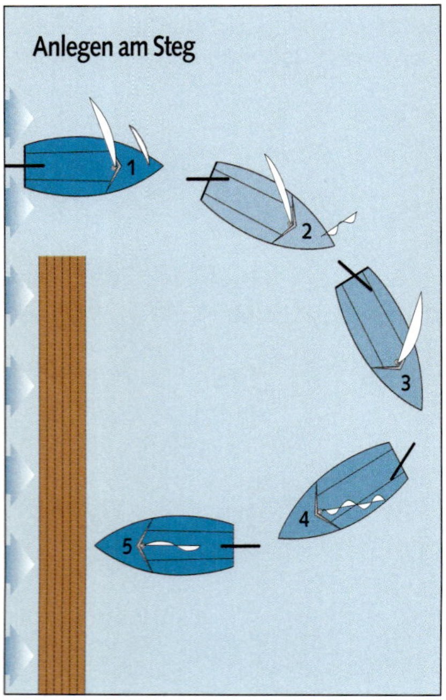

Typische Anfängerfehler
Beim Aufschießen Großschot nicht vollständig losgegeben: Bei einer Winddrehung (häufig hinter Hafenabdeckungen) fängt das Segel Wind, und das Boot nimmt plötzlich wieder Fahrt auf.
Den Auslauf zu kurz bemessen: Das Boot »versauert« weit vom Steg entfernt und beginnt achteraus zu treiben.

Kommandotafel Anlegen am Steg

Klar zum Anlegen!
Klar zum Bergen des Vorsegels!

Vorsegel ist klar zum Bergen!
Hol nieder Vorsegel!
Los die Großschot!
Klar zum Bergen des Großsegels!

Großsegel ist klar zum Bergen!
Hol nieder Großsegel!
Klar Deck überall!

1 Anlaufen mit achterlichem Wind.

5 Vorleine über und festmachen. Das Manöver vom Ausgangskurs Halb-Wind und Am-Wind ist gleich, nur reduziert sich der Kreisbogen für den Aufschießer entsprechend zu einem Viertelkreis, beziehungsweise weniger.

2 In Lee des Steges einen gedachten Punkt ansteuern.

3 Fock bergen, Großschot los und aufschießen.

4 Vorleine klarmachen und das Boot mit killendem Großsegel gegen den Wind auslaufen lassen.

Kommandotafel Anlegen an der Boje

Klar zum An-die-Boje-gehen!
Klar zum Bergen des Vorsegels!
Vorsegel ist klar zum Bergen!
Hol nieder Vorsegel!
Los die Großschot!
Boje ist gefasst!
Klar zum Bergen des Großsegels!
Großsegel ist klar zum Bergen!
Hol nieder Großsegel!
Klar Deck überall!

Anlegen an der Boje

Das Manöver ist im Prinzip das gleiche wie beim Anlegen am Steg, eignet sich aber vorzüglich zum Üben, weil es bei einem mit zu viel Fahrt verpatzten Manöver nicht gleich kracht, sondern man elegant vorbeilaufen, abfallen und einen neuen Versuch unternehmen kann.
Bei einem gekonnten Manöver kommt das Boot so dicht vor der Boje zum Stehen, dass man sie mit der Hand greifen kann. Zu viel Fahrt beim Auslaufen lässt sich mit dem am Baum backgehaltenen Großsegel abstoppen. Das gilt natürlich auch für Anlegemanöver am Steg.

6 ... und die Boje vom Vorschiff aus greifen.

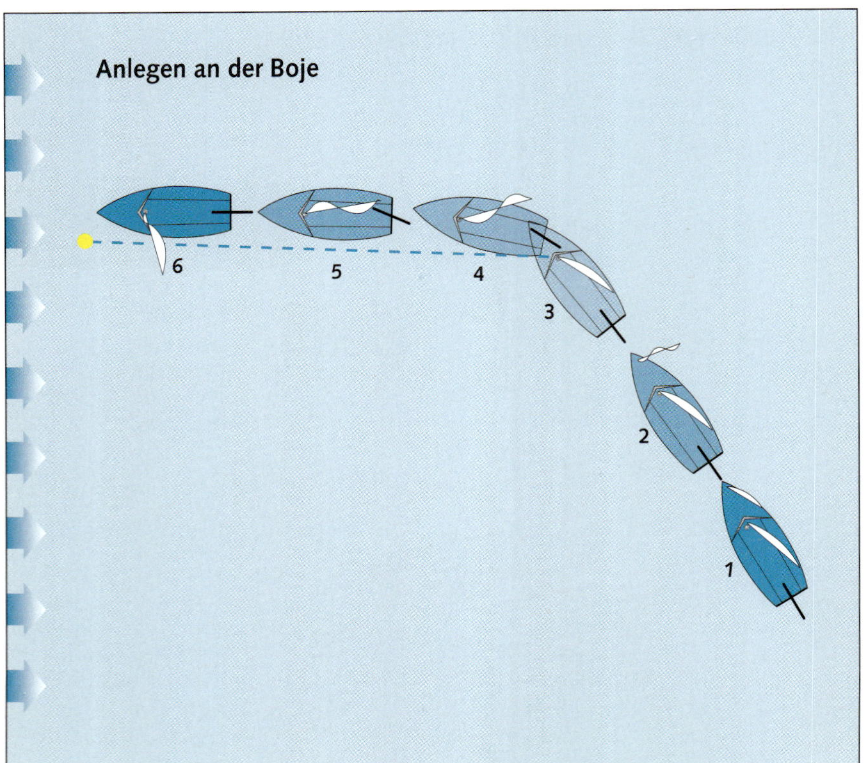

1 Anlaufen am Wind.

5 ...aufschießen...

4 Großschot los, Ruder nach Luv...

2 Fock bergen und...

3 ...weiterlaufen, bis die Boje querab vom Mast peilt.

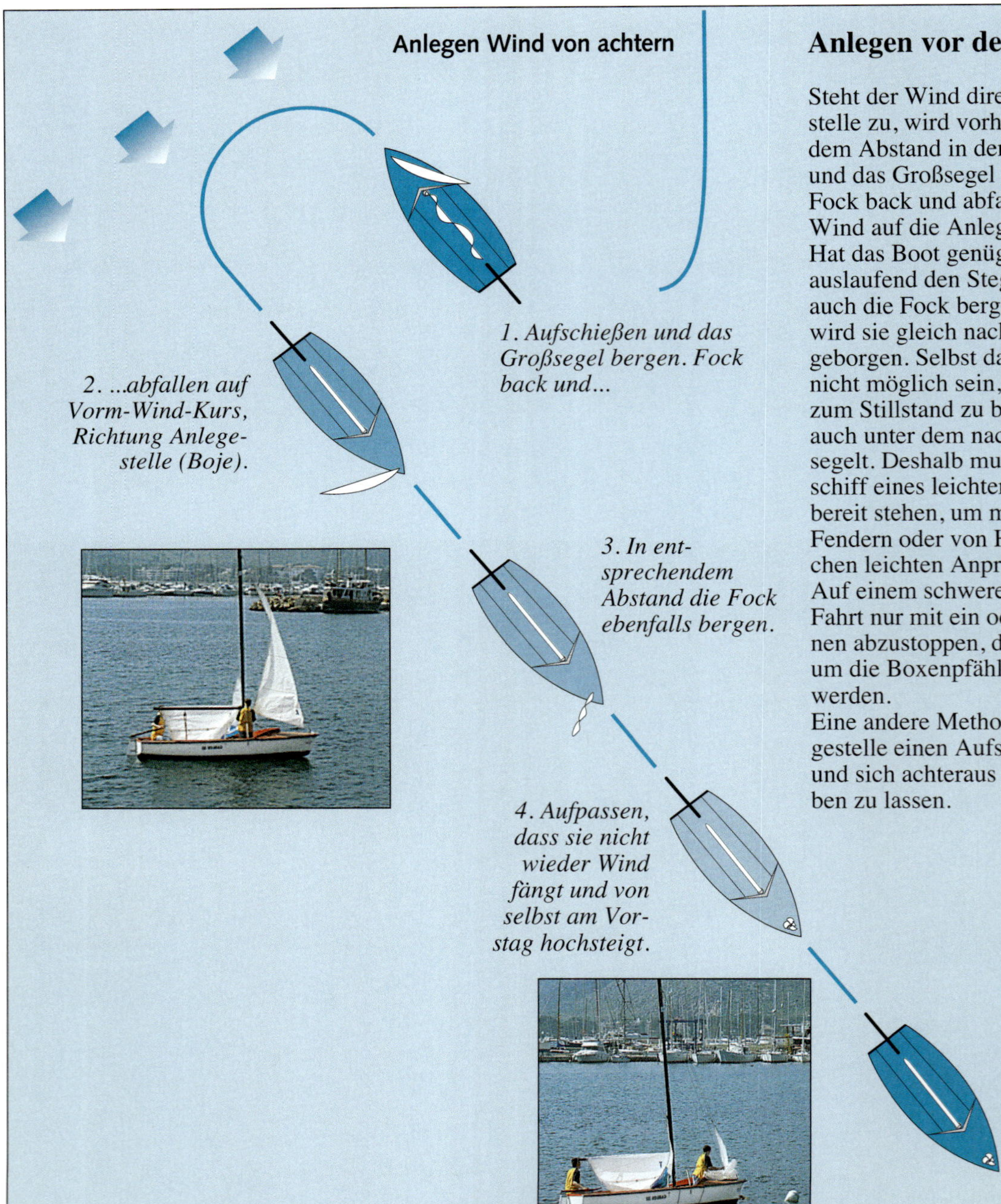

1. Aufschießen und das Großsegel bergen. Fock back und...

2. ...abfallen auf Vorm-Wind-Kurs, Richtung Anlegestelle (Boje).

3. In entsprechendem Abstand die Fock ebenfalls bergen.

4. Aufpassen, dass sie nicht wieder Wind fängt und von selbst am Vorstag hochsteigt.

5. Die letzten Meter vor »Topp und Takel«, das heißt unter nacktem Rigg, auf die Anlegestelle – hier eine Boje – zutreiben lassen.

Anlegen vor dem Wind

Steht der Wind direkt auf die Anlegestelle zu, wird vorher in hinreichendem Abstand in den Wind geschossen und das Großsegel geborgen. Dann Fock back und abfallen und vor dem Wind auf die Anlegestelle zulaufen. Hat das Boot genügend Fahrt, um auslaufend den Steg zu erreichen, auch die Fock bergen. Bei viel Wind wird sie gleich nach der Drehung geborgen. Selbst dann wird es meist nicht möglich sein, das Boot völlig zum Stillstand zu bringen, weil es auch unter dem nackten Rigg noch segelt. Deshalb muss auf dem Vorschiff eines leichteren Bootes jemand bereit stehen, um mit Bootshaken, Fendern oder von Hand den möglichen leichten Anprall aufzufangen. Auf einem schwereren Boot ist die Fahrt nur mit ein oder zwei Achterleinen abzustoppen, die mit einer Bucht um die Boxenpfähle genommen werden.
Eine andere Methode: vor der Anlegestelle einen Aufschießer zu machen und sich achteraus an den Steg treiben zu lassen.

Festmachen

Festgemacht wird längsseits oder in einer Stegbox, je nach den örtlichen Gegebenheiten.
Beim Längsseitsliegen wird zusätzlich zur Vor- und Achterleine eine Vor- und Achterspring ausgebracht. Die Spring fesselt das Boot. Es kann sich nicht mehr in der Längsrichtung bewegen oder mit Bug oder Heck abscheren, wie es sonst durch Wind oder Strom verursacht wird.
Zwischen Rumpf und Steg oder Pier kommen schützende Fender. Sie müssen so fixiert werden, dass sie sich nicht auf den Steg oder an Deck schieben können und somit nutzlos werden. Beim Ablegen sind sie sofort hereinzunehmen. Es gilt als unseemännisch, mit außenbords baumelnden Fendern zu segeln.
In der Stegbox werden zwei Vor- und Achterleinen ausgebracht, die genügend Spiel haben müssen, damit das Boot nicht in den Leinen hängt. Die Vorleinen sollten möglichst breit auseinander festgemacht werden, dann wirken sie wie ein Federsatz und das Boot ruckt bei Schwell nicht so stark in die Leinen. Die Achterleinen sollten über Kreuz festgemacht werden, damit das Boot nicht zu weit seitlich ausweichen kann.
Die Bezeichnung der Leinen bezieht sich auf das Vor- und Achterschiff. Die Achterleinen können also zu den Achterpfählen führen, aber ebenso gut zum Steg, wenn das Boot mit dem Heck zum Steg liegt.
Die Länge der Festmacher wird nicht vom Steg, sondern von Bord aus reguliert. Überschüssiges Tauwerk wird an Deck als Schnecke aufgeschossen.
An der Boje wird häufig nur mit einer Vorleine festgemacht. So kann das Boot frei um sein Bojengeschirr schwojen, wenn Schwert und Ruderblatt aufgeholt werden.
Klar Deck überall! nach dem Festmachen bedeutet: alles ordentlich stauen und verstauen. Schwert und Ruderblatt aufholen, damit sie beim Dümpeln des Bootes nicht hin- und herschlagen und Schwertkasten und Ruderkopf nicht übermäßig beanspruchen.
Die Pinne festsetzen, die Fallen vom Mast abspreizen, damit sie bei Wind nicht ruhestörend klappern. Ein offenes Boot wird möglichst mit einer Persenning abgedeckt, wenn es längere Zeit liegenbleiben soll.

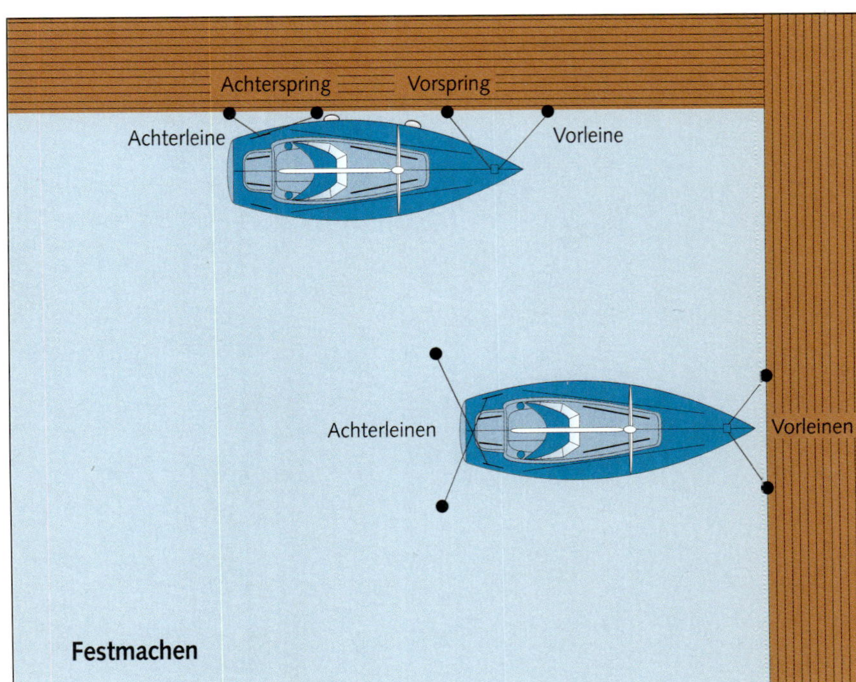

Festmachen

Segeln am Wind

Die Segelstellung

Ein Bild, das man auf fast jedem Revier beobachten kann: Zwei Boote segeln annähernd am Wind. Während eins davonzieht, scheint das andere geradezu auf dem Wasser zu kleben. Der Grund ist meist immer derselbe: zu dicht gefahrene Segel. Der Am-Wind-Kurs verlangt ein hohes Maß an seglerischem Fingerspitzengefühl. Die richtige Segelstellung muss ausprobiert werden.

Man holt den Großbaum so weit dicht, dass sein Ende, die Nock, etwa über Ecke Heck steht. Jetzt sich vorsichtig so hoch an den Wind herankneifen, bis das Vorliek des Großsegels zu killen beginnt – in diesem Fall leicht nach Luv einfällt. Dann gerade so weit abfallen, dass diese Erscheinung wieder verschwindet. Nun den Stand von Groß- und Vorsegel miteinander in Einklang bringen. Das Vorsegel so dicht holen, dass der Abwind das Großsegel im Vorliekbereich nach Luv beutelt. Dann die Vorschot behutsam fieren, bis die Falten oder Beutel wieder verschwinden.

So sind die Segel für den Am-Wind-Kurs optimal getrimmt.

Hat man die ideale Einstellung von Vor- und Großsegel zueinander gefunden, möglichst nicht mehr mit den Schoten arbeiten, sondern kleinen Richtungsänderungen des Windes durch leichte Kurskorrekturen mit dem Ruder begegnen.

Denn da der Wind in seiner Richtung meist etwas schwankt, muss das Herankneifen häufiger wiederholt werden. Diese Windschwankungen sind

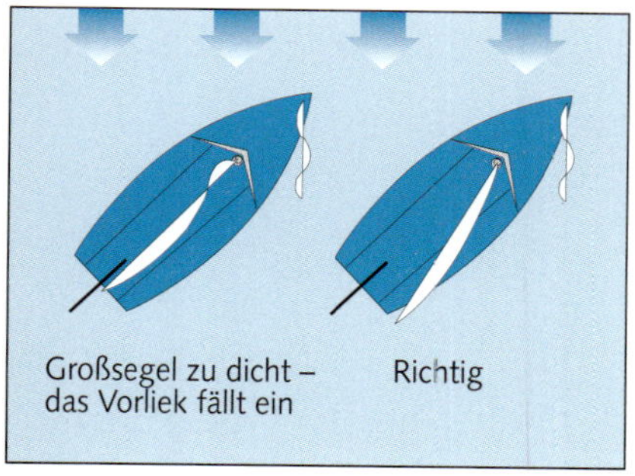

Typischer Anfängerfehler: Der Steuermann hat auf einen Winddreher nicht schnell genug reagiert. Das Großsegel ist mittschiffs gekommen und liefert keinen Vortrieb mehr. Das Boot steht. Der Steuermann legt viel zu spät Lee-Ruder.

auch verantwortlich dafür, wenn die Segel eben noch einwandfrei standen, plötzlich aber das Achterliek des Vorsegels anfängt zu killen, ohne dass man seinen Kurs geändert hätte. Der Wind hat geschralt. Um nicht im Wind stehenzubleiben, sofort entschlossen abfallen, bis die Segel erneut voll stehen.
Aber nicht nur die Richtung des Windes schwankt, sondern auch die Windstärke. Wind besteht meist – zumindest auf Binnenrevieren – aus einer Folge mehr oder minder stark ausgeprägter Böen. Beim Einfallen einer Bö aber raumt der Wind, und zwar aus folgendem Grund: Der sprunghaft anwachsende wahre Wind bewirkt nicht sofort auch eine Erhöhung der Bootsgeschwindigkeit und damit des Fahrtwindes, weil die Masseträgheit des Bootes erst überwunden werden muss. Also fällt der scheinbare Wind zunächst achterlicher ein als bisher. Nimmt dann der Fahrtwind zu, weil das Boot schneller wird, nimmt auch der scheinbare Wind zu und kommt vorlicher. Er schralt wieder.
Man läuft am Wind wie an einer unsichtbaren Grenzlinie entlang. Versucht man, über sie hinaus anzuluven, beginnen die Segel zu killen, und das Boot läuft nicht mehr. Das merkt man natürlich sofort.

Kaum bemerkt wird jedoch von einem nicht so erfahrenen Steuermann, wenn er zu weit abfällt. Das Boot läuft dann auch nicht mehr richtig, weil jetzt die Segel zu dicht gefahren werden. Sie werden nicht mehr optimal angeströmt. Im Gegenteil: Es kommt zu einer fahrthemmenden Verwirbelung der Luftströmung am Segel. Eine gute Orientierungshilfe ist in diesem Fall der Verklicker auf dem Masttopp.
Er sollte immer genau parallel zum Kopfbrett des Großsegels stehen.
Einem Raumen des Windes kann man auf zweierlei Weise begegnen:
❑ Kurs halten und die Schoten etwas fieren, man läuft dann höhere Geschwindigkeit, oder
❑ anluven und Höhe gewinnen, um einen Kurs zu steuern, der näher an ein Ziel im Wind heranführt.
Grundsätzlich gilt:
❑ Langsam und vorsichtig anluven, um nicht zu übersteuern, aber:
❑ schnell und entschlossen abfallen, um durch das Killen der Segel nicht allzu viel Fahrt zu verlieren.

Die Schwertstellung

Am Wind ist die seitliche Abdrift am größten. Ihr entgegen wirkt das Schwert. Deshalb muss es auf Am-Wind-Kurs vollständig gefiert werden.

Wird das Schwert auf diesem Kurs aufgeholt, rutscht das Boot zur Seite weg, aber die Krängung wird geringer, weil dem Winddruck auf die Segel nur ein geringer Gegendruck des Lateralplans gegenübersteht. Daraus resultiert:
❑ Je mehr Abdrift, desto weniger Krängung, aber auch:
❑ je mehr Krängung, desto mehr Abdrift.
Bei starker Krängung verringert sich ebenfalls die Lateralfläche durch die starke Neigung des nur noch teilweise eingetauchten Schwertes und Ruderblattes. Dies macht deutlich, wie auf ballastlosen Schwertbooten Abdrift und Krängung in besonderem Maße

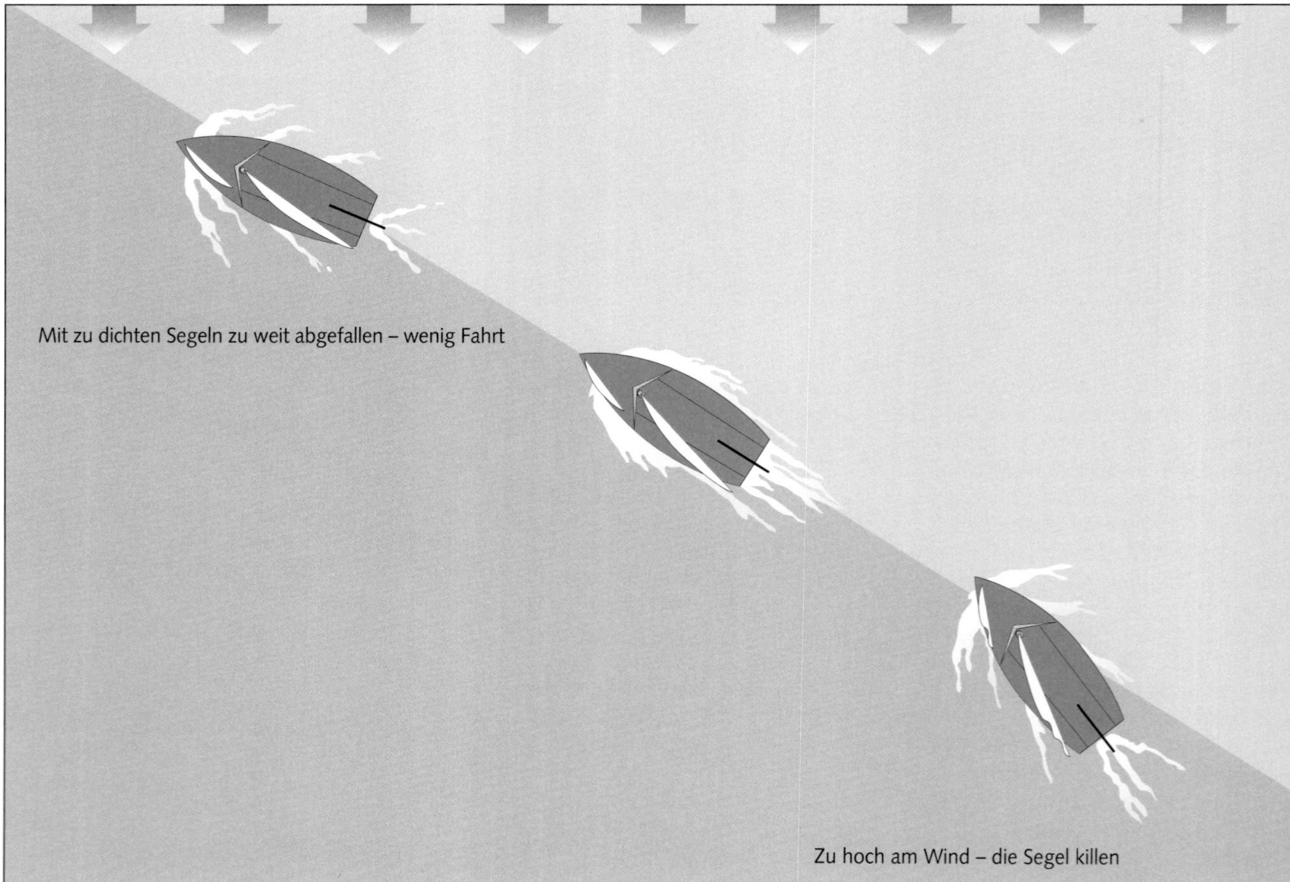

voneinander abhängig sind. Das zeigt sich auf keinem Kurs so stark wie auf dem Am-Wind-Kurs.

Die Position der Crew

Eine Jolle muss so aufrecht wie möglich gesegelt werden. Einmal, um die Abdrift so gering wie möglich zu halten. Zum anderen verringert sich bei Krängung, durch die seitliche Neigung des Riggs, die angestellte Segelfläche. Und das bedeutet: verringerte Fahrt.

Um aufrecht oder wenigstens nahezu aufrecht zu segeln, muss eine Jolle von ihrer Crew ausgeritten werden. Bei kräftiger Brise, indem sie sich weit heraushängt – oder der Vorschoter ins Trapez steigt. Bei weniger Wind, indem sie ihr Gewicht mehr zur Mittschiffsebene hin verlagert. Die richtige Sitzposition von Steuermann und Vorschoter hängt von den Windverhältnissen ab.

❑ Leichter Wind: das Gewicht vor die Bootsmitte verlagern. Dadurch kommt das breite Unterwasserschiff hinten etwas aus dem Wasser. Der Spiegel kann sich nicht festsaugen, und die Reibungswiderstand erzeugende benetzte Oberfläche wird kleiner.

❑ Kräftiger Wind: Die Crew konzentriert ihr Gewicht ungefähr im zweiten Drittel der Bootslänge. So wird das Vorschiff entlastet und kann die Wellen besser nehmen. Außerdem wirkt der auf diese Weise weiter nach achtern verlagerte Lateraldruckpunkt der Luvgierigkeit entgegen, die durch die stärkere Krängung zwangsläufig einsetzt.

Segeln mit halbem und raumem Wind

Die Segelstellung

Auf Halb-Wind-Kurs ist es meist noch möglich, das Großsegel optimal anzustellen. Auf raumeren Kursen geht das oft nicht mehr, weil Segel und Baum an Wanten und Saling anliegen.

❑ Das Großsegel so weit fieren, dass das Vorliek gerade noch nicht killt.

❑ Häufiger Fehler: Das Vorsegel wird zu dicht gefahren. Die Vorschot ebenfalls so weit fieren, dass das Vorliek gerade noch nicht killt.

❑ In Böen nicht anluven – wie am Wind –, sondern abfallen. Das Boot wird dadurch schneller, der scheinbare Wind an Bord weniger, obwohl der wahre Wind zugenommen hat. Im Übrigen richtet sich die Segelstellung nach dem zu steuernden Kurs. Schralen und Raumen wird nicht mehr mit dem Ruder korrigiert, weil man seinen anliegenden Kurs unbeirrt durchhalten kann, sondern mit den Schoten. Der Verklicker dient als verlässliche Orientierungshilfe für die Stellung des Großsegels.

Es sind dies die Kurse, auf denen der Baum zu steigen beginnt und das Großsegel verwindet. Der Segler spricht von Twist. Ein verwundenes (twistendes) Segel aber büßt erheblich an Wirksamkeit ein. Deshalb muss spätestens jetzt der Baumniederholer steif durchgesetzt werden.

Mit halbem Wind ...

... und raumschots

Die Schwertstellung

Je raumer der Wind kommt, umso geringer wird die Abdrift. Entsprechend kann das Schwert aufgeholt werden, etwa zur Hälfte. Dadurch verringern sich die benetzte Oberfläche und der Reibungswiderstand im Wasser. Das Boot wird schneller. Auch das Ruderblatt kann etwas aufgeholt werden.

Die Position der Crew

Um aufrecht zu segeln und größtmögliche Geschwindigkeit zu laufen, muss eine Jolle in Böen – zumindest auf Halb-Wind-Kurs – ebenfalls ausgeritten werden. Auch das Trapez kann auf diesem Kurs voll zum Einsatz kommen. Im Übrigen gilt für die Gewichtsverteilung der Crew das Gleiche wie beim Segeln am Wind.

Segeln vor dem Wind

Die Segelstellung

Der Wind kommt genau von achtern. Das Großsegel ist auf Steuerbord oder Backbord vollständig aufgefiert. Das jetzt vom Großsegel abgedeckte Vorsegel wird in Luv genommen und mit Bootshaken oder Paddel ausgebaumt – man nennt das Schmetterling – oder aber gegen einen Spinnaker ausgetauscht.
Auf größeren Booten wird der Baum gegen unbeabsichtigtes Schiften mit einem Bullenstander gesichert, einer Leine, die von der Baumnock zum Vorschiff führt.
Vom Steuermann verlangt dieser Kurs bei frischem und besonders bei böigem Wind wache Aufmerksamkeit. Wenn er auf die Luvtendenz beim Einfallen einer Bö nicht sofort mit Gegenruder reagiert, kann ihm das Boot leicht aus dem Ruder laufen und mit einer »Patenthalse« das Großsegel auf die andere Seite herumschlagen. Dabei ist mit Jollen eine Kenterung möglich, auf größeren Booten Bruch im Rigg. Außerdem besteht auf Jollen immer die Gefahr, den Baum beim Übergehen an den Kopf zu bekommen.
Bei stärkerem Wind neigt das Boot zum Geigen, einem rhythmischen Krängen nach Luv und Lee. Auch dabei kann es leicht zu einer Patenthalse kommen.
Ein nicht so versierter Steuermann sollte deshalb bei mehr Wind lieber einen etwas raumeren Kurs steuern, auf dem nicht ständig die Gefahr einer Patenthalse droht. Gegebenenfalls

muss er vor dem Wind kreuzen, sein Ziel mit zwei oder mehr Raumschots-Schlägen anlaufen.

Die Schwertstellung

Auch vor dem Wind gibt es eine leichte Abdrift. Sie wird zwar nicht mehr durch den quergerichteten Winddruck aufs Segel erzielt, sondern durch die ungleiche Verteilung der Vortriebskräfte rechts und links vom Mast. Deshalb auch »platt vorm Laken« das Schwert etwas gefiert lassen, zumal es auch dem Geigen entgegenwirkt.

❑ Auf keinen Fall auf Vor-dem-Wind-Kurs das Ruderblatt aufholen, weil die geringe verbleibende Fläche in einer plötzlichen Bö vielleicht nicht mehr genügend Ruderwirkung hat, um rechtzeitig zu reagieren.

Die Position der Crew

Krängung braucht auf diesem Kurs nicht mehr ausgeglichen zu werden. Um das Großsegel besser beobachten zu können und im Griff zu haben, wird der Steuermann in Luv sitzen, der Vorschoter zum Ausgleich vorne am Mast in Lee, mit der Hand den Großbaum sichernd.

❑ Auf diesem Kurs ist der scheinbare Wind – wahrer Wind minus Fahrtwind – merklich geringer als der wahre Wind. Deshalb besteht eine gewisse Gefahr, bei auffrischendem achterlichem Wind die Windstärke beträchtlich zu unterschätzen und zu lange zu viel Segel zu führen. Luvt man dann an, wird man mitunter recht überrascht sein, wie stark es bläst und das Boot wegkrängt.

Ansetzen zum Gleiten: Schoten kurz dichtholen und nach achtern rutschen

Gleiten

Alle modernen Jollen kommen – zumindest auf Raumschots-Kursen – ins Gleiten. Eine frische Brise vorausgesetzt, schieben sie sich langsam auf ihre Bugwelle, die Heckwelle reißt ab und wandert achteraus. Die vom Wasser benetzte Bodenfläche wird kleiner, dadurch verringert sich der Reibungswiderstand. Und plötzlich wird das Boot spürbar schneller. Es gleitet und kann jetzt ein Mehrfaches seiner Rumpfgeschwindigkeit erreichen.

Man spürt, wenn eine Jolle zum Gleiten ansetzen will, daran, dass der Ruderdruck nachlässt. Die Besatzung rutscht nun weiter nach achtern, als sie normalerweise sitzt, um das Vorschiff zu entlasten. Meist genügt dann ein kurzes, aber nicht zu ruckweises Holen der Großschot, um das Boot aus Verdrängerfahrt in Gleitfahrt übergehen zu lassen.

Der Ruderdruck ist jetzt vollständig aufgehoben.

Meist wird es in einer Bö sein, dass die Jolle zum Gleiten ansetzt. Beginnt die Bö nachzulassen, etwas anluven und die Großschot behutsam weiter dichtholen. Dadurch erhöht sich die Geschwindigkeit des scheinbaren Windes, und das Boot wird weitergleiten. In der nächsten Bö dann wieder leicht abfallen und die Schoten etwas fieren.

Voraussetzung für Gleitfahrt ist, dass das Boot ganz oder nahezu aufrecht gesegelt wird. Deshalb ermöglicht ein Trapez viel länger – oder manchmal überhaupt erst – zu gleiten. Sowie die Jolle stärker krängt, sich also die angestellte Fläche des Segels verkleinert, wird sie in Verdrängerfahrt zurückfallen.

❑ Ursachen, die Gleitfahrt verhindern können:

Die Crew sitzt zu weit vorne.

Das Großsegel verwindet sich stark (der Baumniederholer muss mehr durchgesetzt werden).

Das Schwert ist nicht – zumindest halb – aufgeholt worden.

Wenden

Wenden heißt, mit dem Bug durch den Wind gehen, oft auch als über Stag gehen bezeichnet. Wichtig ist, dass das Boot dabei genügend Fahrt behält und nicht mit dem Bug im Wind stehen bleibt, rückwärts treibt oder auf den alten Bug zurückfällt. Deshalb das Ruder nicht ruckartig und hart einschlagen, sondern langsam und weich. Sonst liegt das Ruderblatt schon quer, bevor das Boot überhaupt andrehen konnte, und stoppt gleich zu Anfang die Fahrt erheblich. Die Ruderlage muss sich dem Drehmoment des Bootes anpassen und darf ihm nicht vorauseilen. Ist das Boot auf die neue Lee-Seite abgefallen, sanft Gegenruder legen, um das Drehmoment aufzuheben. Geht ein Boot schwer durch den Wind – wie beispielsweise leichte Katamarane –, lässt man die Vorschot belegt und die Fock back kommen. Sie wird erst auf das Kommando »Über die Segel!« losgeworfen. Wird die neue Lee-Fockschot zu früh dichtgeholt, kann sich die Fock backstellen und das Boot auf den alten Bug zurückfallen lassen. Hat sie jedoch erst voll Wind gefangen, ist sie, ohne Winsch, selbst auf kleineren Booten kaum noch dicht zu bekommen.

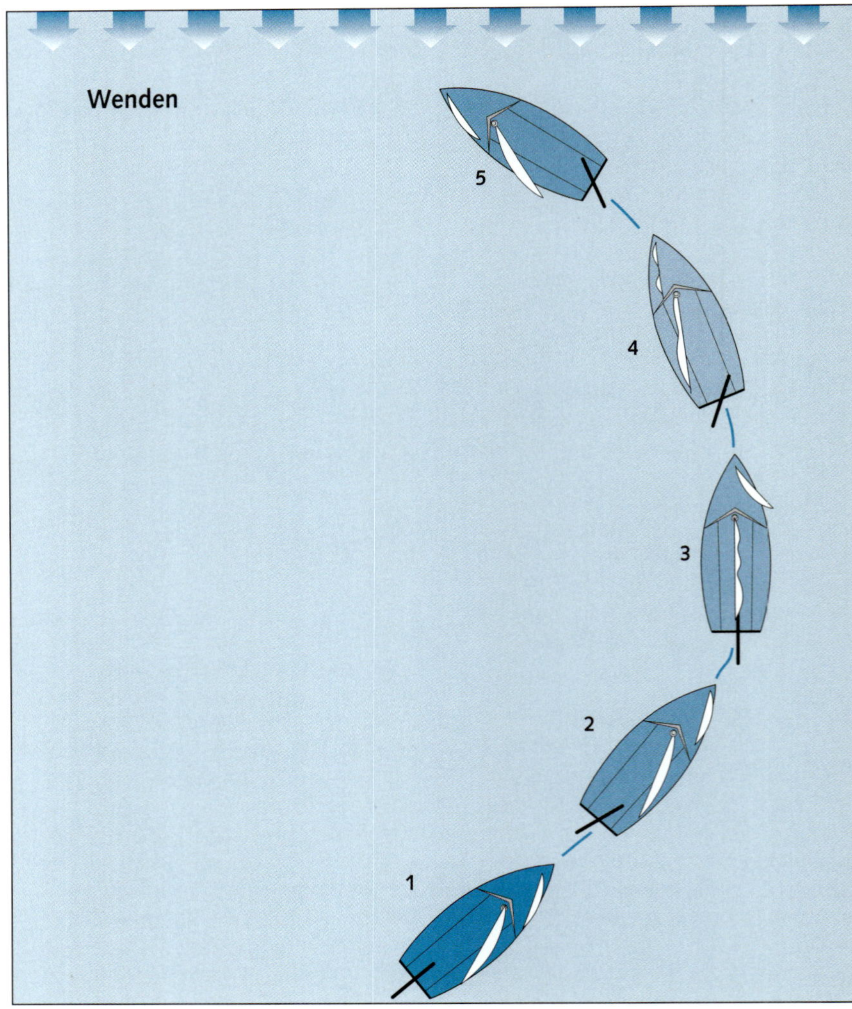

1 Anlaufen (hier im Bild) auf Steuerbord-Bug.
2 Gleichmäßig und weich Luv-Ruder (Ruderblatt) legen. Fockschot aus der Klemme lösen.
3 Das Boot liegt im Wind. Das Ruder bleibt gelegt. Lee-Fockschot noch dicht, Luv-Schot klarieren.
4 Der Vorschoter rutscht auf den Schwertkasten. Großbaum mittschiffs. Fockschot los und auf der neuen Lee-Seite holen, sobald der Wind einfällt. Der Vorschoter taucht unterm Baum durch und wechselt die Seite. Die Großschot bleibt dicht, der Baum geht von selbst über. Der Steuermann wechselt hinter dem Rücken die Ruderhand und die Seite.
5 Weiter abfallen und leicht Gegenruder geben. Ablaufen über Backbord-Bug.

Kommandotafel Wenden

Klar zum Wenden!
Ist klar!
Ree!
Über die Segel!

5
4
3
2
1
CARLOS III

Schiften

Schiften bedeutet – auf einem Kurs vor dem Wind –, das Großsegel von einer Seite auf die andere zu nehmen. Das kann notwendig werden bei einer leichten Winddrehung oder um beim Regattasegeln Wegerecht zu erlangen, weil durch das Schiften gleichzeitig Steuerbord-Bug und Backbord-Bug gewechselt werden. Das Schiften ist ein Teil des Halse-Manövers.

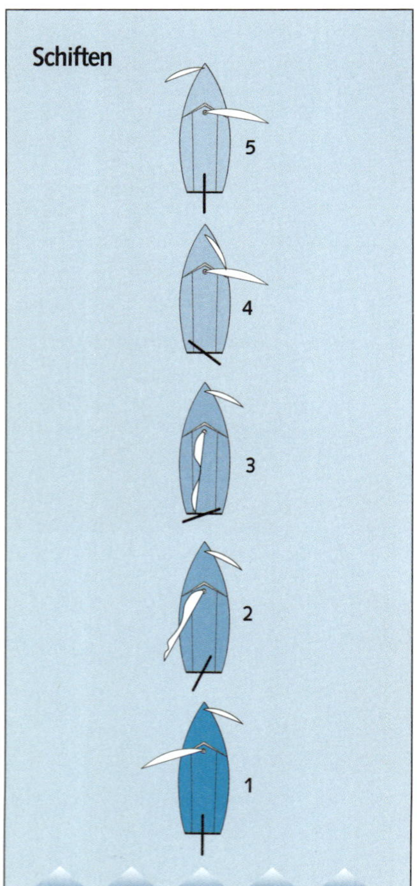

Ausgangskurs vor dem Wind – »platt vorm Laken« – hier auf Backbord-Bug. Vorsegel an Steuerbord als »Schmetterling«. Vorschoter mittschiffs auf dem Schwertkasten, eine Hand am Großbaum, um eine »Patenthalse« zu vermeiden. Steuermann an Steuerbord.

Die Großschot hockend oder kniend mit beiden Händen dichtholen, dabei den Druck der Pinne mit Bein oder Hüfte abfangen, um Kurs zu halten.

Kommandotafel
Schiften

Klar zum Schiften!
Ist klar!
Hol dicht die Großschot!
Rund achtern!
Fier auf die Großschot!

Mit den gewaltigen Spinnakern ist das Schiften um einiges komplizierter. Dennoch schaffen es routinierte Regattacrews innerhalb weniger Sekunden.

Seitenwechsel des Steuermanns. Während der Baum übers Cockpit schwingt – Köpfe runter! – kurz Luv-Ruder legen...

...die Großschot fieren und gleichzeitig entschlossen Stützruder legen, damit das Boot auf Vorm-Wind-Kurs bleibt.

Ruder mittschiffs. Fock über an Backbord, Hand an den Großbaum und ablaufen vor dem Wind auf Steuerbord-Bug. Der Vorschoter verändert seine Sitzposition gar nicht.

Halsen

Halsen heißt, mit dem Heck durch den Wind gehen.
Zunächst so weit abfallen, bis das Boot genau vor dem Wind segelt. Die Großschot entsprechend auffieren. Dann die Schot gleichmäßig dichtholen, bis der Baum mittschiffs steht. Das Ruder langsam und leicht so weit legen, dass der Baum von selbst übergeht. Nun blitzschnell die Schot fieren, damit es nicht zu einem harten Einrucken des Baumes in die noch dichtgeholte Schot kommt. Sie muss sofort nachgeben, wenn Kraft darauf kommt.
❑ Der Steuermann muss bei »Rund achtern!« darauf gefasst sein, dass das Boot durch das übergehende Großsegel schlagartig eine scharfe Drehtendenz nach der neuen Luvseite hin erhält. Wenn er in diesem Augenblick nicht Gegenruder – auch Stützruder genannt – gibt, sondern das Boot anluven lässt, gerät es gleich darauf mit der noch angeholten Großschot quer zum Wind. Die nach außen gerichtete Zentrifugalkraft kommt hinzu, und das Boot kann kentern. Das Fieren der Großschot nützt dann kaum noch etwas, weil das Boot schon so stark gekrängt ist, dass der Baum gleich ins Wasser taucht und

Kommandotafel Halsen

Klar zum Halsen!
Ist klar!
Fier auf die Schoten!
Hol dicht die Großschot!
Rund achtern!
Fier auf die Großschot!
Hol an die Schoten ...Wind!

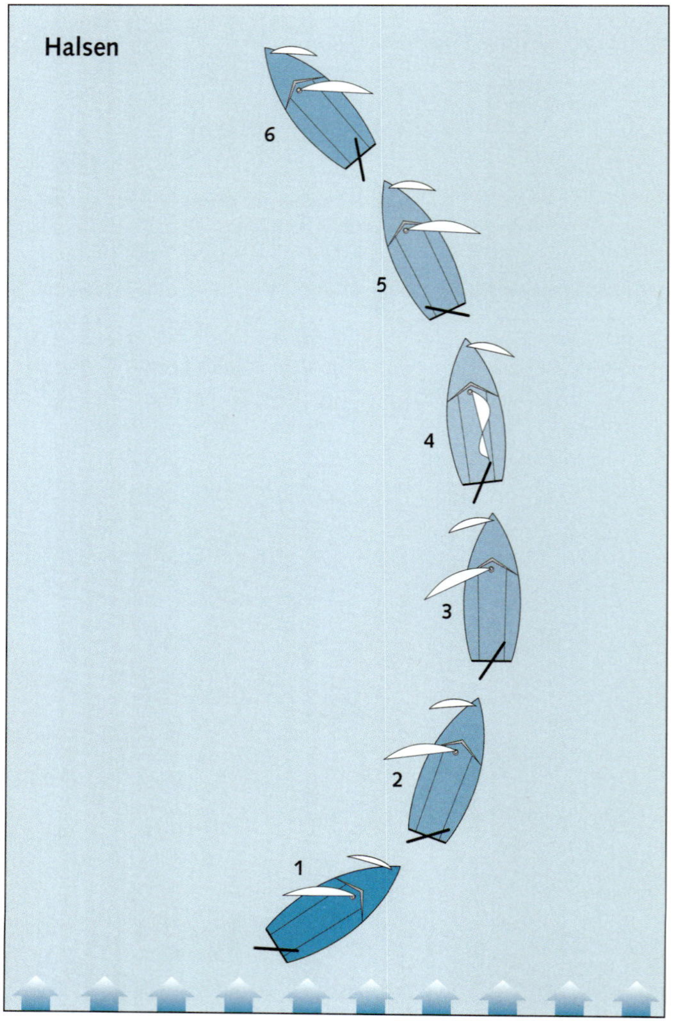

1 *Raumschots-Kurs auf Backbord-Bug. Lee-Ruder legen, abfallen auf Vorm-Wind-Kurs. Der Steuermann sitzt in Luv, der Vorschoter mittschiffs.*

2 *Großschot vollständig fieren, weiter Ruder legen.*

3 *Vor dem Wind. Die Großschot gleichmäßig dichtholen. Weiter Ruder legen. Seitenwechsel des Steuermanns. Fockschot los.*

4 *Der Baum kommt mittschiffs. Weiter Ruder legen, bis der Baum übergehen will…*

5 *… die Großschot blitzschnell fieren und zugleich Stützruder legen, um dem sehr starken Drehmoment nach Luv entgegenzuwirken. Die Fock ist schon vorher übergegangen.*

6 *Leicht anluven, Schoten anholen und raumschots ablaufen auf Steuerbord-Bug. Bei nur leichter Brise kann der Steuermann das Manöver lässig auf dem Cockpitboden sitzend fahren. Weht es mehr, muss er auf »hohe Kante«.*

dadurch wieder nach achtern gedrückt wird. Die meisten Kenterungen beim Halsen werden durch diesen Fehler verursacht.
Auf keinen Fall aber so stark Gegenruder legen, dass der Baum auf die alte Seite zurückschlägt.
Unbedingt das Boot so lange vorm Wind halten, bis die Großschot auf der neuen Leeseite bis in die Stellung vor dem Wind aufgefiert worden ist. Erst danach kann wieder angeluvt, die Großschot entsprechend angeholt und auf den gewünschten Kurs gegangen werden.
Als **Regattahalse** bezeichnet man die Methode, auf Jollen und kleinen Kielbooten mit leichten Bäumen, beim Schiften die Großschot einfach gefiert zu lassen. Der Steuermann greift oben um die Schot und nimmt das Segel von Hand, mit etwas Schwung, auf die andere Seite rüber. Das Stützruder darf natürlich auch hierbei nicht vergessen werden.
Die Regattahalse ist aber nur bei leichteren Winden praktikabel und etwas für erfahrene Segler.

Die »Gefahrenhalse«

Sie wird vom Ausgangskurs Am-Wind gefahren. Sie geht von der Annahme einer gefährlichen Situation aus, die einen abrupten Kurswechsel verlangt, und zwar nach Lee, weil in Luv kein Raum zum Wenden ist.
Eine Situation, wie es sie in engen Fahrwassern, Hafenbecken, aber auch beim Regattasegeln häufiger gibt.
Die Großschot wird kurz losgegeben und hart Lee-Ruder gelegt. Das Boot beginnt mit einer scharfen Drehung fast auf der Stelle. Der Steuermann muss zur neuen Luvseite gewechselt haben, bevor das Großsegel mit dem Schiften beginnt. Beim Schiften sofort kräftig Stützruder legen und die Schot ausrauschen lassen. Erst nachdem die Großschot voll aufgefiert worden ist, wieder anluven, die Schoten anholen und auf Kurs gehen.
Wer diese Art zu halsen perfekt beherrscht, wird dieses Manöver der normalen Halse wahrscheinlich vorziehen, da es schneller und einfacher durchzuführen ist.

Kommandotafel Gefahrenhalse

Klar zur Gefahrenhalse!
Ist klar!
Rund achtern!
Hol an die Schoten ...Wind!

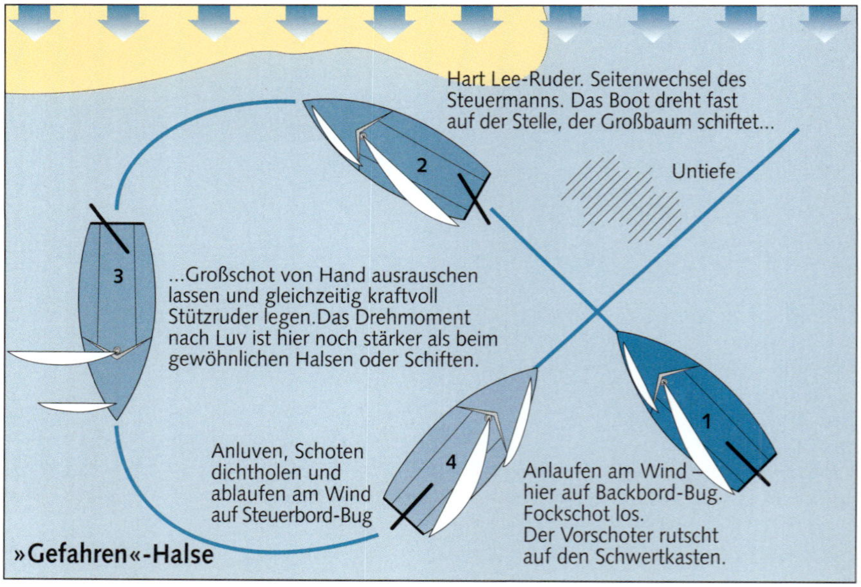

Der entscheidende Augenblick, festgehalten im Bild

Aus Am-Wind-Kurs Lee-Ruder. Platzwechsel: Vorschoter auf den Schwertkasten, Steuermann auf die neue Luvseite vorm...

...»rund achtern«.

Schot fieren und entschlossen Stützruder legen.

Typische Anfängerfehler WENDEN

Ansetzen zum Wenden aus einem raumeren Kurs, bevor das Boot am Wind läuft. Wenn nicht gleichzeitig die Schoten dichtgeholt werden, verliert man bei dem langen Andrehen zu viel Fahrt. Aus dem Wenden wird ein Aufschießer.
Zu harte Ruderlage bremst zu stark: Das Boot bleibt im Wind liegen.
Das Boot segelt mit zu wenig Fahrt zu hoch am Wind: Es »verhungert« in der Wende.
Die Fockschot wird zu früh losgeworfen: Das Vorsegel killt fahrthemmend, statt noch Vortrieb zu liefern beziehungsweise das Drehmoment zu verstärken.
Zu weites Abfallen nach dem Wenden mit für einen Am-Wind-Kurs dichtgeholten Schoten.

Typische Anfängerfehler HALSEN

Die Großschot wird schon dichtgeholt, obwohl das Boot noch nicht vor dem Wind liegt: Das Segel geht nicht über, starke Drehtendenz nach Luv.
Nach »rund achtern« kein Stützruder gegeben: bei stärkerer Brise akute Kentergefahr.
Zu hart und lange Stützruder gelegt: Das Boot fällt auf den alten Bug zurück, der Großbaum schlägt zurück. Kentergefahr und gefährlich fürs Rigg.
Das Schwert ist vollständig gefiert, dadurch erhöht sich die Kentergefahr erheblich.

Die Q-Wende

Erscheint bei starkem Wind das Halsen zu riskant, kann man sich mit der Q-(oder Kuh-)Wende helfen. Statt mit dem Heck durch den Wind zu gehen, wird vom Raumschots-Kurs aus angeluvt bis an den Wind, dann regulär gewendet und wieder abgefallen.
Mit einer uneingetrimmten Besatzung sollte man im Zweifelsfall bei starkem Wind die Q-Wende dem Halsen vorziehen.

Kommandotafel Q-Wende

Klar zur Q-Wende!
Ist klar!
Ree!
Über die Segel!
Fier auf die Schoten ...Wind!

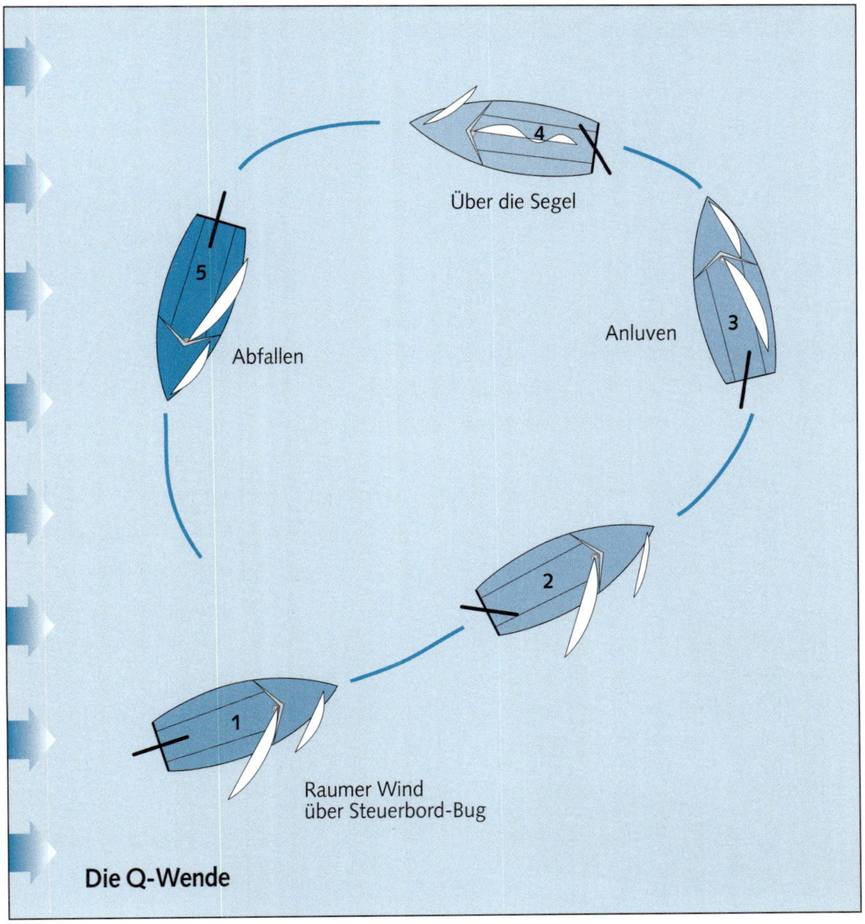

Die Q-Wende

Q-Wende

__1__ Raumer Wind auf Steuerbord.

__2__ Anluven.

__3__ Weiter anluven.

__4__ Im Wind. Über die Segel.

__5__ Abfallen auf raumer Wind über Backbord-Bug.

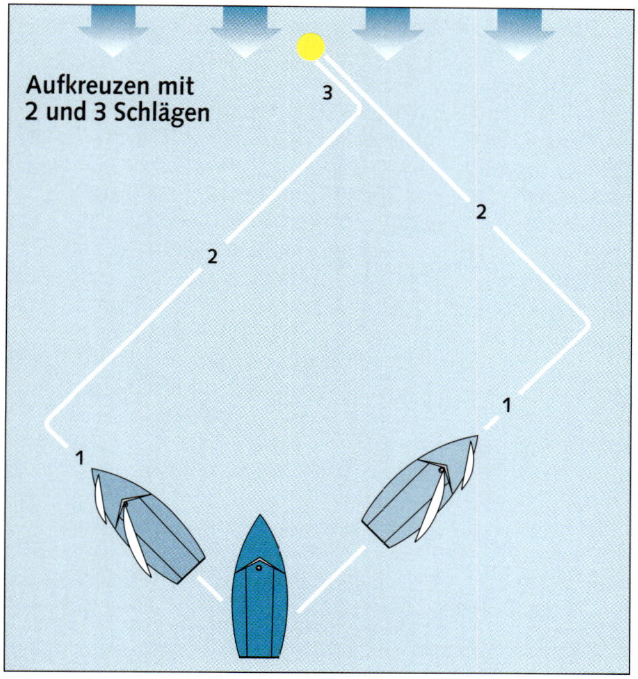

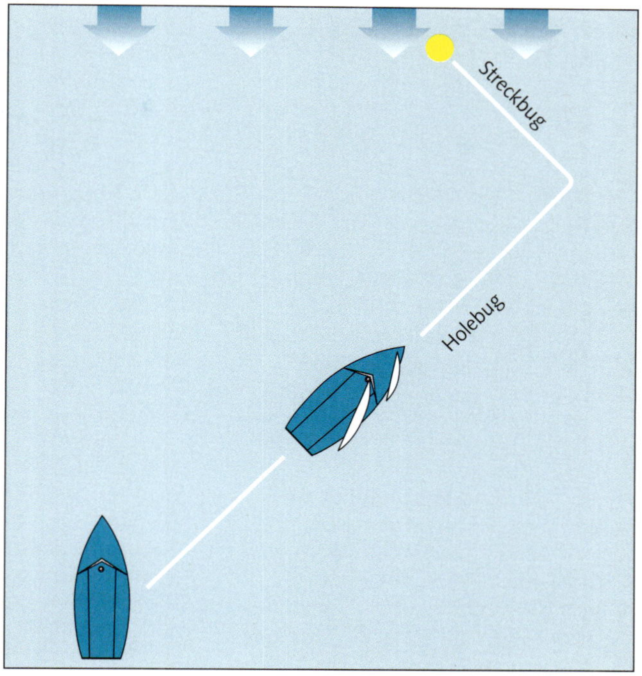

Kreuzen

Kreuzen heißt abwechselnd über Backbord- und Steuerbord-Bug segelnd, im Zickzackkurs an ein Ziel gelangen, das man nicht direkt anliegen kann, weil der Wind von dort her weht.

Schlag ist der jeweils auf einem Bug zurückgelegte Weg. Mehrere »Zickzacks« bilden die Schläge. Allgemein gilt, so hoch wie möglich am Wind zu segeln und so wenig Weg wie möglich nach Lee – vom Ziel weg – zu verschenken. Sobald eine Bö einfällt, anluven, um mehr Höhe herauszuschinden.

Wenn der Wind schralt, man also abfallen muss, ist es meist günstiger, sofort zu wenden, weil man nun auf dem neuen Bug mehr Höhe laufen, vielleicht das Ziel sogar fast anliegen kann.

Man kann mit wenigen langen oder mit mehreren kurzen Schlägen aufkreuzen. Bei konstant aus einer Richtung wehendem Wind kommt man mit langen Schlägen schneller an, weil jedes Wenden Fahrtverlust bringt.

Bei einer häufiger schwankenden Windrichtung sollte man sich mit seinen Schlägen besser nicht allzu weit von der Windachse entfernen.

Raumt der Wind am Ende eines langen Schlages, kann man nach dem Wenden sein Ziel nicht mehr anliegen. Schralt der Wind, ist man bereits über das Ziel hinausgelaufen. In beiden Fällen hat man Weg und Zeit verschenkt.

Im Allgemeinen gilt:

❑ Beim Aufkreuzen dann wenden, wenn das Ziel querab liegt. Nur vor dem letzten Schlag direkt auf das Ziel zu sollte man es stets achterlicher als querab haben. Sonst wird man es unter Umständen noch nicht anliegen können, weil das Boot beim Wenden etwas zurückgefallen ist, oder aber weil Abdrift durch Strömung oder Wind stärker waren als geglaubt.

Holebug und Streckbug

Oft liegt das anvisierte Ziel nicht genau in Windrichtung, sodass man es mit zwei oder mehr unterschiedlich langen Schlägen erreicht. Man spricht in dem Fall von Hole- und Streckbug.

❑ Auf dem meist längeren Holebug nähert man sich dem Ziel nur indirekt, um die Höhe herauszu»holen«, die man braucht, um anliegen zu können.

❑ Auf dem Streckbug läuft man direkt auf das Ziel zu (»streckt« sich dem Ziel entgegen).

Mann/Boje über Bord

Der Ruf »Mann über Bord« besagt, dass sich ein Mensch in unmittelbarer Lebensgefahr befindet. Um jede Verwechslung mit dem Ernstfall auszuschließen, wird das schulmäßige Üben dieses Ernstfalls als Boje-über-Bord-Manöver bezeichnet.

Mann über Bord – was tun?

Ist aber wirklich jemand über Bord gefallen, ist das auf einer leicht und schnell manövrierfähigen Jolle nicht allzu problematisch. Boot und Schwimmer bleiben in Sichtkontakt. Es wird kaum viel mehr Zeit als eine Minute vergehen, und das Boot ist wieder bei ihm.
Anders sieht es auf einer (größeren) Kielyacht aus, die mehr Raum und Zeit für ihre Manöver benötigt.
Beim Ruf »Mann über Bord« sofort

- ❑ Rettungsboje mit Leine nachwerfen,
- ❑ ein Crewmitglied bestimmen – sonst verlässt sich einer auf den anderen –, das nichts weiter zu tun hat, als den über Bord Gefallenen im Auge zu behalten. Denn die Fahrt der Yacht, Kursänderungen und Seegang bewirken, dass man ihn erschreckend schnell aus den Augen verliert und große Mühe hat, ihn wiederzuentdecken.

Das Manöver

Das Mann-über-Bord-Manöver ist eines der wenigen Segelmanöver, bei denen es katastrophale Folgen haben kann, wenn man sie nicht sicher beherrscht. Wenn beispielsweise ein An- oder Ablegemanöver mal nicht so richtig klappt, so zeugt dies zwar von mangelnder Seemannschaft, ist aber im Vergleich mit einem misslungenen Mann-über-Bord-Manöver verzeihlich. Deshalb kann dieses Manöver gar nicht oft genug als Boje-über-Bord-Manöver geübt werden. Insbesondere unter erschwerenden Wind- und Seegangsverhältnissen.
Nach dem Ruf »Mann/Boje über Bord!« gilt es, mit dem Boot auf schnellstem Wege innerhalb kürzester Zeit zum Ausgangspunkt zurückzukehren und dort das Boot zum Stehen zu bringen. Versuche mit verschiedenen Bootsklassen haben gezeigt, dass das Nahezu-in-den-Wind-Schießen die beste Methode ist, bereits nach wenigem Üben, das Boot an einem gewünschten Punkt zum Stehen zu bringen.
Es gibt zwei Versionen des Nahezu-Aufschießens. Grundsätzlich sollte man das direkte, schnellere Manöver (1) fahren. Allerdings gilt es dabei, den richtigen Zeitpunkt zum Aufschießen zu erkennen.

- ❑ Anluven zum Nahezu-Aufschießer, wenn sich Mann oder Boje etwa in Verlängerung des Großbaums befindet. Das sind etwa drei Bootslängen, bevor man den Mann querab hat.
- ❑ Nur wenn der richtige Zeitpunkt verpasst wurde: Auf dem anliegenden Halb-Wind-Kurs weitersegeln (Manöver 2). Befindet sich Mann/Boje querab, noch etwa drei Bootslängen unter leichtem Anluven weiterlaufen, wenden, und auf dem anderen Bug den Nahezu-Aufschießer

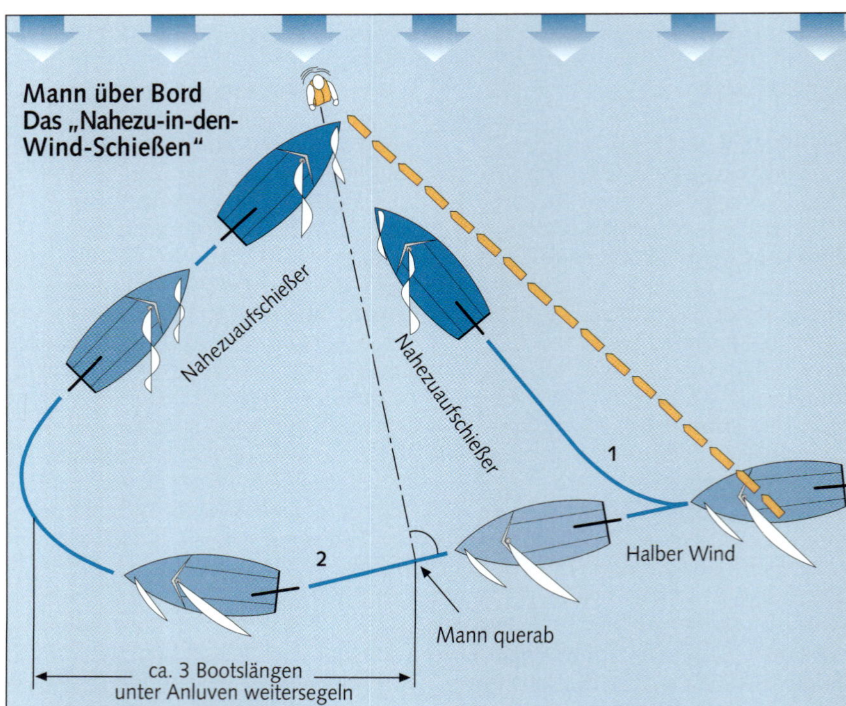

fahren. Weiterlaufen und wenden bedeuten natürlich immer einen Zeitverlust.

❑ Der Vorteil des Nahezu-Aufschießers: Durch kurzes Holen und Fieren der Schoten lässt sich der Auslauf des Bootes beeinflussen (beim Direkt-Aufschießer nicht).

Meistens wird es bei hartem Wind geschehen, dass jemand außenbords geht. Eine Situation also, in der Halsen zu riskant sein kann. Zumal noch allgemeine Nervosität und die um den über Bord Gefallenen geschwächte Crew einkalkuliert werden müssen. Deshalb sind schulmäßige Rettungsmanöver folgendermaßen zu fahren:

Kommandotafel Mann über Bord

Boje (Mann) über Bord!
Boje (Mann) über Bord!
Fier auf die Schoten auf raumen Wind!
Klar zur Q-Wende!
Ist klar!
Ree!
Über die Segel!
Fier auf die Schoten auf halben Wind!
Los die Schoten!
Boje (Mann) ist gefasst!

❑ Ausgangskurs am Wind bis halber Wind – sofort auf Kurs raumer Wind gehen, dann Q-Wende, wieder Halbwind-Kurs bis zum Nahezu-Aufschießer.

❑ Ausgangskurs raumer Wind bis vor dem Wind – entweder auf Raumwind-Kurs bleiben, beziehungsweise vom Vor-dem-Wind-Kurs aus anluven auf raumer Wind, dann Q-Wende, wieder Halbwind-Kurs bis zum Nahezu-Aufschießer.

Beim richtig ausgeführten Nahezu-Aufschießer befindet sich der über Bord Gefallene im ruhigen Lee-Wasser des Bootes, das zu ihm hintreibt.

Das Boot soll so zum Stehen gebracht werden, dass sich Mann (oder Boje) etwa in Höhe der Wanten oder des Cockpits befindet. Es gibt nämlich einen entscheidenden Unterschied zwischen dem schulmäßigen Boje-über-Bord-Manöver und dem realistischen Mann-über-Bord-Manöver, auch auf Jollen. Schulmäßig wird das Manöver zu zweit gefahren. In der Segelpraxis jedoch muss meistens einer allein zurechtkommen, denn seine »zweite Hand« ist ja außenbords gegangen. Er hat neben Pinne und Großschot also auch noch die Fockschoten zu bedienen. Das macht deutlich, wie wichtig es ist, das Boot nicht vor, sondern neben der »Boje« zum Stehen zu bringen. Andernfalls müsste sich der »Einhandsegler« nach vorne begeben, Ruder und Schoten verlassen und könnte während der Bergung keinen Einfluss mehr auf die weiteren Bewegungen des Bootes nehmen.

❑ Auf Am-Wind-Kurs gibt es für einen routinierten Rudergänger noch eine weitere Möglichkeit: Wenn er schnell genug reagiert, braucht er nichts weiter zu tun, als sofort hart Luv-Ruder zu legen. Das Boot dreht mit dem Bug durch den Wind – die Fock steht back – und driftet auf den Mann im Wasser zu (alle Schoten los) oder nahe genug vorbei, um ihm eine Leine zuzuwerfen, die er erreichen kann.

Typische Anfängerfehler
Schoten haken (Großschotklemme ist selbsttätig eingerastet, Kinken vor der Leitöse in der Vorschot): Das Boot »segelt« mit zu viel Fahrt an der Boje vorbei. Aufschießer (zu weit) in Lee statt in Luv: Ein neuer Anlauf wird erforderlich. Kostbare Zeit geht verloren.

Mann an Bord

Auf einer Jolle ist das An-Bord-Nehmen im Allgemeinen ziemlich unkompliziert. Man zieht den Mann über das Heck ins Cockpit. Eine Achterleine oder auch die Schot mögen ihm hilfreich sein. Übernehmen an der Seite in Lee ist kaum möglich. Die Jolle könnte dabei kentern, außerdem behindern Segel und Großschot.

Auf Kielyachten wird es problematischer. Hier beginnen die eigentlichen Schwierigkeiten jetzt erst. Aufnehmen kann man nur über die Seite. Am besten wahrscheinlich in Lee, weil die Freibordhöhe dort etwas geringer ist, denn der Winddruck auf Rumpf und Rigg übt stets eine leichte Krängung nach Lee aus. Über Heck – oder Bug – geht das Aufnehmen wegen der Überhänge und der Bug- und Heckkörbe nicht. Auf einem in der See stampfenden Boot sind die Überhänge sogar äußerst gefährlich für jemand, der darunter gerät.

Bei einer Freibordhöhe von mehr als 0,75 m ist es überhaupt nicht mehr möglich, jemand ohne besondere Hilfsmittel an Bord zu bringen. Selbst dann nicht, wenn er bei vollen Kräften ist und aktiv mithilft. Doch die Auskühlung macht sehr schnell kraft-

WEITER AUF SEITE 93

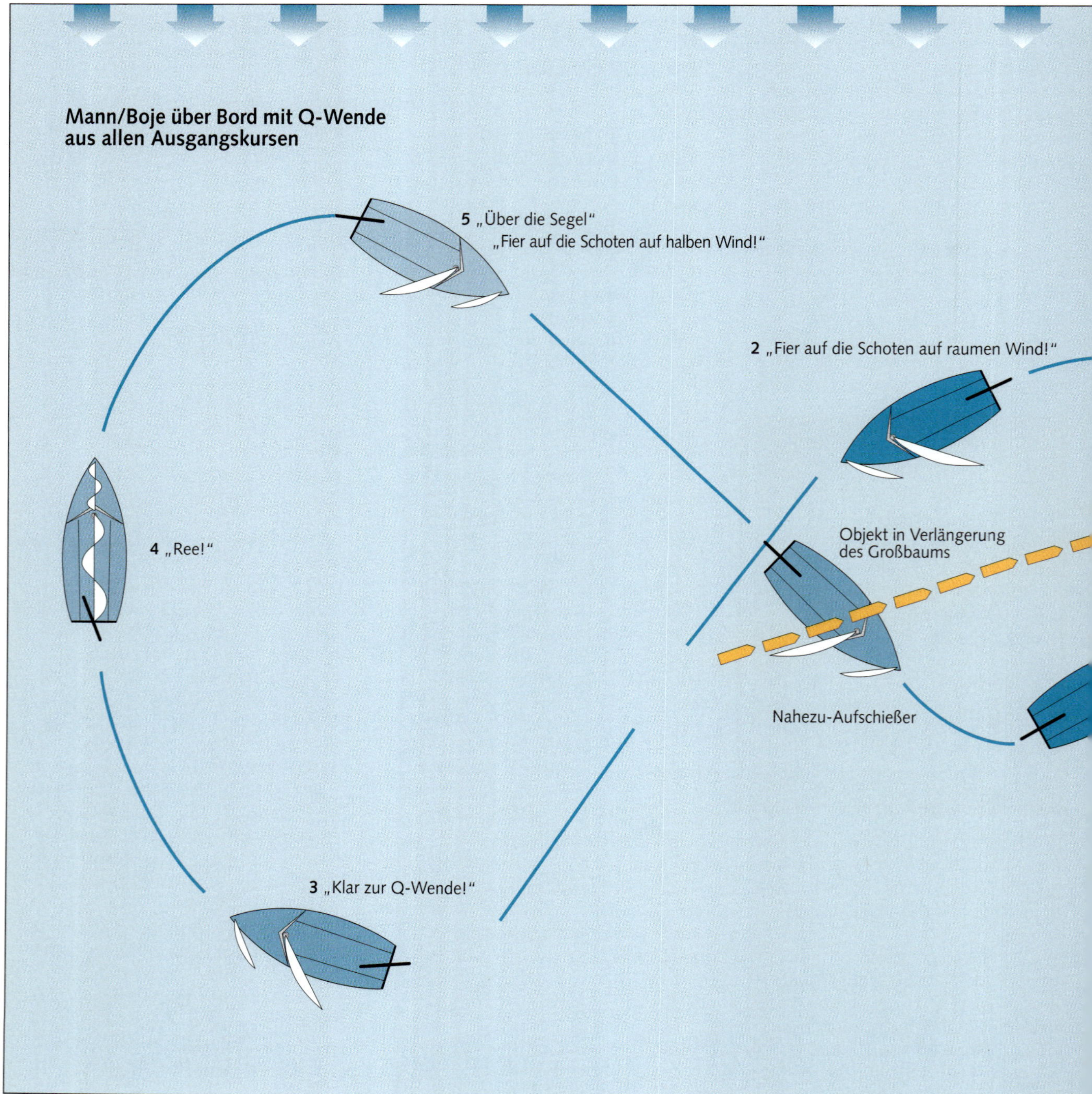
Mann/Boje über Bord mit Q-Wende
aus allen Ausgangskursen
5 „Über die Segel"
„Fier auf die Schoten auf halben Wind!"
2 „Fier auf die Schoten auf raumen Wind!"
4 „Ree!"
Objekt in Verlängerung
des Großbaums
Nahezu-Aufschießer
3 „Klar zur Q-Wende!"

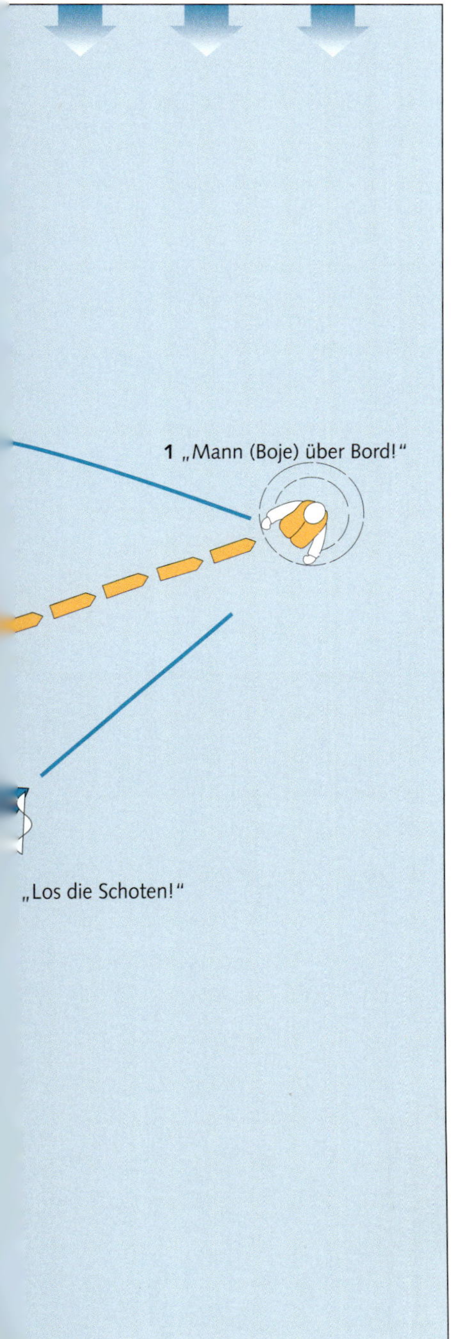

Wenn nicht übers Heck, sondern über die Seite aufgenommen wird, dann geht es im Allgemeinen nur in Luv. Aufpassen, dass man bei der Krängung nicht den herüberschwingenden Baum an den Kopf bekommt.

Mann an Bord – auf einer Jolle im Allgemeinen ziemlich unproblematisch. Er hantelt sich an der Scheuerleiste von Höhe Wanten zum Heck oder wird vom Cockpit aus dorthin gezogen und hievt sich – unter hilfreicher Handreichung von Bord aus – am Cockpitsüll aufs Achterdeck. Achtgeben, dass die Schoten nirgends haken, damit die Segel nicht plötzlich Wind fangen und das Boot in einer Bö Fahrt aufnimmt.
Auf einer Jolle ohne Eindeckung achtern wird man vielleicht einen Fußgurt greifen können, um sich über den Spiegel zu ziehen und ins Cockpit zu wälzen. Wenn die Kleidung richtig voll Wasser gesogen ist, kann der Einstieg doch recht beschwerlich werden.

los und apathisch. Deshalb sollte eine hochbordige Yacht unbedingt mit einer fest montierten, abklappbaren Rettungsleiter ausgerüstet sein.
Hilfsmittel Dem Mann im Wasser eine Leine mit Palstek unter den Armen durchziehen und um die Brust legen oder eine Bergungsleine an der Rettungsweste einpicken und die Leine über eine Schotwinsch holen. Das ist aber nur möglich, wenn die Winsch nahe Außenkante Deck steht. Oder: Das kleinste Vorsegel wird mit Schothorn und Hals an der Bordwand gezurrt – am Relingsfuß beispielsweise –, dann das Fall eingepickt. Den Segelkopf unter dem Mann im Wasser hindurchziehen oder ihn in die Segelbucht einschwimmen – dann das Fall über eine Fallwinsch holen. Wenn vorhanden, das Spinnakerfall verwenden, weil es auf seitlichen Zug ausgelegt ist.
Eine sehr gute Bergehilfe ist eine Talje mit zwei Doppelblöcken. Sie reduziert die aufzuwendende Kraft auf ein Viertel, vermindert um die Reibung. Sie wird an ein Fall geschäkelt und etwa 1,50 m über Deck geholt. Dann die holende Part so weit fieren, dass der Mann im Bach am unteren Doppelblock eingepickt werden kann. Notfalls muss ein Besatzungsmitglied in Rettungsweste und angeleint zur Hilfeleistung ins Wasser steigen.

Die beste Bergungshilfe auf einer höherbordigen Kielyacht: eine spezielle Rettungstalje mit zwei Doppelblöcken, eingepickt am Fall und an der Rettungsweste.

Hochholen über die Fallwinsch im Vorsegel: von einem allein nur mit äußerster Kraftanstrengung zu bewerkstelligen.

Verhalten des über Bord Gefallenen

Jeder Segler kann eines Tages in die Situation geraten, den Spiegel seines Schiffes entschwinden zu sehen. Wie soll er sich verhalten?
❑ Nicht in Panik geraten, weil die Yacht sich vielleicht schnell entfernt. Sie braucht Raum für Rettungsmanöver.
❑ Sich so wenig wie möglich bewegen, nicht schwimmen, um Wärmeverluste des Körpers zu vermeiden. Die größte Gefahr ist die Auskühlung. Keine Kleidung ausziehen. Sie bietet zunächst zusätzlichen Auftrieb durch die darin eingeschlossene Luft. Ist sie voll Wasser gesogen, verhindert sie den schnellen direkten Wärmeaustausch zwischen Körper- und Wassertemperatur. (Nasse Kleidung wird im Wasser kaum schwerer, denn Wasser wiegt nichts im Wasser.)
❑ Unbedingt bei nachgeworfenen Rettungssignalmitteln bleiben. Niemals versuchen, der Yacht hinterher- oder entgegenzuschwimmen.

Schleppen und geschleppt werden

Wer auf den Haken genommen, das heißt geschleppt werden will, schwenkt einen Tampen oder die in Buchten bereitgehaltene Schleppleine. Ist ein Schlepper gefunden worden, heißt es auf einer Jolle: Segel bergen und Schwert hoch.

Verhalten auf dem Schlepper

Ist der Schlepper ein Segler, nimmt er die Schleppleine in Lee über. Da sich ein treibendes Boot in einem Winkel von etwa 50° zum Wind anstellt, läuft der Schlepper hoch am Wind an. Er braucht in Höhe des Havaristen nur die Schoten zu fieren, um zum Stillstand zu kommen, in Ruhe die Leine zu übernehmen und bei sich an Bord zu belegen. Dann die Schoten anholen und langsam die Leine steiffahren. Danach weiter abfallen, um mehr Fahrt aufzunehmen und die anfängliche Masseträgheit des Schleppanhangs zu überwinden. Läuft die Schleppleine auf dem geschleppten Boot an Steuerbord am Vorstag vorbei, wird sie auf der Achterklampe des Schleppers an Backbord belegt – oder umgekehrt.

❑ Ist der Schlepper ein Motorboot oder ein Segler mit starker Maschine, muss er seine Fahrstufe der Rumpfgeschwindigkeit des geschleppten Bootes anpassen, sonst gibt es Bruch. Der Schlepp durch Berufsschiffe ist deshalb für ein kleineres Boot immer risikoreich, denn sie müssen Geld verdienen und können auf die Rumpfgeschwindigkeit ihres Anhangs keine Rücksicht nehmen.

Verhalten auf dem geschleppten Boot

Ist eine Vorschiffsklampe vorhanden, zunächst nur mit einem Rundtörn belegen, um beim Anschleppen elastisch nachgeben zu können und ein hartes Einrucken der Leine zu vermeiden. Auch lässt sich der anfängliche Geschwindigkeitsunterschied zwischen Schlepper und Geschlepptem durch leichtes Nachgeben ausgleichen. Dann den Tampen der Schleppleine mit Slipstek am Mast belegen, um notfalls schnell loswerfen zu können.
Im Seegang die Leinenlänge so bemessen, dass sich beide Boote immer in der gleichen Wellenphase befinden.
Besatzung nach achtern, damit das Boot nicht giert, das Vorschiff entlastet wird und der Bug nicht unterschneidet.
Ist keine Vorschiffsklampe vorhanden, muss die Schleppleine am Vorstag beigebändselt werden.

Merke:
Ein gefiertes Schwert verursacht Querschlagen.

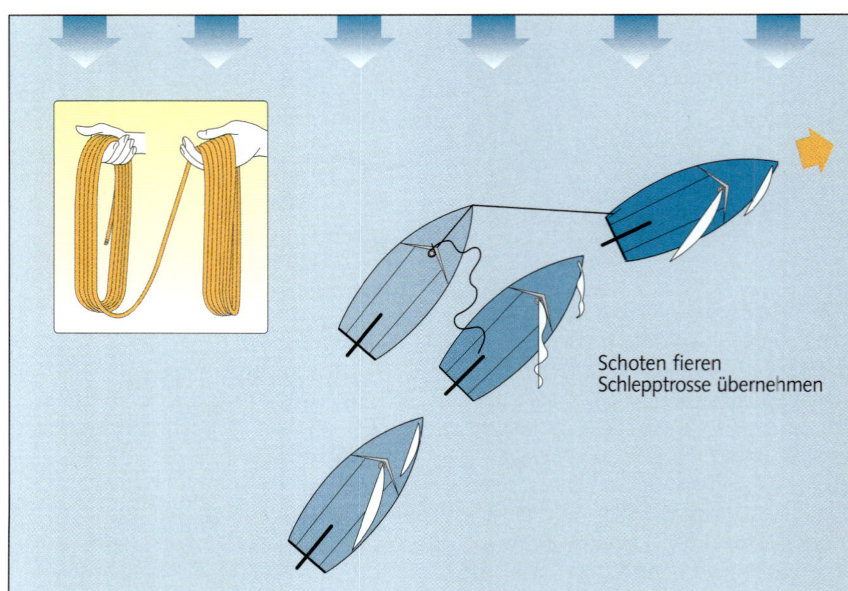

Die Schleppleine wird in Buchten aufgeschossen, dann teilt man sie, nimmt in jede Hand ungefähr die Hälfte der Buchten und wirft nur einen Teil mit der Wurfhand hinüber. Den anderen Teil gibt die zweite Hand im Flug hinterher.

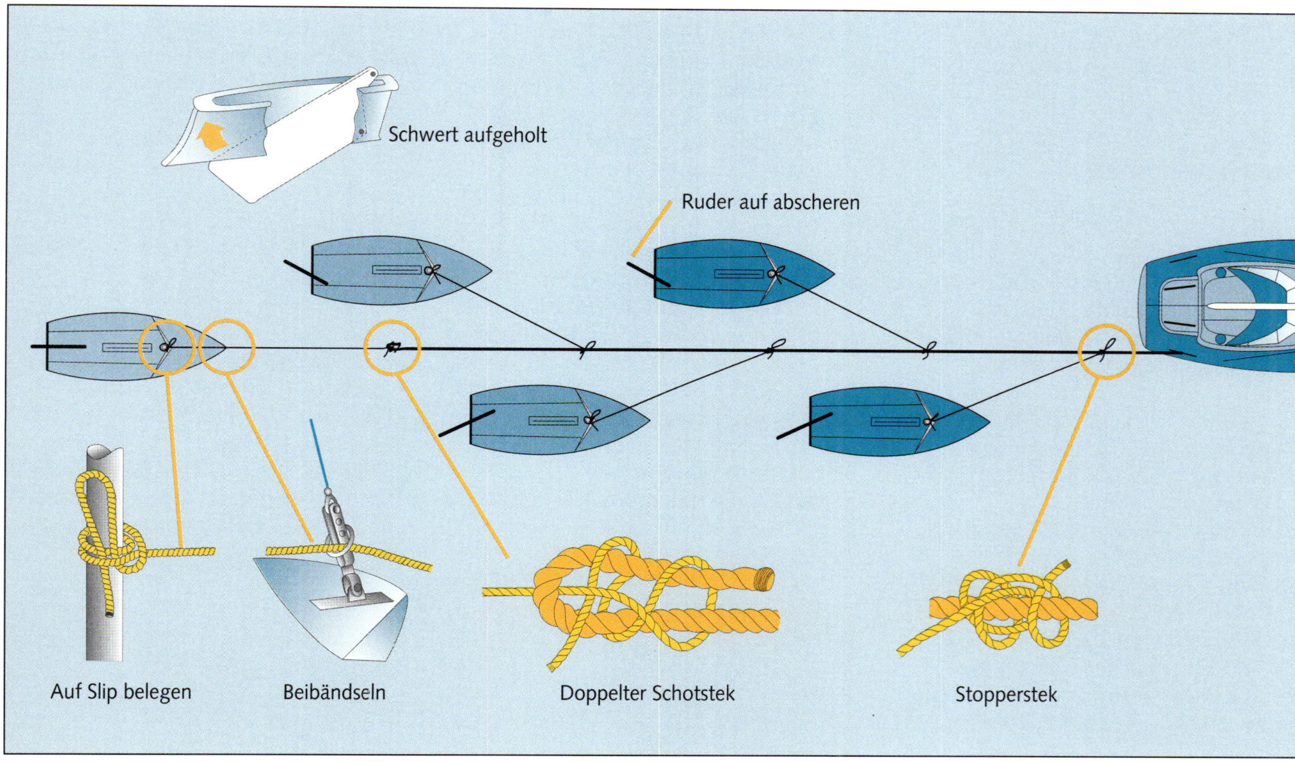

❑ Beim Motorschlepp sich seitlich vom Schlepper halten, damit man aus dem unruhigen Schraubenwasser heraus ist. Muss das Motorboot plötzlich stoppen, läuft die Jolle seitlich vorbei und kollidiert nicht mit dem Heck des Schleppers. Kurven nicht schneiden, sondern immer den Außenradius nehmen, auch wenn man dabei die Heckwelle des Schleppers queren muss.

❑ Bei schnellerem Motorschlepp ist es meist sinnvoll, das Ruderblatt ebenfalls aufzuholen und die Pinne mittschiffs zu laschen. Das Boot folgt dann unmittelbar der Zugrichtung der Schleppleine. Ein unbeabsichtigt harter Ruderausschlag könnte sonst eventuell zu einer Kenterung führen oder zumindest zum Bruch der Vorschiffsklampe.

Der Schleppverband

Sollen mehrere Boote an einer Schlepptrosse geschleppt werden, machen sie abwechselnd auf Lücke mit Stopperstek fest, die schweren Boote vorne. Nebeneinander festgemacht, würden sich die Bootskörper gegenseitig ansaugen.
Auf dem letzten Boot am Tampen wird die Schleppleine wie beim Einzelschlepp belegt. Auf den seitlich angesteckten Booten darf sie nicht am Vorstag beigebändselt werden. Auch nicht auf einer weit vorne sitzenden Vorschiffsklampe belegt werden, denn der Bug muss abscheren können, um geradeaus zu laufen. Bewirkt wird das Abscheren durch Gegenruder.

Anker

Die Ankertypen

Ein Anker dient dazu, ein Schiff sicher am Grund festzuhalten. Geradezu lebensrettend kann er werden, wenn eine havarierte oder sonstwie manövrierunfähige Yacht auf eine Untiefe oder eine gefährliche Küste zutreibt.
Es gibt zwei Ankerkonzeptionen:
Gewichtsanker, ihre Wirksamkeit beruht vor allem auf ihrem hohen Eigengewicht, und
Patent- oder **Leichtgewichtsanker,** die bei gleichem Gewicht eine bedeutend höhere Zugfestigkeit oder Haltekraft aufweisen. Anders ausgedrückt, bei gleicher Zugfestigkeit können sie erheblich leichter sein. Beim Eingraben in den Grund ist allerdings das Leichtgewicht wieder ein gewisses Handikap.
❑ Der **Stock-** oder **Admiralitätsanker** ist ein Gewichtsanker. Er fasst gut auf steinigem, tonigem und verkrautetem Grund und gilt als der beste Allround-Anker. In sandigem Boden hält er das 7- bis 10fache seines Gewichtes.
Nachteile: Er ist verhältnismäßig schwer und unhandlich. Ein Arm steht am Grund immer hoch. Leicht können beim Ankern oder Schwojen Kette oder Trosse daran unklar kommen und den Anker ungewollt ausbrechen.
❑ Der **Danforth-Anker** lässt sich beigeklappt hervorragend stauen. Er hat eine mindestens dreimal so große Haltekraft wie ein Stockanker. Schwere Danforth-Anker machen sogar häufig Schwierigkeiten beim Ausbrechen.
Nachteil: Er hält nicht gut auf stark verkrautetem oder steinigem Grund.
❑ Der **Pflugschar-** oder **CQR-Anker** gilt als derjenige mit der größten Haltekraft unter allen bekannten Yachtankerarten. Er zählt ebenso wie der Danforth zu den stocklosen Patentankern.
Nachteil: Er fasst schlecht in verkrautetem oder tonigem Grund.
❑ Der **Schirm-** oder **Faltdraggen** ist ein kleinerer Anker, mehr für Jollen oder Beiboote geeignet. Die Arme lassen sich an den Schaft klappen und dort sichern. Er ist beliebt wegen seines geringen Platzbedarfs.
Nachteil: Mindestens ein Arm steht immer hoch und kann mit der Ankerleine unklar kommen.

Daneben gibt es noch diverse ebenfalls bewährte Ankertypen wie Bruce-, Heuss-, Baas-, D'Hone oder Bügelanker.
Grundsätzlich gilt: Ein Anker kann, wenn es um seine Haltekraft auf unterschiedlichen Ankergründen geht, nicht schwer genug sein. Grenzen setzt ihm die Muskelkraft der Crew oder die Zugkraft des Ankerspills.

Ankerleine und Ankerkette

Je länger Kette oder Trosse sind, umso besser hält der Anker. Auf Jollen genügt im Allgemeinen eine Ankerleine (Trosse). Wird auf Kajütbooten – um Gewicht zu sparen – eine Leine

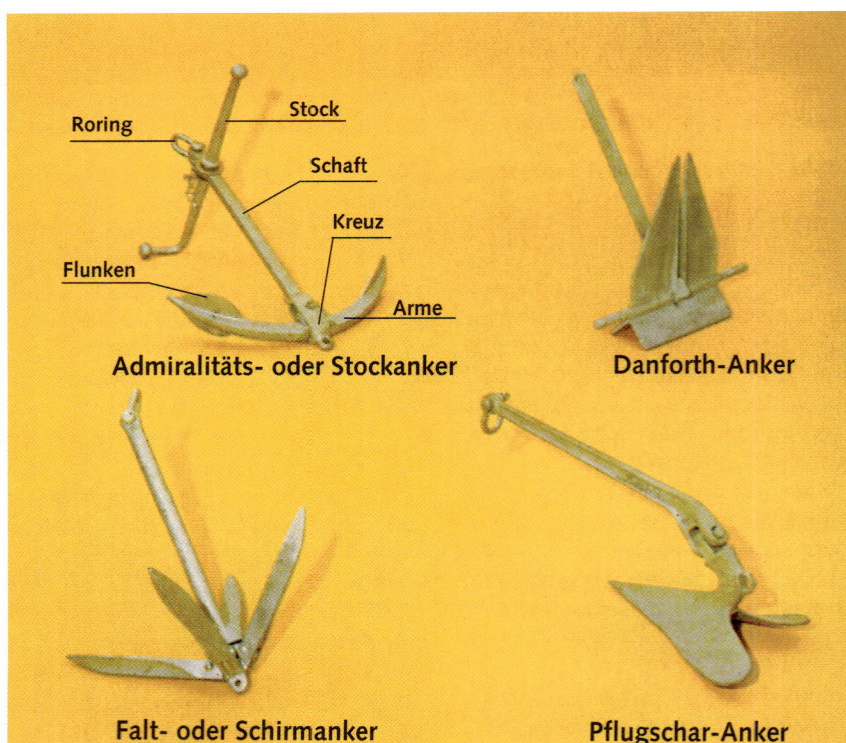

verwendet, muss zwischen Anker und Trosse ein Kettenvorlauf von mindestens 6 m geschäkelt werden. Der Kettenvorlauf zieht durch sein Eigengewicht den Ankerschaft herunter, verstärkt durch seine Haftreibung auf dem Grund die Effektivität des Ankers und verhindert ein hartes Einrucken der Yacht in die Ankertrosse. Das könnte möglicherweise den Anker wieder ausbrechen. Auf felsigem Grund schützt der Kettenvorlauf die Leine vorm Schamfilen (Scheuern).
Auch eine Leine sollte stets am Anker angeschäkelt und nicht etwa mit einem Roringstek am Ankerroring angesteckt werden. Er hält in glattem synthetischem Tauwerk nicht sicher und verringert die Reißfestigkeit der Leine um etwa 50 %.

Der Ankerplatz

Ein Ankerplatz sollte möglichst sorgfältig ausgewählt werden. Er sollte möglichst in strömungsfreiem Wasser und gegen Wind geschützt liegen – auch Winddrehungen einkalkulieren – und guten Ankergrund haben. Ausgesprochen schlecht sind steinige, stark verschlammte und verkrautete Böden.

❑ Ein Ankerplatz darf nicht innerhalb eines Fahrwassers liegen. Er muss weit genug von anderen Booten entfernt sein, damit alle einen vollen Kreis um ihren Anker schwojen können, wenn sich Wind- oder Stromrichtung ändert.
❑ Verboten ist Ankern auf Kanälen, unter Brücken und Hochspannungsleitungen, an Wendestellen, in Hafeneinfahrten, in der Fahrlinie von Fähren und auf Wasserski- und Wassermotorradstrecken.
Als goldene Grundregel gilt: Ankern auf Flüssen nur im Notfall. Festmachen an Land ist sicherer.

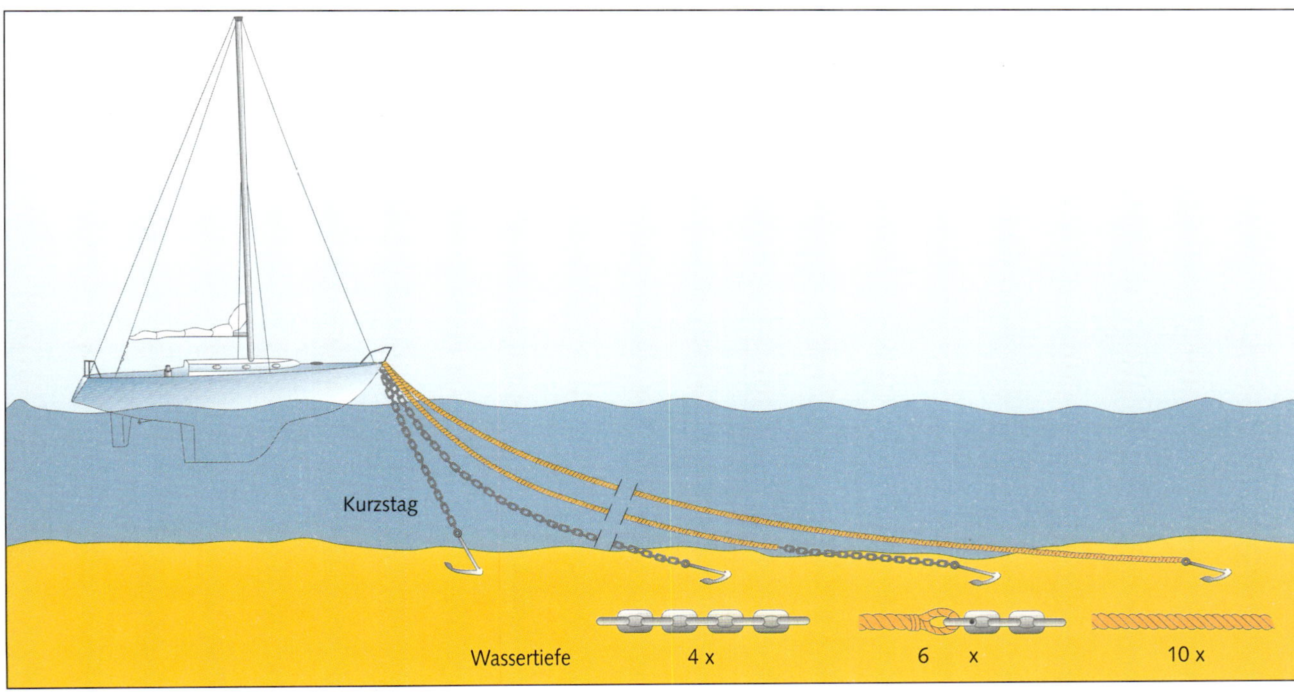

Wie lang soll die Ankerleine sein?
Ankern mit Kette: mindesten das 3fache der Wassertiefe.
Ankern mit Leine und Kettenvorlauf: mindestens das 4fache der Wassertiefe.
Ankern nur mit Leine: mindestens das 5fache der Wassertiefe.
Diese Angaben – so werden sie in der Führerschein-Prüfung verlangt – gelten für stilles Wasser und Windstille. In strömendem Gewässer und auf großen Wasserflächen, auf denen höhere Wellen entstehen, sind vorsichtshalber Längen vom 4-, 6- und 10fachen der Wassertiefe zu wählen.

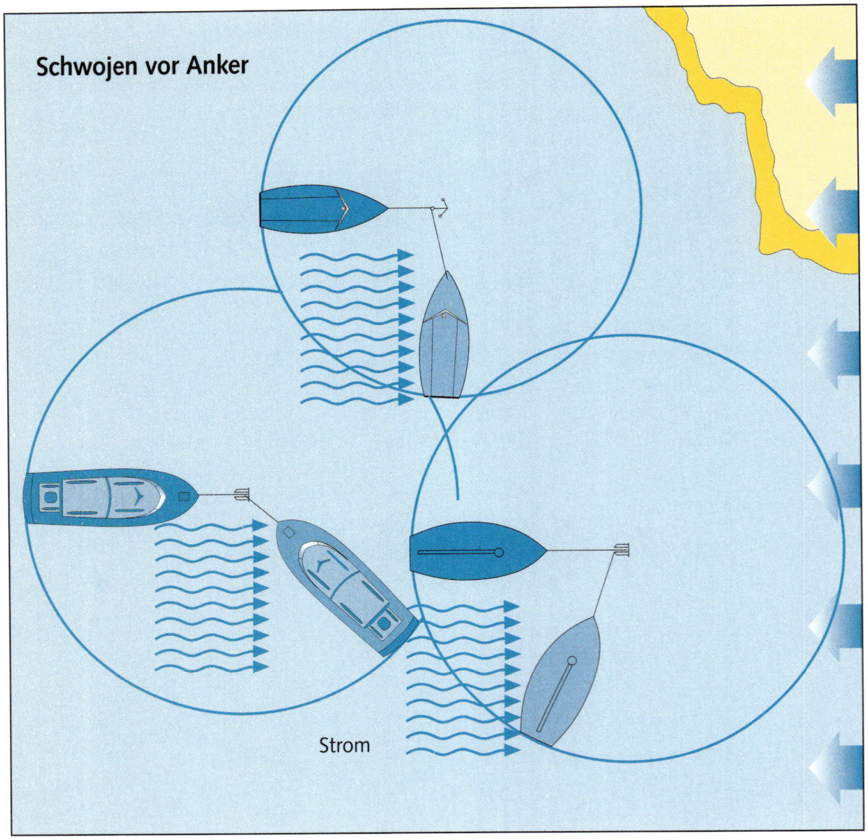

Abstand halten
Steht nur Strom oder Wind aus einer Richtung, schwojen alle Boote in die gleiche Richtung und kommen sich nicht zu nahe. Steht aber beispielsweise Strom gegen Wind, können Ankerlieger recht unterschiedliche Positionen einnehmen. Bedingt durch unterschiedliche Über- und Unterwasserschiffsformen. Das eine Boot stellt sich mehr in Wind-, das andere mehr in Stromrichtung.
Ebenfalls zu beachten: Ein Boot, das vor Bug- und Heckanker liegt, schwojt nicht mit, sondern bleibt bei Richtungsänderungen von Wind oder Strom annähernd am selben Platz.

Ankermanöver

Das Ankern

Liegt der Ankerplatz fest, die Fock bergen und auf dem Vorschiff den Anker klarieren. Nachsehen, ob Kette oder Trosse auch tatsächlich im Kettenkasten oder an einer Klampe belegt und der Splint bei Stockankern gesichert ist. Die Trosse klar zum Ausrauschen an Deck in Buchten nebeneinander auslegen.
Mit langsamer Fahrt am Wind den Ankerplatz anlaufen, dort in den Wind drehen oder, bei Strom, gegen den Strom, und das Boot auslaufen lassen. Das Kommando »Fallen Anker!« darf erst dann gegeben werden, wenn das Boot beginnt, achteraus zu treiben. Andernfalls könnte die Trosse direkt auf den Anker fallen und mit Stock oder Flunken unklar kommen. Niemals die Trosse einfach über Bord werfen, sondern auf kleinen Booten Hand über Hand ausgeben. Auf größeren Booten mit schwerem Ankergeschirr gebremst über eine Ankerwinde. Die Trosse öfter mal einrucken lassen, um das Eingraben des Ankers zu unterstützen.
Aufpassen, dass niemand in der Trosse steht.

Merke:
Der Rudergänger entscheidet, wann der Anker über Bord gegeben werden soll, nicht der Mann auf dem Vorschiff.

Erst wenn der Anker wirklich gefasst hat, das Großsegel bergen, um so lange bei einem möglicherweise erforderlichen neuen Ankermanöver sofort manövrierfähig zu sein.

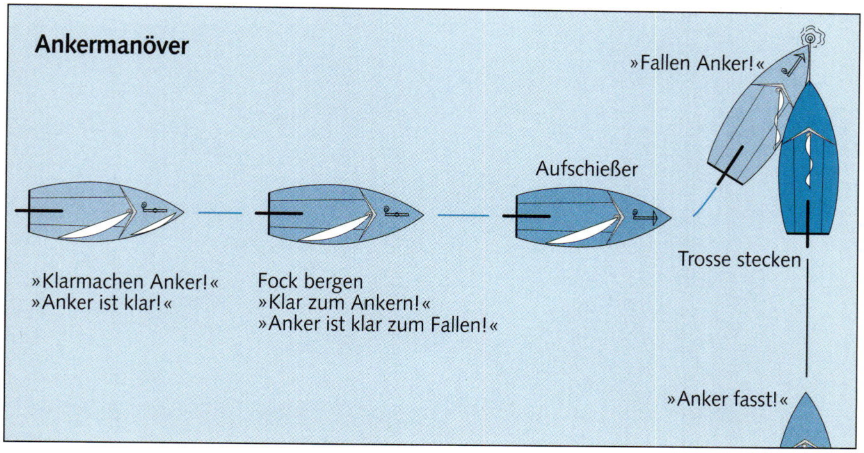

Kommandotafel Ankern

Klarmachen Anker!
Anker ist klar!
Klar zum Bergen des Vorsegels!
Vorsegel ist klar zum Bergen!
Hol nieder Vorsegel!
Klar zum Ankern!
Anker ist klar zum Fallen!
Fallen Anker!
Anker fasst!
Klar zum Bergen des Großsegels!
Großsegel ist klar zum Bergen!
Hol nieder Großsegel!
Peilen – Loten – Klaren!
Peilung steht – alles klar!

Wenn vorhanden, feste Marken peilen und beobachten, ob die Peilung steht, das heißt, sich nicht gegenüber dem eigenen Standort verändert. Erst dann kann man sicher sein, dass der Anker nicht schliert. Um ganz sicherzugehen, sollte die Peilung stündlich kontrolliert werden, unbedingt aber in Gewässern mit Ebbe und Flut, wenn der Tidenstrom kentert.
Lotungen rings ums Schiff, um festzustellen, ob man nicht gerade an einem unterseeischen Steilhang ankert, dienen des Weiteren der Sicherheit.
Schliert der Anker, mehr Trosse stecken. Nützt das nichts, unverzüglich ankerauf gehen und ein neues Manöver fahren.

Ankerlichten

Die Situation ist die gleiche wie beim Ablegen von der Boje. Das Boot ist unmittelbar nach dem Ankerlichten manövrierunfähig. Deshalb muss es genügend Leeraum haben zum Achteraustreiben und um Fahrt aufzunehmen.
Das Manöver: Großsegel setzen, Fock klar zum Setzen oder – auf einer Jolle stets – ebenfalls setzen, aber beizeisen, um bei der Arbeit auf dem Vorschiff nicht behindert zu werden. Langsam an der Trosse zum Anker verholen, bis sie kurzstag steht, das heißt, keine Lose mehr hat, also in einem Winkel von etwa 45° zum Anker verläuft. Von diesem Augenblick an muss man damit rechnen, dass der Anker nicht mehr sicher hält. Ruder zur gewünschten Luvseite legen und warten, bis das Boot auf die Leeseite schwojt. Nun den Anker so schnell wie möglich holen, damit er nicht noch einmal am Grund hakt und den Bug wieder zurückreißt. Fock ausreißen und back, um weiter abzufallen und Fahrt am Wind aufzunehmen.
Den Anker auswaschen, an Deck holen und klarieren.
Nicht immer lässt sich der Anker leicht aus dem Grund brechen. Auf kleineren Booten ohne Ankerwinde alle aufs Vorschiff, damit der Bug tiefer eintaucht, dann die Ankertrosse so steif wie möglich holen und belegen. Nun alle aufs Achterschiff. Der Auftrieb des austauchenden Bugs erzeugt eine erhebliche Kraft, die meistens groß genug ist, den Anker aus dem Grund zu brechen.
Sollte sich der Anker jedoch hinter Felsen, eingespülten Wrackteilen oder Ähnlichem verhakt haben, nützt diese Methode nichts. Dann ist gut dran, wer Schnorchel und Taucherbrille dabei hat, um hinabzutauchen und seinen Anker von Hand zu klarieren.
Yachten mit Hilfsmotor werden das Ankerlichten sicherheitshalber unter Maschine besorgen und den Anker mit Maschinenkraft ausbrechen, indem sie langsam über den Anker hinwegfahren.

Kommandotafel Anker lichten

Klar zum Ankerlichten!
Anker kurzstag holen!
Anker ist kurzstag!
Anker auf!
Anker ist los!
Reiß aus die Fock! – Fock back an ...bord!

Kentern und Aufrichten

Meist kentern Jollen nach Lee.
Die Crew wird dabei oft ins Großsegel katapultiert.

Erste Maßnahme: den Bug in den Wind drehen. Danach versucht einer den Masttopp hochzudrücken, der andere...

Durch sein in die rückwärtige Auslage gebrachtes Körpergewicht und Wippen hebelt der Schwertmann...

...das Boot in die Horizontale, während der andere Mitsegler sich in die Fußgurte hängt...

...schwimmt zum Schwert, hängt sich daran oder zieht sich rauf, angelt sich eine Leine (Fockschot)...

...hängt sich voll in die Leine, während der andere inzwischen im Cockpit die Schoten klariert.

...und sich dann beide gleichzeitig, die Jolle dadurch stabilisierend, ins Cockpit ziehen oder wälzen.

Lenzer auf und – wenn noch nicht geschehen – Schoten klarieren und zum Lenzsegeln auf Raumschots-Kurs gehen.

Kentern und Aufrichten

Alle Schwertboote können kentern. Drei Ursachen sind es, auf die sich die meisten Kenterungen nach Lee zurückführen lassen:

❑ Ungeschicktes Halsen. Die Großschot darf nie lose kommen, und nach dem Halsen darf erst wieder angeluvt werden, wenn vor dem Wind die Großschot völlig aufgefiert worden ist.

❑ Zu starkes Anluven in einer Bö auf Am-Wind-Kurs. Das Boot verliert dabei zu viel Fahrt und dadurch auch Stabilität, da sie sich bei Fahrtverminderung verringert.

❑ Zu schnelles, hartes Anluven in Böen auf Raumschots-Kurs, ebenfalls wegen Fahrtverlust und nachlassender Stabilität, zu der noch die dabei wirksam werdende Zentrifugalkraft kommt.

Kentern nach Luv geschieht seltener und hat meistens zwei Ursachen:

❑ Wenn die Besatzung auf Am-Wind-Kurs weit in Luv sitzt und in einer starken Bö die Großschot plötzlich und zu weit auffiert. Schlagartig lässt der Winddruck auf dem Segel nach, und das Besatzungsgewicht in Luv wirft die Jolle um.

❑ Wenn auf Raumschots-Kurs eine schräg von achtern unter dem Heck durchlaufende Welle das Boot stark nach Luv krängt, läuft es nach Lee aus dem Ruder. Die draußen hängende Besatzung wird nun durchs Wasser geschleift – das Boot kentert.

Moderne Leichtbaujollen kentern verhältnismäßig schnell, können aber von einer erfahrenen Crew innerhalb kürzester Zeit wieder aufgerichtet werden und nehmen dabei kaum Wasser auf.

Was tun nach dem Kentern?

Zunächst feststellen, ob sich der Mitsegler nicht irgendwo am Boot oder im laufenden Gut verfangen hat. Ist jemand unters Segel geraten – beim Kentern nach Luv –, zum Achterliek hinschwimmen, um nicht in die Wanten zu geraten. Das Segel mit Kopf und Armen hochzudrücken, um Luft zu schöpfen, ist zwecklos. Das nasse synthetische Tuch schließt völlig luftdicht ab.

Ist die Crew mit sich selbst klar, verhindern, dass das Boot durchkentert, indem man sich an das Schwert hängt oder den Masttopp hochdrückt.

Vor dem Aufrichten die Schoten – sofern sie belegt waren – aus den Klemmen nehmen. Sonst könnten die Segel Wind fangen und das Boot sich allein davonmachen. Möglichst mit einer Leine (Schot) Verbindung zum Boot halten.

Den Bug in den Wind zu drehen ist unerlässlich beim Kentern nach Luv. Sonst fasst der Wind unter das angeliftete Segel und wirft das Boot gleich zur anderen Seite um. Nach einer Lee-Kenterung erleichtert der Bug im Wind das Aufrichten.

Schwerer gebaute Fahrtenboote haben eine höhere Eigenstabilität und kentern deshalb nicht so schnell. Wenn sie aber gekentert sind, ist das Aufrichten ohne fremde Hilfe kaum möglich. Was bleibt also zu tun, wenn es geschehen ist?

❑ Rittlings auf die aufschwimmende Bootsseite setzen. Ist das Boot um 180° durchgekentert, auf den Bootsboden setzen. Um die Aufmerksamkeit auf sich zu lenken, wiederholt die Arme langsam halbkreisförmig bis in die Höhe des Kopfes bewegen. Gilt als Notzeichen.

❑ Aufschwimmendes Zubehör wie Paddel, Ruder, Pütz oder Ähnliches nur bergen, wenn sie in greifbarer Nähe schwimmen. Sie treiben nämlich schneller als das gekenterte Boot. Nicht hinterher schwimmen.

❑ Grundsätzlich niemals das Boot nach dem Kentern verlassen. Auch nicht, um eventuell Hilfe herbeizuholen. Erfahrungsgemäß werden die Entfernungen bis zum Ufer meist erheblich unterschätzt und die eigenen Kräfte überschätzt. Besonders bei Wellen und niedriger Wassertemperatur. Außerdem ist ein treibendes Boot viel leichter von Rettern auszumachen als ein Schwimmer.

Kommt ein Motorboot zur Hilfe – oder eine Segelyacht unter Motor –, unbedingt darauf achten, dass nichts im Wasser schwimmt – Schoten, Leinen, Kleidungsstücke –, was in den Propeller kommen könnte. Gegebenenfalls das Motorboot durch Zuruf davor warnen.

Typische Anfängerfehler

Nach dem Kentern rittlings oder bäuchlings auf der »hohen Kante« hängenbleiben (statt sofort auf das Schwert hinunterzurutschen), das führt häufig zum Durchkentern (Mast nach unten).

Aufrichten quer zum Wind nach Lee: Das Boot kentert sofort zur anderen Seite.

Die Schoten nicht gelöst und keine Leinenverbindung zum Boot gehalten: Es »segelt« den Schwimmern nach dem Aufrichten davon.

Sicherheits-ausrüstung

Es ist selbstverständlich, dass jeder an Bord, bei unsicherer Wetterlage, eine Rettungsweste anlegt. Kinder tragen sie ständig. Im Gegensatz zur Schwimmweste, die nur als Schwimmhilfe dient, ist die Rettungsweste ohnmachtssicher. Das heißt, sie dreht einen Bewusstlosen in eine stabile Rückenlage und hält sein Gesicht über Wasser. Bewusstlosigkeit kann schnell durch Unterkühlung eintreten. Es gibt ohnmachtssichere Feststoffwesten und luftgefüllte Westen, die durch CO_2-Patronen aufgeblasen werden.
Auf größeren Revieren, besonders wenn auch bei Dunkelheit gesegelt wird, gehört ein ohnmachtssicherer Rettungskragen mit Rettungsleuchte an Bord.
In der kühleren Jahreszeit empfiehlt sich für Jollensegler, einen Nassbiber unterzuziehen. Er schützt vor schneller Auskühlung und dadurch bedingter Erschöpfung.
Anker mit Leine und Festmacher sind ebenso selbstverständlich wie Pütz oder Handpumpe, Reserveschäkel und -bändsel, Takelmesser mit Marlspieker zum Schäkelöffnen und Bootshaken. Boote mit Kocheinrichtungen und Einbaumotor müssen einen ABCD-Feuerlöscher (Pulver) mit mindestens 2 kg Inhalt an Bord haben.

Mindestausrüstung

***Kategorie 1** – Jollen auf kleinen Binnenrevieren:*
- ❑ *Ohnmachtssichere Rettungsweste mit Trillerpfeife für jedes Besatzungsmitglied (für Kinder spezielle Kinderweste)*
- ❑ *Ösfass (Pütz)*
- ❑ *Anker mit mindestens 20 m Leine*
- ❑ *2 Stechpaddel*

***Kategorie 2** – Boote auf größeren Binnenrevieren wie Bodensee, Chiemsee und größeren Talsperren, zusätzlich zu dieser Grundausrüstung:*
- ❑ *Ohnmachtssicherer Rettungsring (Rettungsboje) mit automatischem Nachtrettungslicht*
- ❑ *Erste-Hilfe-Verbandskasten*
- ❑ *Wasserdichte und schwimmfähige Handlampe*
- ❑ *Signalhorn oder Typhon mit Handbedienung*

Grundberührung und Freikommen

Läuft man mit einer Jolle auf Grund, braucht man meist nur das Schwert aufzuholen, um wieder flott zu sein. Oder man steigt aus und schiebt das Boot in tieferes Wasser. Anders sieht es mit einer Kielyacht aus.

❑ Am Wind genügt es manchmal, die Großschot zu fieren und die Fock back zu holen, damit der Bug vom Wind nach Lee und achteraus weggedrückt wird.

❑ Bei halbem oder raumem Wind sind sofort die Schoten zu fieren, damit das Boot nicht höher auf die Untiefe gesetzt wird. Vielleicht reicht es, wenn sich die Mannschaft außenbords an Seereling und Wanten hängt, um freizukommen. Genügt das nicht, lässt sich die Krängung verstärken, indem sich jemand in den angedirkten und querabgeschwenkten Großbaum hängt. Oder man bringt sogar das belastete Beiboot daran aus. Vorher die Segel bergen. Sitzt man vorne fest, sämtliches Staugut und die Mannschaft nach achtern. Sodann mag neuerliches Krängen Erfolg haben. Nützt auch das nichts, muss ein Warpanker mit dem Dingi in die günstigste Abschlepprichtung möglichst weit ausgefahren werden, damit sich ein flacher Zugwinkel ergibt und der Anker nicht gleich wieder aus dem Grund bricht. Dann an der Ankertrosse verholen. Liegt die Abschlepprichtung etwa querab, die Trosse am besten über eine Schotwinsch holen.

❑ Bei achterlichem Wind sofort die Segel bergen und einen Heckanker in Windrichtung ausbringen, damit das Boot nicht noch weiter auf die Untiefe geschoben wird. In den meisten Fällen wird man auf diesem Kurs mit so viel Fahrt so hoch aufbrummen, dass man ohne fremde Hilfe nicht mehr frei kommt.

War die Grundberührung recht heftig, unverzüglich die Bilge kontrollieren, ob das Schiff Wasser macht. Gegebenenfalls das Leck sofort suchen und dichten. Ist es erstmal überflutet, findet man es kaum noch.

Segel bergen, einen Buganker als Warpanker nach Luv ausbringen. Unter gleichzeitigem Krängen nach Lee die Ankertrosse holen. Schwimmt die Yacht genügend frei von der Untiefe, Segel wieder setzen.

Havarien und Reparaturen mit Bordmitteln

Durch die Verwendung hochwertiger Materialien treten Schäden an Bord relativ selten auf. Dennoch muss man immer einmal damit rechnen und sich zu helfen wissen, um das Ufer oder den nächsten Hafen zu erreichen.

Bruch im stehenden Gut: Damit der Mast nicht von oben kommt, muss das gebrochene Teil sofort entlastet werden.

❑ Bei Wantbruch – es wird fast immer das belastete Luvwant sein – sofort die Großschot fieren und wenden. Ist das Unterwant gebrochen, Lose ins Achterstag, damit die Unterwanten vom Druck der Mastbiegung entlastet werden.

❑ Bei Achterstagbruch an den Wind gehen, Vorsegel bergen und den Baumniederholer so dicht wie möglich holen.

❑ Bei Vorstagbruch vor achterlichen Wind gehen. Häufig wird die Fock mit ihrem stählernen Vorliek das Vorstag weitgehend ersetzen können. Dann wird eine Notreparatur vorgenommen. An den Bruchstellen mit Drahtseilklemmen je ein Auge bilden und dadurch ein so genanntes Taljereep scheren. Eventuell kann man auch ein freies Fall oder die Dirk als Notstag oder Notwant ans Pütting schäkeln.

Bruch im laufenden Gut: Fallen lassen sich verknoten oder spleißen, sofern das Fall nicht dort gebrochen ist, wo es durch den Block läuft. Dann kann man nur mit dem oder den stehengebliebenen Segeln weitersegeln.

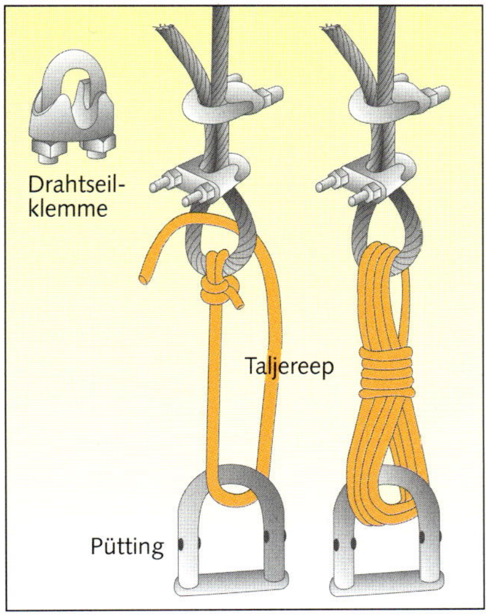

Bruch im stehenden Gut
Im gebrochenen Draht ein Auge bilden und zwei Drahtseilklemmen gegeneinander versetzt raufsetzen. Ein Ende als Taljereep mehrfach durch Pütting und Auge ziehen und nach mehreren Rundtörns verknoten. Bruchstelle mit Tape ummanteln, um Verletzungen zu vermeiden. Selbstverständlich können auf gleiche Weise in beiden Enden des Drahts Augen gebildet und diese durch ein Taljereep verbunden werden, wenn das Want nicht am Spanner, sondern höher gebrochen ist.

Die Großschot kann nicht verknotet werden, weil sie dann nicht mehr durch ihre Blöcke läuft. Deshalb ist es wichtig, stets eine Reserveschot dabei zu haben.
Bruch des Großbaums: Großsegel abschlagen und nur unter einem großen Vorsegel weitersegeln. Oder – falls das Großsegel ein Bändselreff hat – auf die zum Spinnakerbaum passende Unterliekslänge reffen und dann den Spinnakerbaum als Ersatzbaum fahren.
Bruch des Mastes: Außenbords liegende Teile des Mastes oder der Verstagung so weit wie möglich an Bord holen, weil sie den Rumpf beschädigen. Notfalls alles mit einem Bolzenschneider kappen. Versuchen, am Maststumpf, verlängert eventuell durch den angelaschten Groß- oder Spinnakerbaum, ein Notsegel zu riggen.
Bruch des Ruders: Bei Bruch der Pinne wird es fast immer möglich sein, ein Paddel oder ähnliches als Notpinne zu laschen. Auf radgesteuerten Yachten kann meistens eine Notpinne auf den Ruderkopf gesetzt werden.
Bei Bruch oder Verlust des Ruders selbst muss versucht werden, einen Riemen als Notruder zu laschen. Eventuell lässt sich das Boot auch weitgehend mit den Segeln steuern:
❑ Anluven = Großsegel dichter nehmen, Vorsegel fieren.
❑ Abfallen = Großsegel fieren, Vorsegel stehen lassen oder dichter nehmen.
Boote mit sehr kurzem Lateralplan lassen sich allerdings kaum allein mit den Segeln steuern.
Segelriss: Sofort mit Klebeband auf beiden Seiten verhindern, dass er weiterreißt. Einen größeren Riss provisorisch mit einer Bootsmannsnaht nähen.
Befindet sich ein Großsegelriss in der Nähe des Baumes, kann man es möglicherweise bis über den Riss einreffen.
Ein Leck: So segeln, dass sich ein Leck in oder über der Wasserlinie in Luv befindet. Oder das Boot auf andere Weise zur gegenüberliegenden Seite krängen, um den Wassereinbruch so gering wie möglich zu halten. In ein größeres Leck Kleidungsstücke, Kissen oder Kojenpolster stopfen, dagegen ein Brett

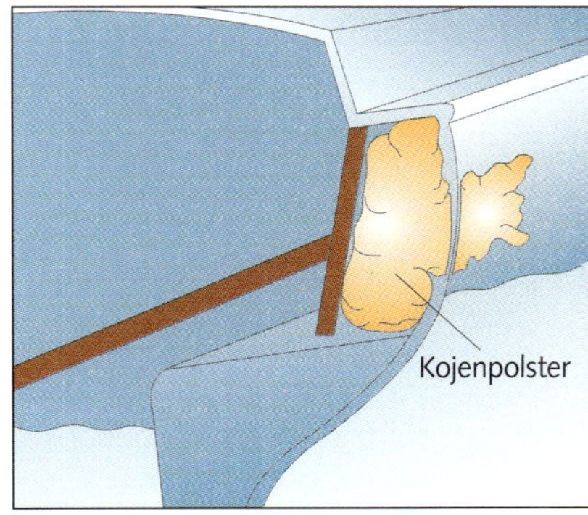

pressen (Bodenbrett, Schranktür oder Ähnliches) und mit Einrichtungsgegenständen absteifen. Zusätzlich kann man versuchen, von außen ein Lecksegel, etwa die Fock, über das Leck zu bringen und unter dem Rumpf durchzuziehen, um den Wasserdruck zu mindern; wahrscheinlich wird es aber nicht gelingen.
Eine andere bewährte Methode: eine CO_2-Rettungsweste in das Loch stopfen und aufblasen. Um diese und ähnliche Reparaturen ausführen zu können, muss natürlich das geeignete Handwerkszeug an Bord sein und ausreichend Ersatz für all die Dinge, die zu Bruch gehen oder über Bord fallen können. Beispielsweise: Schäkel, Drahtseilklemmen, Wantenspanner, Blöcke etc.
Muss auf größeren Booten jemand in den Mast – etwa weil sich ein Fall verklemmt hat oder hochgerauscht ist –, wird er im **Bootsmannsstuhl** vorgeheißt, einer Art Strampelhose aus kräftigem Segeltuch.

Verhalten im Sturm

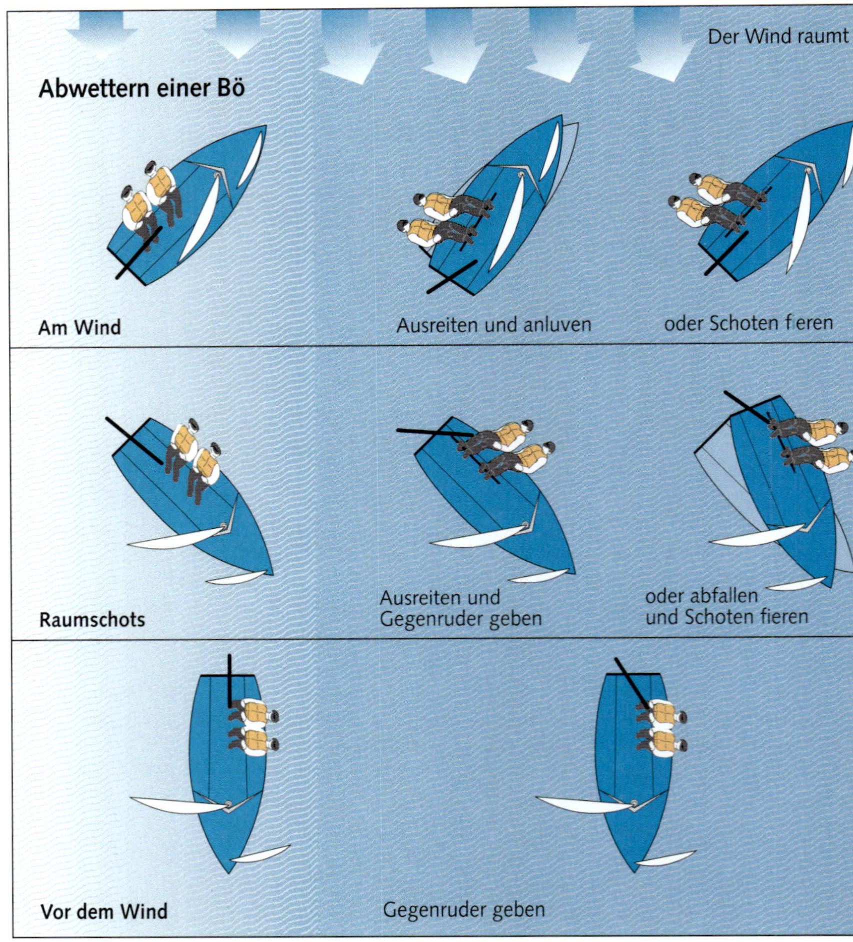

Bei einer Sturmwarnung legt man gar nicht erst ab, sondern verkneift sich das Segeln, bis eine Wetterbesserung eingetreten ist. Optische oder akustische Sturmwarnsysteme, mit denen einige Reviere ausgestattet sind, signalisieren, umgehend einen sicheren Liegeplatz aufzusuchen. Doch nicht überall gibt es Warnsysteme, und man ist dort auf die eigene Wetterbeobachtung angewiesen. Besonders gefährlich, gerade auf südlicheren Binnenrevieren, sind plötzlich aufkommende Wärmegewitter. Sofort bei den ersten Anzeichen versuchen, das geschütztere Ufer zu erreichen. Das ist jenes, hinter dem das Gewitter aufzieht. Aber nicht immer gelingt es, dem aufkommenden Sturm zu entrinnen. Was dann tun?

❑ 1. Maßnahme: Rettungswesten anlegen.

❑ 2. Maßnahme: Reffen. Wenn das auf einer Jolle nicht möglich ist, das Großsegel bergen.

❑ 3. Maßnahme: Alles »seefest« zurren. Auf einer Jolle heißt das, alles so stauen und festbändseln, dass es im Falle einer Kenterung nicht verloren geht.

Das Abwettern von Böen

Man erkennt die Bö schon von weitem an der dunkleren Kräuselung des Wassers. In der Bö raumt der scheinbare Wind, weil die Windgeschwindigkeit zunimmt. Und so pariert man eine Bö:

Am Wind: Voll ausreiten und leicht anluven oder die Großschot fieren, ohne sie dabei ausrauschen zu lassen.

❑ Sofort nach Durchzug der Bö wieder abfallen, beziehungsweise die Großschot dicht. Sonst würde das Boot womöglich im Wind liegen, zumindest die Fahrt und damit seine Stabilität weitgehend einbüßen und der nächsten Bö widerstandslos ausgesetzt sein. Das aber hieße eine fast sichere Kenterung.

Raumschots: Gegenruder geben zum Ausgleich der Luvgierigkeit, die der raumende scheinbare Wind bewirkt, ausreiten und die Großschot fieren und/oder leicht abfallen.

❑ Nicht anluven!

Vorm Wind: Leicht Gegenruder geben, um die Luvgierigkeit auszugleichen, im Übrigen genau Kurs halten.

❑ Nicht zu hart Gegenruder legen, das führt unweigerlich zu einer Patenthalse. Das kann Kenterung oder Bruch im Rigg bedeuten.

Die Gefahr einer Patenthalse ist auf einem Vorm-Wind-Kurs stets latent vorhanden, bei Starkwind aber besonders groß. Deshalb sicherheitshalber lieber einen raumeren Kurs laufen.

Ablaufen vor Topp und Takel

Werden die Böen so hart, dass sie nicht mehr abzuwettern sind, gibt es – falls das Großsegel schon geborgen ist – auf einer Jolle nur die Möglichkeit, auch die Fock wegzunehmen. Jetzt kann man sich nur noch unter dem nackten Rigg treiben lassen, das heißt, vor Topp und Takel laufen. Hoffentlich auf kein mit Steinen übersätes Ufer zu. In dem Fall rechtzeitig vorher den Anker ausbringen, um den Bootsboden vor Beschädigungen zu bewahren.

Abwettern mit einem Kielboot

Hat man mit einem Kielboot keine Chance mehr, vor dem Sturm einen schützenden Hafen aufzusuchen, ist gegebenenfalls die wichtigste Sicherheitsmaßnahme:

❑ Freikreuzen von einem Ufer mit auflandigem Wind – von Legerwall. Damit ein Kielboot einen Sturm abwettern kann, braucht es Leeraum. Denn das für eine Jolle oft rettende Ufer bedeutet für eine Kielyacht meistens Strandung.

Auch auf kleineren Kielbooten werden Böen durch Anluven, Schoten fieren oder Gegenruder abgeritten. Ausreiten durch die Mannschaft spielt allerdings eine etwas untergeordnetere Rolle.

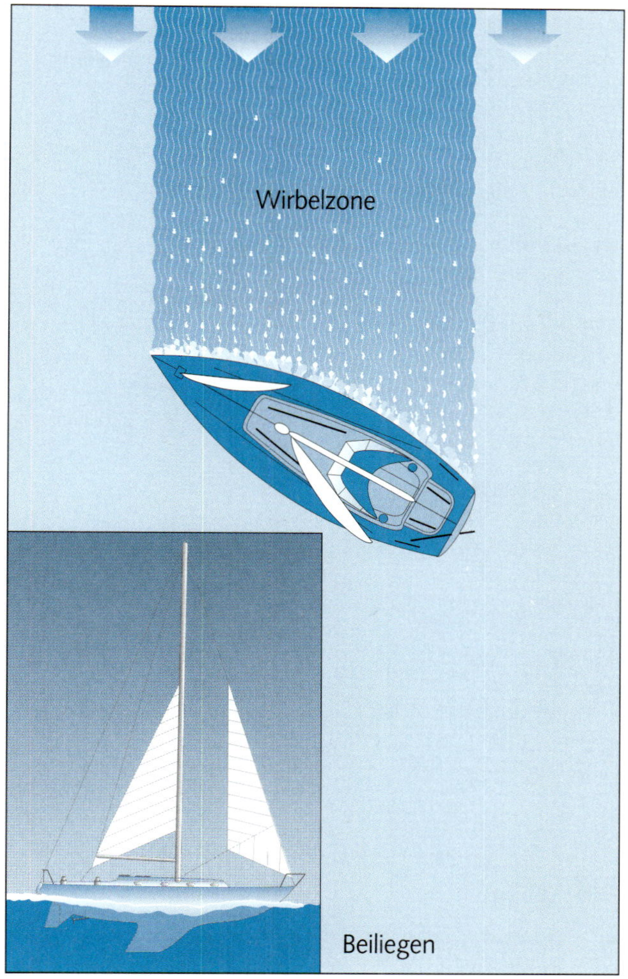

Beiliegen unter Sturmfock und Trysegel
So wird auf See ein Sturm abgewettert. Das Boot treibt langsam nach Lee. Die Abdrift liegt, je nach Konstruktion der Yacht und Windstärke, zwischen 1½ und 4 Knoten. Dadurch bildet sich in Luv eine Wirbelzone, die die anrollenden Brecher dämpft.

Beidrehen und Beiliegen

Legt der Sturm dermaßen zu, dass es zu riskant wird, weiterzusegeln, muss man beidrehen und beiliegen. Unter **Beiliegen** versteht man, ein Boot unter Segeln in relativ ruhiger Lage nahezu auf der Stelle zu halten. Selbstverständlich nicht nur im Sturm, sondern auch, um beispielsweise etwas an Bord zu reparieren oder um auf jemand zu warten.

Beidrehen ist das vorbereitende Manöver zum Beiliegen:

❑ Wenden, aber die Fockschot nicht loswerfen, sodass sie back steht. Nun das Großsegel, je nach Bootstyp, mehr oder weniger fieren und Luv-Ruder legen und Pinne oder Rad festsetzen. Allerdings lassen sich Yachten mit stark konzentriertem Lateralplan nur schwer beilegen.

Segeln im Strom

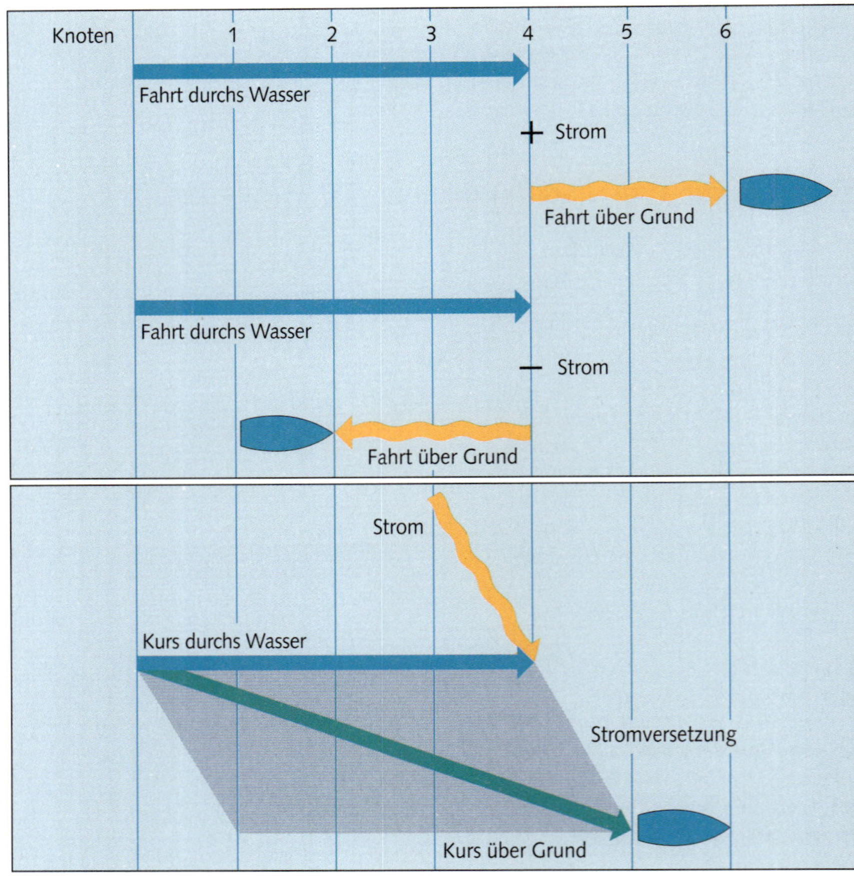

Auf Flüssen und anderen strömenden Gewässern ist beim Segeln nicht nur die Abdrift durch den Wind einzukalkulieren, sondern Kurs und Geschwindigkeit werden ganz erheblich vom Strom beeinflusst.

❑ In Fahrtrichtung mitlaufender Strom erhöht die Fahrt des Bootes um seine eigene Geschwindigkeit.
Läuft beispielsweise das Boot mit 4 Knoten (kn), der Strom mit 2 kn, ergibt sich eine Fahrt von 4 + 2 = 6 kn.

❑ Gegenanlaufender Strom reduziert die Fahrt eines Bootes um seine eigene Geschwindigkeit (4 – 2 = 2 kn).

Die **Fahrt durchs Wasser** ist in beiden Fällen gleich. Es ist die Geschwindigkeit des Bootes gegenüber dem vorbeiströmenden Wasser. Nur sie kann man mit dem Log, dem Bootstachometer, messen.

Die **Fahrt über Grund** hingegen unterscheidet sich beträchtlich. Es ist die Geschwindigkeit des Bootes gegenüber dem Grund. Sie beträgt in diesem Beispiel einmal 2 kn und einmal 6 kn.

Die Stromversetzung

In beiden Beispielen aber wird das Boot vom Strom nicht oder nicht nennenswert aus seinem Kurs versetzt. Das geschieht jedoch, wenn Stromrichtung und Kurs einen Winkel bilden. Bei dwars setzendem Strom ist die Stromversetzung (Abdrift durch Strom) am größten. Ferner ist sie abhängig von der Stärke des Stromes. Jetzt muss deutlich zwischen dem gesteuerten
Kurs durchs Wasser und dem tatsächlich gelaufenen
Kurs über Grund unterschieden werden, der das Boot immer in Stromlee vom Ziel bringt. Richtet man also bei einem mehr oder minder stark quer setzenden Strom den Bug genau aufs Ziel, würde man einen bogenförmigen Kurs über Grund laufen, eine so genannte Hundekurve. Deshalb den Kurs durchs Wasser gegen den Strom vorhalten.

Die Stromrichtung lässt sich an Bojen, Ankerliegern oder Ähnlichem erkennen, die Stärke nur mit viel Erfahrung aus der Schräglage von schwimmenden Seezeichen und dergleichen und den sich dahinter bildenden Wasserwirbeln ablesen.

❑ Im tiefen Wasser, zur Flussmitte hin, ist die Strömung am stärksten. Deshalb bei Talfahrt im tieferen Wasser bleiben, bei Bergfahrt die flachen Ufer mit geringerer Strömung ausnutzen.

Anlegen und Ankern

Anlegen gegen den Strom: Mit Kielbooten sollte möglichst gegen den Strom angelegt werden. Er hat meistens eine größere Auswirkung auf das Manöver als der Wind.
Langsam im spitzen Winkel auf die Anlegestelle zulaufen. Vorleine an Land, um das Boot gegen den Strom

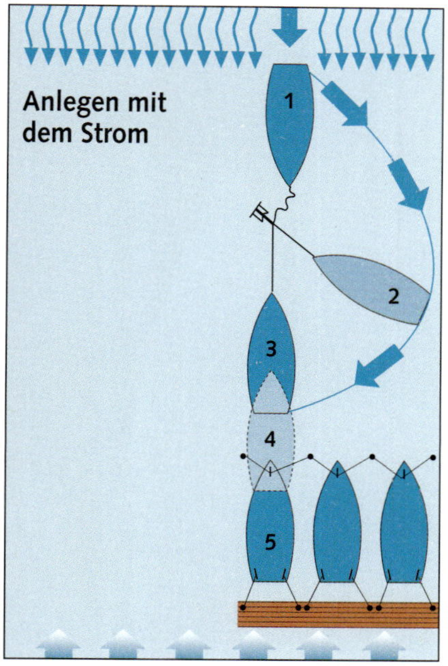

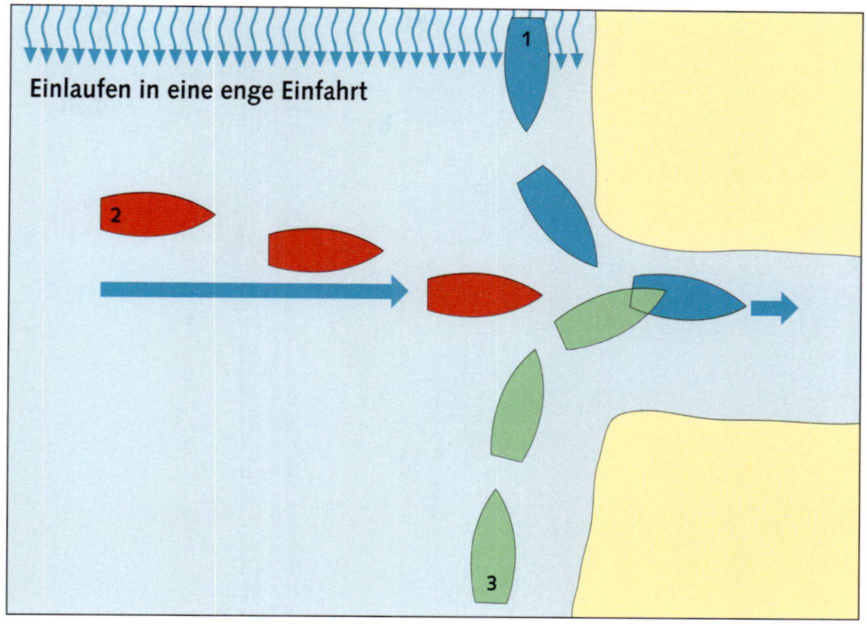

1 Mit dem Strom: Man kommt durch den mitlaufenden Strom mit verhältnismäßig viel Fahrt an. Der Augenblick des Eindrehens muss genau abgepasst werden, um nicht an der Einfahrt vorbeigesetzt zu werden.

2 Quer zum Strom: Auf diesem Kurs ist die Stromversetzung am größten, entsprechend ist am weitesten nach Stromluv vorzuhalten.
3 Gegen den Strom: Erst in Stromluv der Einfahrt eindrehen.

zu halten. Ruder stromwärts, und der Strom drückt das Heck gegen die Pier. Achterleine an Land.
Anlegen mit dem Strom: Beim Längsseitsgehen zuerst die Achterleine an Land, um zu verhindern, dass das Heck stromwärts herumgedrückt wird. Setzt stärkerer Strom direkt auf die Anlegestelle zu, wird es selbst bei ablandigem Wind meist nicht möglich sein, durch einen Aufschießer die Fahrt aus dem Schiff zu bringen. Dann muss zum Abstoppen ein Anker ausgebracht werden (1). Am besten der Buganker: Das Boot kann gegen den Strom auftörnen (2) und liegt nachher gleich mit dem Bug gegen den Strom. Ankertrosse stecken und das Boot an den Liegeplatz herantreiben lassen (3–5).
Ankern im Strom Falls Wind und Strom nicht die gleiche Richtung haben, zuerst das Großsegel bergen, dann den Bug gegen den Strom bringen und ankern.

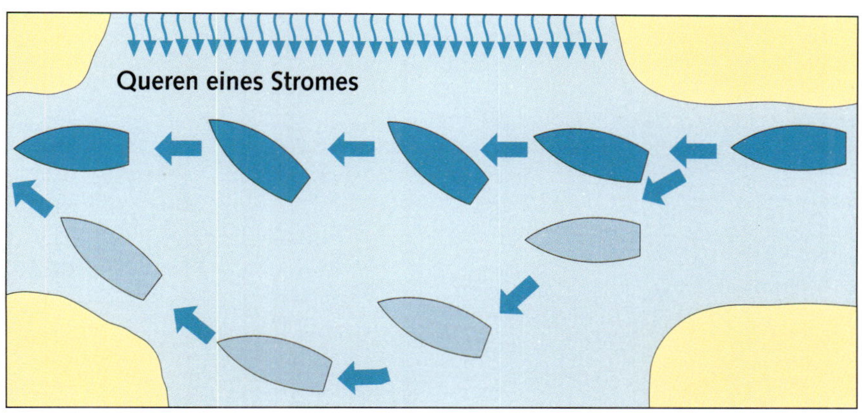

Beim Kreuzen eines strömenden Gewässers führt der direkte Kurs durchs Wasser zur so genannten Hundekurve.

Je nach Stärke der Strömung muss mehr oder weniger nach Stromluv vorgehalten werden.

REGATTA-SEGELN

Wettfahrten und Regatten

Ausgetragen werden Segelregatten nach den **Wettfahrtregeln (WR),** deutsche Ausgabe, der International Sailing Federation (ISAF) – des Weltseglerverbandes. Ergänzt werden sie durch die **Wettsegelordnung (WO)** des Deutschen Segler-Verbandes (DSV). Alle vier Jahre, nach den Olympischen Spielen, werden die Wettfahrtregeln überarbeitet.
Ergänzt oder auch eingeschränkt werden sie durch die **Segelanweisungen** des jeweiligen Regattaveranstalters. Diese enthalten Angaben über Zeit des Starts, Lage der Bahn, besondere Signale und Sicherheitsbestimmungen. Verständlich, dass die Zusatzregeln, die sich vor allem auf Ausrüstung und Sicherheitseinrichtungen erstrecken, für Seerennen weitaus umfangreicher sind als für landnahe Dreiecksregatten.
Ein an einer Wettfahrt teilnehmendes Boot muss einen gültigen Messbrief oder Klassenschein haben, der Steuermann den für das jeweilige Revier vorgeschriebenen Segelführerschein besitzen.

- Eine Wettfahrt beginnt mit dem Ankündigungssignal (5 Minuten vor dem Startsignal) und endet mit dem Zieldurchgang oder dem Abbruch durch die Wettfahrtleitung.
- Eine Regatta umfasst im Allgemeinen mehrere Wettfahrten, die an einem Tag hintereinander oder auf mehrere Tage verteilt ausgetragen werden.

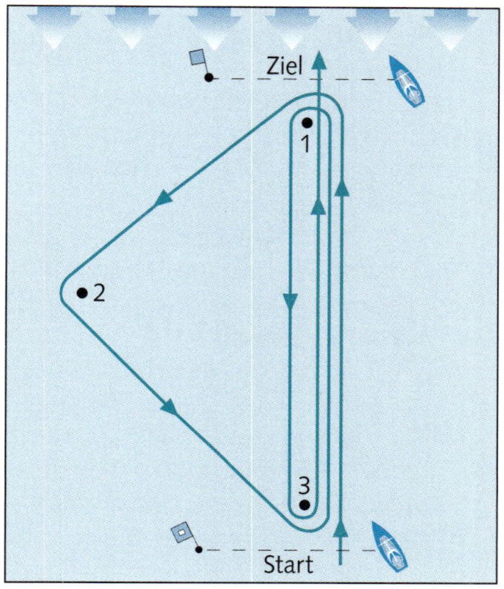

Der häufig gesegelte Dreieckskurs: Start-1-2-3-1-3-Ziel. Bei kurzen Kursen wird oft ein zusätzliches Dreieck angehängt: Start-1-2-3-1-3-1-2-3-Ziel.

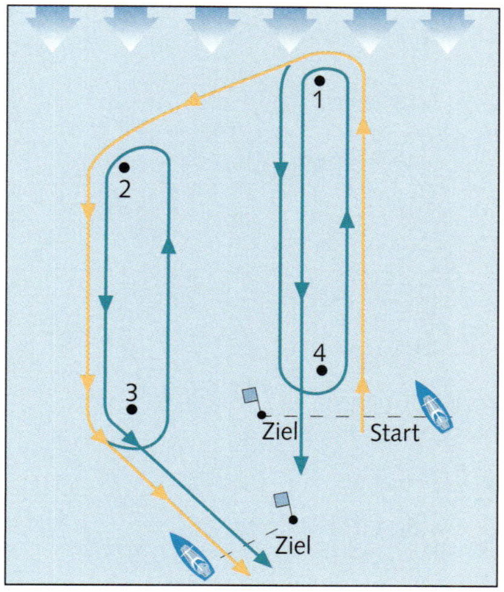

Das olympische Trapezoid kann je nach Bootsklasse variiert werden. Die beiden Hauptvarianten sind der »Inner Loop« (Start-1-4-1-Ziel) und der »Outer Loop« (Start-1-2-3-2-3-Ziel).

Die Bahn

Auf den meisten Revieren wird sie vor jeder Wettfahrt neu ausgelegt. Man bedient sich dazu meist aufblasbarer viereckiger, weithin sichtbarer Schwimmkörper als Bahnmarken.
Oder es gibt auch einen den speziellen Revierbedingungen angepassten festen Tonnenkreis. Abzusegeln ist entweder ein etwa gleichschenkliges Dreieck, markiert mit drei Bahnmarken, oder das so genannte olympische Trapezoid mit drei bis vier Bahnmarken. Die erste Bahnmarke sollte stets genau in Luv der Startlinie liegen, die Startlinie also rechtwinklig zum Wind.
Die Wettfahrtleitung zeigt die ungefähre Richtung – eine so genannte Kompasspeilung – des ersten Bahnschenkels an. Den Segelanweisungen entnimmt man die Reihenfolge, in der die Bahnmarken zu runden und an welcher Seite sie zu lassen sind.
Die Startlinie wird durch zwei Begrenzungstonnen oder Tonne – meist mit gelber Flagge – und Startschiff gebildet. Die Ziellinie entsprechend durch Tonne und Zielschiff, das eine blaue Flagge zeigt. Jede Wettfahrt beginnt mit einem so genannten fliegenden Start. Es gilt also, sofort beim Startsignal die Startlinie mit möglichst viel Fahrt zu überqueren.

Die Wertung

Gewertet wird nach dem Bonus-Punktsystem oder nach dem Niedrig-Punkt-System (Low-Point System).

Niedrig-Punkt-System	Bonus-Punktsystem
1. Platz 1	0
2. Platz 2	3
3. Platz 3	5,7
4. Platz 4	8
5. Platz 5	10
6. Platz 6	11,7
7. Platz 7	13 (7 + 6)
8. Platz 8	14 (8 + 6)
usw.	usw.

Die schlechteste Wettfahrt kann häufig gestrichen werden.
Für Nichtstarten, Aufgeben in einer Wettfahrt und Disqualifizierung wegen eines Regelverstoßes gibt es »Strafpunkte«. Gesamtsieger ist, nach beiden Systemen, wer am Schluss die niedrigste Punktzahl hat.
Diese Punktwertung gilt nur, wenn Boote derselben Klasse gegeneinander segeln. Aber auch Boote unterschiedlicher Klassen, Bauart und Größe können gemeinsam in einer Wettfahrt starten. In dem Fall wird nach dem **Yardsticksystem** gewertet. Der Ausgleich der verschieden schnellen Boote untereinander erfolgt durch eine Zeitvergütung, die Yardstickzahl. Sie beruht auf den Durchschnittswerten von Testregatten und Regattaergebnissen. Die aktuellen Yardstickzahlen werden jährlich vom DSV in einer Yardstickliste veröffentlicht. Eine absolute Chancengleichheit gibt es mit diesem System nicht. Zu viele veränderliche Größen müssen unberücksichtigt bleiben.

Die Signale

Das **Ankündigungssignal** einer Wettfahrt wird 5 Minuten vor dem Start gegeben, jeweils mit oder nach dem Startsignal für die vorangehende Klasse. Es besteht aus einer optischen Anzeige (der Klassenflagge) und einem Schallsignal.
Das **Vorbereitungssignal** 4 Minuten vor dem Start besteht ebenfalls aus einer optischen Anzeige – der Flagge P des Internationalen Signalbuchs –, zusätzlich eventueller Startstrafenflaggen und einem akustischen Signal.
1 Minute vor dem Start wird die Flagge P eingeholt und ein langes Schallsignal gegeben.
Das **Startsignal** ist wiederum ein Schallsignal und gleichzeitig wird die jeweilige Klassenflagge eingeholt, die mit dem Ankündigungssignal gesetzt worden war.
Das **Einzelrückrufsignal** – die Flagge X des Internationalen Signalbuchs und ein Schallsignal – gilt einem oder einzelnen Booten, die sich beim Startsignal bereits über der Startlinie befinden. Sie müssen umkehren und dabei allen anderen Booten ausweichen und die Startlinie erneut passieren.
Das **Allgemeine Rückrufsignal:** Der 1. Hilfsstander des Internationalen Signalbuchs und ein akustisches Doppelsignal ruft alle Boote zurück, wenn es zu viele Frühstarter waren. Das Ankündigungssignal für einen erneuten Start wird 1 Minute nach dem Niederholen des 1. Hilfsstanders gegeben.

Die wichtigsten Wettfahrtsignale

Die **I-Flaggen-Regel** – angezeigt durch die Flagge I, zusammen mit dem Vorbereitungssignal gesetzt – besagt, ausgeschlossen wird jedes Boot, das sich während der letzten Minute vor seinem Startsignal auf der

Bahnseite der Startlinie oder ihrer Verlängerung befindet. Es kann jedoch seinen Ausschluss vermeiden, wenn es das Startschiff oder die Begrenzungstonne umsegelt und von der richtigen Seite aus startet, dabei jedoch allen anderen Booten ausweicht.
Die **Z-Flaggen-Regel** – angezeigt durch die Flagge Z – besagt, ein Boot, das sich 1 Minute vor seinem Startsignal in einem imaginären Dreieck aufhält, gebildet von den Startlinienbegrenzungen und der Bahnmarke 1, erhält eine 20 %ige Wertungsstrafe, die es in der endgültigen Punktbewertung entsprechend höher einstuft.
Die **Schwarze-Flaggen-Regel** – von den Regattacracks als Black Flag bezeichnet – ist eine Verschärfung dieser 1-Minuten-Regel. Sie führt zu einem Ausschluss (Disqualifizierung). Er gilt auch für Wiederholungsstarts selbst an einem anderen Tag.
Eine **Bahnverkürzung,** wenn der Wind stark abflaut, wird durch die Flagge S und zwei akustische Signale angezeigt.
Eine **Startverschiebung** wird durch den Antwortwimpel des Internationalen Signalbuchs und zwei akustische Signale bekannt gemacht.
Abbruch einer Wettfahrt signalisiert die Flagge N in Verbindung mit drei akustischen Signalen.

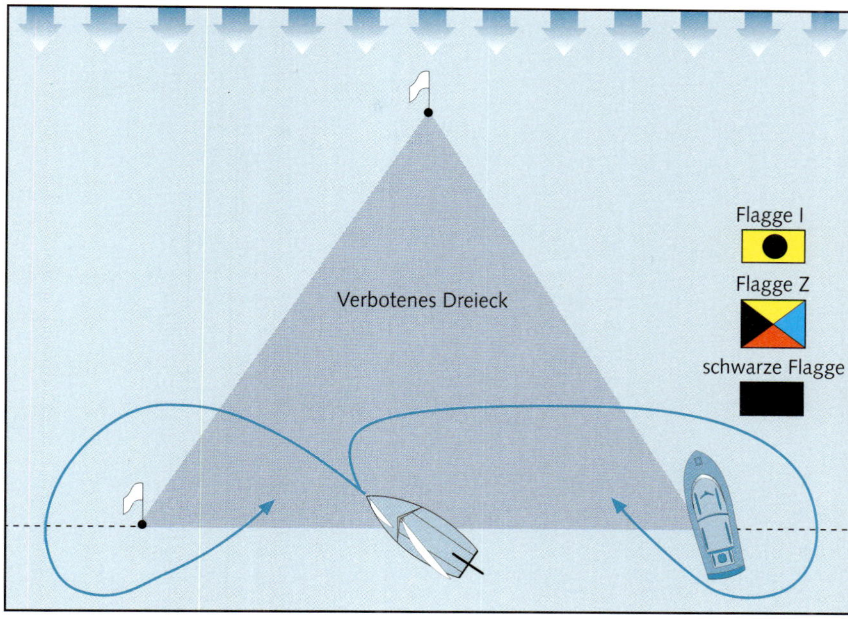

I-Flaggen-Regel: Wer zu früh über die Startlinie oder ihre Verlängerung gegangen ist, muss zurück und um Startschiff oder Begrenzungstonne herum noch einmal starten. (Für ihn gilt das »verbotene Dreieck« nicht.) Z-Flaggen-Regel: Wer sich in dem (imaginären) Dreieck, gebildet aus Startlinie und Luvtonne, befindet, erhält eine 20 %ige Wertungsstrafe. Schwarze-Flaggen-Regel: Wer sich jetzt in diesem Dreieck aufhält, wird von der Wettfahrt ausgeschlossen.

Die Ausweichregeln

Sie entsprechen grundsätzlich den überall gültigen Verkehrsregeln für Segelboote untereinander:
❑ Boote mit Wind von Backbord müssen Booten mit Wind von Steuerbord ausweichen.
❑ Ein Luvboot muss dem Leeboot ausweichen.
Dementsprechend muss auch jedes an einer Regatta teilnehmende Boot einem nicht teilnehmenden Segelboot ausweichen. Doch entspricht es selbstverständlicher sportlicher Fairness, Regattaseglern auszuweichen. Die Wettfahrtregeln sprechen allerdings nicht von »ausweichen«, sondern von »sich freihalten«.
Beim Überholen jedoch beginnen bereits regattataktische Erwägungen mitzuspielen. Denn sobald ein von achtern kommendes Boot mit seiner Bugspitze das Heck des anderen überlappt, »...muss sich ein Luvboot von einem Leeboot freihalten«. Die Überlappung kann in Luv oder Lee erfolgen und entsprechend in Luv oder Lee überholt werden.
❑ Überlappung zwischen zwei Booten findet auch dann statt, wenn ein zwischen ihnen liegendes Boot beide überlappt.

Überholen in Luv: Als Luvboot muss sich der Überholer freihalten. Das heißt, er darf das Leeboot nicht von seinem Kurs abdrängen. Das Leeboot hingegen muss, auch bei einer Kursänderung, dem Luvboot genügend Raum lassen, um sich freihalten zu können.

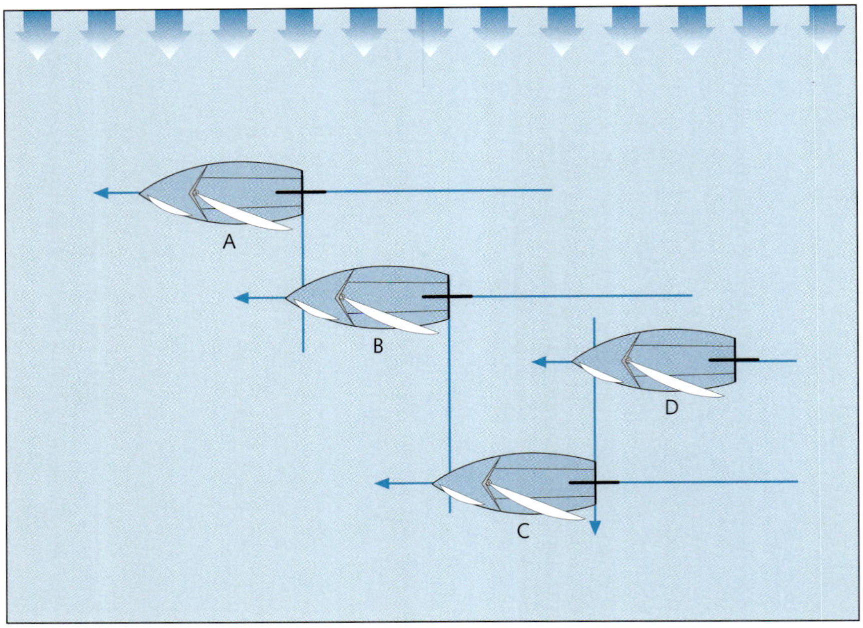

Hier gibt es eine Überlappung in Lee (B-A) und in Luv (D-C) Eine Überlappung zwischen zwei Booten besteht auch, wenn ein dazwischen liegendes mit beiden überlappt. B überlappt mit A und C, also überlappen auch A und C. C überlappt zwar auch mit B und D, jedoch besteht zwischen B und D keine Überlappung, da C nach der Definition der WR nicht zwischen ihnen liegt.

Überholen in Lee: A ist Überholer und muss sich von B freihalten, hat aber in A_1 eine Überlappung hergestellt. Dadurch ist B zum Luvboot geworden und müsste ausweichen. A darf aber nicht über den »richtigen Kurs« zur nächsten Bahnmarke anluven (A_2) und dadurch B zum Ausweichen zwingen (abdrängen), solange A sich nicht zwei Bootslängen voraus von B befindet (A_3).

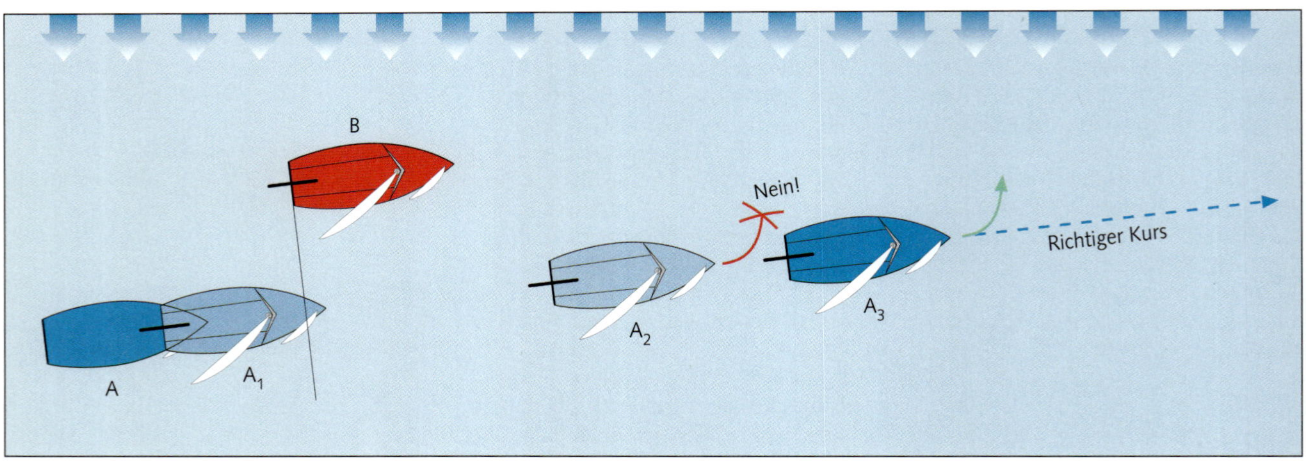

Überholen in Lee: Das voraus segelnde Boot wird in diesem Fall durch die Überlappung Luvyacht und muss sich freihalten. Doch hat das in Lee überholende Boot dem anderen genügend Raum zu geben, um sich von allen klarzuhalten. Und es darf innerhalb eines Abstandes von zwei Bootslängen nicht über seinen »richtigen Kurs« – den direkten Kurs zur nächsten Bahnmarke – hinaus anluven.

Das Runden von Bahnmarken

Nähern sich mehrere Boote der Bahnmarke, hat das innenliegende Boot gegenüber allen außenliegenden, die mit ihm und untereinander überlappen, Wegerecht. Vorausgesetzt, die Überlappung wurde bereits zwei Bootslängen vor der Bahnmarke hergestellt. Innerhalb des 2-Bootslängen-Bereiches jedoch gibt es kein Vorrecht für die Innenposition, sondern es gelten dann auch an der Bahnmarke die üblichen Ausweichregeln für Segler.

Regelverletzungen und Proteste

Hat ein Boot eine Bahnmarke berührt, kann es einer möglichen Disqualifizierung entgehen, indem es freiwillig eine Strafe auf sich nimmt: Es muss sich von allen anderen Booten freisegeln und eine vollständige Drehung, einschließlich einer Wende und Halse (oder umgekehrt), ausführen. Beim Verstoß gegen eine der diversen Wettfahrtregeln müssen zwei vollständige Drehungen mit Wende und Halse absolviert werden. Ist durch die Regelverletzung jedoch ein größerer Schaden entstanden oder hat ein Boot dadurch einen deutlichen Vorteil erlangt, muss das Rennen aufgegeben werden. Wer weiter segelt im Vertrauen darauf, dass sein Verstoß nicht beobachtet wurde, muss damit rechnen, dass gegen ihn protestiert wird. Das protestierende Boot soll möglichst gleich nach dem Vorfall die rote Protestflagge setzen und den »Kontrahenten« durch Zuruf über seine Absicht, zu protestieren, informieren. Boote kleiner als 6 m brauchen die rote Flagge nicht zu setzen. Der Protest wird anschließend an Land von einem Schiedsgericht verhandelt und kann zur Disqualifikation des Bootes führen.

An der Bahnmarke: Boot 201 hat die Innenposition, alle außenliegenden müssen Raum geben, sofern die Überlappung stattgefunden hat, bevor eines von ihnen den 2-Bootslängen-Bereich erreichte. Wie man sieht, wird´s oft recht eng. Gelegentliche Berührungen lassen sich da kaum ausschließen, und meist wird denn auch großzügig darüber hinweggesehen.

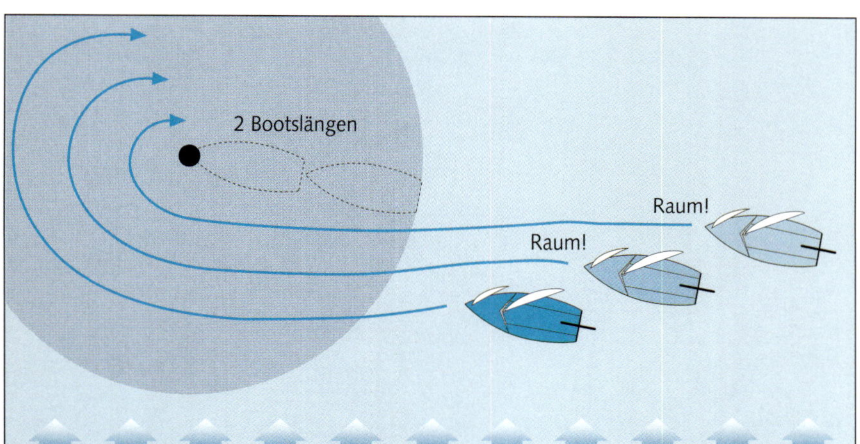

Hilfeleistung

Bei Schwierigkeiten an Bord, die keine unmittelbare Gefahr für Boot und Besatzung heraufbeschwören, darf keine Unterstützung von außen angenommen werden. Beispielsweise darf sich eine gekenterte Jollencrew nicht beim Aufrichten ihres Bootes helfen lassen. Bei akuter Gefahr aber ist jeder Wettfahrtteilnehmer verpflichtet, Hilfe zu leisten.

WETTERKUNDE

Hoch und Tief

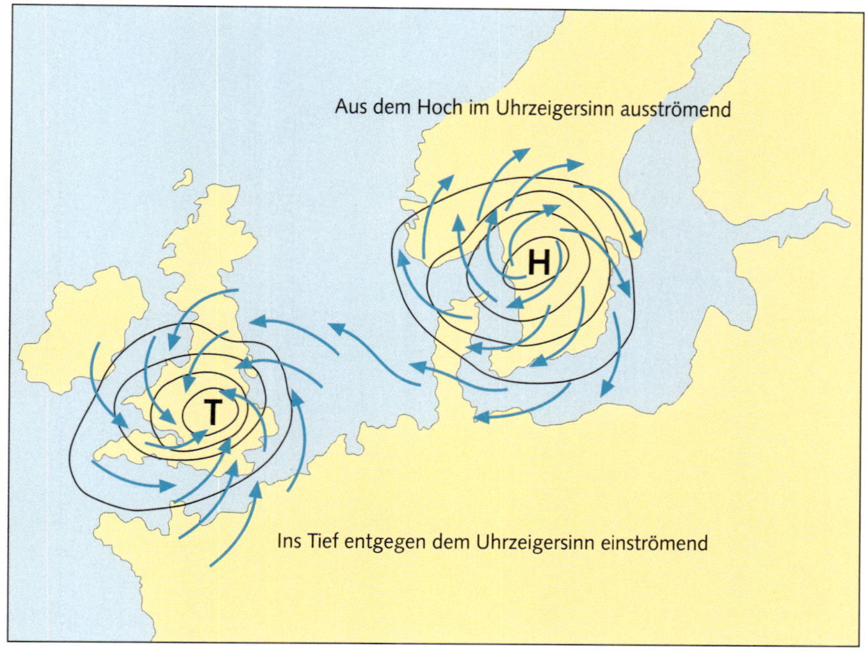

Die Erdkugel ist von einer Lufthülle umgeben. Sie würde gleichmäßig verteilt auf der Erdoberfläche lagern und ungestört die Erddrehung mitmachen, wenn ihr Gewicht – die Luftdichte – sich nicht durch Erwärmung und Abkühlung ändern würde. Erwärmte Luft dehnt sich aus. Sie steigt auf und wird leichter, der Luftdruck dementsprechend niedriger. So entsteht ein Tiefdruckgebiet, kurz **Tief (T)** genannt.
Kalte Luft dagegen zieht sich zusammen, wird schwerer und erzeugt einen hohen Druck auf die Erdoberfläche. Es entsteht ein Hochdruckgebiet, kurz **Hoch (H)** genannt.

❑ Ein Tief bildet sich über Räumen, die stärker erwärmt sind als die umliegenden Gebiete.
❑ Ein Hoch bildet sich über Räumen, die stärker abgekühlt sind als die umliegenden Gebiete.

Die Hochs und Tiefs liegen allerdings nicht fest. Sie verlagern sich mehr oder weniger schnell und folgen gewissen charakteristischen Zugbahnen.
Die landläufige Meinung, ein Hoch bedeute stets schönes Wetter, ist nur teilweise richtig. Nur im Kern und auf der Rückseite ist gutes Wetter zu erwarten. An seiner Front bleibt es meistens schlecht.
Der zwischen Hoch und Tief bestehende Luftdruckunterschied gleicht sich aus, indem schwere Luft in das Gebiet mit leichterer Luft strömt. Diese Luftbewegung ist der Wind. Je dichter Hoch und Tief zusammenliegen und je größer das Luftdruckgefälle zwischen ihnen ist, umso stärker weht der Wind. Auf der wohl jedem geläufigen Wetterkarte verbinden so genannte Isobaren alle Orte gleichen Luftdrucks.

❑ Liegen die Isobaren eng nebeneinander, ist das Druckgefälle groß, und es wird stark wehen.
❑ Liegen die Isobaren weit auseinander, ist das Druckgefälle gering, und es ist allenfalls mit leichten Winden zu rechnen.

Die Erddrehung bewirkt, dass auf der nördlichen Halbkugel die Luft gegen den Uhrzeigersinn spiralförmig ins Tief einströmt, aus dem Hoch aber im Uhrzeigersinn spiralförmig ausströmt. Auf der südlichen Halbkugel geschieht es entgegengesetzt.
Die Höhe des Luftdrucks, gemessen in Hektopascal (hPa), zeigt das Barometer an. Allerdings sagt der augenblickliche Barometerstand über die Wetterentwicklung kaum etwas aus. Erst aus den Luftdruckschwankungen lassen sich gewisse Schlüsse ziehen.
Im Allgemeinen gilt:

❑ Gleichbleibender oder langsam ansteigender Luftdruck verspricht eine Schönwetterperiode.
❑ Stetig fallender Luftdruck kündigt schlechtes Wetter an, schnell fallender meist Sturm.

Land- und Seewind

Die tägliche Sonneneinstrahlung auf Land und Wasser verursacht ein rein lokales Windsystem: die thermischen Winde. Sie beruhen darauf, dass sich Land viel schneller erwärmt als Wasser, aber auch schneller wieder auskühlt. So bildet sich unter der Sonneneinstrahlung über Land ein kleines Tief, das durch einströmende kühlere Meeresluft aufgefüllt wird. Es entsteht **Seewind.** Er weht von See aufs Land

(auflandig) und erreicht am frühen Nachmittag seine größte Stärke. Mit Sonnenuntergang schläft er ein.
Am späten Abend beziehungsweise nachts beginnt das umgekehrte Spiel. Über dem Wasser, das die Wärme länger speichert, bildet sich ein kleines Tief, das von kühlerer Landluft aufgefüllt wird, dem
Landwind. Er weht vom Land aufs Wasser (ablandig). Diese thermischen Winde, die sich in einer flacheren Küstenregion ziemlich gleichmäßig ausbilden, können sich auf Bergseen zu stoßartigen heftigen Fallböen entwickeln, die schon manchem Segler zum Verhängnis geworden sind.

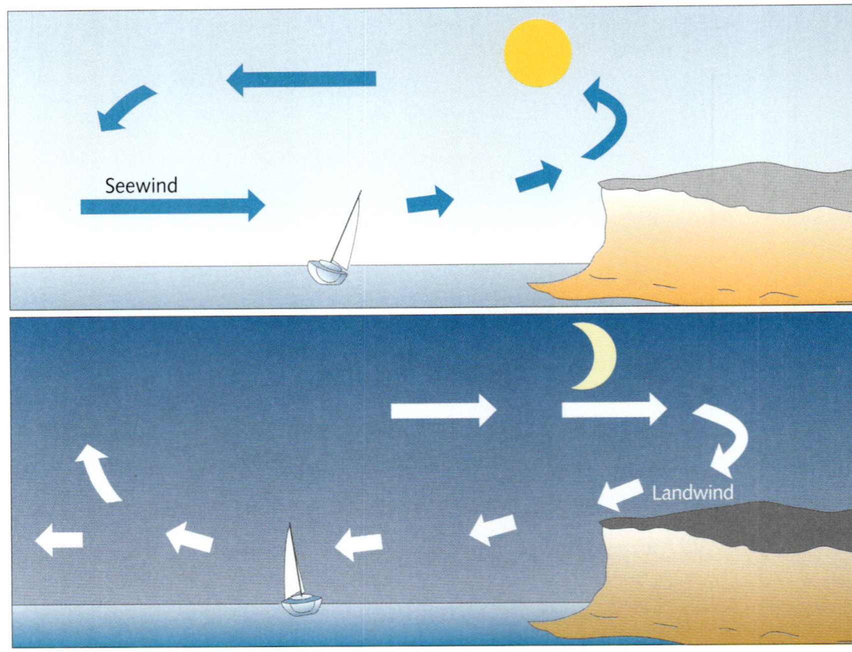

Gewitter

Frontgewitter entstehen an einer Kaltfront innerhalb eines großräumigen Tiefs. Sie werden nicht durch Gebirge und Täler beeinflusst und erscheinen als eine Abfolge mehrerer über einen größeren Raum verteilten Gewitter, verbunden mit erheblicher allgemeiner Abkühlung.
Wärmegewitter sind örtlich beschränkt, können aber stark böige Winde mit sich bringen. Durch große lokale Erwärmung entsteht eine Gewitterwolke (Cumulonimbus), mit oben vereisten Türmen. In gebirgigem Gelände passt sie sich dem Zug der Berge und Täler an.

Ausgereifte Gewitter- oder Schauerwolke (Cumulonimbus). Sie erzeugt ein eigenes Windsystem.

In unseren Breiten bilden sich solche Wärmegewitter meist im Westen oder Südwesten und ziehen nach Ost bis Nordost. Sie beeinflussen die vorherrschende Wetterlage kaum. Gewitter, die im Osten stehen, brauchen uns kaum mehr zu bekümmern.
Unmittelbar vor einem Gewitter weht ihm der Wind meist entgegen, also aus östlichen Richtungen, dann flaut er häufig ab und springt dann jäh in seiner Richtung um.

Sturmwarnungen

Viele Segelreviere haben ein Sturmwarnsystem mit optischen oder auch akustischen Signalen. Meist sind es Blinklichter. Es bedeutet:
❑ Lange Blinkfolge Vorwarnung.
❑ Kurze Blinkfolge Sturmwarnung.

Bei Sturmwarnung ist sofort der nächste Hafen oder das Ufer aufzusuchen. Selbstverständlich informiert sich jeder an einem ihm fremden Revier über das dortige Sturmwarnsystem.

Die Beaufort-Skala

Sie wurde 1806 von dem britischen Admiral Sir Francis Beaufort aufgestellt und teilt die Windgeschwindigkeit nach der Windwirkung auf See und Land in 12 geschätzte Stärkegrade ein. Weitaus genauer ist die Messung der Windgeschwindigkeit in Meter pro Sekunde (m/s), Kilometer pro Stunde (km/h) oder in Knoten (kn = Seemeilen pro Stunde). Die Beaufort-Skala verläuft nicht linear, sondern der Winddruck (aufs Segel beispielsweise) wächst mit dem Quadrat der Windgeschwindigkeit. So erhöht er sich um über 100 %, wenn der Wind von Beaufort (Bft) 4 auf 5 auffrischt.

Beaufort-Skala, Windstärke und Seegang								
Windstärke Beaufort	Windbezeichnung	Windseebeschreibung	Windgeschwindigkeit in m/s	km/h	kn	Seegang nach Seeskala	Seegangsbezeichnung	Ungefähre Wellenhöhe (m)
0	Stille	Spiegelglatte See	0-0,2	weniger als 1	weniger als 1	0	ruhige, spiegelglatte See	
1	leiser Zug	Kleine, schuppenförmig aussehende Kräuselwellen ohne Schaumköpfe	0,3-1,5	1-5	1-3	1	ruhige, gekräuselte See	0,1
2	leichte Brise	Kleine Wellen noch kurz, aber ausgeprägter, Kämme sehen glasig aus, brechen sich aber nicht	1,6-3,3	6-11	4-6	2	schwach bewegte See	0,2
3	schwache Brise	Die Kämme beginnen sich zu brechen. Schaum überwiegend glasig, ganz vereinzelt können kleine weiße Schaumköpfe auftreten	3,4-5,4	12-19	7-10			0,6
4	mäßige Brise	Wellen noch klein, werden aber länger. Weiße Schaumköpfe treten schon ziemlich verbreitet auf	5,5-7,9	20-28	11-15	3	leicht bewegte See	1
5	frische Brise	Mäßige Wellen, die eine ausgeprägtere lange Form annehmen. Überall weiße Schaumkämme. Ganz vereinzelt kann schon Gischt vorkommen	8,0-10,7	29-38	16-21	4	mäßig bewegte See	2
6	starker Wind	Die Bildung großer Wellen beginnt; Kämme brechen und hinterlassen größere weiße Schaumflächen; etwas Gischt	10,8-13,8	39-49	22-27	5	grobe See	3
7	steifer Wind	See türmt sich; der beim Brechen entstehende weiße Schaum beginnt sich in Streifen in die Windrichtung zu legen	13,9-17,1	50-61	28-33	6	sehr grobe See	4
8	stürmischer Wind	Mäßig hohe Wellenberge mit Kämmen von beträchtlicher Länge. Von den Kanten der Kämme beginnt Gischt abzuwehen. Der Schaum legt sich in gut ausgeprägten Streifen in die Windrichtung	17,2-20,7	62-74	34-40	7	hohe See	5,5
9	Sturm	Hohe Wellenberge; dichte Schaumstreifen in Windrichtung. »Rollen« der See beginnt. Gischt kann die Sicht schon beeinträchtigen	20,8-24,4	75-88	41-47			7
10	schwerer Sturm	Sehr hohe Wellenberge mit langen überbrechenden Kämmen. See weiß durch Schaum. Rollen der See schwer und stoßartig. Sicht durch Gischt beeinträchtigt	24,5-28,4	89-102	48-55	8	sehr hohe See	9
11	orkanartiger Sturm	Außergewöhnlich hohe Wellenberge. Die Kanten der Wellenkämme werden überall zu Gischt zerblasen. Die Sicht ist herabgesetzt	28,5-32,6	103-117	56-63	9	außergewöhnlich schwere See	über 9
12	Orkan	Luft mit Schaum und Gischt angefüllt. See vollständig weiß. Die Sicht ist sehr stark herabgesetzt. Jede Fernsicht hört auf	über 32,7	über 118	über 64			

VERKEHRSKUNDE

Die Verkehrs-vorschriften

Die Verkehrsvorschriften auf dem Wasser sind nicht so einheitlich wie auf dem Lande. Sie weichen in einigen Punkten voneinander ab.

Die **Kollisionsverhütungsregeln** (KVR) gelten auf allen Meeren. Im internationalen Sprachgebrauch heißen sie International Regulations for Preventing Collisions at Sea (Internationale Regeln zur Verhütung von Zusammenstößen auf See).

Die **Seeschifffahrtsstraßen-Ordnung** (SeeSchStrO) ist eine deutsche Vorschrift. Sie gilt im Bereich der deutschen Küstengewässer und auf Flussunterläufen wie beispielsweise der Elbe bis Hamburg. Sie ergänzt die internationalen Kollisionsverhütungsregeln.

Die **Schifffahrtsordnung Emsmündung** (SchiffO Ems) gilt im Mündungsgebiet der Ems und auf der Leda statt der SeeSchStrO.

Die **Binnenschifffahrtsstraßen-Ordnung** (BinSchStrO) regelt den Verkehr auf den deutschen Binnenschifffahrtsstraßen und Binnenkanälen, soweit dort nicht andere Verordnungen gelten wie
die **Rheinschifffahrtspolizeiverordnung** (RheinSchPVO),
die **Moselschifffahrtspolizeiverordnung** (MoselSchPVO) und
die **Donauschifffahrtspolizeiverordnung** (DonauSchPVO).

Sie stimmen weitgehend überein, berücksichtigen aber lokale Besonderheiten der verschiedenen Flussreviere.

Binnenschifffahrtsstraßen, Rhein, Mosel und Donau zählen zu den **Bundeswasserstraßen.**

Einige Abweichungen enthält die internationale **Bodensee-Schifffahrtsordnung** (BodenseeSchO). Sie soll deshalb hier auch gesondert behandelt werden. Auf allen Revieren können außerdem die **Wasserskiverordnung** und/oder die **Wassermotorräderverordnung** gelten.
Darüber hinaus gibt es noch Ergänzungen für diverse **Landesgewässer,** auf denen Verordnungen der einzelnen Bundesländer oder der Landes- und Kommunalbehörden gelten. Sie weichen teilweise erheblich voneinander ab und müssen hier unberücksichtigt bleiben.
Es ist deshalb unerlässlich, vor dem Befahren eines fremden Reviers sich jeweils bei den zuständigen Schifffahrtsbehörden nach den geltenden Vorschriften zu erkundigen. Nach dem Grundsatz »Unkenntnis schützt vor Strafe nicht« werden Verstöße als Ordnungswidrigkeiten mit Bußgeld geahndet.

Merke: Die Kenntnis der Binnenschifffahrtsstraßen-Ordnung reicht nicht aus, um alle deutschen Binnengewässer zu befahren.

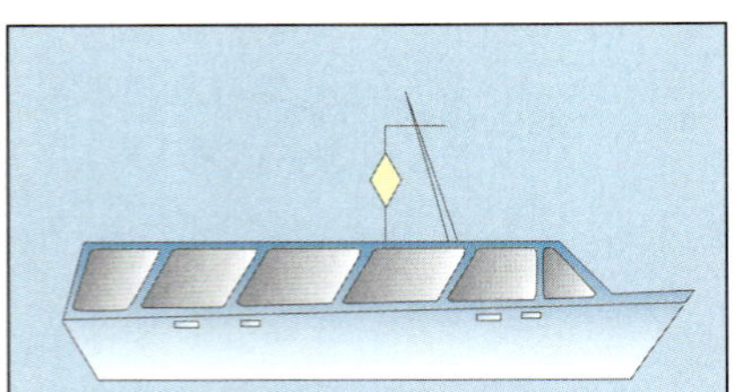

***Ein gelber Doppelkegel** bezeichnet ein Schiff von weniger als 20 m Länge, aber für mehr als 12 Fahrgäste zugelassen, dem alle »Kleinfahrzeuge« auszuweichen haben.*

Kleinfahrzeuge

Die Binnenschifffahrtsstraßen-Ordnung unterscheidet nicht zwischen Sportboot und Berufsschiff. Sie kennt nur »Kleinfahrzeuge« und »Fahrzeuge«.
❑ Kleinfahrzeuge sind Boote unter Rudern, Segeln und Motor, Amphibien- und Luftkissenfahrzeuge und Tragflügelboote von weniger als 20 Meter Länge.
Nicht dazu zählen Schlepper, Fähren oder Boote, die für mehr als 12 Personen zugelassen sind.
Diese Definition ist sehr wichtig, denn
Kleinfahrzeuge haben grundsätzlich allen Fahrzeugen auszuweichen.
Die Führerscheinregelung bleibt von dieser verkehrsrechtlichen Definition unberührt. Sie gilt nur für Boote von weniger als 15 Meter Länge (ohne Ruder und Bugspriet).

Führerscheine auf Binnenschifffahrtsstraßen

Das **Mindestalter** für Führer von Segelbooten ohne Motor von weniger als 15 m beträgt 14 Jahre;
16 Jahre für Führer motorisierter Boote von weniger als 15 m.
Die Zulassung zur Prüfung darf frühestens drei Monate bevor der Bewerber das 16. beziehungsweise 14. Lebensjahr vollendet erfolgen. Hat er am Tage der Prüfung das erforderliche Alter noch nicht erreicht, wird der Führerschein so lange zurückgehalten.

Bootskategorie	Führerschein
Segel- und Motorboote unter 15 m Länge mit mehr als 3,68 kW (5 PS) motorisiert (gleichgültig, ob der Motor benutzt wird oder nicht).	Sportbootführerschein Binnen/ Motor (Deutscher Segler-Verband oder Deutscher Motoryachtverband)
Bestimmte Binnenschifffahrtsstraßen Berlins und Brandenburgs: Segelboote und Surfbretter mit mehr als 3 m^2 Segelfläche	Sportbootführerschein Binnen/ Segel (DSV oder DMYV)
Sportboote ab 15 m bis 25 m Länge: alle Binnenschifffahrtsstraßen (außer Rhein)	Sportschifferzeugnis (alle Wasser- und Schifffahrtsdirektionen)
Sportboote 15–25 m Länge: auf dem Rhein (gültig auch auf den übrigen Binnenschifffahrtsstraßen)	Sportpatent (Wasser- und Schifffahrtsdirektionen West, Südwest und Süd)

Schiffsführung und Sorgfaltspflicht

Der »Schiffsführer« muss – unabhängig von Führerscheinpflicht und Alter – körperlich, geistig und fachlich geeignet sein, die Verantwortung für Boot und Besatzung zu tragen.
Der Führerscheininhaber braucht nicht selbst am Ruder zu sein. Er kann auch jemanden – Mindestalter 16 Jahre – fahren lassen, der keinen Führerschein besitzt. Doch er bleibt voll verantwortlich für alles, was an Bord geschieht. In allen Situationen hat er der »allgemeinen Sorgfaltspflicht« nachzukommen. Das beginnt bereits mit dem Ablegen.
❑ Das Boot muss so gebaut und ausgerüstet sein, dass die Sicherheit der Menschen an Bord und der übrigen Schifffahrt gewährleistet ist und die Verpflichtungen erfüllt werden können, die sich aus den Verkehrsvorschriften ableiten.

Merke: In Gefahrensituationen muss der Schiffsführer alle Maßnahmen treffen, um die Gefahr abzuwenden, auch wenn dabei gegen die geltenden Bestimmungen verstoßen wird.

Verboten ist:

❑ Öl, Benzin, Fäkalien oder andere Abfälle ins Wasser abzuleiten oder zu werfen. Sie gehören in Sammeltanks.

❑ Festmachen an Schifffahrtszeichen, oder im Fahrwasser zu ankern. Auch auf Kanälen, neben Hafeneinfahrten, an Fährstrecken, im Bereich von Anlegestellen, unter Brücken und Hochspannungsleitungen ist Ankern oder Festmachen verboten. Und selbstverständlich überall dort, wo entsprechende Verbotsschilder aufgestellt sind.

❑ Anlegen oder Anhängen an ein fahrendes Schiff – ohne ausdrückliche Erlaubnis des Schiffsführers – und das Mitfahren im Sogwasser.

❑ Den Kurs von Berufsschiffen in gefährlicher Weise zu kreuzen, zwischen dicht hintereinander folgenden Schiffen hindurch- oder in die Abstände zwischen den Teilen eines Schleppverbandes hineinzufahren.
Auch Fähren gegenüber sollte man stets einen reichlich bemessenen Sicherheitsabstand einhalten. Grober Unfug ist es, mit einem schnellen Motorboot ein Schiff zu umkreisen. Es irritiert den Schiffer und veranlasst ihn womöglich zu einer Reaktion, durch die er sich und andere gefährdet. Selbstverständlich sind auch angezeigte oder generelle Geschwindigkeitsbeschränkungen strikt zu beachten.

Weiterhin ist alles zu tun, um

Beschädigungen anderer Fahrzeuge, der Ufer und Strombauwerke oder von Anlagen jeder Art in der Wasserstraße oder an ihren Ufern, jede Behinderung der Schifffahrt und Beeinträchtigung der Umwelt und die Gefährdung von Menschenleben zu vermeiden.

Bei 0,8 Promille und mehr ist dem Schiffsführer verboten, Kurs und Geschwindigkeit seines Bootes zu bestimmen.

Die Kennzeichnung

»Kleinfahrzeuge« – Segelboote ab 5,50 m Länge und motorisierte Boote ab 2,21 kW (3 PS) – müssen auf den Binnenschifffahrtsstraßen ein amtliches oder amtlich anerkanntes Kennzeichen führen.

❑ Das amtliche Kennzeichen besteht aus einer Kombination von Buchstaben und Ziffern. Ausgegeben wird es auf Antrag von den Wasser- und Schifffahrtsämtern mit einem Ausweis, der stets an Bord mitzuführen ist und nur in Verbindung mit dem Personalausweis oder Reisepass gilt. Das Kennzeichen ist an beiden Seiten des Bugs oder am Heck anzubringen. Buchstaben und Ziffern müssen mindestens 10 cm hoch sein und sich deutlich lesbar vom Untergrund abheben.
Als amtliches Kennzeichen gilt ferner:

1. bei einem im Binnenschiffsregister eingetragenen Boot (ab 10 m³ Wasserverdrängung) die im Schiffsbrief ausgewiesene Registernummer mit dem Kennbuchstaben »B«. Zusätzlich muss es seinen Bootsnamen und Heimathafen oder den Registerort am Heck führen;
2. bei einem im Seeschiffsregister eingetragenen Boot (über 15 m Länge) seine IMO-Nummer oder sein Funkrufzeichen oder
3. die Nummer des Flaggenzertifikats mit dem Kennbuchstaben »F«.

❑ Das amtlich anerkannte Kennzeichen besteht aus der Nummer des »Internationalen Bootsscheins für Wassersportfahrzeuge« und dem Kennbuchstaben des Verbandes, der den Schein ausgestellt hat:

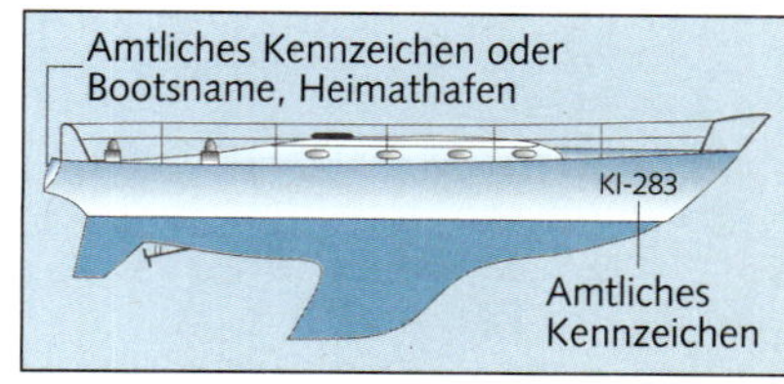

»S« steht für den Deutschen Segler-Verband (DSV), »M« für den Deutschen Motoryachtverband (DMYV) und »A« für den ADAC, der, neben den beiden Wassersportverbänden, ebenfalls berechtigt ist, den Internationalen Bootsschein auszustellen. Auch dieses Kennzeichen kann am Bug oder am Heck geführt werden.
Für Wassermotorräder (Wasserscooter, Jetbike) hingegen gelten ausschließlich die amtlichen Kennzeichen.
Man muss an Bord stets die Dokumente mitführen, aus denen eindeutig hervorgeht, dass das verwendete Kennzeichen auch tatsächlich zu diesem Boot gehört.
Kleinere und schwächer motorisierte Boote, die nicht der amtlichen Kennzeichnung unterliegen, müssen innen oder außen, an gut sichtbarer Stelle, Namen und Anschrift des Besitzers und am Bug oder Heck den Namen des Bootes führen.
Unabhängig von der Kennzeichnung müssen Sportboote von 10 m³ Wasserverdrängung und mehr ins Binnenschiffsregister eingetragen werden. Sportboote zwischen 5 m³ und 10 m³ können eingetragen werden.

Ausweichregeln

Wer – wie auch immer – ausweichpflichtig ist, muss seinen Kurs rechtzeitig und entschlossen ändern und das andere Boot hinter dem Heck passieren. Ist dies aus irgendwelchen Gründen nicht möglich, so muss er unmissverständlich anzeigen, wie er ausweichen will. Sofern er ein Horn hat, durch ein entsprechendes Kursänderungssignal.
Grundsätzlich gilt:

- ❑ Sportboote (»Kleinfahrzeuge«) von weniger als 20 m Länge haben aller gewerblichen Schifffahrt auszuweichen.
- ❑ Motorboote – auch Segelboote unter (mitlaufender) Maschine zählen dazu – untereinander:
Auf Gegenkurs müssen beide nach rechts (Steuerbord) ausweichen. Sonst gilt rechts vor links, wie im Straßenverkehr.
- ❑ Segelboote untereinander: Bekommen sie den Wind von verschiedenen Seiten, hat Vorfahrt, wer mit Wind von Steuerbord (rechts) segelt. Bekommen beide Boote den Wind von der gleichen Seite, hat das Leeboot Vorfahrt vor dem in Luv befindlichen.

> *Merke:*
> *Wind von rechts (Steuerbord) vor Wind von links (Backbord)*
> *L(**e**)e vor L(**u**)v.*

Segelt ein Leeboot mit Wind von Backbord und kann es nicht mit Sicherheit ausmachen, von welcher Seite das Luvboot den Wind bekommt, so muss es ihm ausweichen.

- ❑ Ein kreuzendes Segelboot darf ein Sportboot, das sich an seinem steuerbordseitigen Ufer hält, nicht zum Ausweichen zwingen.

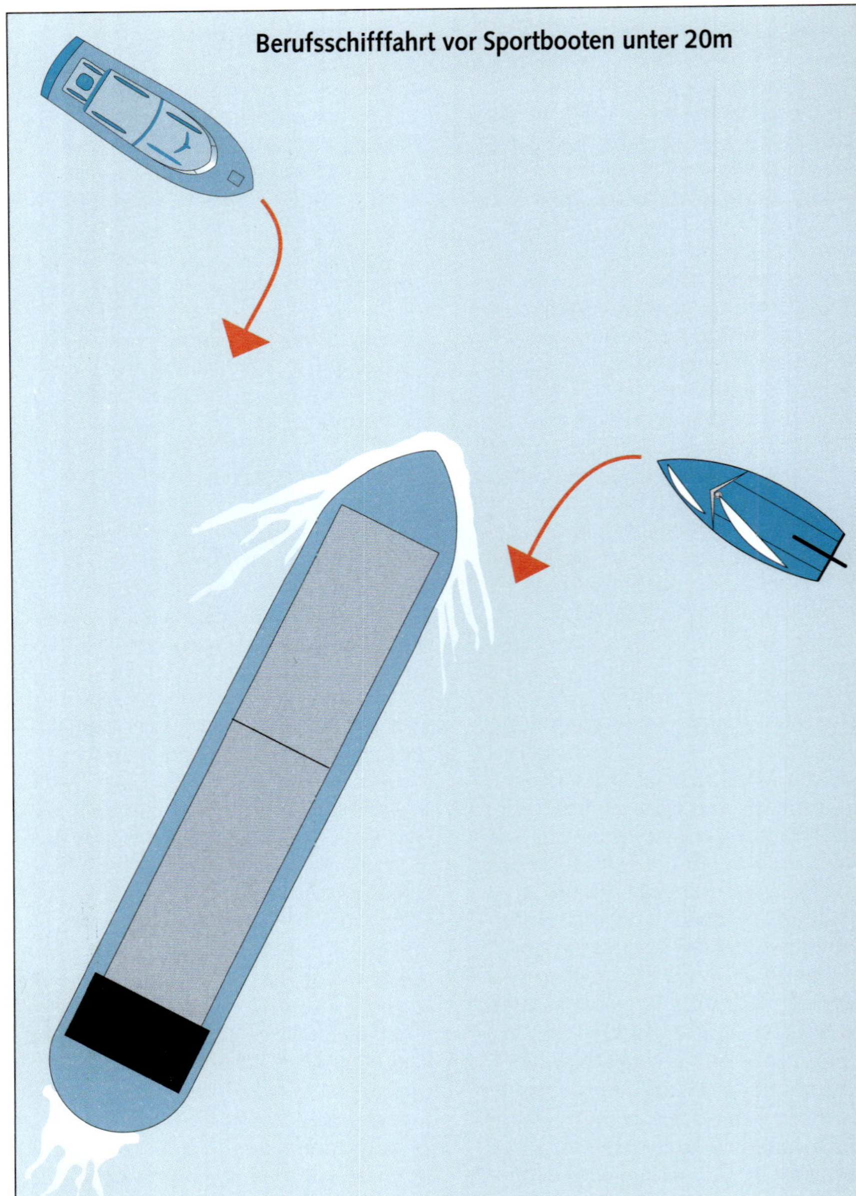

- ❑ Motor-, Segel- und Ruderboote: Das Motorboot muss dem Segelboot und dem Ruderboot ausweichen. Das Ruderboot muss dem Segelboot ausweichen. Der Segler muss jedoch einkalkulieren, dass der Ruderer oder Paddler die Ausweichregeln nicht kennt und meint, er habe Vorfahrt.

Überholen

Überholt werden darf nur dann, wenn das Fahrwasser unter Berücksichtigung aller örtlichen Umstände und des übrigen Verkehrs hinlänglich Raum für die Vorbeifahrt lässt.
❑ Überholer müssen grundsätzlich ausweichen, also auch in dem ziemlich unwahrscheinlichen Fall, dass ein Segler ein Motorboot überholt.
❑ Ein Segler überholt einen anderen stets in Luv.

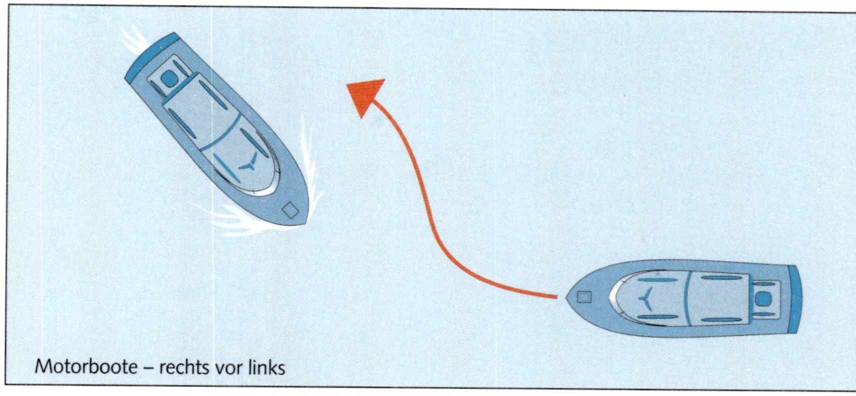
Motorboote – rechts vor links

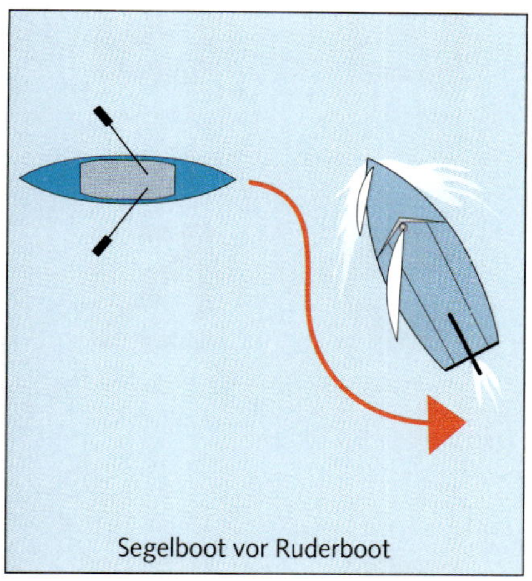
Segelboot vor Ruderboot

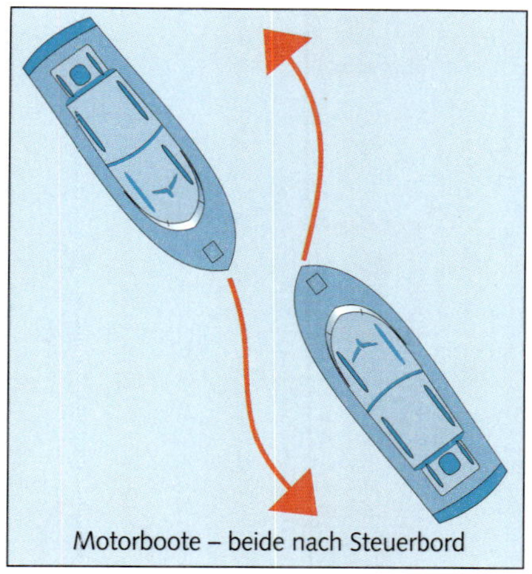
Motorboote – beide nach Steuerbord

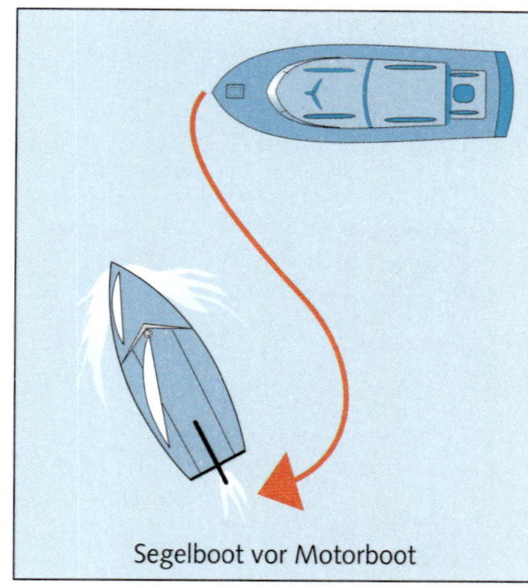
Segelboot vor Motorboot

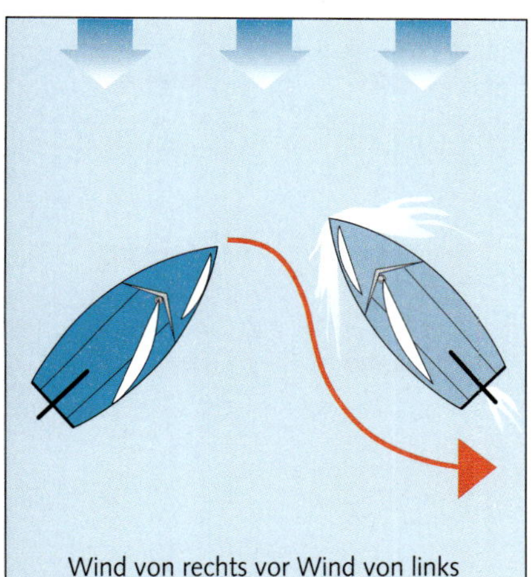
Wind von rechts vor Wind von links

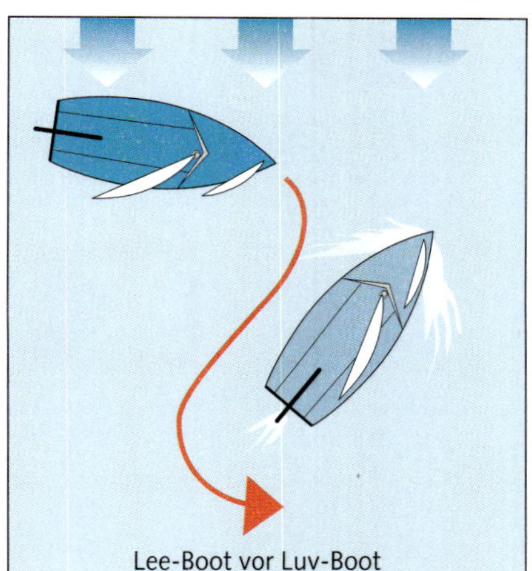
Lee-Boot vor Luv-Boot

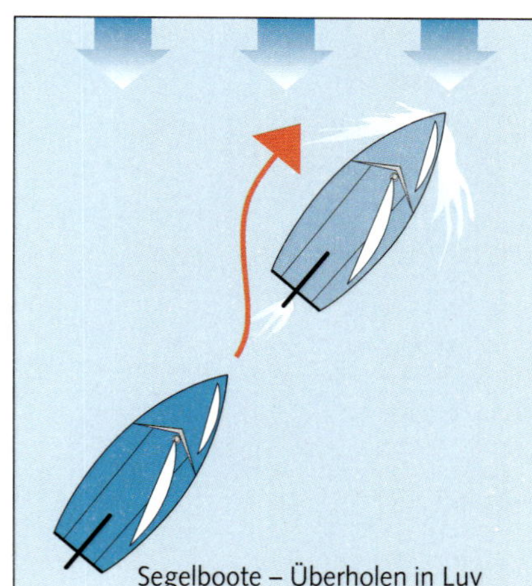
Segelboote – Überholen in Luv

Gebots-, Verbots-, Hinweisschilder

Wasserflächen im Fahrwasser, auf denen Wassermotorradfahren und Wasserskilaufen erlaubt ist (entsprechend Wassermotorräder- und Wasserski-Verordnung)

Liegeplatz auch für Kleinfahrzeuge (Sportboote)

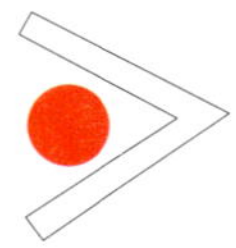
Wenn das rote Licht brennt, ist die Einfahrt in einen Hafen oder eine Nebenwasserstraße verboten

Vor dem Zeichen anhalten, bis Weiterfahrt freigegeben wird

Segeln verboten

Gebot, die angezeigte Richtung einzuschlagen

Empfehlung, in diese Richtung zu fahren

Wendeverbot

Wendeplatz (dort besteht meist Anker- und Stillliegeverbot)

Achtung! Vorsicht!

Windsurfen verboten

Liegeverbot (hier auf 500 m)

Festmachen verboten

Festmachen erlaubt

Gesperrte Wasserfläche oder Einfahrt (gilt nicht für Boote ohne Motor)

Für Ruderboote verboten

Ankerverbot

Ankern erlaubt*

Begegnen und Überholen verboten (gilt nicht für »Kleinfahrzeuge«)

Überholen verboten (gilt nicht für »Kleinfahrzeuge«)

Geschwindigkeitsbeschränkung (hier auf 12 km/h)

Für Sportboote aller Art verboten

Ende eines Verbots oder Gebots oder Aufhebung einer Einschränkung

Wehr

Nicht frei fahrende Fähre

40 m Abstand vom rechten Ufer halten

1. Geschwindigkeit vermindern
2. Schädlichen Sog und Wellenschlag vermeiden

Für motorisierte Boote verboten

*Nur auf Strecken verwendet, auf denen das Ankern, Stillliegen oder Festmachen generell verboten ist, um die Ausnahmeplätze zu markieren.

Fahrrinnen- und Fahrwasserbezeichnungen

Linke Seite

Grünes Taktfeuer

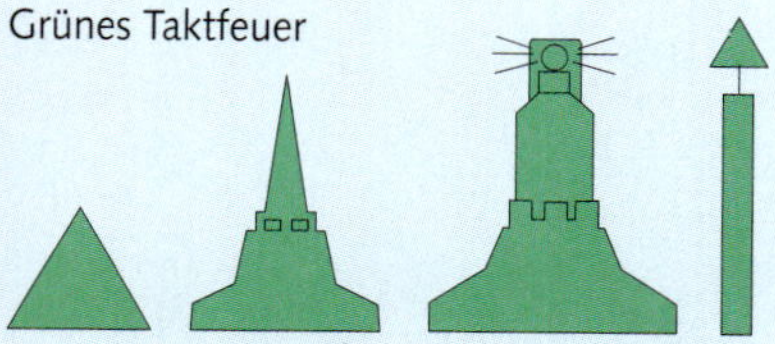

Grüne Spitz- oder Leuchttonnen oder Schwimmstangen. Toppzeichen (wenn vorhanden): Grüner Kegel mit der Spitze nach oben. In der Regel mit Radarreflektor.

Mitte

Weißes Funkel- oder Gleichtaktfeuer

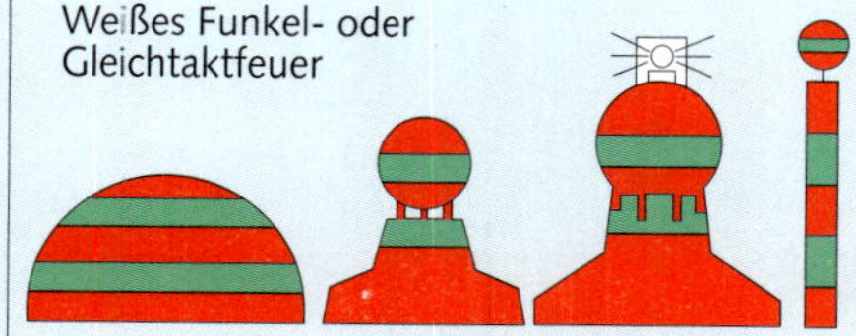

Fahrrinnenspaltung. Rot-grün waagerecht gestreifte Kugel-, auch Leuchttonne oder Schwimmstange. Toppzeichen (wenn vorhanden): Rot-grün waagerecht gestreifter Ball. In der Regel mit Radarreflektor.

Rechte Seite

Rotes Taktfeuer

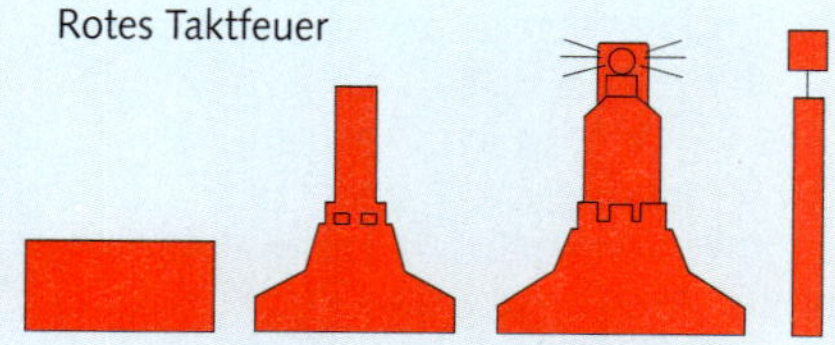

Rote Stumpf- oder Leuchttonnen oder Schwimmstangen. Toppzeichen (wenn vorhanden): Roter Zylinder. In der Regel mit Radarreflektor.

Hindernisse in oder an der Wasserstraße. Am Ufer: Schwarze Stange mit grünem Kegel, Spitze nach oben.

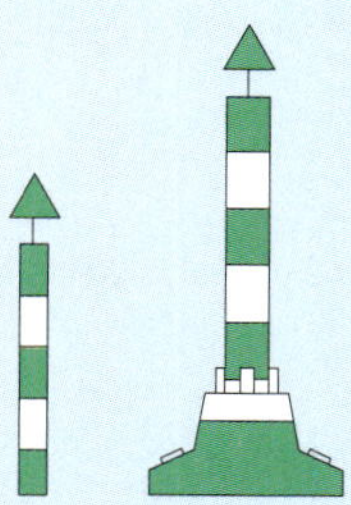

Schwimmend: Grün-weiß gestreifte Spieren- oder Leuchttonne oder Schwimmstange mit grünem Kegel, Spitze nach oben. Feuer (wenn vorhanden): Grünes Taktfeuer.

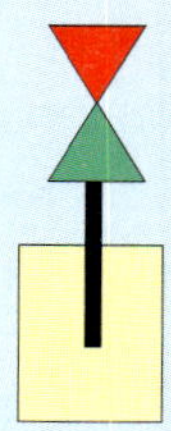

Hindernisse im Fahrwasser (Fahrwasserspaltung). Schwarze Stange mit rotem Kegel, Spitze nach unten, über grünem Kegel, Spitze noch oben. Feuer (wenn vorhanden): Weißes Funkel- oder Gleichtaktfeuer.

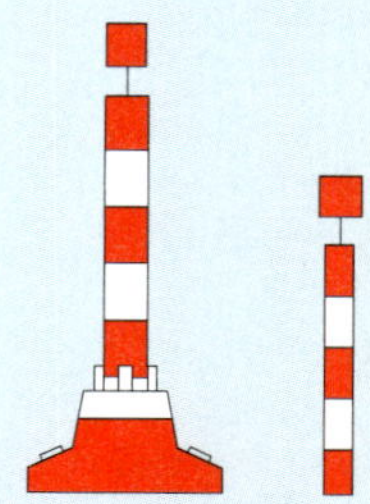

Schwimmend: Rot-weiß gestreifte Spieren- oder Leuchttonne oder Schwimmstange mit rotem Zylinder. Feuer (wenn vorhanden): Rotes Taktfeuer.

Hindernisse in oder an der Wasserstraße. Am Ufer: Schwarze Stange mit rotem Kegel, Spitze nach unten.

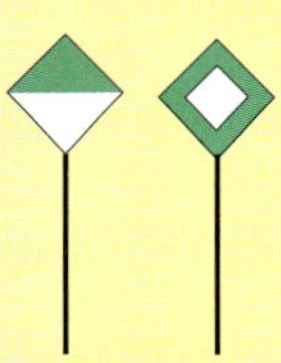

Verlauf der Fahrrinne am linken Ufer.

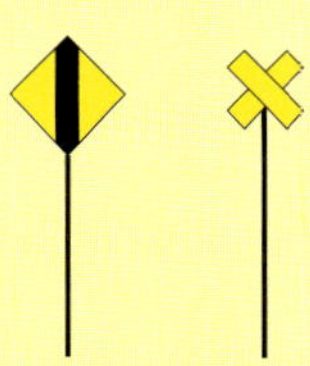

Übergang der Fahrrinne von einem zum anderen Ufer.

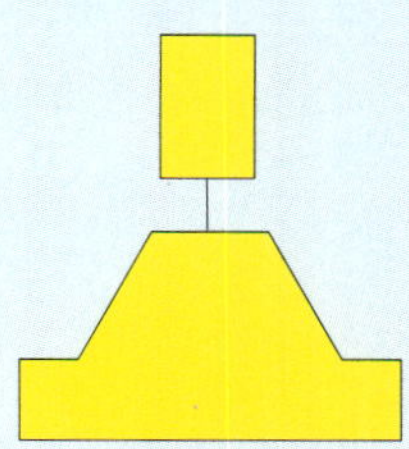

Radartonne zur Bezeichnung gefährlicher Hindernisse wie Brückenpfeiler im Fahrwasser.

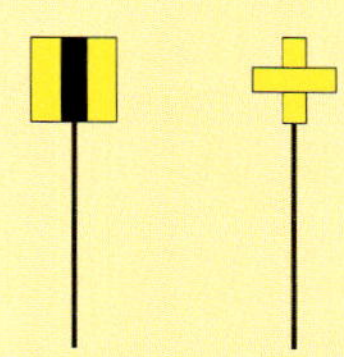

Übergang der Fahrrinne von einem zum anderen Ufer.

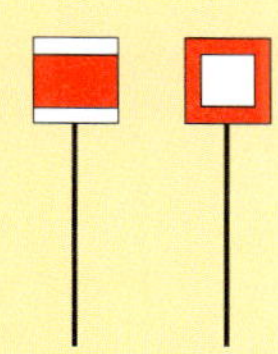

Verlauf an der Fahrrinne am rechten Ufer.

Fahrrinnen sind häufig durch Tonnen begrenzt oder markiert. Rechts und links bezieht sich auf Binnenwasserstraßen immer auf die Richtung von der Quelle zur Mündung – auf die Fahrt zu Tal.

❑ Rechte Seite Fahrrinne – rote oder rot-weiße Tonnen, Spieren oder Schwimmstangen (Bober).

❑ Linke Seite Fahrrinne – grüne oder grün-weiße Tonnen, Spieren oder Schwimmstangen (Bober).

❑ Fahrrinnenspaltung (also zwischen rot und grün) rot-grüne Tonnen, Spieren oder Schwimmstangen. Ihre verschiedenen Formen und eine Reihe ergänzender Schifffahrtszeichen zeigt unsere Tafel.

Im Bereich der Seeschifffahrtsstraßen-Ordnung, an der Küste, gilt die Fahrwasserrichtung von See zum Land. Ein einlaufendes Schiff hat also die roten Tonnen an Backbord, die grünen an Steuerbord. Die Farben entsprechen den Farben der an dieser Seite geführten Lichter.

Hier nun in einem Beispiel verschiedene Möglichkeiten von Fahrwassermarkierungen, wie sie auf Bundeswasserstraßen vorkommen können. Sportboote mit geringem Tiefgang brauchen die ausgetonnte Fahrrinne nicht zu benutzen.

Einfahrtzeichen

Zur Kennzeichnung von Einfahrten von einem See oder einer seeartigen Erweiterung in einen engeren Wasserstraßenabschnitt.

Rechtes Ufer: Raute aus schwarz/weiß-gestreiftem senkrechtem Lattenwerk. Feuer (wenn vorhanden): Rotes Taktfeuer.

Linkes Ufer: Raute aus waagerechtem Lattenwerk. Feuer (wenn vorhanden): Grünes Taktfeuer.

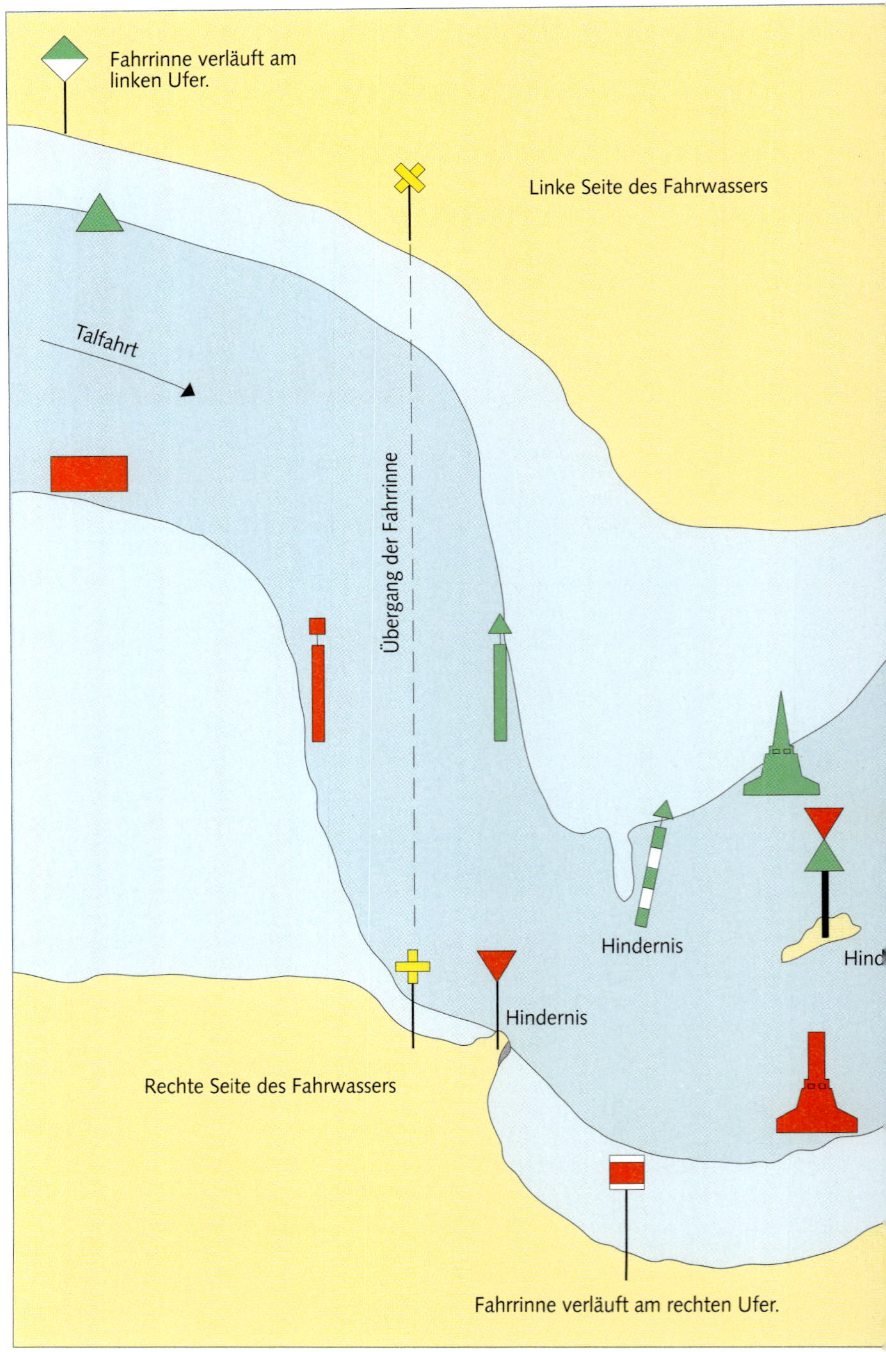

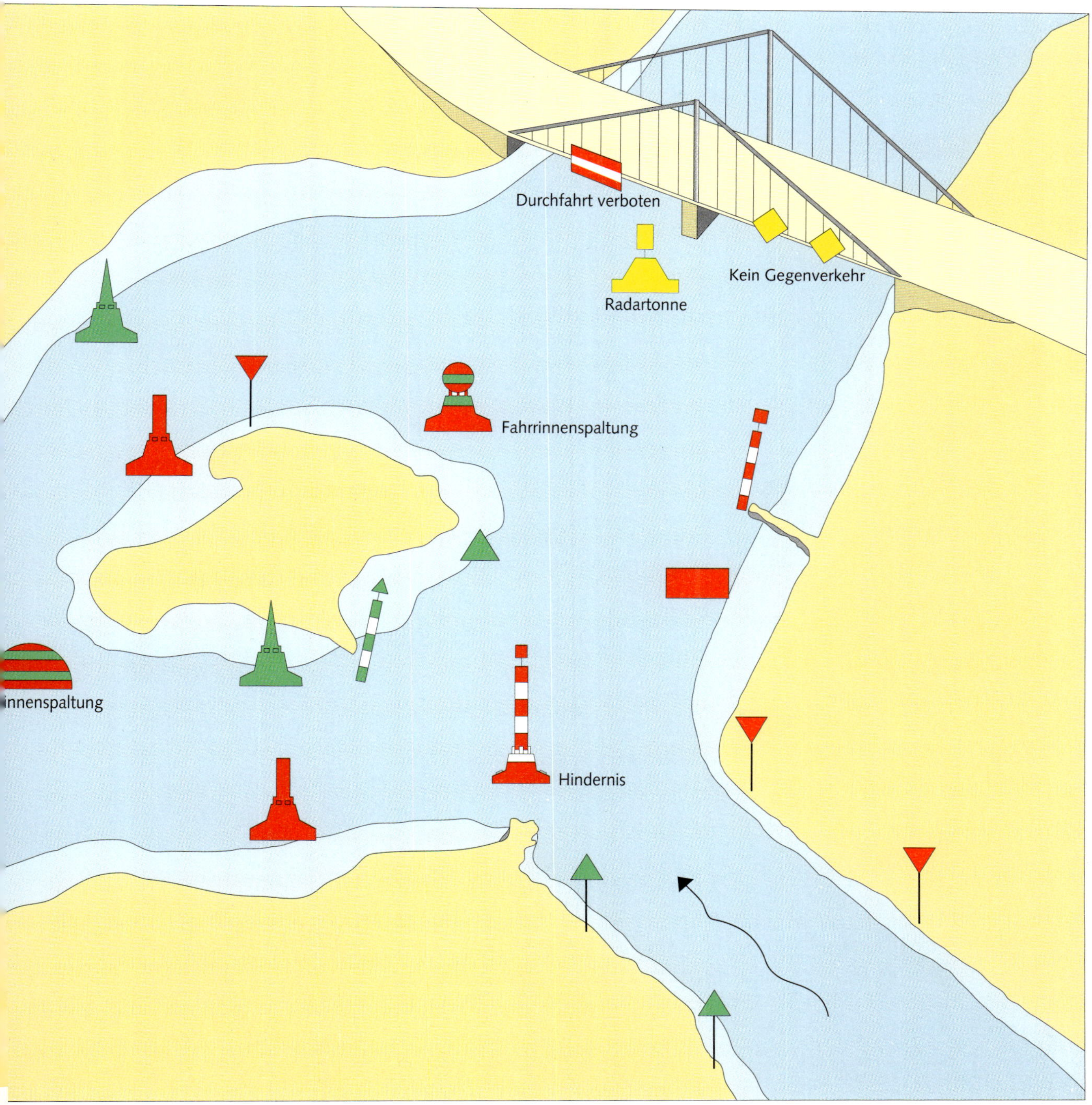
Durchfahrt verboten
Kein Gegenverkehr
Radartonne
Fahrrinnenspaltung
innenspaltung
Hindernis

Brücken, Wehre und Sperrungen

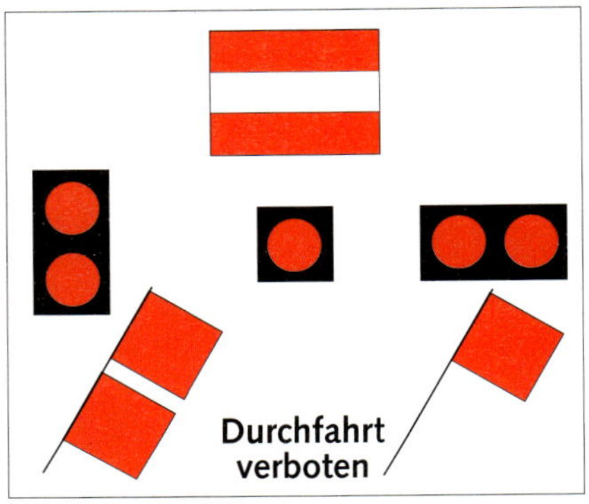

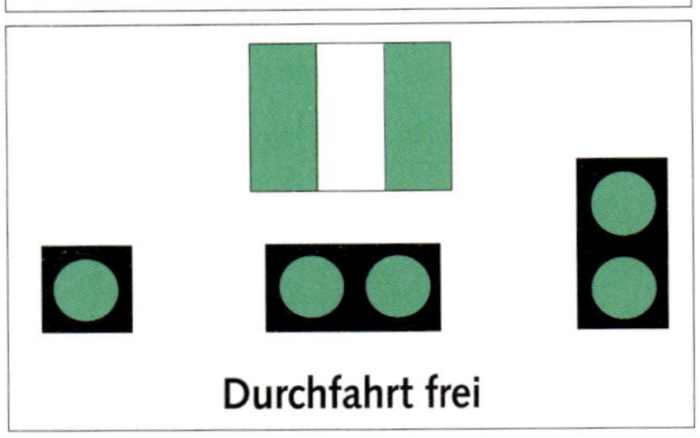

Um Durchfahrten unter Brücken zu markieren, zu sperren oder freizugeben oder auch um bestimmte Wasserstrecken zu sperren, gibt es die verschiedensten Signale: Tafeln, Lichter und Flaggen.
Rot bedeutet stets: keine Durchfahrt.
Grün bedeutet: freie Fahrt.
Auf die Spitze gestellte gelbe beziehungsweise weiß-grüne Quadrate sind Empfehlungen, nur die rot-weißen sind wiederum Gebotsschilder. Die beiden gelben Quadrate können auch übereinander stehen.
Ein **Wehr** – im Allgemeinen wird darauf mit einem blauen Schild hingewiesen – darf nur dann durchfahren werden, wenn es entweder mit einem grünen Freifahrtzeichen oder einem gelben Quadrat für eine empfohlene Durchfahrtsöffnung gekennzeichnet ist.
An geschlossene Sicherheitstore und Hochwassersperrtore darf nur bis zu 100 m herangefahren werden.

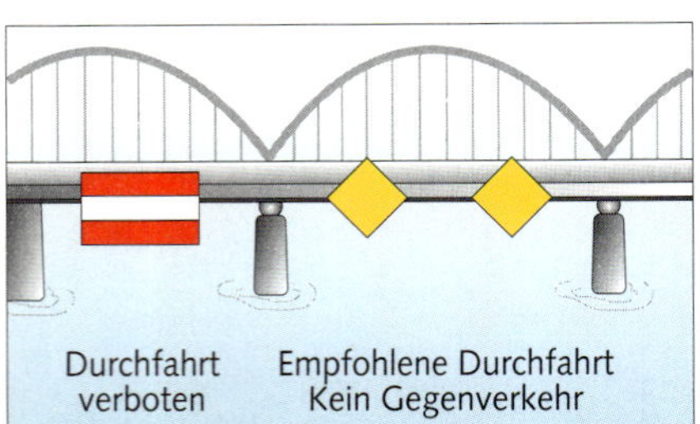

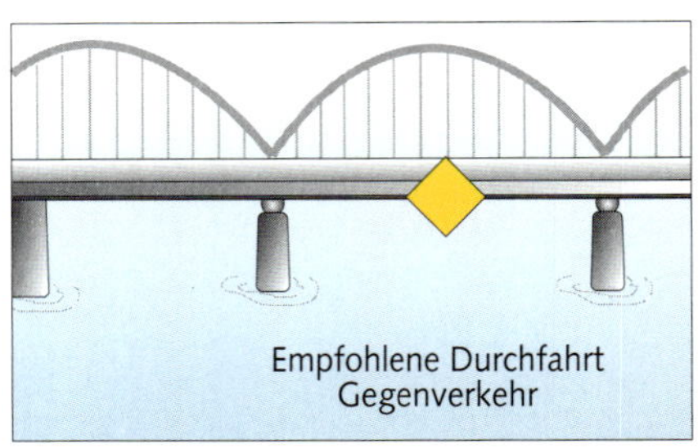

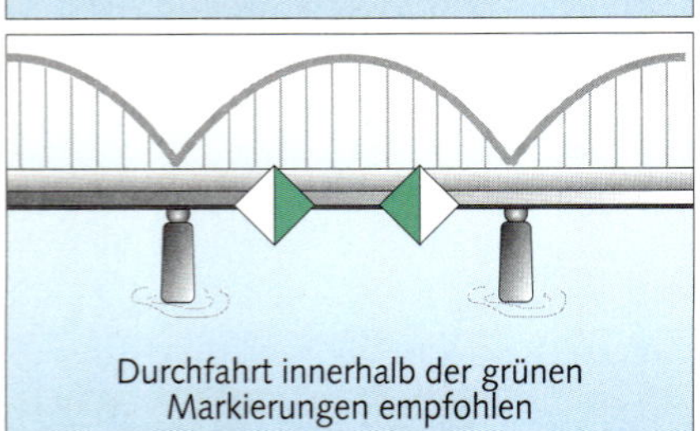

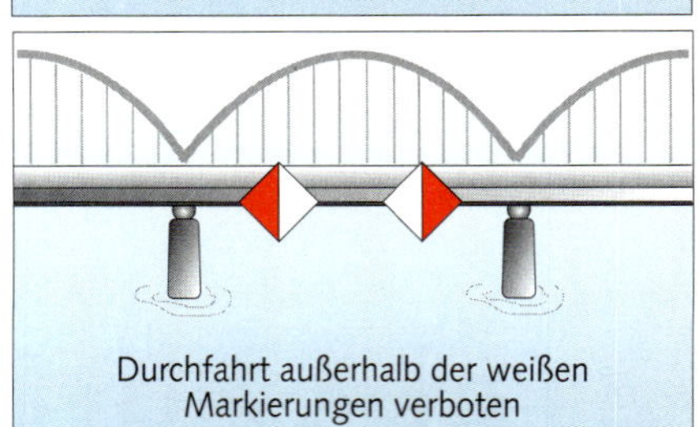

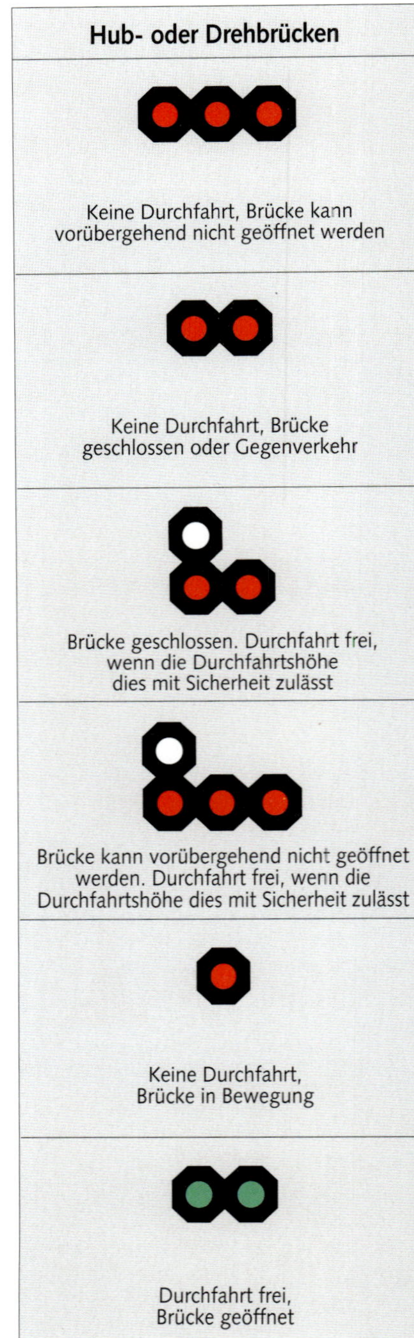

Einfahrtsignale					Ausfahrtsignale	
Keine Einfahrt, Schleuse außer Betrieb	Keine Einfahrt, Schleuse geschlossen (evtl. nur 1 Licht)	Keine Einfahrt, aber Vorbereitungen zum Einlaufen treffen	Einfahrt frei	Keine Einfahrt, Öffnung wird vorbereitet	Ausfahrt verboten	Ausfahrt erlaubt

Richtungsweiser in Schleusenvorhäfen			
Links ununterbrochen, rechts blinkend: »Rechte Schleusenkammer benutzen«	Rechts ununterbrochen, links blinkend: »Linke Schleusenkammer benutzen«	Beide Lichter ununterbrochen: »Bis zur Einweisung warten«	Beide Lichter blinkend: »Beide Schleusenkammern benutzbar«

Schleusen

Die Ein- und Ausfahrt in die Schleusenkammer wird bei Tag und Nacht durch Ampeln geregelt. Sie stehen auf einer oder auf beiden Seiten der Schleusenkammer. Gibt es mehrere Schleusenkammern, bezeichnen zwei weiße Blinklichter die jeweils zu benutzende Kammer. Vorrang haben jedoch im Zweifelsfall die direkten Anweisungen des Schleusenpersonals. Wer Sprechfunk hat, schaltet den entsprechenden Sprechweg und meldet sich vorher an.

Gibt es spezielle Sportboot-Schleusen, darf die große Schleuse nur ausnahmsweise, auf Anweisung des Schleusenpersonals, benutzt werden. Sportboote unter 20 m haben in allgemeinen Schleusen kein Anrecht auf Einzelschleusung. Sie können nur in einer Gruppe oder zusammen mit anderen Schiffen geschleust werden. Sie dürfen erst nach der Großschifffahrt in einem angemessenen Sicherheitsabstand in die Schleusenkammer einlaufen. Sofern an den Schleusenwänden Grenzen markiert sind, dürfen diese nicht überschritten werden.

Verboten ist es,
- ❑ in der Schleusenkammer nach dem Festmachen noch die Maschine laufen zu lassen,
- ❑ zu lärmen, Schmutzwasser über Bord zu gießen und
- ❑ Mitsegler ein- und aussteigen zu lassen;
- ❑ Schleusen, die nicht zur Selbstbedienung vorgesehen sind, ohne Genehmigung der Schleusenaufsicht zu bedienen – auch wenn das ohne weiteres möglich ist.

In der Schleuse: Vor- und Achterschiff festmachen. Nebeneinander liegende Boote gut abfendern. Durch schnell ein- oder ausfließendes Wasser können recht heftige Verwirbelungen entstehen.

Lichterführung

Die Lichter eines Schiffes dienen nicht dazu, in der Dunkelheit zu sehen, sondern um gesehen zu werden. Aus Art und Anordnung soll man erkennen können, wen oder was man auf welchem Kurs vor sich hat. Also die Position des anderen Schiffes, deshalb auch die Bezeichnung Positionslichter. Sie müssen vom Bundesamt für Seeschifffahrt und Hydrographie (BSH) baumustergeprüft sein.

❑ Alle Lichter müssen in der Zeit zwischen Sonnenuntergang und Sonnenaufgang und bei unsichtigem Wetter geführt werden.

❑ Das **Rundumlicht** strahlt über einen Vollkreis von 360°.

❑ Das **Topplicht** scheint über einen Horizontbogen von 225°. Nach jeder Seite von recht voraus bis 22,5° achterlicher als querab.

❑ Das **Hecklicht** bestrahlt den restlichen Sektor nach achteraus, einen Winkel von 135°.

❑ Die **Seitenlichter** (Backbord rot, Steuerbord grün) bescheinen je einen Horizontbogen von 112,5°, und zwar von recht voraus bis 22,5° achterlicher als querab. Gemeinsam erfassen sie den gleichen Horizontbogen wie das Topplicht.

Im Geltungsbereich der Binnenschifffahrtsstraßen-Ordnung *muss* das Topplicht in gleicher Höhe wie die Seitenlichter gesetzt werden, wenn die Seitenlichter getrennt voneinander am Bootskörper angebracht sind. Auf dem Rhein und auf der Mosel *kann* das Topplicht – auch bei getrennt voneinander angebrachten Seitenlichtern – 1 m höher als die Seitenlichter gesetzt werden.

❑ Das **Funkellicht** ist meistens ein Rundumlicht mit 40 bis 60 »Blitzen« pro Minute.

Andere Lampen oder Scheinwerfer an Bord dürfen nicht so verwendet werden, dass man sie mit diesen Lichtern verwechseln kann oder dass sie andere Verkehrsteilnehmer blenden.

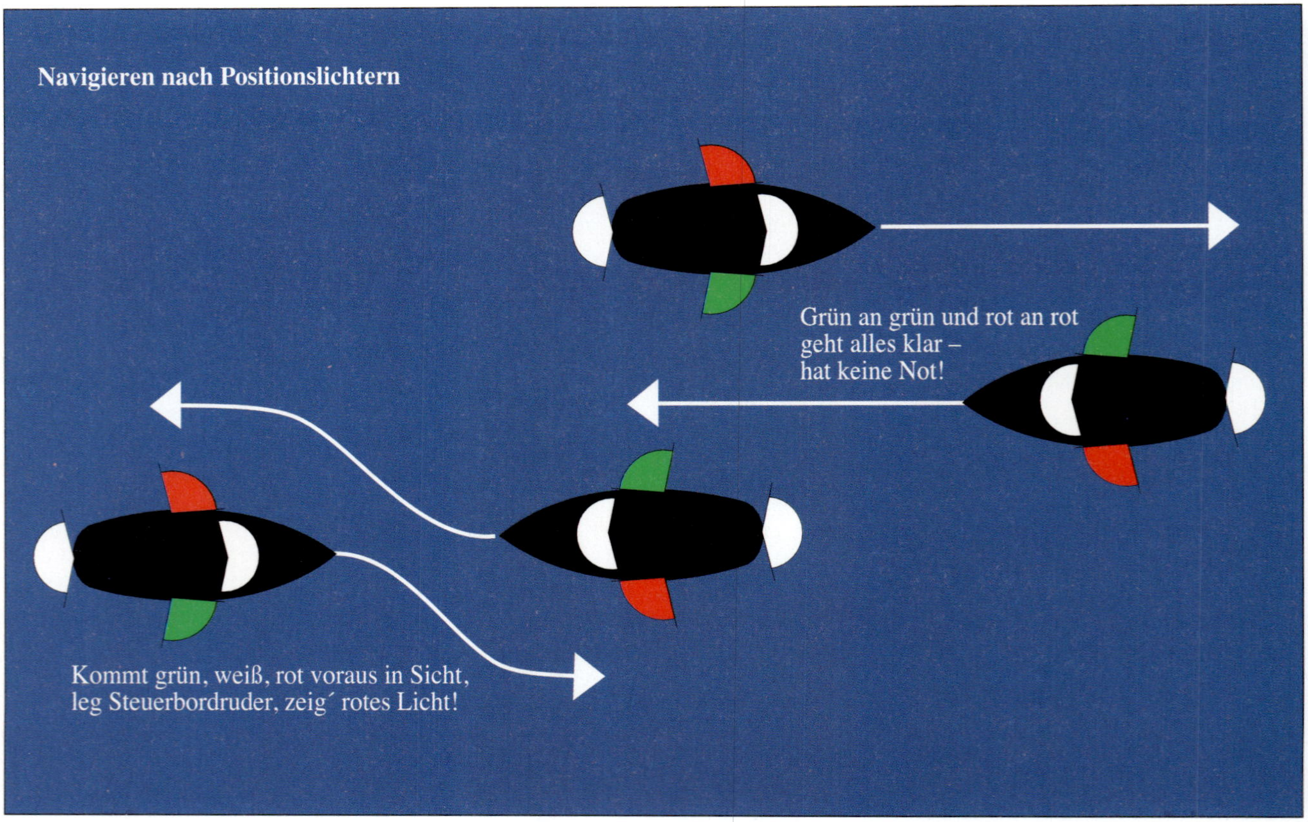

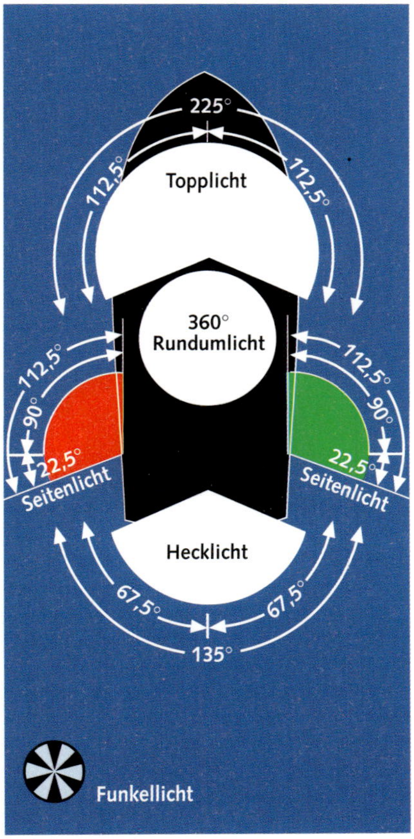

Sportboote

Segelboot unter Segeln unter 20 m
Rundumlicht (weiß)
Bei Annäherung anderer Schiffe
ein 2. weißes Licht zeigen
(Segelboote unter Motor gelten als Motorboote)

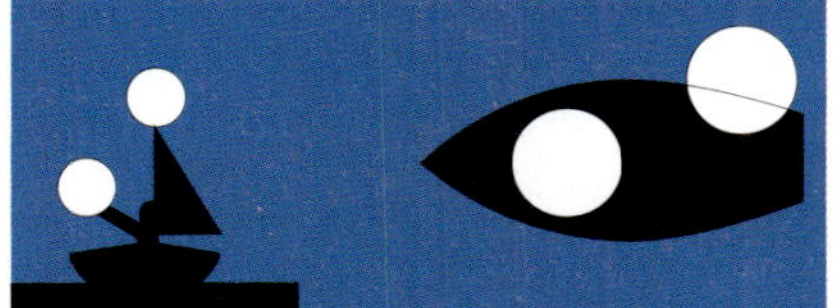

oder
Seitenlichter (rot, grün) in einer Zweifarbenlaterne am oder nahe am Bug
Hecklicht (weiß)

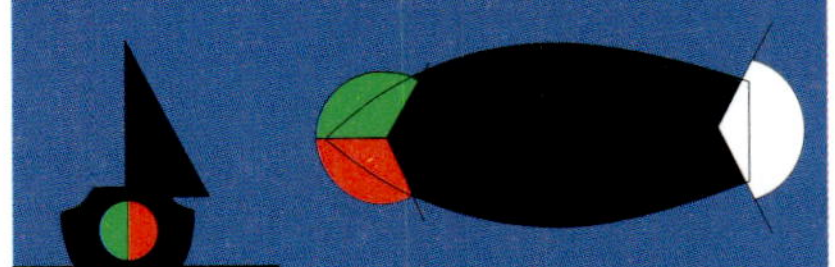

oder:
Dreifarbenlaterne
(rot, grün, weiß) im Topp

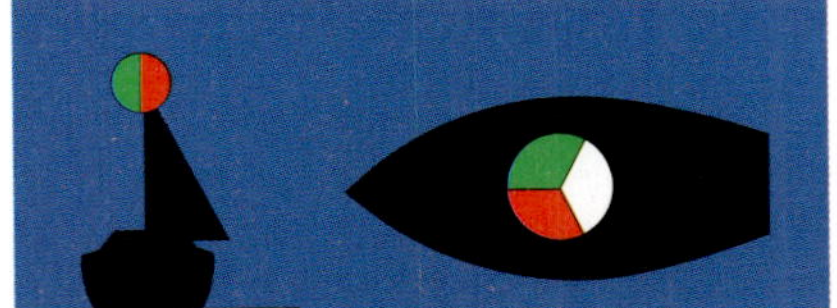

Motorboot unter 20 m
Topplicht (weiß)
Gleiche Höhe wie Seitenlichter, aber mindestens 1 m davor
Seitenlichter (rot, grün)
Hecklicht (weiß)

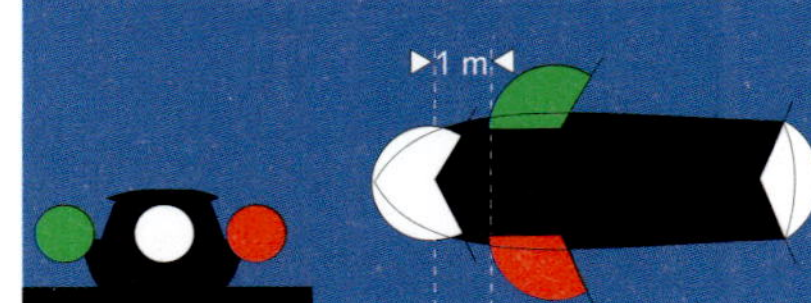

oder
Topplicht (weiß)
mindestens 1 m höher als die Seitenlichter
Seitenlichter (rot, grün)
in einer Zweifarbenlaterne am oder nahe am Bug
Hecklicht (weiß)

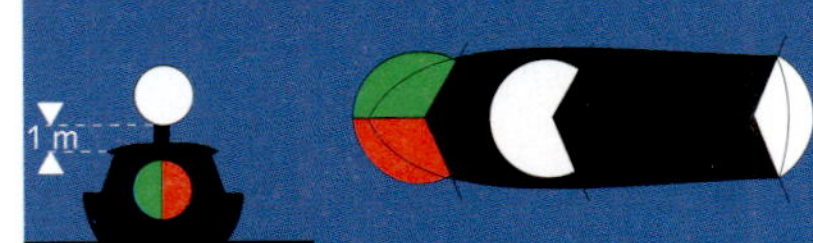

oder
Rundumlicht (weiß)
anstelle des Topp- und Hecklichts
Seitenlichter (rot, grün)
in einer Zweifarbenlaterne am oder nahe am Bug

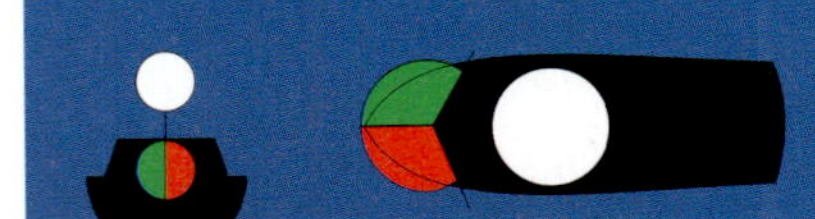

Ruderboot
Rundumlicht (weiß)
Beiboote (Dingis) brauchen dies Licht erst bei Annäherung eines anderen Schiffes zu zeigen

Berufsschiffe

Schiff bis 110 m Länge
Topplicht (weiß) **Seitenlichter** (rot/grün) **Hecklicht** (weiß)
Die Seitenlichter werden mindestens 1m niedriger als das Topplicht und meist achtern am Ruderhaus gefahren

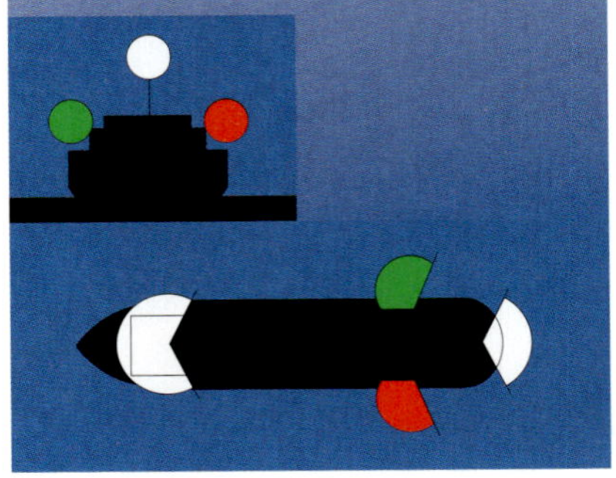

Schiff über 110 m Länge
2 Topplichter (weiß), das zweite achterlicher und höher als das erste
Seitenlichter (rot/grün)
Hecklicht (weiß)

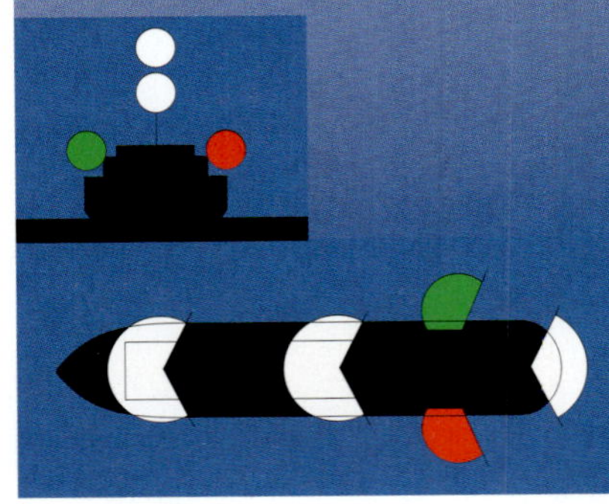

Schleppverband
Der Schlepper:
2 Topplichter (weiß), senkrecht übereinander
3 Topplichter (weiß), wenn mehrere Schlepper nebeneinander den Verband schleppen.
Seitenlichter (rot/grün)
Hecklicht (gelb).

Jedes geschleppte Fahrzeug:
Rundumlicht (weiß), falls länger als 110 m ein **2. Rundumlicht** hinten in gleicher Höhe.
Das letzte Fahrzeug führt für den Verband das **Hecklicht** (weiß).
Bei Tage: Der Schlepper: **Gelber Zylinder** mit oben und unten je einem **schwarzen und weißen Streifen**
Jedes geschleppte Fahrzeug:
Gelber Ball.

Schubverband
(2er Päckchen) **3 Topplichter** (weiß), auf dem Vorschiff des Fahrzeuges an der Spitze. Anordnung in Form eines gleichseitigen Dreiecks. Die unteren etwa 1,25 m auseinander, das obere 1,10 m darüber. **Topplicht** (weiß) auf jedem »Päckchen«, dessen ganze Breite von vorn zu sehen ist. **Seitenlichter** (rot/grün) **3 Hecklichter** (weiß) 1,25 m auseinander.
Geschleppter Schubverband
3 Hecklichter gelb (statt weiß)

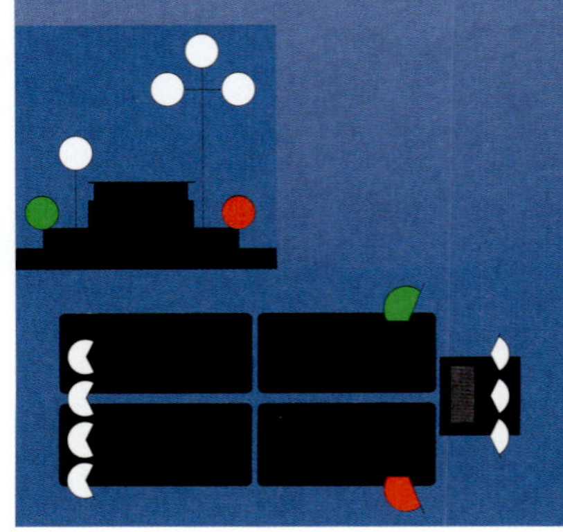

Gefährliche Güter

Schiffe mit brisanter Ladung – auch nicht entgaste Tankschiffe gehören dazu – sind nachts an einem, zwei oder drei blauen Rundumlichtern zu erkennen.
Tags führen sie entsprechend einen, zwei oder drei Kegel mit der Spitze nach unten.
Die speziell für sie eingerichteten Liegeplätze sind markiert durch blaue Tafeln mit weißen Dreiecken oder mit weißen auf die Spitze gestellten Quadraten, in denen die blauen Kegel stehen.
Von stillliegenden Schiffen ist, entsprechend der Anzahl ihrer Kegel, 10, 50 oder 100 m Abstand zu halten.

Schiff mit bestimmten entzündbaren Stoffen
Topplicht (weiß)
Seitenlichter (rot/grün)
Hecklicht (weiß)
Rundumlichter (blau) auf dem Achterschiff
Bei Tage:
Blauer Kegel Spitze nach unten

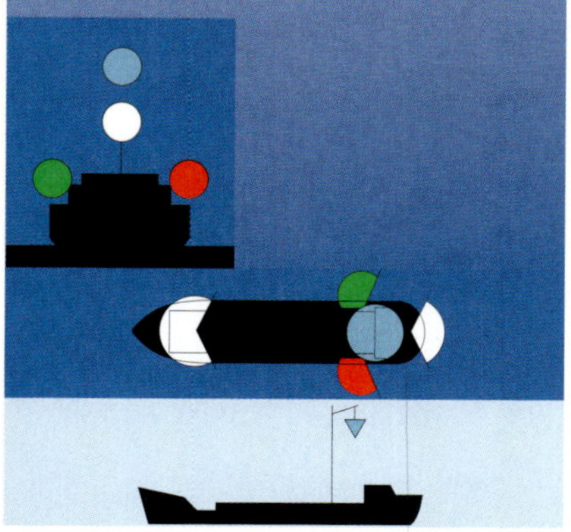

Schiff mit bestimmten gesundheitsschädlichen Stoffen
Topplicht (weiß)
Seitenlichter (rot/grün)
Hecklicht (weiß) **2 Rundumlichter** (blau) auf dem Achterschiff
Bei Tage:
2 blaue Kegel Spitze nach unten übereinander

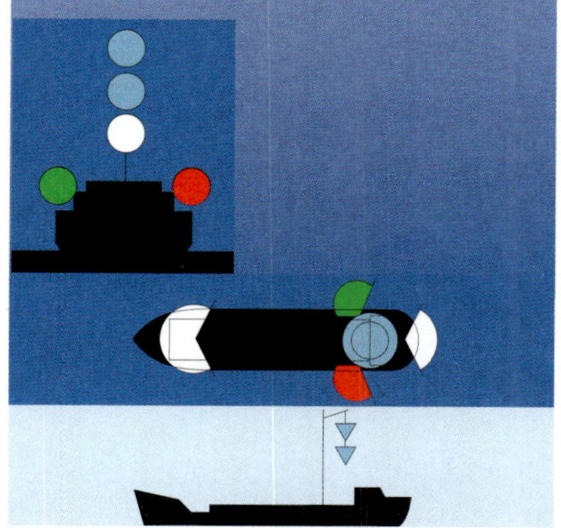

Schiff mit bestimmten explosiven Stoffen
Topplicht (weiß)
Seitenlichter (rot/grün)
Hecklicht (weiß)
3 Rundumlichter (blau) auf dem Achterschiff
Bei Tage:
3 blaue Kegel Spitze nach unten

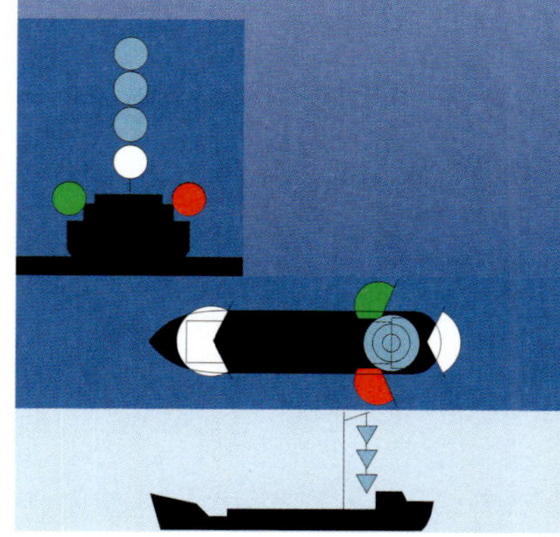

Nicht frei fahrende Fähre
(Ketten-, Seil- oder Gierfähren)
Rundumlicht (weiß)
Rundumlicht (grün) 1 m darüber

Frei fahrende Fähre
Rundumlicht (weiß)
Rundumlicht (grün) 1 m darüber
Seitenlichter (rot/grün)
Hecklicht (weiß)

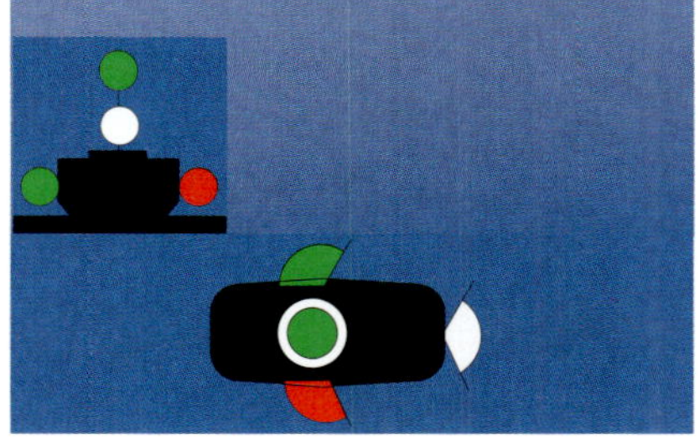

Polizei, Feuerlöschboote, Wasserrettung, Zoll und Bundesgrenzschutz im Einsatz **Topplicht** (weiß)
Seitenlichter (rot/grün)
Hecklicht (weiß)
Funkellicht (blau) kann auch tags im Einsatz geführt werden

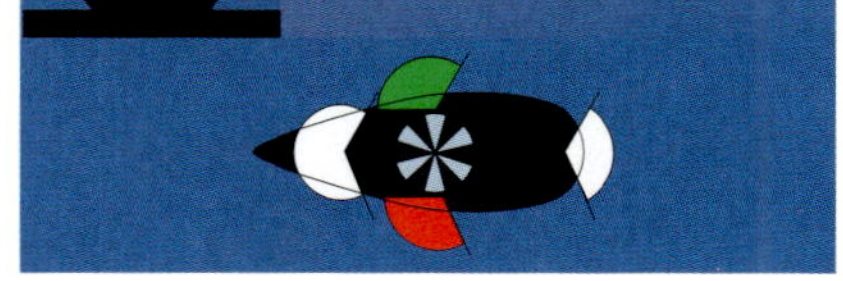

Tag- und Nachtsignale

Begegnen und Überholen

Da Sportboote verpflichtet sind, Berufsschiffen nicht nur auszuweichen, sondern sie auch in ihren Manövern nicht zu behindern, ist es gut, stets zu wissen, was die Großen vorhaben. Beim **Begegnen** hat der Bergfahrer dem schlechter manövrierfähigen Talfahrer Raum zu geben. Üblicherweise fahren beide rechts und passieren einander an Backbord. Will der Bergfahrer jedoch den Talfahrer aus irgendwelchen Gründen an Steuerbord vorbeifahren lassen, so muss er dies an seiner Steuerbordseite anzeigen.
Wer **überholen** will, hat sich vorher zu vergewissern, ob das gefahrlos möglich ist. Sodann hat er das Überholmanöver so lange anzuzeigen, bis es beendet ist.

Ankerlieger

Tagsüber brauchen Ankerlieger im Geltungsbereich der Binnenschifffahrtsstraßen-Ordnung keinen Signalkörper zu setzen.
Nachts führen sie ein weißes Rundumlicht auf der Fahrwasserseite, auch wenn sie am Ufer festgemacht haben.

Begegnungen an Steuerbord
(nur Berufsschifffahrt)
Weißes Funkellicht,
gekoppelt mit
hellblauer Tafel mit weißem Rand
an Steuerbord

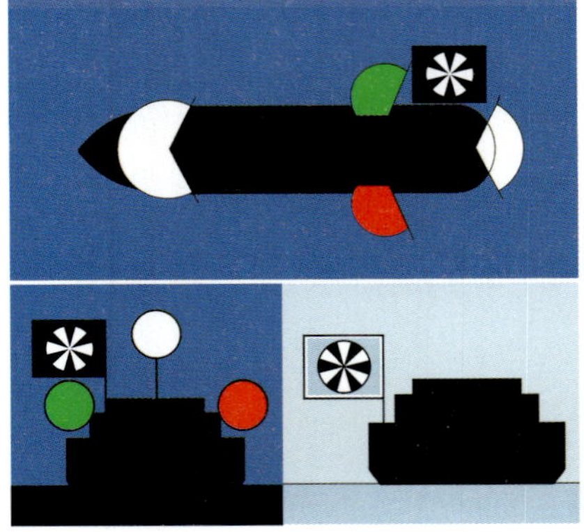

Vorrangschiff
Roter Wimpel
Vorrang beim Schleusen, in engen Durchfahrten etc.

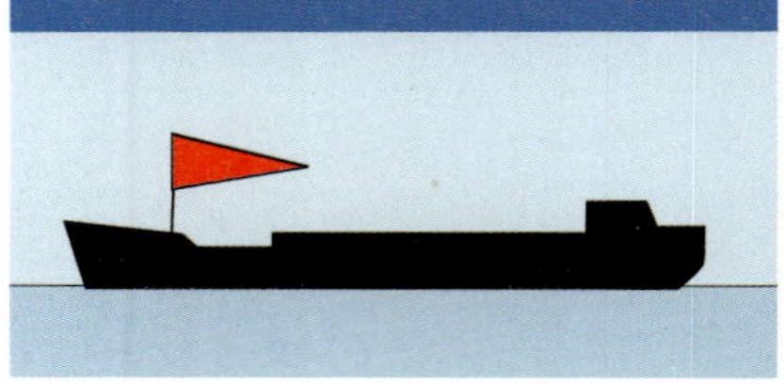

Stillliegendes Schiff
Weißes Rundumlicht
auf der Fahrwasserseite

Stillliegendes Schiff, dessen Anker die Schifffahrt gefährden kann
2 weiße Rundumlichter untereinander auf der Fahrwasserseite
Tagsüber muss der Anker gekennzeichnet sein durch **Gelben Döpper** eventuell mit Radarreflektor

Schwimmende Geräte

Bagger oder Vermessungsschiffe bei der Arbeit, aber auch festgefahrene oder gesunkene Schiffe.

Tags
An der gesperrten Seite entweder eine rot-weiß-rote Tafel oder ein roter Ball

Nachts
Ein rotes Rundumlicht auf gleicher Höhe wie das obere grüne Rundumlicht auf der gegenüberliegenden Seite

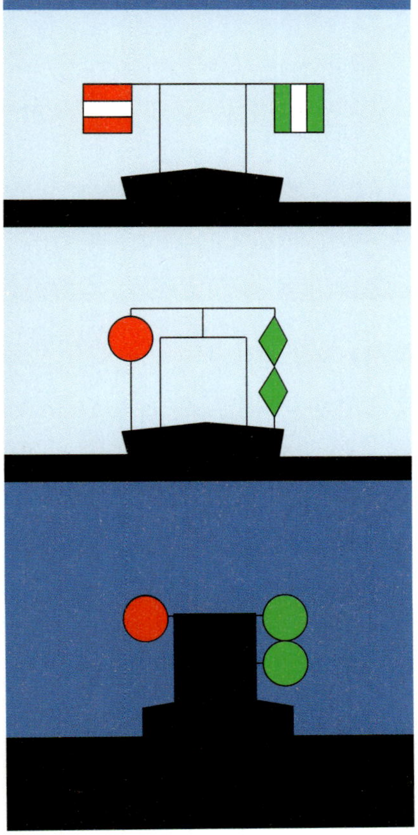

Taucher im Einsatz!
Nachts
ist die Tafel anzustrahlen

Tags
Durchfahrt an beiden Seiten frei
Grün-weiß-grün gestreifte Tafeln oder grüne Doppelkegel

Nachts
Grüne Rundumlichter

Gegen Sog und Wellenschlag zu schützen
Durchfahrt an einer Seite nicht frei

Tags
An der gesperrten Seite eine rote Flagge

Nachts
An der gesperrten Seite ein rotes Rundumlicht auf gleicher Höhe wie das rote Rundumlicht auf der gegenüberliegenden Seite

Durchfahrt an beiden Seiten frei

Tags
Rot-weiße Flaggen

Nachts
Rote Rundumlichter über weißen Rundumlichtern

Schwimmkörper oder schwimmende Anlage, Sog und Wellenschlag vermeiden

Tags
Rot-weiße Flagge oder rote über weißer Flagge oder rot-weiße Tafel

Nachts
Rotes Rundumlicht 1 m über weißem Rundumlicht

Stillliegender Fischer mit Netzen oder Auslegern

Tags
Gelbe Döpper in ausreichender Anzahl, um die genaue Lage kenntlich zu machen

Nachts
Entsprechende weiße Rundumlichter

Manövrierunfähig

Nur bei Annäherung eines Schiffes auf Kollisionskurs

Tags
Eine rote Flagge oder Tafel, die im Halbkreis geschwenkt wird

Nachts
Ein rotes Licht, das hin- und hergeschwenkt wird. Zusätzliches Schallzeichen 4 kurze Töne hintereinander

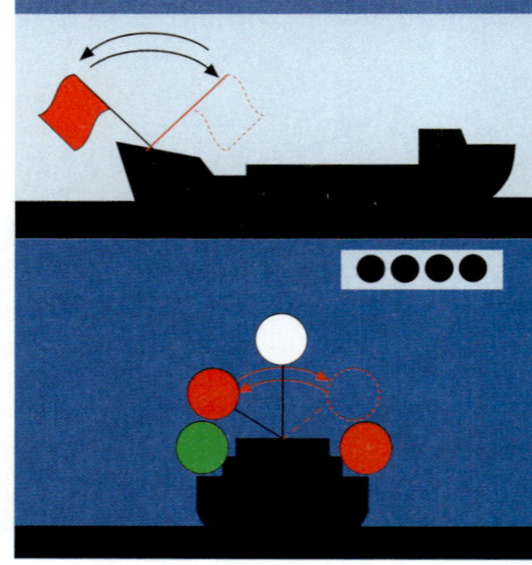

Segelboote unter mitlaufender Maschine

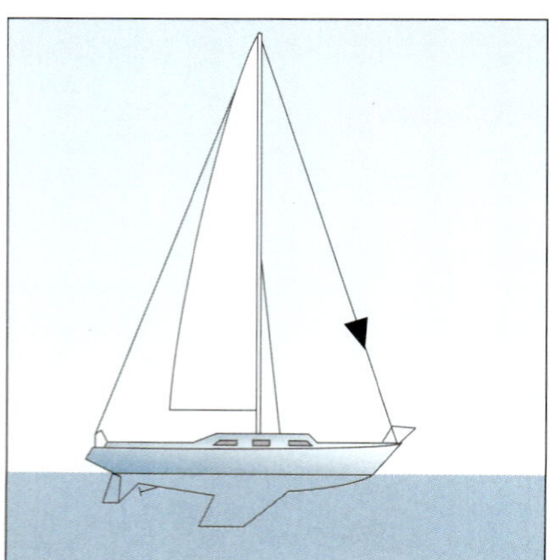

Yachten und Jollen unter Segeln, aber mitlaufender Maschine, zeigen tags, gut sichtbar im Vorschiffsbereich – üblich ist am Vorstag –, einen schwarzen Kegel, Kantenlänge 0,60 m, mit der Spitze nach unten. Dieser Kegel entfällt, wenn unter Motor gelaufen wird und keine Segel gesetzt sind.

Notzeichen

Tags
Eine Flagge oder einen sonstigen Gegenstand im Kreis schwenken

Nachts
Ein Licht, das im Kreis geschwenkt wird

Schallsignale

Damit Schiffe sich untereinander unmissverständlich über ihre Absichten verständigen können, gibt es Schallsignale. Sie bestehen aus verschiedenen Kombinationen kurzer (●) und langer (▬) Töne. Berufsschiffe auf Binnenschifffahrtsstraßen müssen zusammen mit dem Schallsignal ein gleich langes gelbes Lichtzeichen geben.
Sportboote unter 20 m Länge brauchen keine Schallsignale zu geben. Wenn sie es dennoch tun, dürfen sie keine anderen Signale verwenden oder aus einem anderen Anlass geben. Ein Lichtzeichen ist für sie nicht erforderlich.
● = etwa 1 Sekunde Dauer,
▬ = etwa 4 Sekunden Dauer.
Die Pause zwischen zwei aufeinanderfolgenden Tönen beträgt etwa 1 Sekunde.

Das Bleib-weg-Signal

Vorgesehen ist es, wenn Schiffe mit brennbarer, explosiver, giftiger oder radioaktiver Ladung in gefährliche Situationen geraten. Es besteht aus einer mindestens 15 Minuten lang gegebenen Folge von einem kurzen und einem langen Ton.
Wer dieses Signal hört, muss sich so schnell und so weit wie möglich entfernen.

Das Bleib-weg-Signal

● ▬ ● ▬ fortlaufend mindestens 15 Minuten lang

Allgemeine Schallzeichen

Signal	Bedeutung
▬	Achtung
●	Ich richte meinen Kurs nach Steuerbord
●●	Ich richte meinen Kurs nach Backbord
●●●	Meine Maschine geht rückwärts
●●●●	Ich bin manövrierunfähig
●●●●●	Man kann mich nicht überholen
●●●●●●● Folge sehr kurzer Töne	Gefahr eines Zusammenstoßes
▬ ●	Ich wende über Steuerbord
▬ ●●	Ich wende über Backbord
▬ ▬ ●	Ich will an Ihrer Steuerbordseite überholen
▬ ▬ ●●	Ich will an Ihrer Backbordseite überholen
▬ ▬ ▬	Bei Ein- und Ausfahrt in und von Häfen und Nebenwasserstraßen: Ich will überqueren
▬ ▬ ▬ ●	Bei Ein- und Ausfahrt in und von Häfen und Nebenwasserstraßen: Ich will meinen Kurs nach Steuerbord richten
▬ ▬ ▬ ●●	Bei Ein- und Ausfahrt in und von Häfen und Nebenwasserstraßen: Ich will meinen Kurs nach Backbord richten

Nebelsignale

Auch sie gelten nur für die Berufsschifffahrt (ab 20 m), dennoch ist es gut, sie zu kennen. »Kleinfahrzeuge« sollten bei Nebel oder unsichtigem Wetter auf dem kürzesten Wege das Fahrwasser räumen. Sie könnten sonst allzu leicht von der Berufsschifffahrt überrannt werden. Zumindest ist die Fahrt den verminderten Sichtverhältnissen anzupassen. Auch die Berufsschifffahrt ist dazu angewiesen und auch anzuhalten, am Ufer zu ankern oder festzumachen, wenn die Sichtverhältnisse so schlecht geworden sind, dass der Verkehr nicht mehr gefahrlos fortgesetzt werden kann. Da die Berufsschiffer jedoch Geld einfahren müssen, wird dieser Zeitpunkt so lange wie möglich hinausgezögert. Talfahrer mit Radar geben bei Nebel 3 x hintereinander 3 ohne Unterbrechung aufeinanderfolgende Töne von verschiedener Höhe.

Nebelsignale (mind. jede Min.)

Schiffe in Fahrt

▬	Einzeln fahrende Schiffe und Verbände außer Radartalfahrern

Stillliegende Schiffe

🔔 .... 🔔	(1 Gruppe von Glockenschlägen) »Ich liege auf der linken Fahrwasserseite!«
🔔 .... 🔔 🔔 .... 🔔	(2 Gruppen von Glockenschlägen) »Ich liege auf der rechten Fahrwasserseite!«
🔔 .... 🔔 🔔 .... 🔔 🔔 .... 🔔	(3 Gruppen von Glockenschlägen) »Meine Lage ist unbestimmt!«

Notsignale

▬ ▬ ▬	🔔 .... 🔔 🔔 .... 🔔
wiederholte lange Töne	Gruppen von Glockenschlägen

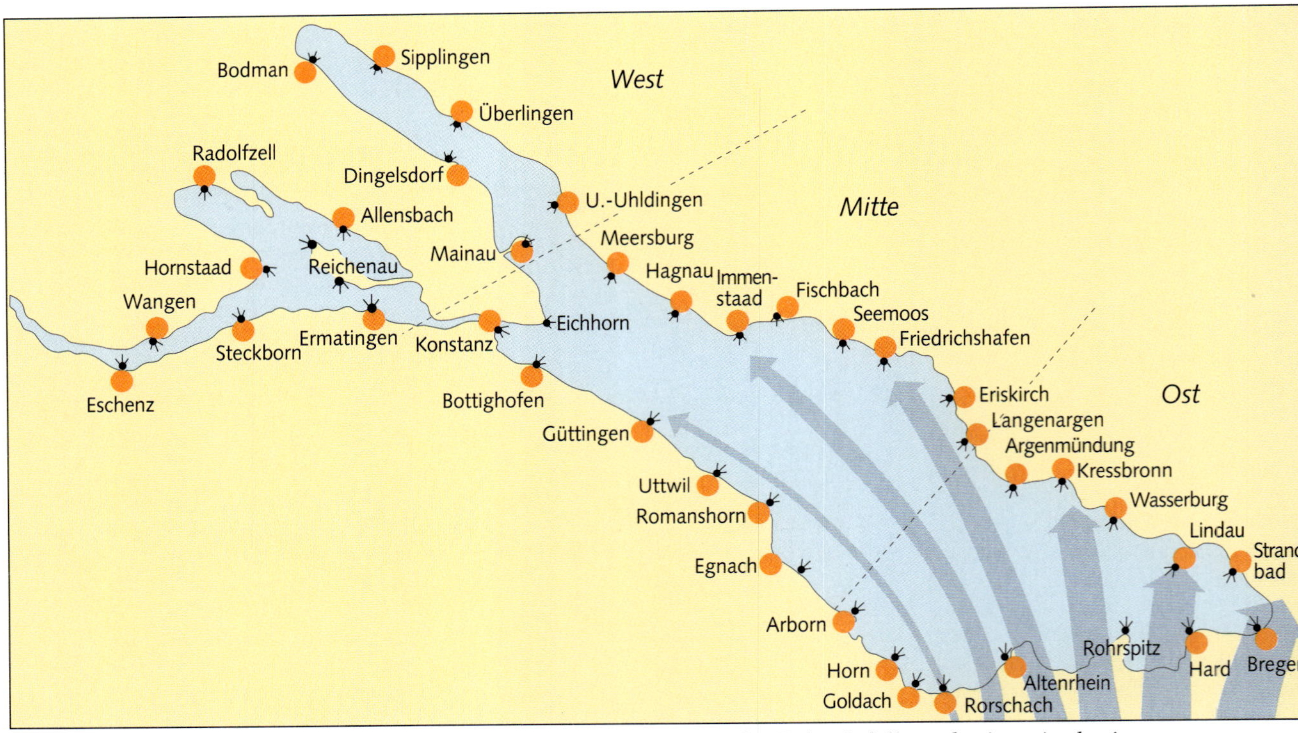

Die Standorte der Sturmwarnlichter und schematische Darstellung des Föhneinfalls und seiner Ausbreitung.

Der Bodensee

Auf dem Bodensee gilt für die drei Anliegerstaaten die »Verordnung über die Schifffahrt auf dem Bodensee«, kurz: Bodensee-Schifffahrtsordnung (BodenSeeSchO).

Zulassungs- und Registrierpflicht

Boote mit Motor und Segelboote, die mit Wohn-, Koch- oder sanitären Einrichtungen ausgerüstet sind, bedürfen einer Zulassung. Voraussetzung ist eine technische Überprüfung. Sie kann entfallen bei einem entsprechenden Nachweis einer amtlich anerkannten Prüfungsinstitution. Die Zulassung gilt für einen Zeitraum von 3 Jahren.

❑ **Nicht zugelassen** sind Boote mit Motoren ohne Abgastypenprüfbescheinigung für die so genannte Abgasstufe 2 und Motoren, die lauter als maximal 72 dB (A) in 25 m seitlichem Abstand sind.

Alle nicht zulassungspflichtigen Boote über 2,50 m Länge müssen jedoch registriert werden. Sie erhalten einen **Bootsausweis**.

Kennzeichnungspflicht

Jedes zulassungs- und registrierpflichtige Boot muss ein von dem jeweils zuständigen Landratsamt erteiltes Kennzeichen führen. Ausgenommen Boote ohne Motor unter

Der Sturmwarndienst betreibt 43 orangefarbene Blinkscheinwerfer. In drei Seebereichen kann getrennt gewarnt werden.

❑ *40 Intervalle in der Minute bedeuten Starkwindwarnung: Zu erwarten sind Spitzenböen ab 6 bis 7 Beaufort.*

❑ *90 Intervalle bedeuten Sturmwarnung: Windstärken mit Spitzenböen ab 8 Beaufort.*

2,50 m, Surfbretter, Paddel- und Rennruderboote. Sie sind mit Namen und Adresse des Eigners zu versehen. Der Kennzeichnungspflicht ist genügt, wenn das Boot ein von einer anderen deutschen, österreichischen oder Schweizer Schifffahrts-Behörde erteiltes amtliches Kennzeichen trägt.

Patentpflicht

Für **Boote** mit mehr als 4,4 kW (6 PS) ist das Schifferpatent Kategorie A erforderlich. Mindestalter 18 Jahre.
Für **Segelboote** über 12 m^2 Segelfläche ist das Schifferpatent Kategorie D erforderlich. Mindestalter 14 Jahre. Sind sie motorisiert, werden beide Patente (A + D) verlangt.
Der Sportbootführerschein Binnen befreit nicht von der Patentpflicht, jedoch erspart er den praktischen Teil der Schiffsführerprüfung und wird befristet anerkannt. Die Anerkennung ist durch eine Bescheinigung der Landratsämter **Konstanz, Bodenseekreis in Friedrichshafen** und **Lindau** nachzuweisen. Sie darf jedoch höchstens für die Dauer eines Monats innerhalb eines Jahres ausgesprochen werden.
Nicht am Bodensee ansässige Teilnehmer an einer Regatta sind für die Dauer der Veranstaltung und eine angemessene Trainingszeit von der Patentpflicht befreit.
Die drei erwähnten Landratsämter sind ebenfalls zuständig für die Abnahme der Schiffsführerprüfungen, für die Zulassung der Boote und die Zuteilung von Kennzeichen.

Verkehrsregeln

Die Ausweichregeln entsprechen im Wesentlichen der Binnenschifffahrtsstraßen-Ordnung.
Vorfahrt auf dem Bodensee haben:
❑ Vorrangfahrzeuge, das sind Fahrgastschiffe im Linienverkehr, tags durch einen grünen Ball, nachts durch ein grünes Rundumlicht, mindestens 1 m über dem Topplicht, gekennzeichnet.
❑ Schleppverbände.
❑ Fischereifahrzeuge beim Fang. Sie müssen einen weißen Ball mindestens 1 m über dem Rumpf führen. Mit Schleppangeln zeigen sie eine weiße Flagge, haben aber keine Vorfahrt.
❑ Schiffe, die aus einem Hafen auslaufen. Einlaufende müssen gegebenenfalls warten. Ausgenommen: Vorrangfahrzeuge, Schleppverbände und Schiffe in Not. Sie müssen 3 lange Töne abgeben.
Mindestabstand beim Ausweichen: 50 m.
Überholen dürfen sich Segelboote in Luv oder Lee, abweichend von der Binnenschifffahrtsstraßen-Ordnung, nach der nur in Luv überholt werden darf.
Uferschutz: Motorisierte Boote müssen einen Mindestabstand von 300 m vom Ufer oder dem ihm vorgelagerten Schilfgürtel halten. Bei An- und Abfahrten ist der kürzeste Weg zu benutzen. Höchstgeschwindigkeit 10 km/h.

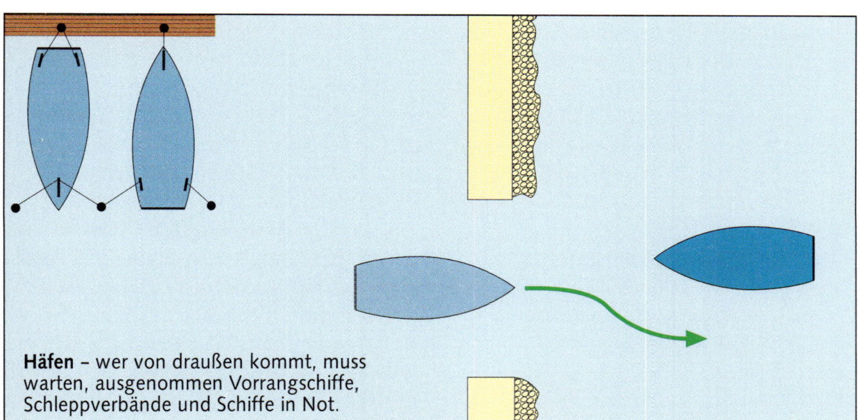

Häfen – wer von draußen kommt, muss warten, ausgenommen Vorrangschiffe, Schleppverbände und Schiffe in Not.

Lichterführung

❑ Segelboote unter Segel oder unter Hilfsmotor von weniger als 4,4 kW (6 PS) müssen ein weißes Rundumlicht führen.
❑ Motorboote (auch Segelboote mit mehr als 4,4 kW) führen ein weißes Topplicht, Seitenlichter rot/grün und ein weißes Hecklicht oder eine Dreifarbenleuchte an der Mastspitze oder eine Zweifarbenleuchte am Bug und Topplicht.

Schallsignale

Auch die Schallsignale sind weitgehend mit denen der Binnenschifffahrtsstraßen-Ordnung identisch (s. Seite 139). Zusätzlich bedeutet:

• •	(3 x pro Minute oder anhaltendes Glockenläuten) Nebelsignal Häfen, Landestellen und Nebelwarnanlagen
▬	(1 x in der Minute) Ich behalte meinen Kurs bei, Hafenausfahrtsignal Nebelsignal (ausgenommen Vorrangschiffe), Brückendurchfahrtsignal
▬ ▬	(1 x in der Minute) Nebelsignal der Vorrangschiffe
▬ ▬ ▬	Hafeneinfahrtsignal der Vorrangschiffe, Schleppverbände und Schiffe in Not

Boote, die keine Nebelsignale geben können, dürfen bei unsichtigem Wetter nicht auslaufen oder müssen gegebenenfalls umgehend den nächsten Hafen aufsuchen.

Führerscheine und Schiffspapiere

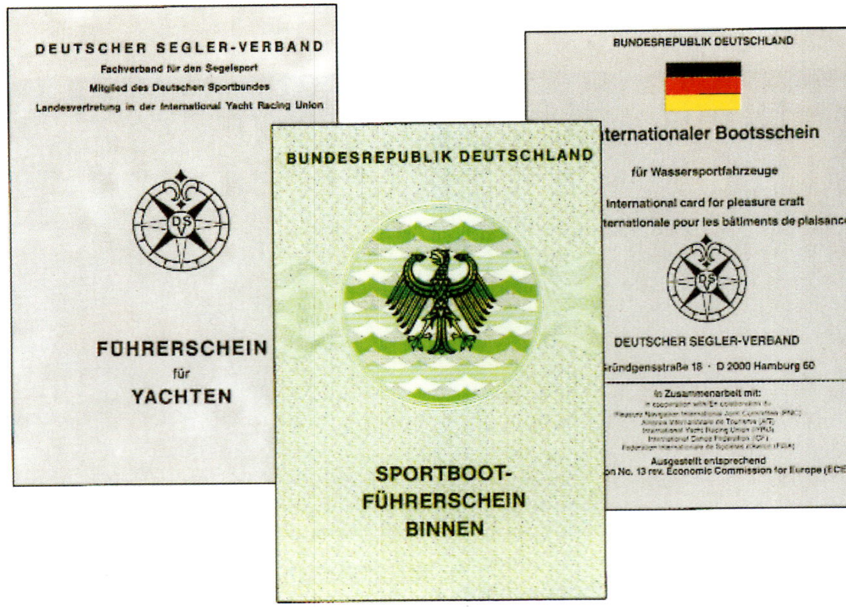

DSV-Führerscheine

Der Deutsche Segler-Verband (DSV) erteilt folgende Segelführerscheine:
Segelsurfschein (kein Mindestalter) für Stehsegler auf Wind- oder Segelsurfbrettern.
Jüngstensegelschein (ab 7 Jahren) für Kinder, die beispielsweise an einer Optimisten-Regatta teilnehmen wollen.
Sportsegelschein
Erforderlich für Regatten auf Binnenrevieren und küstennahen Wasserflächen, die auf Sicht befahren werden können, sofern dort kein amtlicher Führerschein vorgeschrieben ist. Mindestalter 14 Jahre.

Amtliche Führerscheine

Der **Sportbootführerschein Binnen** (s. Seite 171), der Gegenstand dieses Lehrbuches ist.
Der **Sportbootführerschein See** ist auf deutschen Küstengewässern im Geltungsbereich der Seeschifffahrtsstraßen-Ordnung vorgeschrieben für Boote mit einem Motor von mehr als 3,68 kW (5 PS). Mindestalter 16 Jahre.
Der **Sportküstenschifferschein** ist amtlich, aber freiwillig. Er gilt auf den Gewässern aller Meere bis zu 12 Seemeilen Abstand von der Küste. Voraussetzung sind der Sportbootführerschein See und der Nachweis von 300 im Küstenbereich gesegelten Seemeilen nach dem Erwerb des Sportbootführerscheins See.
Der **Sportseeschifferschein** ist ebenfalls freiwillig, vorgeschrieben nur für gewerblich genutzte Yachten und Traditionsschiffe von 15 bis 25 m Länge. Er gilt in der Ost- und Nordsee und im Mittelmeer und in allen Küstengewässern bis zu 30 Seemeilen vor der Festlandsküste. Voraussetzung ist der Sportbootführerschein See.
Der **Sporthochseeschifferschein** gilt auf allen Meeren. Voraussetzung sind Sportbootführerschein See und Sportseeschifferschein.

Schiffspapiere

Der **Internationale Bootsschein für Wassersportfahrzeuge** ist ein einheitliches Dokument für die Sportschifffahrt in Europa. Es enthält die technischen Daten von Boot und Motor und die Personalien des Eigners. Es dient dem reibungslosen Grenzverkehr mit Auto und Boot und als Schiffspapier beim Ein- und Ausklarieren in ausländischen Häfen. Es ist zwei Jahre gültig und dient gleichzeitig der amtlich anerkannten Kennzeichnung des Bootes auf den deutschen Binnenschifffahrtsstraßen. Ausgestellt wird der Bootsschein vom Deutschen Segler-Verband, dem Deutschen Motoryachtverband und dem ADAC.
In Frankreich wird er nur auf Binnengewässern anerkannt. Für Fahrten in französischen Küstengewässern ist das **Flaggenzertifikat** erforderlich, das von dem Bundesamt für Seeschifffahrt und Hydrographie (BSH) ausgestellt wird.
Der **Standerschein** wird von einem Verbandsverein für seine Mitglieder ausgestellt und berechtigt zum Führen des Vereinsstanders.
Der **Messbrief** ist für die Teilnahme an Regatten wichtig. Er wird vom DSV in Zusammenarbeit mit den Klassenvereinigungen ausgestellt.

Amtliche Funkzeugnisse

Das **Beschränkt Gültige Funkbetriebszeugnis** (Short Range Certificate/SRC) ist für den UKW-Sprechfunkverkehr auf See erforderlich. Es gilt nicht auf Binnenschifffahrtsstraßen. Für sie ist eine Zusatzprüfung notwendig. Mindestalter 15 Jahre.
Das **UKW-Sprechfunkzeugnis für den Binnenschifffahrtsfunk** (UBI) erlaubt die Teilnahme am Funkverkehr binnen auf Wasserstraßen der Zonen 1–4. Für See ist eine Zusatzprüfung erforderlich. Mindestalter 15 Jahre.

Binnenschifffahrtsfunk

Größere Yachten sind häufig mit (UKW-)Sprechfunkanlagen ausgerüstet. Auf Binnenschifffahrtsstraßen dürfen diese nur benutzt werden, wenn sie der »Regionalen Vereinbarung über den Binnenschifffahrtsfunk« entsprechen. Das heißt unter anderem, mit ATIS (**A**utomatic **T**ransmitter **I**dentification **S**ystem) und für den Verkehrskreis Schiff-Schiff ausgerüstet sind.
Auf **Rhein** und **Mosel** dürfen Sportboote bei unsichtigem Wetter nur dann fahren, wenn sie mit für die Binnenschifffahrt zugelassenem Radar und UKW ausgerüstet sind. Sie müssen auf Kanal 10 oder einem anderen zugewiesenen Kanal auf Empfang geschaltet sein. Voraussetzung ist, dass sich jemand mit UBI und Radarpatent an Bord befindet.

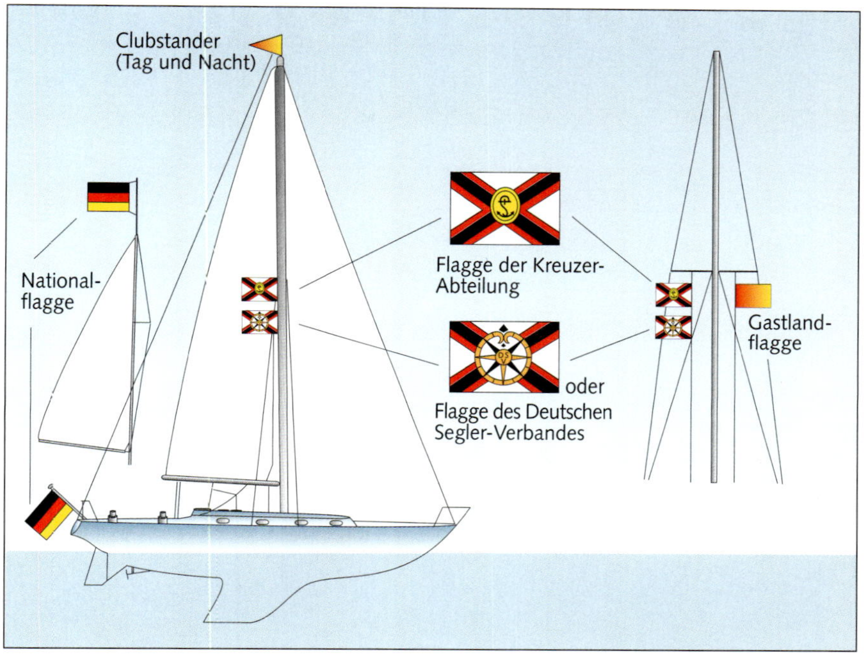

Flaggenführung

Die **Nationalflagge**, kurz Nationale genannt, braucht auf Bundeswasserstraßen nicht geführt zu werden. Gezeigt werden muss sie jedoch vor Küstenhäfen beim Ein- und Auslaufen. Üblich ist es auch, sie innerhalb der Hoheitsgewässer und in ausländischen Häfen zu führen.
Auf Einmastern weht sie an einem Flaggenstock am Heck; auf einer Ketsch oder Yawl im Topp des Besanmastes. Und zwar vom 1. Mai bis 30. September von 8.00 Uhr bis Sonnenuntergang, spätestens jedoch bis 21.00 Uhr. In den übrigen Monaten von 9.00 Uhr bis Sonnenuntergang.
Der **Vereinsstander** wird im Masttopp gesetzt und weht Tag und Nacht.
Die **Gastlandflagge:** Bei Auslandsbesuchen ist es üblich, unter der Steuerbordsaling die (verkleinerte) Flagge des Gastlandes zu zeigen. Wenn man mehrere Länder besucht, jeweils nur die Flagge des Landes, in dessen Gewässern oder Häfen man sich gerade befindet.
Die **Verbandsflagge** des DSV oder die Flagge der Kreuzer-Abteilung wird in ausländischen Gewässern unter der Backbordsaling gefahren. In heimischen Gewässern kommt sie, an Stelle der Gastlandflagge, unter die Steuerbordsaling. Diese Flaggen bleiben nur am Tag – wie die Nationale – gesetzt.
Zu festlichen Anlässen kann über die Toppen geflaggt werden. Bei dieser so genannten Flaggengala werden jeweils zwei Buchstabenflaggen und ein Zahlenwimpel des Internationalen Signalbuches in beliebiger Reihenfolge vom Bug über den Masttopp bis zum Achterschiff gesetzt.

Allgemeine Höflichkeitsregeln

Dazu zählt, fremde Boote im eigenen Hafen zu einem freien Liegeplatz zu lotsen oder ihnen beim Festmachen zu helfen.
Will man in Ermangelung eines anderen Liegeplatzes an einer bereits festgemachten Yacht längsseits gehen, bittet man um Erlaubnis. Es sollte ebenso selbstverständlich sein, diese Erlaubnis normalerweise nicht zu verweigern. Beim Längsseitsgehen genügend eigene Fender ausbringen.
Muss man zum Landgang über eine fremde Yacht, geht man übers Vorschiff und nicht übers Achterschiff mit freiem Blick in die »Intimsphäre«.

DER BOOTSMOTOR

Motorenkunde

Der zunehmende Schiffsverkehr auf nahezu allen Gewässern hat den Hilfsmotor unerlässlich gemacht. Beispielsweise dürfen Schleusen nur unter Motor angelaufen, Kanäle nur unter Motor passiert werden, und in manchen Häfen ist das Segeln verboten.

Benzin- und Dieselmotor

Auch unter den Bootsmotoren gibt es Benzin- oder Ottomotoren und Dieselmotoren.
Benzinmotoren saugen im Vergaser ein Benzin/Luftgemisch an, das von einer elektrischen Zündkerze gezündet wird.
Dieselmotoren saugen nur Luft an, die durch hohe Verdichtung so stark erhitzt wird, dass sich das eingespritzte Dieselöl von selbst entzündet. Beim Dieselmotor gibt es also keinen Vergaser und keine elektrische Zündanlage, aber eine Brennstoffpumpe und eine Brennstoffdüse. Unter dem Gesichtspunkt der größeren Sicherheit ist der Dieselmotor als Einbaumaschine entschieden vorzuziehen.

❑ Die Vorteile des Diesels: größere Explosionssicherheit, bedingt durch das Dieselöl und die fehlende Elektrizität. Wartungsärmer, da weniger störanfällige Teile. Höhere Lebensdauer. Geringerer Kraftstoffverbrauch.

❑ Die Nachteile des Diesels: höherer Preis, höheres Gewicht und größere Einbaumaße als ein gleich starker Benziner. Stärkere Geräuschentwicklung und Vibrationen.

❑ Die Nachteile des Benziners: eine stets vorhandene Brand- und Explosionsgefahr. Die störanfällige elektrische Zündanlage.

Zweitakter und Viertakter

Unter den Benzinmotoren gibt es Zweitakter und Viertakter.
Wesentlicher Unterschied:

❑ Der Zweitakter arbeitet mit einem Benzin/Öl-Gemisch, das die notwendige Schmierung besorgt.

❑ Der Viertakter verbrennt reines Benzin. Das Öl befindet sich in einer separaten Ölwanne und wird durch eine Ölpumpe an alle zu schmierenden Teile gefördert. Der Viertakter erfordert eine Ölkontrolle und gelegentlichen Ölwechsel.

❑ Vorteile des Zweitakters: kleinere Einbaumaße und geringeres Gewicht durch den Fortfall von Ventilen, Stößelstangen, Ölpumpe und anderen Aggregaten. Größere Leistung aus dem gleichen Hubraum.

❑ Vorteil des Viertakters: geringerer Benzinverbrauch und ruhigerer Lauf.

Der Außenbordmotor

Zweitakter sind vorwiegend Außenborder. Der Außenborder ist der Hilfsmotor für alle Boote, auf denen nicht genügend Platz zum Einbau eines Motors vorhanden ist.

❑ Vorteile des Außenborders: Er wird einfach an den Spiegel gehängt und mit zwei Klemmschrauben befestigt. Beim Segeln kann er hochgeklappt werden, sodass Schaft und Propeller keinen störenden Wasserwiderstand bilden.

❑ Nachteile des Außenborders: Er lässt sich nicht an einem stark geneigten Spiegel anbringen.
Es gibt ihn standardmäßig oft nur mit

Das Problem der Einbaumaschine unter dem Cockpitboden kleinerer Yachten: schwer zugänglich und mangelnde Luftzufuhr.

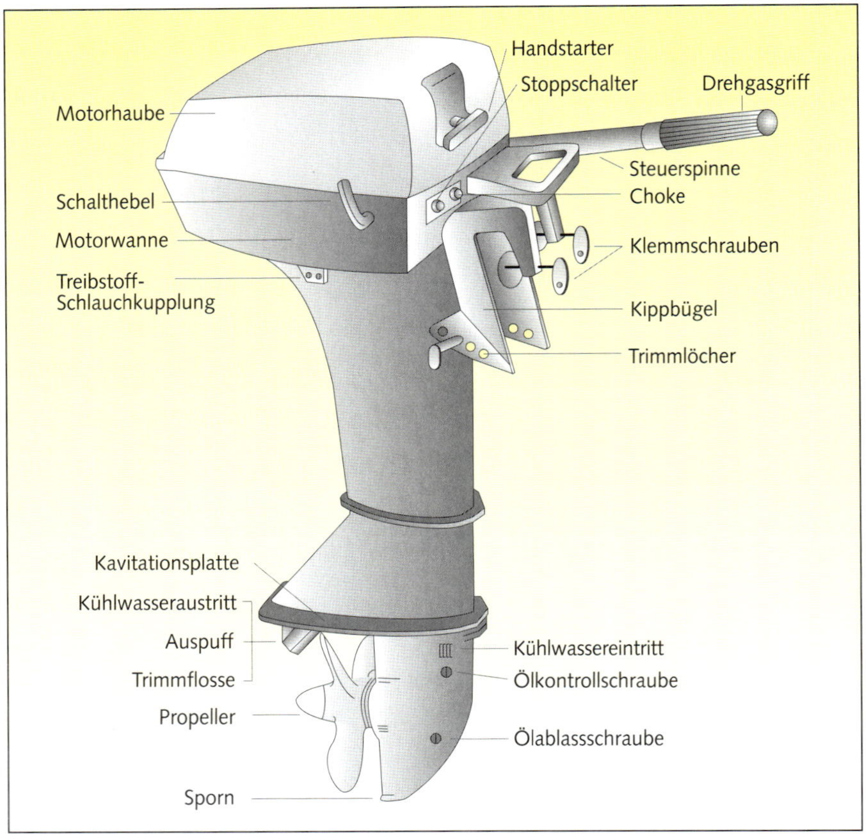

Normalschaft (37 cm Länge) und **Langschaft** (51 cm). Selbst die Langschaftversion bringt den Propeller nicht immer tief genug ins Wasser. Er quirlt dann beim Stampfen des Bootes ständig in der Luft. Das führt zu einem schnellen Verschleiß des Motors. Ein weiteres Handikap: geringe Schubkraft.

Außenborderbedienung: Da kleinere Außenborder manchmal bei eingekuppeltem Propeller keine Sperre haben, beim Starten unbedingt darauf achten, dass das Getriebe auf Leerlauf (neutral) steht. Sonst könnte man vom plötzlich vorausschießenden Boot über Bord katapultiert werden.

Außenborderdetails

Motorwanne und abnehmbare Motorhaube umschließen die kompakte Motoreinheit. Die Kavitationsplatte verhindert Dampfblasenbildung durch Lufteinbrüche am Propeller (Kavitation). Die Trimmflosse gleicht den Radeffekt aus. Der Sporn schützt den Propeller bei Grundberührung.

Die Kippvorrichtung sperren, sonst schlägt der Schaft beim Anreißen des Starterseils oder beim Achterausfahren hoch.

Kühlwasser kontrollieren, das in dünnem Strahl meist am Oberteil des Schaftes austritt.

Vorm Hochkippen und Stauen des Außenborders die Benzinleitung abnehmen und den Motor so lange laufen lassen, bis er abstirbt. Dann sind Vergaser und Schwimmerkammer leer. So tropft kein Benzin aus dem Vergaser ins Wasser oder Boot.

Die Batterie

Üblich sind Bleiakkus. Sie sollten wartungsfrei und kippsicher sein. Diese Forderungen erfüllen nur Batterien, die hermetisch abgeschlossen sind, also keine Stopfbuchsen zum Nachfüllen destillierten Wassers mehr haben. Beim Laden entstehendes Gas kondensiert an der Oberfläche des Akkus und fließt als Wasser wieder zurück.

Bleiakkus müssen immer einen Mindestladezustand aufweisen. Die volle Spannung von 2 Volt/Zelle darf niemals unter 1,75 Volt (Tiefentladung) absinken. Eine weitere Entladung zerstört die Platten.

Der Ladezustand (die Säuredichte) konventioneller Batterien muss etwa alle drei Monate mit einem Säureheber kontrolliert werden und auch der Flüssigkeitsstand (Elektrolytstand). Ist die Flüssigkeit bis auf die Oberfläche der Bleiplatten abgesunken, destilliertes Wasser nachfüllen. Der Ladezustand einer geschlossenen Batterie lässt sich allerdings nicht so leicht messen, weil die Prüfung der Batteriesäure entfällt. (Anleitungen in den Handbüchern der Batteriehersteller.)

- ❑ Beim Aufladen den Batterieraum gut belüften. Besonders in der letzten Ladephase können explosive Gase (Knallgas) entweichen.
- ❑ Pole und Polklemmen stets sauber halten und mit Vaseline einfetten.
- ❑ Die Batterie sicher haltern. Eine losgerissene Batterie kann erhebliche Schäden verursachen.

Das Kühlsystem

Wie die meisten Außenborder werden auch fast alle Einbaumotoren wassergekühlt, weil es an Bord von Yachten kaum möglich ist, die erforderliche Kühlluftmenge für eine Luftkühlung heranzuführen. Grundsätzlich ist zu unterscheiden zwischen der Einkreiskühlung und der Zweikreiskühlung.
Bei der **Einkreiskühlung** – auch direkte Kühlung genannt – wird von einer Pumpe ständig Seewasser durch den Kühlkreislauf des Motors und des Auspuffs gepumpt.
❑ Der Vorteil: geringer Platzbedarf, nur eine Pumpe.
❑ Der Nachteil: Bei Temperaturen über 65° würden Kalk und Salzkristalle ausfallen und den Kühlkreislauf schnell verengen und schließlich verstopfen. Deshalb muss der Motor zu kalt – mit Untertemperatur – gefahren werden. Das aber bedeutet einen schlechteren Wirkungsgrad, höheren Verbrauch und einen schnelleren Verschleiß. Bei einer Störung der Kühlung zerstört die schlagartig ansteigende Temperatur in kürzester Zeit den Motor.

Bei der **Zweikreiskühlung** ist der Motor an einen geschlossenen Süßwasserkreislauf angeschlossen, der in einem von Seewasser durchflossenen Wärmetauscher heruntergekühlt wird.
❑ Der Vorteil: Der Motor kann in einem günstigen Temperaturbereich und dadurch wirtschaftlicher gefahren werden. Bei einer Störung – Ausfall einer Pumpe oder Verstopfen der Ansaugventile – steigt die Temperatur nur langsam an, und man wird den Motor wohl immer rechtzeitig abstellen können.
❑ Der Nachteil: mehr Platzbedarf und eine zweite Pumpe.
Die so genannte **Oberflächenkühlung**, die **Außenhaut**- oder **Kielkühlung**, ist eine indirekte Zweikreiskühlung auf Stahlschiffen. Die Leitungen des Süßwasserkreislaufs werden direkt an die stählerne Außenhaut oder in die Kielsohle verlegt, die die Wärme an das Seewasser außenbords ableiten.
❑ Der Vorteil: keine zweite Pumpe, keine störanfälligen Ansaugventile.
❑ Der Nachteil: Gefahr der Beschädigung der Kühlwasserleitung bei Havarien oder Grundberührung. Oft ungenügende Kühlleistung.

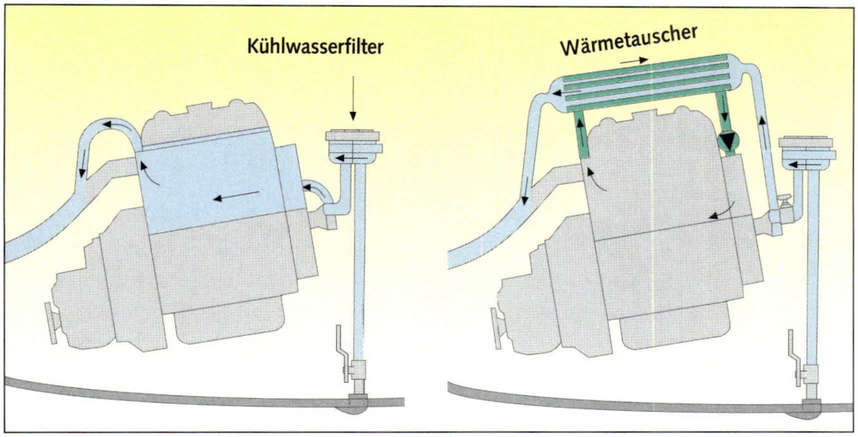

Wellenanlagen und Getriebe

Die Kraftübertragung vom Motor über die Welle zum Propeller erfolgt überwiegend mit einem mechanischen Getriebe. Seltener werden Hydraulik-Übertragungen eingebaut. Das übliche Bootsgetriebe ist ein so genanntes Wendegetriebe, gelegentlich auch als Umkehrgetriebe bezeichnet. Durch Umkehrung der Drehrichtung des Propellers macht das Boot entweder Fahrt voraus oder achteraus.
Weitere Funktionen des Getriebes: Es kuppelt den Propeller aus und es untersetzt die hohe Motordrehzahl auf die niedrigere Propellerdrehzahl.
Motor- und Einbauart bestimmen die Wellenanlage.
Bei der **konventionellen Wellenanlage** liegen die Kurbelwelle des Motors, Wendegetriebe und Propellerwelle hintereinander in der gleichen Richtung. Dies ist die häufigste Anlage auf Segelyachten.
Beim **V-Trieb** bilden Antriebswelle und Propellerwelle einen mehr oder minder spitzen Winkel und wirken in entgegengesetzte Richtung. Auf diese Weise kann der Motor nahe über dem Propeller eingebaut werden. Meist nur auf Motoryachten üblich.

Das Prinzip einer Ein- und Zweikreiskühlung
Das Seewasser (blau) durchläuft das innere Kühlsystem (links). – Das Seewasser (blau) durchläuft den Wärmetauscher und kühlt darin das Süßwasser (grün) des inneren Kreislaufs herunter (rechts).

Beim **S-Trieb** (auch Sail-Drive), sitzt rechtwinklig am Motor ein Schaft mit der Propellerwelle, der senkrecht durch eine Öffnung im Bootsboden geht. Am Ende des Schaftes wird die Propellerwelle rechtwinklig umgelenkt. Eine Kompaktanlage, die einfach einzubauen ist.
Beim **Außenbordmotor** verläuft die Antriebswelle senkrecht durch den Schaft und wirkt über einen Kegelrad-Trieb auf die rechtwinklig angreifende Propellerwelle. Der Außenborder wird meistens an einem Bock am Spiegel gefahren, gelegentlich auch in einem Schacht im Achterschiff.
Die **Stopfbuchse** verhindert, dass Wasser über die Propellerwelle ins Boot gelangt. Die Stopfbuchsenpackung, die sich an die drehende Welle presst, muss so eingestellt werden, dass die Welle nicht ganz trocken läuft, aber auch möglichst wenig Wasser durchleckt. (Etwa alle 8 Sekunden ein Tropfen bei laufender Welle.) Meist versorgt eine Fettpresse die Packung mit Fett. Moderne Anlagen haben eine wassergeschmierte Lippendichtung.

Die Schaltung

Es gibt Ein- und Zweihebel-Schaltungen.
Mit der **Einhebel-Schaltung** werden Gas und Getriebe gleichzeitig bedient. Da der Weg von voraus auf zurück oder umgekehrt immer über Neutral = Standgas führt, sind grobe Schaltfehler weitgehend ausgeschlossen.
Bei der **Zweihebel-Schaltung** sind Gas und Getriebe getrennt. Vor dem Schalten muss das Gas zurückgenommen werden. Geschaltet wird nur mit Standgas, will man sein Getriebe nicht in kürzester Zeit verschleißen.

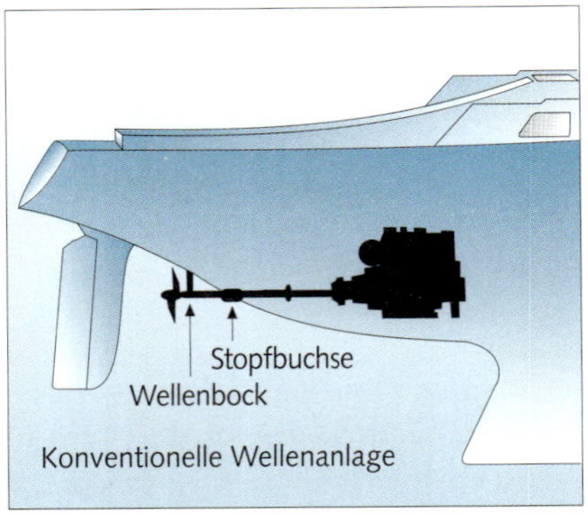

Konventionelle Wellenanlage

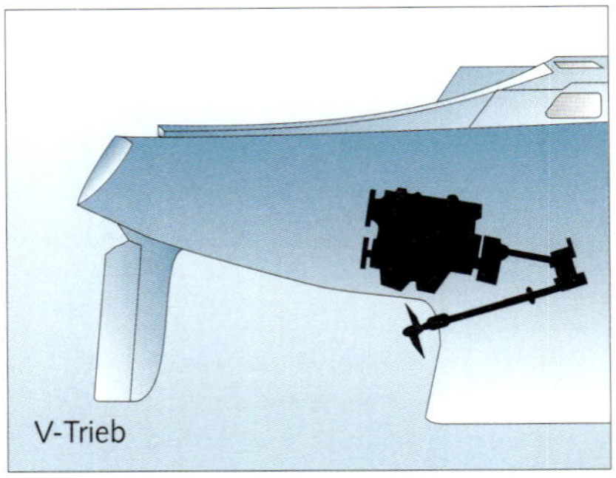
V-Trieb

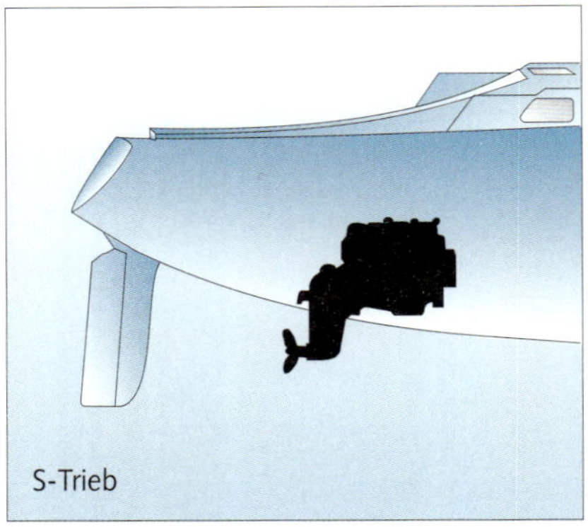
S-Trieb

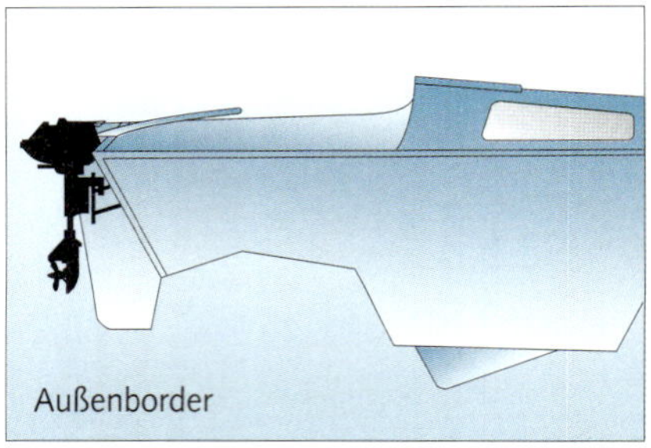
Außenborder

Der Propeller

Wegen des geringeren Wasserwiderstandes beim Segeln wird man auf Segelyachten einen zweiflügeligen Propeller einem dreiflügeligen vorziehen. Beliebt sind **Faltpropeller**, deren zwei Flügel beim Segeln schnabelartig zusammenklappen und so den geringsten Wasserwiderstand erzeugen.
❑ Ihr Nachteil: Die Schubkraft ist nicht so groß wie die eines vergleichbaren feststehenden Propellers. Sie arbeiten ziemlich schlecht bei Achterausfahrt.
Bei **Verstellpropellern** kann die Steigung, der Anstellwinkel der Propellerflügel, unterschiedlichen Belastungen und Fahrstufen angepasst werden. Ein Wendegetriebe entfällt, weil die Propellerflügel einfach auf Fahrt achteraus umgestellt werden.
❑ Der Nachteil: Die Verstellmechanik ist störanfälliger als ein Wendegetriebe.

Durchmesser und Steigung

Der Propeller enthält üblicherweise zwei Angaben, beispielsweise $9^1/_2$ x 8 (Zoll) oder 255 x 240 (mm). Die erste Zahl gibt den Propellerdurchmesser an, den Durchmesser des Kreises, den die Außenkanten der Propellerflügel bei einer Umdrehung beschreiben.
Die zweite Zahl bezeichnet die Steigung, den Weg, den ein Propeller bei einer Umdrehung in einem festen Medium – ähnlich einer Schraube im Holz – zurücklegen würde. Propeller unterschiedlichen Durchmessers können durchaus die gleiche Steigung haben und umgekehrt.

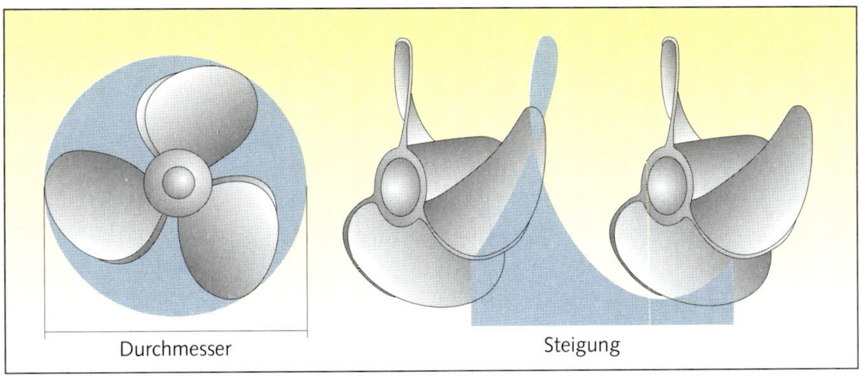

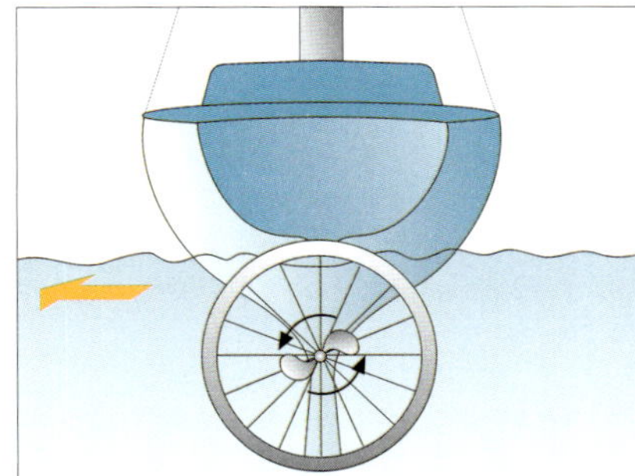
Linksgängiger Propeller

Rechtsgängiger Propeller

❑ Schubpropeller für Segelyachten müssen unterquadratisch sein. Das heißt, der Durchmesser muss größer sein als die Steigung, die erste Zahl auf dem Propeller also größer als die zweite sein.

❑ Beim überquadratischen Propeller ist der Durchmesser kleiner als die Steigung. Man braucht ihn für leichte, schnelle Motorboote.

❑ Mit einem falschen Propeller kommt der Motor bei Vollgas entweder nicht auf volle Drehzahl, dann ist die Steigung zu hoch, oder aber er dreht zu hoch. Dann ist die Steigung zu gering.
Beides führt zu einem schnellen Verschleiß des Motors.

Linksgängig und linksdrehend

Wenn ein Propeller, von hinten gesehen, bei Vorausfahrt des Bootes linksherum – also entgegen dem Uhrzeigersinn – dreht, ist er linksgängig. Ein in Vorausfahrt rechtsherum drehender Propeller ist rechtsgängig.
Da bei Achterausfahrt der Propellerdrehsinn umgekehrt wird, dreht ein linksgängiger dann rechtsherum, ein rechtsgängiger entsprechend linksherum. Die meisten Einbaumotoren von Segelyachten haben linksgängige Propeller. Das ist für Manöver unter Motor wichtig zu wissen.
(Motoryachten dagegen haben vorwiegend rechtsgängige Propeller.)

Der Radeffekt

Ein Propeller liefert nicht nur den erwünschten Vortrieb, den Schub in Vorausrichtung. Er wandert auch immer etwas zur Seite, so als liefe er wie ein Rad auf dem Grund. Deshalb nennt man diese Erscheinung auch Radeffekt. Dabei nimmt der Propeller das Heck über sich spürbar in diese Richtung mit.

❑ Ein linksgängiger Propeller versetzt dementsprechend das Heck bei Vorausfahrt immer etwas nach links. Ein rechtsgängiger nach rechts. Bei Achterausfahrt, wenn also der Propeller in entgegengesetzter Richtung dreht, tritt genau der umgekehrte Effekt ein. Aber in verstärktem Maße. Yachten mit Zwillingsmotoren haben meistens gegenläufige Propeller, sodass sich der Radeffekt aufhebt.

Die Tankanlage

Da auslaufendes Benzin in Verbindung mit Luft ein hochexplosives Gemisch bildet, sind an Tankanlagen hohe Sicherheitsanforderungen zu stellen.

❑ Der Tank sollte sich in einem abgeschotteten Bootsteil befinden, damit sich der Treibstoff bei einem Leck nicht im gesamten Boot verteilt. Der Tank muss so sicher eingebaut sein, dass er sich bei heftigen Schiffsbewegungen im Seegang nicht losreißen kann. Direkt am Tank muss ein Absperrhahn sitzen, damit bei einem Bruch in der Leitung der Treibstoff nicht in die Bilge läuft. Auch wenn der Motor nicht benutzt wird, sollte der Absperrhahn geschlossen werden.

❑ Die Einfüllöffnung muss an Deck liegen und ringsum absolut dicht sein, damit übergelaufener Kraftstoff nicht unter Deck fließen kann.

❑ Die Tankentlüftung muss so nach außenbords geführt sein, dass dort entweichende Gase nicht ins Boot gelangen können. Sie sollte möglichst ein Zündgitter (Flammenschutz) haben.

❑ Die gesamte Tankanlage muss geerdet sein.

Dieseltanks dürfen nie ganz leer gefahren werden, weil sonst Luft angesaugt wird, die den Motor zum Stehen bringt. Die Entlüftung der Anlage ist zeitraubend und schwierig.

Außenbordertanks sind transportabel. Ein Bajonettverschluss verbindet die flexible Schlauchleitung mit dem Motor. Mit einem Gummiball wird vorm Anlassen Benzin/Öl-Gemisch vom Tank in den Vergaser gepumpt. Der Tank muss rutschfest und kippsicher gehaltert werden.

Die meisten Außenbordertanks haben eine Entlüftungsschraube. Sie muss vor dem Anlassen geöffnet und wieder zugedreht werden, wenn der Motor längere Zeit abgestellt bleibt. Einige Tanks haben eine selbsttätige Entlüftungsautomatik.

Tanken

Die meisten Explosionsunfälle geschehen unmittelbar nach dem Tanken, weil sich im Boot Benzindämpfe gebildet hatten. Das Einschalten der Zündung liefert dann oft den zündenden Funken. Deshalb beim Betanken:

❑ Fenster und Luken dicht.

❑ Motor aus, nicht rauchen, keine elektrischen Schalter betätigen.

❑ Metallischen Kontakt zwischen Tankpistole und Einfüllstutzen herstellen.

Nach dem Tanken:

❑ Luken und Fenster auf.

❑ Verschütteten Treibstoff aufwischen.

❑ Einige Minuten lang das Lüftergebläse im Motorraum laufen lassen (sollte eigentlich vor jedem Start der Maschine geschehen).

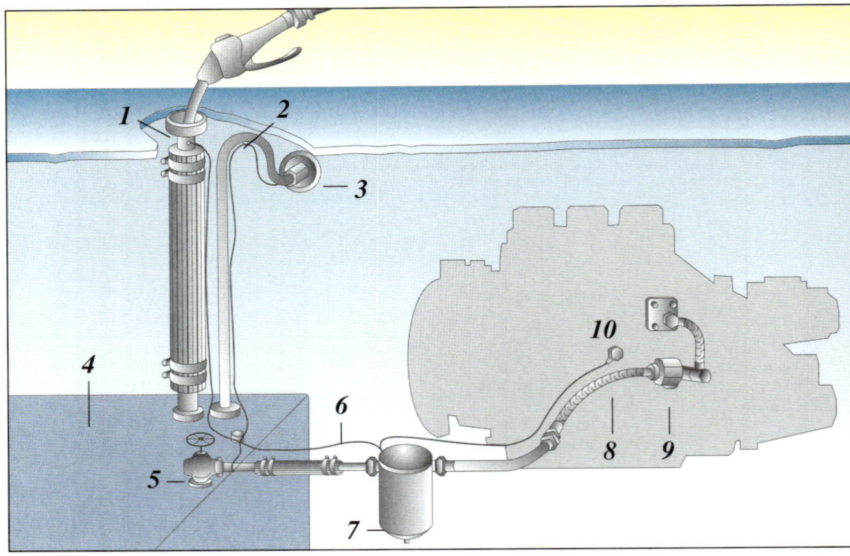

Tankanlage
Im Prinzip sind alle Tankanlagen vom Einfüllstutzen bis zur Förderpumpe annähernd gleich:
1 Einfüllstutzen mit elastischer Schlauchverbindung zum Tank
2 Schwanenhals
3 Tankentlüftung mit Zündgitter
4 Tank
5 Absperrhahn am Tank
6 Erdung von Tank und Leitungen zur Masse (Motor)
7 Wasserabscheider
8 Flexible Schlauchverbindung
9 Kraftstoff-Förderpumpe
10 Einspritzpumpe beim Diesel, Vergaser beim Benzinmotor

Außenbordertanks nie an Bord füllen oder umfüllen, denn dabei entstehen immer Benzindämpfe.

Ist einmal Benzin in die Bilge gelaufen, mit Lappen oder mechanischer Lenzpumpe aufnehmen und anschließend die Bilge kräftig mit Wasser durchspülen. Lappen und verunreinigtes Wasser in einem Behälter sammeln und an Land entsorgen.

Motorüberwachung

CHECKLISTE	
Vor dem Starten	Motorraumgebläse laufen lassen oder Luk auf – Ölstand in Motor und Getriebe kontrollieren – Seeventil für Kühlwassereintritt öffnen – Tankabsperrhahn öffnen
Nach dem Anlassen	Den kalten Motor nicht auf hohe Drehzahl hochfahren – Kontrollleuchten für Ladestrom und Öldruck beobachten, erlischt eine nicht, Motor abstellen und Ursache feststellen – Kontrollieren, ob der Motor seine Leerlaufdrehzahl einhält und normale Betriebstemperatur erreicht hat – Kühlwasseraustritt kontrollieren
Während der Fahrt	Stopfbuchse kontrollieren Temperatur und Öldruck kontrollieren Wasserstand bei der Zweikreiskühlung Ölstand im Getriebe
Nach der Fahrt	Getriebe auf Leerlauf – Kraftstoff- (außer Diesel) und Kühlwasserhähne schließen – Gegebenenfalls Fettpresse der Stopfbuchse nachdrehen – Batteriehauptschalter aus

Motorstörung

Bootsmotoren sind weitaus störanfälliger als Automotoren. Eine Störung kann je nach Motorart – Außenborder, Benzin-Einbaumaschine, Diesel – sehr unterschiedliche Ursachen haben. Deshalb können hier nur ein paar allgemeine Hinweise gegeben werden. Auf jeden Fall ist bei einer Störungssuche genau nach der Betriebsanleitung vorzugehen.

STÖRUNG	MÖGLICHE URSACHE
Motor stirbt ab beim Einlegen des Ganges	Fremdkörper, Plastiktüten oder Angelschnur, im Propeller – Das Getriebe blockiert wegen fehlender Schmierung (passiert, wenn beim Segeln die Propellerwelle lange mitdreht und keine separate Ölversorgung hat) oder wegen verbogener Teile
Die Drehzahl steigt, die Geschwindigkeit nimmt ab	Dei Kraftübertragung zwischen Motor und Propeller ist unterbrochen: Getriebe- oder Wellenschaden, Scherstift am Propeller ist gebrochen, Rutschkupplung defekt, Propeller verloren
Motor läuft normal, die Geschwindigkeit nimmt ab nach Kollision mit Treibgut	Der Propeller ist stark verbogen oder beschädigt
Drehzahl und Geschwindigkeit nehmen etwas ab	Der Propeller hat sich Angelschnur, Plastikfolie oder Ähnliches eingefangen
Außenborder stottert und bleibt stehen	Entlüftungsschraube am Tank nicht geöffnet
Die Abgase haben eine starke Blaufärbung	Undichte Kolbenringe, sodass Schmieröl in den Verbrennungsraum gelangt
Mit den Abgasen tritt Wasserdampf aus (starke Weißfärbung)	Defekte Zylinderkopfdichtung, Wasser gelangt in den Verbrennungsraum

Ablegen unter Motor

Relativ einfach ist das Ablegen, wenn man längsseits liegt, weder Wind weht noch Strom steht und man vorn genügend Platz zum Manövrieren hat. Den Motor kurz warmlaufen lassen, die Leinen loswerfen, das Boot kräftig absetzen und mit Vorausfahrt vom Steg wegziehen.

Meist wird man es jedoch nicht mit so idealen Verhältnissen zu tun haben, sondern mit Wind und Strom. Oder sogar mit beiden. Kommen Wind und Strom aus verschiedenen Richtungen, hat der Wind meist den größeren Einfluss auf die Manöver. Ob man zum Anfahren mit einem kräftigen Gasstoß arbeiten muss oder mit wenig Gas andrehen kann, muss jeweils ausprobiert werden. Leinen nach dem Loswerfen augenblicklich einholen, damit sie nicht in den Propeller geraten.

Alle Manöver hier werden mit motorisierten Segelyachten mit linksgängigen Propellern gefahren. (Motoryachten haben überwiegend rechtsgängige Propeller. Ihre »Schokoladenseite« ist die Backbordseite.)

Ablegen vom Steg – Wind oder Strom auflandig bis achteraus
1 Alle Leinen los bis auf eine auf Slip belegte Vorleine. Bug gut abfendern.
2 Ruder zum Steg. Kurz mit ½ Gas vorausgehen, bis das Heck etwa 15° bis 20° ausgeschwungen ist. Maschine stopp.
3 Ruder zum Fahrwasser, Maschine mit ½ Gas zurück. Vorleine los. Ruder zum Steg. Maschine stopp.
4 Maschine voraus und auf Kurs gehen.

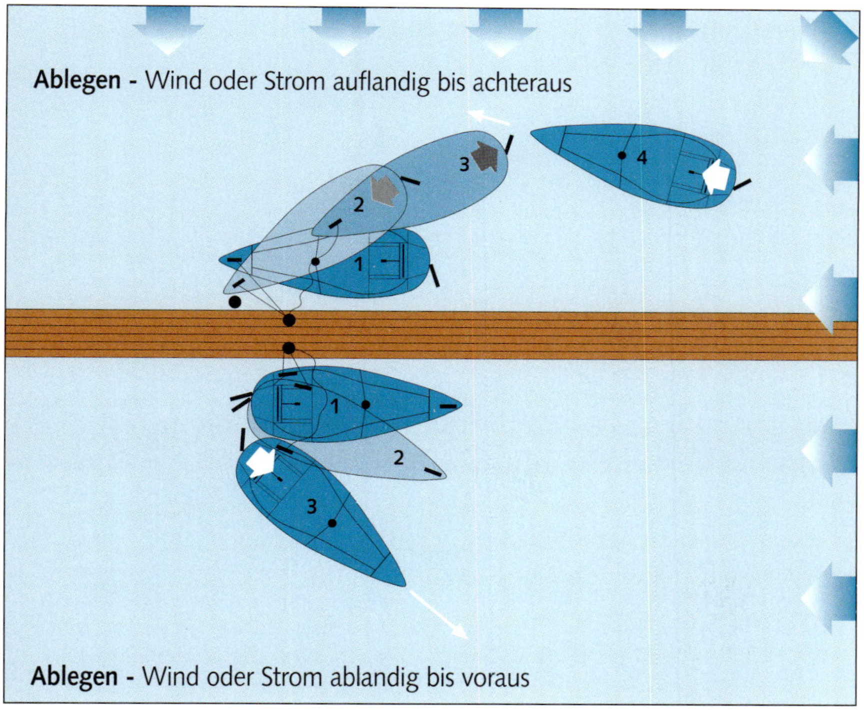

Ablegen vom Steg – Wind oder Strom ablandig bis voraus
1 Alle Leinen los bis auf eine auf Slip belegte Achterleine. Ruder zum Fahrwasser.
2 Mit Bootshaken oder Beinen kräftig das Vorschiff absetzen. Absetzen mit den Händen ist gefährlich, weil dabei leicht der Körperschwerpunkt außenbords kommt. Wenn der Bug etwa 10° bis 20° vom Steg abgeschoren ist...
3 ... Achterleine loswerfen und schnell einholen, damit sie nicht in den Propeller kommt. Ruder zum Steg, damit das Heck vom Steg freikommt und nicht dagegen schlägt, wenn der Propeller andreht. Maschine langsam voraus. Auf Kurs gehen. Ohne Wind und Strom kann natürlich ohne Leinenhilfe abgelegt werden. Mit linksgängigen Propellern
- *von Backbord mit Achterausfahrt,*
- *von Steuerbord mit Vorausfahrt.*

So zieht beziehungsweise drückt der Radeffekt das Heck vom Steg weg. Niemals gleich hart Ruder legen, sonst schlagen Heck oder Vorschiff gegen den Steg.

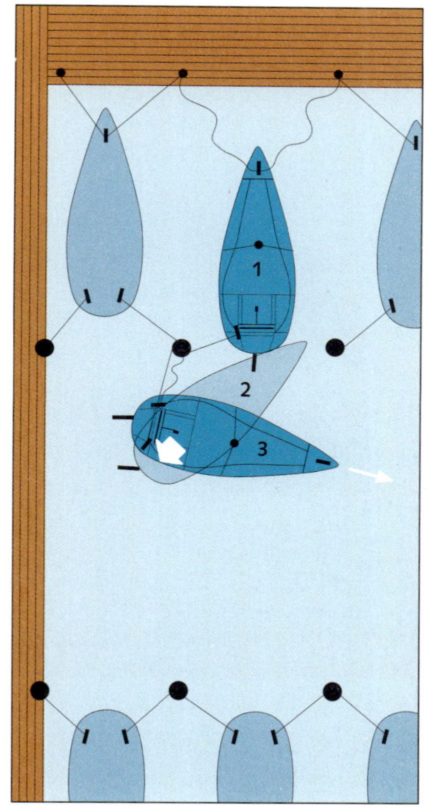

Verlassen einer Stegbox
1 Alle Leinen los bis auf eine Achterleine zu dem Pfahl, um den man herausfahren will.
2 Maschine langsam zurück. Achterleine bis auf etwa ⅔ der Bootslänge von der Heckklampe aus fieren und steifkommen lassen. Ruder zum Pfahl, bis das Boot aus der Box herausgezogen ist. Maschine stopp. Ruder ab vom Pfahl, einen kleinen Pull voraus. Stopp.
3 Leine loswerfen und einholen, Fahrt voraus und auf Kurs gehen. Dieses an der Leine kontrollierte Ausscheren aus der Box ist bei allen Wind- und Stromverhältnissen möglich und sicher.

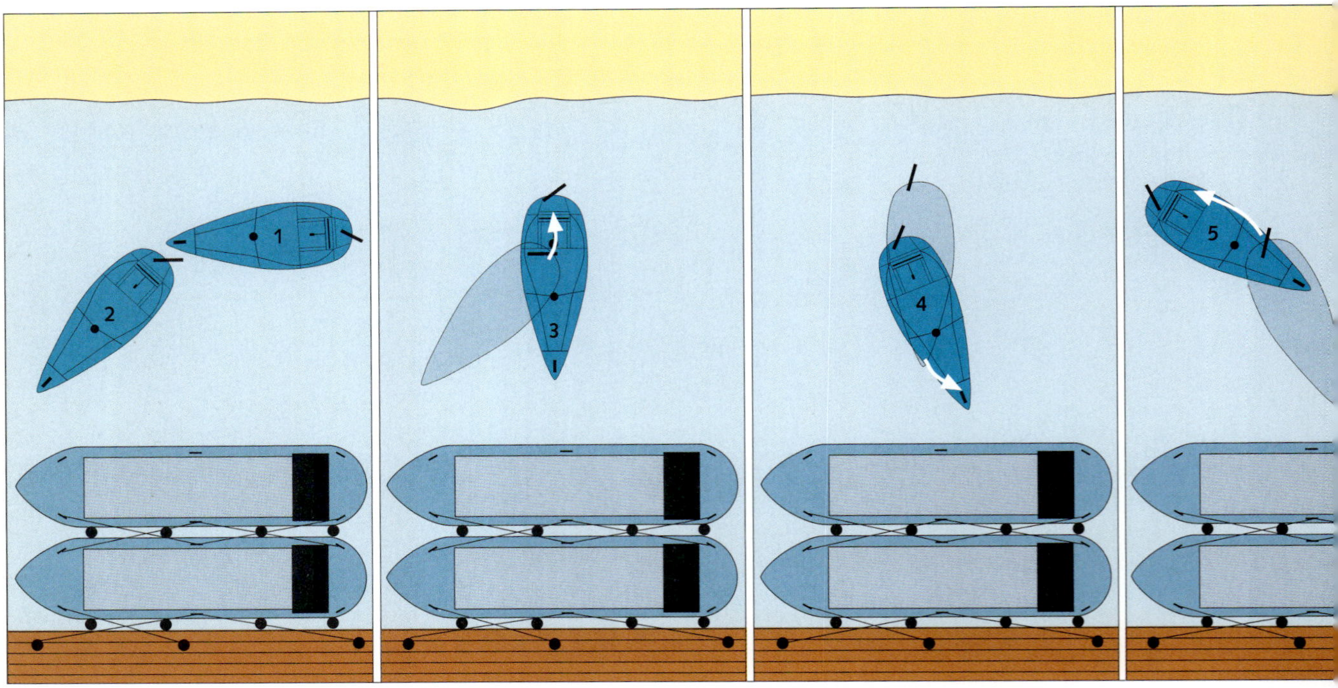

Wenden auf engem Raum

Das Manöver ist stets nach der Seite einzuleiten, nach der der Propeller dreht. Also bei einem linksgängigen nach Backbord, bei einem rechtsgängigen entsprechend nach Steuerbord, weil der Propeller achteraus dann entgegen der Propellerrichtung dreht und so den größten Radeffekt bewirkt. Der aber ermöglicht überhaupt erst ein Wendemanöver auf einem Raum, der enger ist als der Drehkreisdurchmesser des Bootes bei Vorausfahrt. Zwei grundsätzliche Verhaltensweisen offenbart dieses Wendemanöver, die für alle anderen Manöver einkalkuliert und richtig genutzt werden müssen:

❏ Auf kräftiges, kurzes Vorausgehen bei Ruderlage reagiert das Boot unmittelbar mit einer Drehung, entsprechend der Ruderlage. Es nimmt aber kaum Fahrt auf.

❏ Kräftiges, kurzes Achterausgehen bewirkt einen starken Heckausschlag in Drehrichtung des Propellers (Radeffekt), während das Ruder überhaupt keine Wirkung zeigt. Das Boot kommt dabei zunächst zum Stillstand und nimmt danach keine nennenswerte Achterausfahrt auf.

1 *Mit einem linksgängigen Propeller Anlauf auf der rechten Seite mit langsamer Fahrt. Hart Backbord-Ruder. Das Boot dreht in Position*
2 *... Voll zurück, bis die Fahrt aus dem Boot ist und es achteraus zu gehen beginnt. Das Ruder bleibt auf Backbord liegen. Es hätte jetzt ohnehin keine Wirkung. Das Boot dreht allein durch den Radeffekt des rückwärts gehenden Propellers etwa in Position*
3 *... Stopp. Voll voraus, um die Achterausfahrt abzubremsen, bis das Boot etwa Position*
4 *erreicht hat. Voll zurück. Das Ruder bleibt weiter in Backbordlage. Der Radeffekt des rückwärtsgehenden Propellers drückt das Heck etwa in Position*
5 *... Stopp. Mit ½ Gas voraus, Ruder mittschiffs und auf Kurs gehen (**6**).*

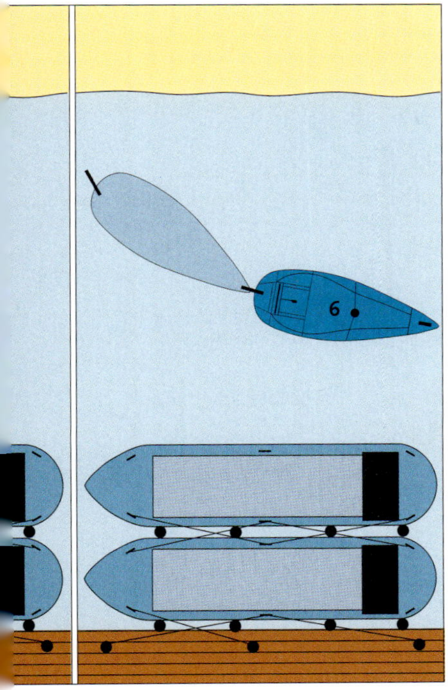

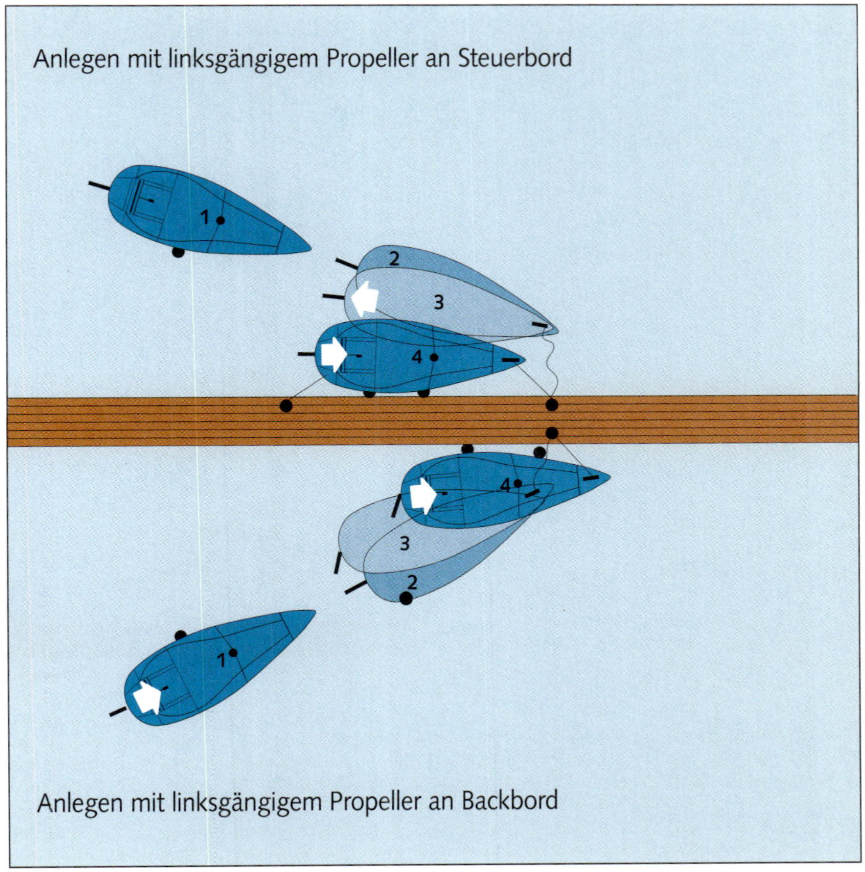

Anlegen unter Motor

Beim Anlegen kann sich unter Umständen der Radeffekt des Propellers recht günstig auswirken. Beim längsseits Anlegen mit linksgängigem Propeller ist Steuerbord die Schokoladenseite. Legt man zum Abstoppen der Fahrt den Rückwärtsgang ein, holt der Radeffekt das Heck fast automatisch an den Steg heran. Grundsätzlich gilt für alle Manöver mit motorisierten Segelyachten:

❑ Der Rückwärtsgang »greift« schlecht. Als Bremse, um zu viel Fahrt abzustoppen, funktioniert er recht ungenügend. Darin unterscheidet sich die motorisierte Segelyacht beträchtlich von der

Anlegen am Steg – mit der »Schokoladenseite« (Steuerbord)
1 *Mit wenig Fahrt im spitzen Winkel von etwa 15° anlaufen. Fender an Steuerbord raus.*
2 *Etwa 1/2 Meter vorm Steg oder noch weniger – Leine rüber – voll zurück, ohne Ruder zu legen, es bringt nichts.*
3 *Der Radeffekt holt das Heck an den Steg. Es wäre nicht mal die Vorleine erforderlich.*
4 *Vor- und Achterleine an Land.*

Anlegen am Steg – mit der schlechten Seite (Backbord)
1 *Im spitzen Winkel von etwa 15° mit wenig Fahrt anlaufen. Fender an Backbord raus.*
2 *Maschine stopp. Vorleine an Land, Steuerbord-Ruder.*
3 *Weiter Steuerbord-Ruder, langsame Fahrt voraus.*
4 *Das Heck wird durch die zur Vorspring werdende Vorleine an den Steg geholt.*

Motoryacht. Deshalb alle Anlegemanöver nie mit mehr Gas fahren, als unbedingt erforderlich ist, um Ruder im Schiff zu haben.
Die mangelhafte Bremswirkung ist vor allem beim Abstoppen der Fahrt vor achterlichem Wind oder mit mitlaufendem Strom einzukalkulieren.
❑ Rückwärts manövrieren die meisten Segelyachten ausgesprochen schlecht. Boote mit Außenbordern manchmal gar nicht. Man sollte sich deshalb möglichst so einrichten, Anlegemanöver gegen Wind und Strom und vor allem mit Fahrt voraus zu absolvieren. Lieber die kleine Unbequemlichkeit in Kauf nehmen, das Schiff vorher zu drehen, als sich auf das Risiko eines unsicheren Achterausmanövers einzulassen.

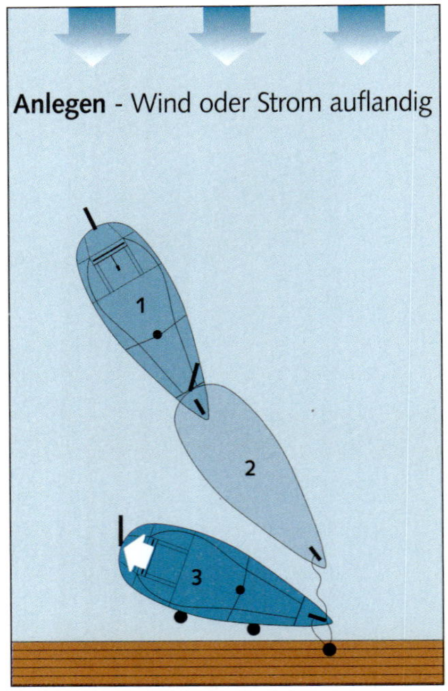

Anlegen am Steg – Wind oder Strom auflandig
1 *Im steilen Winkel mit so wenig Fahrt wie möglich den Steg anlaufen.*
2 *Ruder zum Fahrwasser und mit voll zurück die Fahrt aus dem Boot nehmen. Maschine stopp. Vorleine an Land. Wenn nötig, den Bug absetzen.*
3 *Das Ruder weiter zum Fahrwasser, Maschine zurück. Wind und Radeffekt drücken und ziehen das Heck an den Steg.*
Bei sehr starkem auflandigem Wind sollte versucht werden, an Backbord anzulegen. Der Radeffekt des achterausgehenden Propellers wirkt dann dem starken Winddruck auf das Achterschiff entgegen. Es könnte sonst gegen den Steg gedrückt werden, bevor man die Fahrt aus dem Schiff hat.

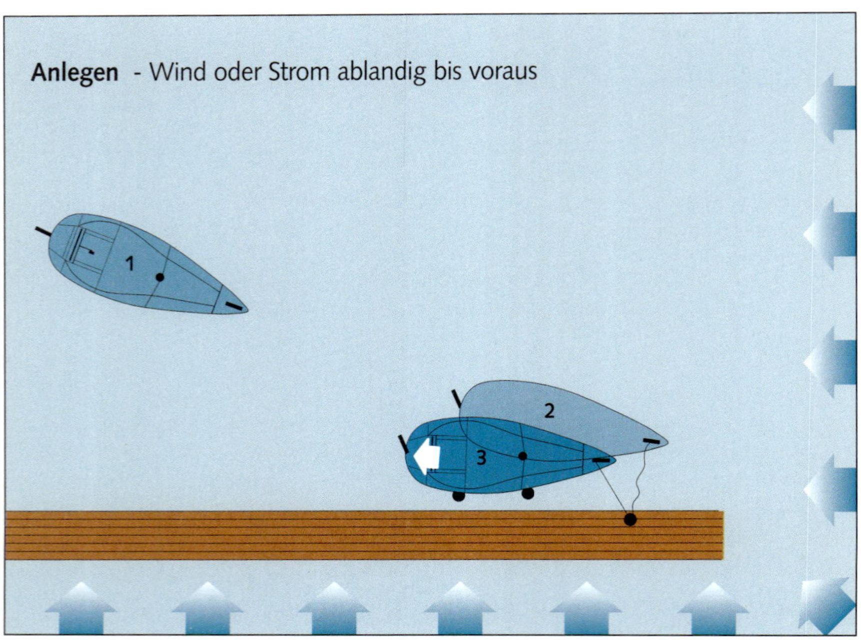

Anlegen am Steg – Wind oder Strom ablandig bis voraus
1 *Langsam in einem spitzen Winkel von etwa 10° an den Steg heranfahren. Die letzten Meter mit gestoppter Maschine.*
2 *Ungefähr 1/2 Meter vor dem Steg Ruder zum Fahrwasser und kurz und kräftig mit der Maschine zurück, um die Fahrt abzustoppen. Maschine stopp. Vorleine an Land. Fender raus.*
3 *Langsam achteraus gehen. Der Radeffekt holt, beim Anlegen an Steuerbord, das Heck allmählich an den Steg. Maschine stopp. Achterleine fest.*

Anlegen an der Boje

Aufpassen, dass man nicht das Bojengeschirr überfährt und in den Propeller kommt. Deshalb eine Boje stets von Lee anlaufen.

❑ In stehenden Gewässern gegen den Wind an die Boje herangehen, da sie in Windrichtung liegt.

❑ In strömendem Gewässer gegen den Strom an die Boje herangehen, weil er ihre Lage bestimmt und nicht der Wind. Es sei denn, der Strom ist nur schwach, und dagegen steht ein starker Wind.

Beim **Ablegen** von der Boje das Boot mit ausgekuppeltem Propeller – die Vorleine auf Slip – so weit achteraus sacken lassen, dass man sicher sein kann, vom Bojengeschirr klar zu sein. Erst dann die Leine loswerfen, den Propeller einkuppeln und auf Kurs gehen.

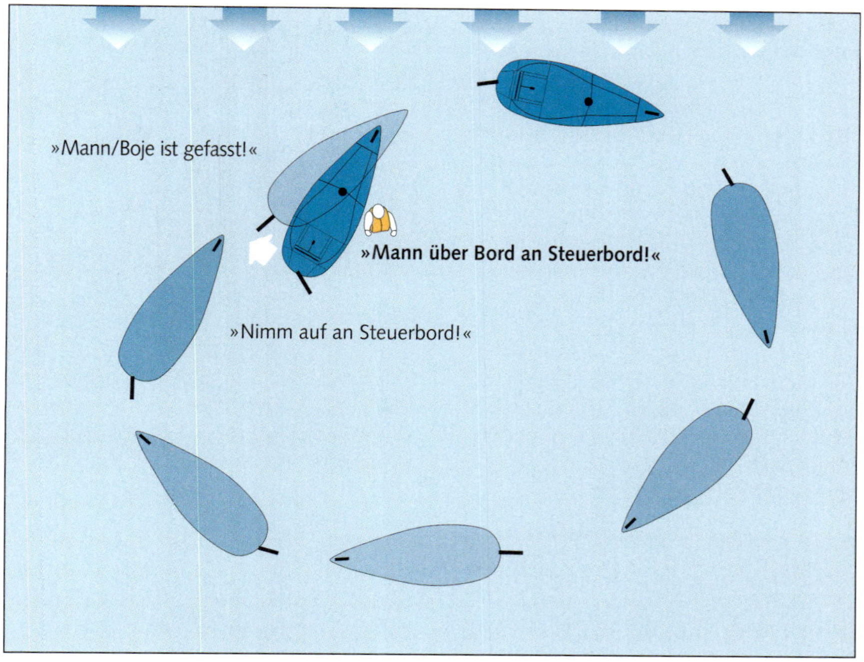

Mann über Bord

Fällt jemand bei Fahrt unter Motor an Steuerbord ins Wasser, sofort Steuerbord-Ruder legen, um ihn frei vom Propeller zu halten. Beim Sturz an Backbord entsprechend Backbord-Ruder legen. Propeller auskuppeln, bis der über Bord Gefallene frei vom Heck ist. Dann mit Vorausfahrt im Bogen zurücklaufen. Wegen des wesentlich kleineren Drehkreises den Bogen immer entgegen der Drehrichtung des Propellers fahren. Also mit einem linksgängigen Propeller über Steuerbord, gleichgültig, auf welcher Seite jemand über Bord gegangen ist.

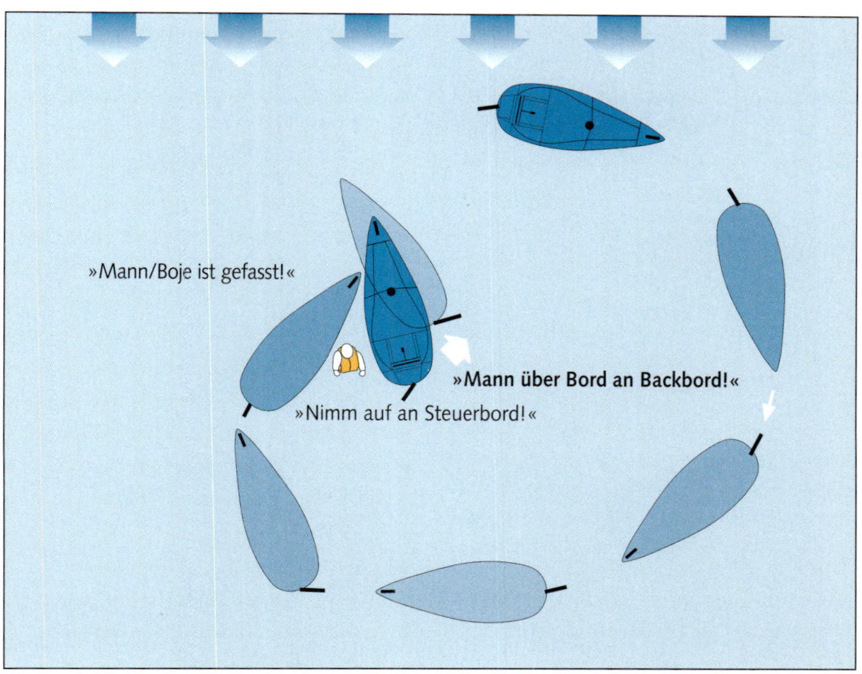

❑ Niemals achteraus laufen. Das Boot manövriert achteraus viel zu ungenau, die Verletzungsgefahr durch den Propeller ist zu groß.
Das Boot in Luv zum Stehen bringen, Propeller auskuppeln – Zündung aus.
❑ Es genügt nicht, nur den Propeller auszukuppeln. Beim Bergen kann leicht jemand an die Schaltung kommen oder etwas dahinterhaken und einkuppeln. Der Propeller aber ist ein grauenvoller Fleischwolf.
Das Boot in Luv des Überbordgefallenen zu bringen gilt nur für Segelyachten unter Motor. Flachgehende Motorboote driften so schnell, dass sie den Mann im Wasser unter den Bootsboden drücken würden.

Merke:
Grundsätzlicher Unterschied zwischen motorisierter Segelyacht und Motorboot:
mit Segelyachten in Lee aufnehmen, mit Motorbooten in Luv aufnehmen.

Hilfeleistung

Bergungsmanöver sind mit einem Motorboot mit Außenborder oder Z-Trieb viel leichter zu fahren als mit einem Segelboot unter Motor. Einmal manövrieren solche Motorboote voraus und achteraus nahezu gleich gut, zum anderen braucht man die Drehrichtung des Propellers nicht oder kaum zu berücksichtigen. Sie wird durch die Trimmflosse weitgehend aufgehoben.

Bergen einer Jolle

Gegebenenfalls die Segler auffordern, zunächst aufschwimmende Schoten oder Fallen einzuholen, damit sie nicht in den Propeller geraten. Dann treibendes Gut auffischen. Nun mit langsamer Fahrt an den Masttopp herangehen, stoppen, den Masttopp mit dem Bootshaken oder einer Leine unterfangen, anheben und vorsichtig unterfahren und so die Jolle aufrichten. War sie nach Luv gekentert, muss sie allerdings zunächst mit dem Bug in den Wind gezogen werden.
Hat die Jolle viel Wasser im Cockpit, wird sie erstmal längsseits genommen – Fender dazwischen – und Wasser geschöpft. Sie würde sonst beim Anschleppen wahrscheinlich sofort unterschneiden und erneut kentern. Dann Segel abschlagen, das Ruder aushängen und das Schwert hoch. Die Schlepptrosse so kurz wie möglich halten. So wird der Bug beim Schleppen angehoben, um ein Unterschneiden zu vermeiden, und bei zunehmender Fahrt läuft das Wasser aus dem Cockpit übers Heck ab.

Zusammenstöße (Havarie)

Wie bei jedem Unfall sind zuerst die Menschen außer Gefahr zu bringen, beziehungsweise Verletzte zu bergen und zu versorgen. Die Pflicht zur Hilfeleistung gilt selbstverständlich auch dann, wenn man nicht selbst in einen Unfall verwickelt, sondern nur Zeuge ist. Jedem Havaristen ist nach bestem Können Hilfe zu leisten. Ihre Grenzen hat sie dort, wo man das eigene Boot oder seine Besatzung gefährdet.
Nach einem Zusammenstoß sofort feststellen, ob das Boot Wasser macht. Bei einem stärkeren Wassereinbruch unverzüglich Kurs aufs nächste Ufer nehmen, das Boot so hoch wie möglich auf Land setzen und mit Leinen oder Anker sichern.
Danach die nächste Polizeidienststelle (Wasser oder Land) benachrichtigen.
Nach einem Zusammenstoß ist sofort ein Havariebericht niederzuschreiben mit Name, Heimathafen und Schiffstyp des Kollisionsgegners, Uhrzeit, Ort (Flusskilometer), Sicht, Wetter und Personalien der Beteiligten und Zeugen.

Schleppen

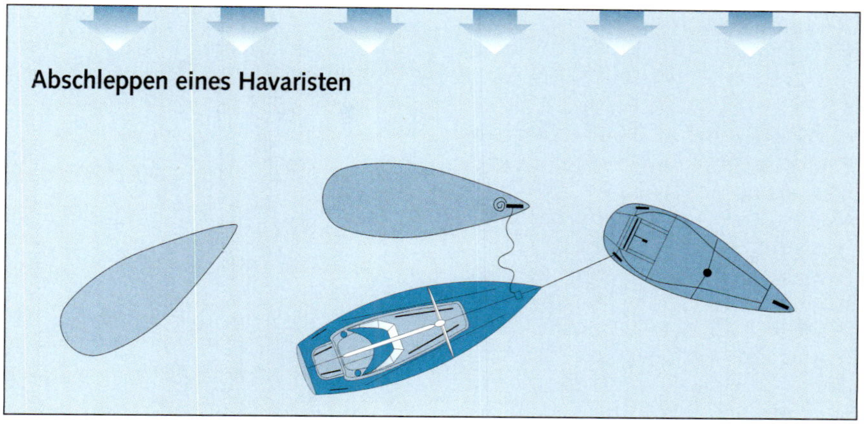

Will man ein anderes Boot auf den Haken nehmen, von achtern mit so wenig Fahrt anlaufen, dass man gerade noch Ruder im Schiff hat. In Luv passieren, in gleicher Höhe mit dem anderen stoppen und die Schleppleine übernehmen. Bläst es so stark, dass man die Leine nicht gegen den Wind werfen kann, besser gleich die eigene Leine rübergeben.

❑ Keine Leine mehr annehmen, wenn die Übernahme nicht geklappt hat, man vorbeigelaufen ist und sich bereits vor dem Bug des anderen befindet. Wirft er zu kurz, kann seine Leine allzu leicht in den Propeller geraten und das eigene Schiff manövrierunfähig machen.

Die Leine möglichst über eine Hahnepot auf die beiden Heckklampen führen, damit der Anhang nicht fortwährend zu einer Seite zieht. Die Verteilung der Zugkräfte über eine Hahnepot ist auch dann unbedingt ratsam, wenn der Anhang ein schweres Boot oder von Grund freizuschleppen ist. Langsam anfahren, damit die Leine nur allmählich den vollen Zug aufnimmt und nicht hart einruckt.

❑ Beim Anschleppen weg von der Schlepptrosse, denn wenn sie bricht, kann ihr Peitschenschlag lebensgefährlich werden.

Beim Schleppen im Seegang die Länge der Trosse so bemessen, dass sich beide Boote gleichzeitig entweder auf dem Wellenkamm oder im Wellental befinden. Sonst, in freien Gewässern, möglichst so viel Trosse stecken, dass sie in der Mitte in einer Bucht durchhängt. Diese Bucht nimmt die Zugkräfte elastisch auf, verhindert ein hartes Einrucken und dadurch eine zeitweilige übermäßige Beanspruchung der Schleppbeschläge.

❑ Nur so schnell fahren, dass die Rumpfgeschwindigkeit eines kleineren Anhangs nicht überschritten wird. Beim Loswerfen der Schleppleine am Ziel darauf achten, dass sie nicht in den Propeller gerät. Die fremde Leine weit genug achteraus werfen, die eigene Leine nur bei ausgekuppeltem Propeller einholen.

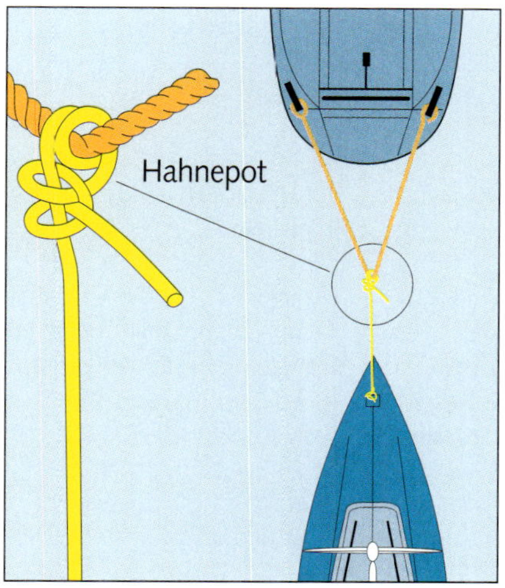

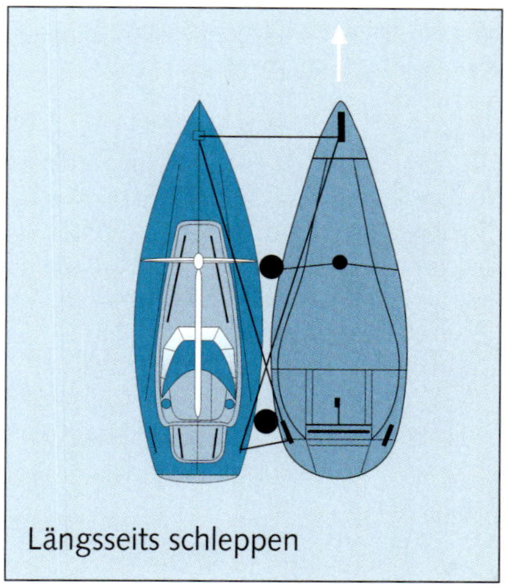

Längsseits schleppen

In Schleusen und engen Fahrwassern ist es häufig vorteilhafter, längsseits zu schleppen. Das Boot auf die Seite nehmen, nach der der Propeller dreht. So wird der Radeffekt am besten ausgeglichen. Die Boote müssen gut gegeneinander abgefendert werden. Zum Festmachen genügen meistens Vor- und Achterleine als Brustleine und Vor- und Achterspring vom Schlepper zum Beipack.

Schleusen

Wer Sprechfunk an Bord hat, schaltet den entsprechenden Kanal und meldet sich an.
Kleinere Bootsschleusen haben häufig Selbstbedienung. In diesem Fall ist die Bedienungsanleitung genau zu befolgen.
Im Bereich allgemeiner Schleusen darf nicht gesegelt werden. Wer keinen Hilfsmotor hat, muss sich einen Schlepper suchen. Wer gar nicht schleusen will, darf auch nicht im Schleusenbereich festmachen. Den häufig über Lautsprecher gegebenen Anweisungen des Schleusenpersonals ist unverzüglich nachzukommen.
Grundsätzlich gilt für das Manövrieren im Schleusenbereich:

❑ Absolutes Überholverbot.
❑ Um Wellenschlag zu vermeiden, so langsam fahren, dass das Boot gerade noch manövrierfähig ist.
❑ Ausreichenden Sicherheitsabstand halten. Als Yacht nur hinter der Berufsschifffahrt ein- und auslaufen.
❑ In der Schleusenkammer den Motor abstellen.

Vor dem Einlaufen genügend Fender ausbringen und die Festmacher vorne und achtern klarlegen. Nicht zu dicht hinter dem letzten Großschiff einlaufen, man gerät sonst voll in den Schraubenstrom, den man nicht ausmanövrieren kann.
In dem ziemlich schnell einströmenden Wasser kann das Boot heftig zu schwojen beginnen. Deshalb mit Vor- und Achterleine an der Schleusenwand festmachen oder die Vorleine zu dem vorausliegenden Schiff übergeben.
Während des Schleusens müssen die Festmacher gefiert oder geholt oder auf den nächsten Poller in der Nische der Schleusenwand umgehängt werden.

❑ Niemals an Bord mit Kopfschlag oder am Schleusenpoller mit Webeleinstek belegen, sondern immer auf Slip, damit man die Leinen jederzeit loswerfen oder versetzen kann und sich das Boot nicht darin aufhängt, wenn der Wasserspiegel fällt.

Beim Längsseitsliegen an einem großen Schiff hat man die Probleme mit den Leinen zwar nicht, es besteht aber immerhin die Gefahr, zwischen der Bordwand des Großen und der Schleusenmauer eingequetscht zu werden.
Beim Abschleusen am Oberhaupt aufpassen, dass das Boot nicht mit dem Heck auf den Schleusendrempel aufsetzt. Wie weit er in die Schleusenkammer hineinragt, zeigen meistens weiße oder gelbe Farbmarkierungen an den Schleusenmauern an.
In Spundwand-Schleusen auch auf die Fender achten. Sie bleiben leicht in den Vertiefungen hängen und reißen beim Aufwärtssteigen ab.
Beim Auslaufen die Leinen so lange belegt lassen, bis sich das Schraubenwasser des »Vorgängers« etwas beruhigt hat. Die Turbulenz kann so stark sein, dass man – selbst wenn man bereits unter Motor läuft – gegen die Schleusenwand zurückgeworfen wird. (Alles über Schleusensignale auf Seite 131.)

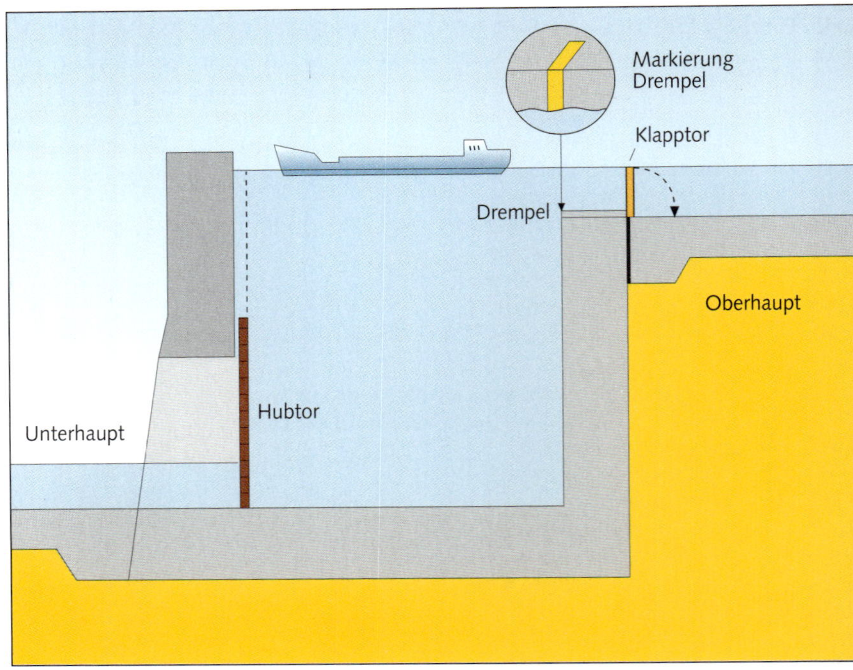

Beispiel einer Schachtschleuse
Schleusen gibt es in der unterschiedlichsten Art: Ein-, Zwei- und Mehrkammerschleusen und darunter wieder Hubtor-, Schwenk-, Klapp- und Schiebetorschleusen oder solche mit versenkbaren Toren.

Die 10 Goldenen Regeln

Wohl kaum jemand ist an der Erhaltung einer heilen Umwelt so interessiert wie der Segler, der in und mit der Natur lebt. Im Zeichen wachsenden Umwelt- und Naturschutzbewusstseins setzten sich Vertreter der Wassersportler und Naturschützer zusammen, um die »10 Goldenen Regeln für das Verhalten von Wassersportlern in der Natur« auszuarbeiten. Wie ernst es dem Deutschen Segler-Verband mit einem praktizierten Natur- und Tierschutz ist, beweist die Tatsache, dass diese Regeln Bestand der Führerscheinprüfung geworden sind.

1. Meiden Sie das Einfahren in Röhrichtbestände, Schilfgürtel und in alle sonstigen dicht und unübersichtlich bewachsenen Uferpartien. Meiden Sie darüber hinaus Kies-, Sand- und Schlammbänke (Rast- und Aufenthaltsplatz von Vögeln) sowie Ufergehölze. Meiden Sie auch seichte Gewässer (Laichgebiete), insbesondere solche mit Wasserpflanzen.
2. Halten Sie einen ausreichenden Mindestabstand zu Röhrichtbeständen, Schilfgürteln und anderen unübersichtlich bewachsenen Uferpartien sowie Ufergehölzen – auf breiten Flüssen beispielsweise 30 bis 50 Meter. Halten Sie einen ausreichenden Mindestabstand zu Vogelansammlungen auf dem Wasser – wenn möglich, mehr als 100 Meter.
3. Befolgen Sie in Naturschutzgebieten unbedingt die geltenden Vorschriften. Häufig ist Wassersport in den Naturschutzgebieten ganzjährig, zumindest zeitweise, völlig untersagt oder nur unter ganz bestimmten Bedingungen möglich.
4. Nehmen Sie in »Feuchtgebieten von internationaler Bedeutung« bei der Ausübung von Wassersport besondere Rücksicht. Diese Gebiete dienen als Lebensstätte seltener Tier- und Pflanzenarten und sind daher besonders schutzwürdig.
5. Benutzen Sie beim Landen die dafür vorgesehenen Plätze oder solche Stellen, an denen sichtbar kein Schaden angerichtet werden kann.
6. Nähern Sie sich auch von Land her nicht Schilfgürteln und der sonstigen dichten Ufervegetationen, um nicht in den Lebensraum von Vögeln, Kleintieren und Pflanzen einzudringen und diese zu gefährden.
7. Laufen Sie im Bereich der Watten keine Seehundbänke an, um die Tiere nicht zu stören oder zu vertreiben. Halten Sie mindestens 300 bis 500 Meter Abstand zu Seehundliegeplätzen und Vogelansammlungen, und bleiben Sie hier auf jeden Fall in der Nähe des markierten Fahrwassers. Fahren Sie hier mit langsamer Fahrstufe.
8. Beobachten und fotografieren Sie Tiere möglichst nur aus der Ferne.
9. Helfen Sie, das Wasser sauber zu halten. Abfälle gehören nicht ins Wasser, insbesondere nicht der Inhalt von Chemietoiletten. Diese Abfälle müssen genauso wie Altöle in bestehenden Sammelstellen der Häfen abgegeben werden. Benutzen Sie in Häfen selbst ausschließlich die sanitären Anlagen an Land. Lassen Sie beim Stillliegen den Motor Ihres Bootes nicht unnötig laufen, um die Umwelt nicht zusätzlich durch Lärm und Abgase zu belasten.
10. Machen Sie sich diese Regeln zu eigen, informieren Sie sich vor Ihren Fahrten über die für Ihr Fahrtgebiet bestehenden Bestimmungen. Sorgen Sie dafür, dass diese Kenntnisse und Ihr eigenes vorbildliches Verhalten gegenüber der Umwelt auch an die Jugend und vor allem an nichtorganisierte Wassersportler weitergegeben werden.

KLEINES SEGELLEXIKON

Abdrift (auch Abtrift) Seitliches Versetzen eines Bootes durch Wind oder Strom.
abfallen Eine Kursänderung vom Wind weg. (Gegenteil: anluven.)
ablandig Wenn der Wind vom Land in Richtung See weht. (Gegenteil: auflandig.)
abschlagen Das Abnehmen der Segel. (Gegenteil: anschlagen.)
abtakeln Die gesamte Takelage vollständig abnehmen, also stehendes und laufendes Gut mit dem Mast, etwa um das Boot einzuwintern. Oft fälschlich verwandt für Segel abschlagen. (Gegenteil: auftakeln.)
achteraus Alles, was hinter einem Boot liegt. (Gegensatz: voraus.)
Achterleine Festmacherleine, die vom Heck eines Bootes schräg nach achtern an Land oder zu einem Pfahl führt. Bisweilen auch als Heckleine bezeichnet. (Gegensatz: Vorleine.)
Achterliek (das) Die hintere Kante eines Segels.
Achterstag (das) Vom Masttopp zum Heck verlaufendes Stag, das die nach vorne gerichteten Kräfte des Mastes aufnimmt. (Gegensatz: Vorstag.)
Achterstagspanner Eine Vorrichtung, um die Spannung auf dem Achterstag zu verändern und dadurch den Mast nach vorne oder achtern zu trimmen. Auf kleineren Yachten eine Talje, eine Spannschraube oder ein Spannhebel. Auf größeren Yachten ein Handradspanner oder gar eine Hydraulik.
anluven Eine Kursänderung höher an den Wind heran. (Gegenteil: abfallen.)
anschlagen Ein Segel am Baum oder Stag befestigen. (Gegenteil: abschlagen.)
anstecken Einen Gegenstand mit einem Ende oder zwei Enden miteinander verbinden.
aufbrisen Der Wind nimmt an Stärke zu
auffieren Dem Zug auf einer Leine nachgeben, ohne sie ausrauschen zu lassen. Häufig auch nur: fieren.
aufklaren 1. Das Wetter »klart auf«, es wird besser. – 2. An und unter Deck Ordnung schaffen.
aufkommen 1. Mit Ruderlage mittschiffs die Drehbewegung des Schiffs allmählich verringern. – 2. Ein voraus laufendes Schiff einholen.
3. Schlechtes Wetter, Gewitter, Sturm oder dergleichen kommt auf.
auflandig Wenn der Wind von See in Richtung Land weht. (Gegenteil: ablandig.)
aufschießen 1. Mit dem Boot in den Wind drehen, um es zum Stehen zu bringen. – 2. Eine Leine in regelmäßigen Buchten zusammenlegen.
auftakeln (auch aufriggen) Die gesamte Takelage (Rigg) an Bord bringen und aufrichten. Oft fälschlich verwandt für Segel setzen. (Gegenteil: abtakeln.)
auftuchen Ein Segel oder auch eine Abdeckplane ordentlich zusammenlegen.
auf und nieder Seemännischer Ausdruck für senkrecht.
Auge Seemännische Bezeichnung für verschiedene Arten von Ringen, Ösen, Löchern oder Schlingen. In Wortverbindungen entfällt das »e« (Augspleiß, Augbolzen).
Augpressung Maschinelle Pressung eines Auges in Drahttauwerk mit einer Seilhülse.

Babystag (das) Auf Kielyachten ein zweites kürzeres Vorstag, das in Höhe der unteren Saling angreift und aufs Vordeck herabführt. Auch als Trimmstag bezeichnet, weil mit ihm die Mastbiegung reguliert werden kann.
Back (die) 1. Erhöhter vorderer Teil des Decks. – 2. Seemännische Bezeichnung für Tisch.
back (engl.) Zurück, rückwärts. Wird ein Segel back geholt, fällt der Wind von der »Rückseite« ein. Entweder segelt das Boot dann rückwärts, oder man erhöht dadurch das Drehmoment beim Wenden.
Backbord (Bb.) In Fahrtrichtung gesehen die linke Seite eines Bootes. Links.
Backdecker Ein Yachttyp mit einem flachen Aufbau, der über die gesamte Bootsbreite geht, also kein Laufdeck an den Seiten hat.
Backskiste In die Cockpitbank eingebauter, von außen zugänglicher Staukasten.
Backstag (auch Preventer) Ein vom Mast nach achtern aufs Seitendeck führendes Stag. Es kann jeweils nur in Luv durchgesetzt werden. In Lee muss es losgeworfen werden, um nicht mit dem Großbaum zu kollidieren. Dient zum Trimmen des Mastes.
Bake (die) An Land als »festes« Seezeichen aufgestelltes Gerüst von auffälligem Aussehen.
Balkenbucht (die) Eine leichte konvexe Wölbung des Decks.
Balkweger Längsbalken, auf denen die Decksbalken ruhen.
Ballast (der) Gewicht im oder unter dem Kiel einer Yacht, um die Stabilität (Gewichtsstabilität) zu erhöhen. Meistens aus Blei.
Baum Eine Stange aus Holz, Kunststoff oder meistens Aluminium, an der die untere Kante eines Segels angeschlagen (Großbaum) oder auch »fliegend« gefahren wird (Spinnakerbaum).
Baumniederholer Unten am Mast angreifende Talje, die ein Steigen des Baums auf Vorm-Wind-Kursen verhindert. Auch als Kicker bezeichnet.
beidrehen Eine Yacht hoch am Wind, durch entsprechende Segelstel-

lung, etwa das Backholen der Fock, nahezu zum Stehen bringen.
beiliegen Beigedreht einen Sturm abwettern, aber auch längere Zeit annähernd an einer Stelle liegen bleiben, um etwas zu bergen oder eine Reparatur auszuführen.
bekneifen Festklemmen (von Leinen).
belegen Eine Leine festmachen.
Beplankung Die Außenhaut eines konventionell gebauten Schiffes.
bergen 1. Die Segel herunternehmen. – 2. Einen Gegenstand in Sicherheit bringen. – 3. Ein in Seenot geratenes Schiff einbringen. Die Besatzung oder Ladung von einem gestrandeten Schiff herunterholen (abbergen).
Besan (der) Auf Zwei- und Mehrmastern der hintere kürzere Mast. Aber auch das Segel daran wird als Besan bezeichnet.
Bilge (die) Der Raum im Bootsboden zwischen Kiel und Bodenbrettern.
Bindereff (auch Bändselreff) Die Segelfläche wird bei starkem Wind verkleinert, indem man das Tuch auf den Baum herunterholt und dort festbindet.
Blister (der) Ein großes spinnakerähnliches Leichtwetter-Vorsegel für Vorm-Wind- und Raumschots-Kurse, das aber ohne Baum gefahren wird.
Block Gehäuse aus Holz, Metall oder Kunststoff mit einer oder mehreren Rollen, über die Leinen laufen.
Boje 1. Im Grund verankerter Schwimmkörper zum Festmachen von Booten. – 2. Nicht ganz korrekte Bezeichnung für Tonnen, die als Seezeichen oder Wendemarken bei Regatten dienen.
Bord (der) Eigentlich die Schiffsseite (Backbord, Steuerbord), besonders deren Oberkante, daher »über Bord« fallen. »An Bord« heißt allgemein sich auf einem Schiff befinden.
brechen 1. Seemännischer Ausdruck für das Reißen von Leinen und Ketten (nicht jedoch für Segel). – 2. Das »Überkämmen« der Wellen, wenn sich auf einer Welle eine Schaumkrone bildet.
Brückendeck Auf Yachten eine mehr oder minder breite Abschottung des Cockpits gegen den Kajütniedergang, meist als Sitzbank einbezogen. Das Brückendeck verhindert, dass Wasser aus dem Cockpit in die offene Kajüte schwappt.
Bucht 1. Zurückspringendes Küstenstück. – 2. Schleife in einer Leine. Sie wird »in Buchten« aufgeschossen.
Bug (der) Das vordere Ende eines Schiffes. Steuerbord- bzw. Backbordbug bezeichnet jedoch jeweils die Seite einer Yacht, auf der der Großbaum geführt wird.
Bugkorb (auch Bugkanzel) Fest auf dem Vorschiff montiertes Schutzgeländer aus verzinktem Stahl, Niro oder Aluminium. Entsprechend gibt es auf dem Achterschiff Heckkörbe.
Bullenstander (der) Eine Leine, die auf Vorm-Wind-Kursen vom Ende des Baums nach vorne geführt wird, um zu verhindern, dass der Baum auf die andere Seite herumschlägt.

Cunningham-Hole (auch C.-Kausch) Nach seinem Erfinder, dem Amerikaner Briggs Cunningham, benannter Vorliekstrecker am Großsegel. Eine zweite Kausch, etwa 15 cm über dem Segelhals, durch die ein Niederholer führt, mit dem das C-Hole auf den Baum heruntergeholt werden kann. So lässt sich die Großsegel-Wölbung unterschiedlichen Windverhältnissen anpassen.
Curryklemme Nach ihrem Erfinder, Dr. Manfred Curry, benannte, gezahnte Federklemme, die sich unter Zug bekneift. Vorwiegend zum Festsetzen von Schoten und Streckern verwendet.
CWL In der Schifffahrt übliche Abkürzung für Konstruktionswasserlinie, bis zu der ein Schiff, nach den Berechnungen des Konstrukteurs, ins Wasser eintaucht.

Davit (der) Ein kleiner drehbarer Kran für Anker oder – meist paarweise – für Beiboote.
Deutscher Segler-Verband (DSV) 1888 gegründeter Dachverband der deutschen Segelclubs und oberste Segelsportautorität der Bundesrepublik.
Diamant(stag) (auch engl. Diamonds) Rhombusartige Verstagung des oberen Mastbereichs.
Dinette (die) Sprachschöpfung der Bootsbauer. Anordnung der Sofabänke zu beiden Seiten eines quer zur Schiffsrichtung stehenden Tisches. Manchmal sind die Bänke auch U-förmig um den Tisch gruppiert. Meist kann der Tisch abgesenkt und die Dinette zu einer Doppelkoje hergerichtet werden.
Dingi (das) Ein kleines Beiboot.
Dirk (die) Eine Leine, die vom Masttopp zum Ende des Baumes führt und den Baum hält, wenn das Segel abgeschlagen ist.
Dolle (die) Gabelförmiges Auflager aus Metall oder Kunststoff für den Riemen (von Landratten fälschlich als Ruder bezeichnet) beim Pullen (Rudern).
Draggen (der) Kleiner vierarmiger Anker, auch als Suchdraggen zum Auffischen über Bord gefallener Gegenstände.
Ducht (die) Quer oder längs liegendes Sitzbrett in einem offenen Boot.
dwars Querab, rechtwinklig zur Fahrtrichtung.

Ende Leine, Tau; ausgenommen sehr dicke Taue. Sie heißen Trossen. Die Enden eines »Endes« bezeichnet man als Tampen oder auch Tamp.

Fahrwasser Die durch Seezeichen markierte Fahrrinne mit tiefem Wasser.
Fall (das, Mehrz.: Fallen) 1. Leinen oder Drähte zum Setzen der Segel. Entsprechend Großfall, Fockfall oder Spinnakerfall. – 2. Der Fall = Neigung eines Mastes nach vorne oder achtern.
Fender (der) Polster aus unterschiedlichen Materialien, um die Bordwand vor Beschädigungen an Stegen, Nachbarschiffen oder Ähnlichem zu schützen.
Feuer Die Lichter von Seezeichen, Leuchttürmen usw.
fieren Dem Zug auf einer Leine nachgeben, ohne sie ausrauschen zu lassen. Häufig auch: auffieren.
Finish (das) Begriff (aus dem Englischen), der mit dem Kunststoff-Bootsbau aufkam. Ursprünglich Kriterium für die äußere Gelcoatschicht (gutes oder schlechtes Finish), inzwischen zu einem etwas verschwommenen Begriff ausgeweitet für die Gesamtfertigung bzw. den Gesamteindruck eines Bootes.
Fock (die) Dreieckiges Vorsegel. Es gehört zu den Haupt- oder Arbeitssegeln.
Fockroller Mechanische Vorrichtung, um die Fock, vom Cockpit aus, auf das Vorstag aufzurollen.
Formstabilität Sie ergibt sich, im Gegensatz zur Gewichtsstabilität, aus der Rumpfform. Jollen sind fast ausschließlich formstabil. Bei Kielyachten hat die Formstabilität nur einen geringen Stabilitätsanteil.
Freibord (der) Höhe der Bordwand über der Wasserlinie.

Gaffel (die) Rundholz, an dem das viereckige Gaffelsegel mit seinem Oberliek angeschlagen wird.
Gangbord (der) Geläufige Bezeichnung des Seitendecks zwischen Reling und Kajütaufbau oder Cockpitsüll.
Gatchen (auch Gattchen) Kleines, meist mit einer Metallkausch eingefasstes Loch in Segeln oder Planen, durch das Bändsel, Strecker oder Ähnliches gezogen werden können.
geigen Schaukeln des Bootes um die Längsachse, besonders vor achterlichem Wind.
Gennaker (der) Ein Kunstwort aus Genua und Spinnaker für ein leichtes Vorsegel an einem Gennakerbaum, einer Stenge, die als einer Art Bugspriet aus dem Vorschiff ausgefahren werden kann.
Genua (die) Eine große Fock für leichtere Winde. Sie zählt zu den Beisegeln. Regatta-Yachten haben bis zu vier Genuas unterschiedlicher Größen und Tuchstärken, die meist römisch beziffert werden. Also Genua I, II usw.
GFK Abkürzung für glasfaserverstärkter Kunststoff, das Baumaterial, aus dem heute die meisten Jollen und Yachten hergestellt werden.
gieren Seitliches Ausscheren eines Bootes aus seinem Kurs, besonders vor achterlichen Seen.
Glattdecker (auch Flushdecker) Bootstyp ohne jegliche Decksaufbauten. Das Deck wird nur durch die Vertiefung des Cockpits und eine flache Überdachung des Niedergangs unterbrochen.
Gräting (die) Gitter oder Rost zum Abdecken von Luken und als Auflage auf Cockpitböden oder -bänken.
Gut (das) Das gesamte Faser- und Drahttauwerk der Takelage eines Segelbootes, unterteilt in »stehendes Gut« – dazu zählt die feste Verstagung des Mastes mit Vorstag, Wanten und Achterstag – und »laufendes Gut«. Dazu gehören die Fallen zum Setzen der Segel und die Schoten zur Segelführung.

Hahnepot (die) Ein gespreiztes Ende, das die in seinem Scheitel angreifende Kraft auf zwei Punkte verteilt.
Hals Die vordere untere Ecke eines Segels.
halsen Mit dem Heck durch den Wind gehen.
Havarie Beschädigung einer Yacht durch Grundberührung, Kollision oder Sturm.
Heck (das) Das hintere Ende eines Schiffes.
heißen/hissen Das Hochziehen eines Segels oder einer Flagge.
Holebug Beim Kreuzen der Bug, über den man sich zwar dem Ziele nicht direkt nähert, aber Höhe heraussegelt, um dann vielleicht auf dem nächsten Streckbug das Ziel anliegen zu können.
holen Das Ziehen an einem Ende (anholen, durchholen, einholen, ausholen, aufholen). (Gegensatz: fieren.)
Hubkiel Ein ähnlich dem Schwert – meist mit einer Winde – aufholbarer Ballastkiel.
Hundsfott Bügel oder Auge am Block, an dem die feste Part der Talje angeschäkelt wird.

International Sailing Federation (ISAF) 1907 in London gegründeter Welt-Segler-Verband, dem heute die nationalen Segelsportverbände aus rund 70 Ländern angehören.

Jolle 1. Allgemein ein kleines offenes Boot. – 2. Ein offenes Segelboot mit Schwert im Gegensatz zum Kielboot.

Jollenkreuzer Ein (kenterbares) Schwertboot mit Kajüte.

Kat 1. Eine Takelung mit einem Mast und nur einem Großsegel, also ohne Vorsegel. – 2. Gebräuchliche Abkürzung für Katamaran.
Katamaran (auch Kat) Doppelrumpfboot mit einem Trampolindeck zwischen den Rümpfen (Strandkat) oder einer Brückenkonstruktion, auf der sich ein Deckshaus befindet und mit weiteren Räumlichkeiten in den Rümpfen (Fahrtenkat).
Kausch (die) Eine ring- oder auch herzförmige Metall- oder Kunststoff-Verstärkung für ein Auge.
Keep (die) Rille, Hohlkerbe, Nut, Kerbe; beispielsweise im Baum zum Einziehen des Segels oder zwischen den Kardeelen von Tauwerk.
kentern Umkippen eines Bootes, nachdem es den Kenterpunkt überschritten hat. Alle Schwertboote können kentern.
kentersicher Ein Kielboot, dessen Ballastanteil so hoch ist, dass es sich auch dann wieder aufrichtet, wenn es vom Sturm platt aufs Wasser gedrückt wird, ist kentersicher. Fälschlich auch als »unkenterbar« bezeichnet.
Ketsch Yacht mit Großmast und Besan, der innerhalb der Konstruktionswasserlinie steht.
Kiel Ursprünglich nur der unterste Längsverband des Rumpfes. Allgemein jedoch die Bezeichnung der Kielflosse mit dem Kielballast.
Kielschwein Eine innen auf dem Kiel liegende Verstärkung, auch Binnenkiel genannt.
Kielschwerter Ein Boot mit einem flachgehenden Kiel und einem zusätzlichen Schwert, das durch den Kiel hindurchgeführt wird.
killen Flattern der Segel.
Kimm (die) 1. Seemännische Bezeichnung für den Horizont. – 2. Die stärkste Krümmung des Bootsrumpfes.
Kimmstringer Längsversteifung im Rumpf, die an der Kimm sitzt, das heißt dort, wo der Bootsboden in die mehr oder minder senkrechte Bordwand übergeht.
Kinken (die) Eine in sich verdrehte Leine hat Kinken. Aus den Kinken treten = jemand aus dem Wege gehen.
Klampe (die) Eine doppelarmige Knagge aus Holz, Metall oder Kunststoff zum Belegen von Leinen.
Klappläufer Die einfachste Art einer Talje mit einer Kraftersparnis von 2:1.
Klinker Beplankungsart, bei der die einzelnen Plankengänge dachziegelartig überlappen. Sie wird gelegentlich in Kunststoff imitiert.
Klüse Eine Öffnung in Bordwand oder Schanzkleid zum Durchführen von Leinen, besonders der Ankerkette (Ankerklüse).
Klüver (der) Dreieckiges Vorsegel, das vor der Fock gefahren wird und auf einem Kutter zu den Haupt- oder Arbeitssegeln zählt.
Knarrpoller (der) Einfache Winsch ohne Hebel zur Übertragung geringer Kräfte (Fockschot auf Jollen), meist aus Kunststoff.
Knickspanter Boote, deren Rümpfe einen eckigen Querschnitt haben. Es kann ein einfacher oder ein doppelter Knickspant sein. (Gegensatz: Rundspanter.)
Knoten (kn) Nautische Geschwindigkeitsbezeichnung für Seemeilen pro Stunde. Der Ausdruck stammt von der Markierung der Logleine des alten Handlogs mit Knoten.
Koker (der) Allgemeine Bezeichnung für Gehäuse, Köcher. Beispielsweise heißt die wasserdichte Durchführung für den Ruderschaft Ruderkoker.
Kopf Die obere Ecke eines Segels, an der man das Fall anschäkelt.
Kopfschlag Beim Belegen auf einer Klampe wird das letzte Ende so über Kreuz gelegt, dass es sich bekneift.
Krängung Schräglage (eines Bootes).
kreuzen Mit Zickzack-Kurs auf ein Ziel in Windrichtung zusegeln.
kurzstag Beim Ankerlichten wird die Kette so weit eingehievt, dass sie keinen Durchhang mehr hat.
Kutter Yacht mit einem Mast und mindestens zwei Vorsegeln (Fock und Klüver).

Lateralplan Die Silhouette des Unterwasserschiffes von der Seite gesehen. Je nachdem ob der Kiel lang, kurz oder tief ist, spricht man von einem langen, kurzen, tiefen oder auch flachen Lateralplan.
laufendes Gut Alles Tauwerk, das beweglich ist und über Blöcke, Scheiben und dergleichen läuft (Fallen, Schoten, Dirken, Flaggleinen usw., aber nicht Backstagen).
Lee Die dem Wind abgekehrte Seite.
leegierig Ein Boot, das die Eigenschaft hat, ständig abzufallen.
Legerwall Auf Legerwall liegen = eine Yacht liegt vor einer Küste oder einem anderen Hindernis, auf die Wind und See setzen. Stets eine gefährliche Situation.
lenzen 1. Ein Boot leerpumpen oder ausschöpfen. – 2. Mit einem Schiff vor einem Sturm herlaufen.
Liek (das, Mehrz.: Lieken) Die verstärkten Kanten eines Segels (Vor-, Achter-, Ober-, Unterliek).
Lippe (Lippklampe) Klauenartige Durchführung für Leinen im Schanzkleid oder auf Deck.
Log (das) Messinstrument für die Geschwindigkeit, dem Tachometer des Autos entsprechend. Die ein-

fachste Art ist das Patentlog. Ein nachgeschleppter Impeller betreibt über ein Schwungrad ein Zählwerk. Moderne elektrische Logs arbeiten mit im Bootsboden eingebauten Impellern.
Lose Wenn ein Ende nicht dichtgesetzt ist, hat es Lose. Lose geben heißt, mit einem dichtgesetzten Ende nachgeben.
Lot Messinstrument für die Wassertiefe. Das Handlot besteht aus einem Bleigewicht an einer markierten Leine. Das Echolot arbeitet elektroakustisch.
loten Das Ausmessen der Wassertiefe.
Lümmel Die Verbindung zwischen Baum und Mast, bestehend aus dem Lümmelbeschlag am Baum und dem Lümmellager am Mast. Das kann ein einfacher Haken sein, ein rundum schwenkbarer Zapfen, eine Steckbolzen-Verbindung, ein Schlitten mit Manschette und ist – sofern vorhanden – mit dem Patentreff kombiniert.
Luv Die dem Wind zugekehrte Seite.
luvgierig Ein Boot, das die Eigenschaft hat, ständig in den Wind zu drehen.

Marlspieker Ein starker Stahldorn, zum Arbeiten mit Drahttauwerk und zum Öffnen festgefressener Schäkelbolzen.
Mastspur Eine Ausnehmung im Kielschwein oder ein Beschlag, der den Mastfuß hält und mitunter in der Längsschiffsrichtung verstellt werden kann, um den Mast weiter nach vorne oder achtern zu trimmen.
Muring (auch Mooring) Festmachemöglichkeit im freien Wasser. Meistens eine sicher verankerte Boje.
Niedergang Eingang und Treppe zu der meist tiefer als das Cockpit gelegenen Kajüte.
Nock (die) Das Ende des Baumes, nicht aber des Mastes. Das heißt Topp.

Ösfass Gefäß zum Wasserschöpfen (ösen), meist aus Kunststoff.

Pall (das) Sperrklinke an einem Zahnkranz, beispielsweise an einer Ankerwinsch, um ein Ausrauschen der Kette zu verhindern.
Pallen Mehrzahl von Pall, aber auch Hölzer zum Abstützen des Bootes im Winterlager. Den Vorgang selbst bezeichnet man als aufpallen.
Pantry Die Küchensektion an Bord. Auf kleinen Yachten meist nur aus Kocher, Spüle und Schrankraum bestehend.
Patenthalse Unfreiwilliges Halsen, verursacht durch Unaufmerksamkeit des Rudergängers oder starkes Gieren oder Rollen des Bootes. Auf Jollen kann sie leicht zum Kentern führen, auf schweren Kielyachten zu Bruch in der Takelage.
Patentreff (auch Rollreff) Die Segelfläche wird verkleinert, indem man das Tuch auf den Baum wickelt.
Persenni(n)g (die) Eine wasserdichte Abdeckplane für die Segel, das Cockpit oder das ganze Boot.
Piek (die) Ecke, Spitze. Die äußersten spitzen Enden einer Yacht heißen dementsprechend Piekräume – Vor- und Achterpiek.
Pinne (auch Ruderpinne) Waagerechter Hebelarm am Kopf des Ruderschaftes, oft klappbar. Gelegentlich wird das Steuern auch als pinnieren bezeichnet.
Plattgatter Bootstyp mit einer breiten glatten Spiegelplatte, über die das Ruder gefahren wird. (Gegensatz: Spitzgatter.)
Plicht (die) Seltenere Bezeichnung für das Cockpit, der Vertiefung im Deck, in der die Crew, die Besatzung, sitzt.
Poller (der) Starker, kurzer Pfahl aus Holz, Metall oder auch Stein zum Festmachen von Leinen an Land. Auch die kleineren Versionen an Deck heißen Poller. Man unterscheidet, je nach Form, einfache, Doppel-, Kreuz- und Doppelkreuzpoller.
Preventer Backstag (s. dort).
Propellerbrunnen Ausschnitt im Kiel, Skeg oder Ruderblatt, in dem der Propeller dreht.
pullen Seemännische Bezeichnung für rudern.
Pütting (das; auch Rüsteisen) Beschlag, mit dem die Wanten am Bootsrumpf befestigt sind.

raumen Eine günstige Winddrehung mehr nach achtern. (Gegenteil: schralen.)
Ree Kommando beim Wenden, bei dem das Ruder nach Luv, die Pinne dementsprechend nach Lee gelegt wird.
Reep (das) Bezeichnung eines abgemessenen Endes für einen bestimmten Verwendungszweck. Beispielsweise das Bojereep oder Taljereep.
reffen Ein Segel verkleinern.
Reitbalken Eine quer übers Cockpit laufende Strebe, auf der der Traveller läuft und unter die man beim Ausreiten des Bootes die Füße haken kann.
Reling (auch Seereling oder populärer Seezaun) Ums Boot laufendes Drahtgeländer, gehalten von Relingstützen. Als Fußreling werden auch Leisten oder Schienen an der Außenkante des Decks bezeichnet, die verhindern sollen, dass man mit den Füßen abrutscht.

Riemen Seemännischer Ausdruck für »Ruder«, mit denen nicht gerudert, sondern gepullt wird.
Rigg (das) Moderne Bezeichnung für Takelage. Sammelbegriff für Masten, Bäume, stehendes und laufendes Gut. Entsprechend wird eine Yacht »geriggt« oder »aufgeriggt«.
rollen Die aus Schlingern und Stampfen zusammengesetzte Bewegung einer Yacht im Seegang.
Roring (der) Ring, besonders am Ankerschaft zum Befestigen der Kette oder Leine.
Rott Fäulnis und Gammeln durch Feuchtigkeit.
Ruder SeemännischerAusdruck für »Steuer«, auch »Rohr« genannt. Verballhornung des flämischen Roer. Man steuert mit dem Ruder. Jollen haben meist einen Steuermann, Yachten dagegen einen Rudergänger.
Ruderblatt Der unter Wasser befindliche Teil des Ruders.
rund achtern Kommando beim Halsen zum Schiften des Segels.
Rundspanter Boote, deren Rümpfe einen runden Querschnitt haben. Er kann sehr schmal oder auch extrem breit sein. (Gegensatz: Knickspanter.)
Rüsteisen Pütting (s. dort).
Rutscher (auch Schlitten) Gleitschuh am Vorliek eines Segels, der in der Gleitschiene an der Rückseite des Mastes läuft.

Saling (die) Waagerechte Strebe am Mast, die im oberen Bereich die Wanten abspreizt, um eine bessere Mastverspannung zu erzielen.
Sandwich-Bauweise Zwischen zwei Deckschichten aus Kunststoff wird ein Kern aus PVC-Hartschaumstoff, Balsa- oder Bootsbausperrholz eingeschlossen. Das ergibt, bei großer Steifheit des Bootskörpers bzw. Decks, ein nur geringes Gewicht und gute Isolation.
Schäkel (der) Durch Schraub- oder Steckbolzen verschließbare Metallbügel unterschiedlicher Größen und Stärken, um stark beanspruchte Teile an Bord miteinander zu verbinden. Beispielsweise den Anker mit der Kette oder das Fall mit dem Segel.
schamfilen Scheuern, reiben.
Schandeckel Die äußere an die Bordwand anschließende Decksplanke.
Schanzkleid Eine Erhöhung der Bordwand über das Deck hinaus. Auch die häufig auf seegehenden Yachten anzutreffende Verkleidung der Seereling mit Segeltuch wird als Schanzkleid bezeichnet.
scheren 1. Ein Ende durch einen Block, ein Auge oder eine Leitöse führen. – 2. Im Sinne von »laufen«. Ein Schiff schert aus dem Kurs.
schiften Den Baum von einer Seite auf die andere nehmen.
Schlag Die zwischen zwei Wendemanövern beim Kreuzen zurückgelegte Strecke.
schlingern Das seitliche Schaukeln eines Schiffes im Seegang, also eine Drehbewegung um die Längsachse.
Schot (die) Leine zum Regulieren der Segelstellung. Entsprechend Fockschot, Großschot oder Spinnakerschot.
Schothorn Die hintere untere Ecke eines Segels.
Schotring Ein runder Bügel am Großbaum, an dem die Schot angreift.
Schott (das) Querwände, möglichst wasserdichte, in Schiffen. (Mehrz.: Schotte.) Scherzhafte Bezeichnung für »Tür« (»mach das Schott dicht«).
schralen Eine ungünstige Winddrehung mehr nach vorne. (Gegenteil: raumen.)
schricken Etwas fieren. »Einen Schrick in die Schot geben.«
Schwell (der) In Häfen hineinstehende schwache Dünung. Von vorbeifahrenden Schiffen verursachter Wellenschlag.
Schwert Senkrecht in einem Schwertkasten steckende Platte auf Jollen, die beim Segeln der seitlichen Abdrift entgegenwirkt. Es gibt Steckschwerter und drehbar gelagerte Senkschwerter.
schwojen Das Pendeln eines Bootes um seinen Anker oder seine Muring, hervorgerufen durch Wind oder Strom.
Seemeile (sm) Sie ist 1852 m lang. Das entspricht der Länge des 60. Teiles eines Längengrades, also einer Längen- oder Meridianminute, am Äquator. In der Seefahrt werden alle Entfernungen in sm angegeben.
Setzbord Der erhöhte Rand des Cockpits als Schutz gegen überkommendes Wasser. Auch Waschbord genannt.
Skeg (der; engl.) Deutsche, aber wenig gebräuchliche Bezeichnung »Ruderleitflosse«, auch »Kiel-« oder »Ruderhacke«. Ein »Totholz« vor dem Ruderblatt, das günstigere Anströmverhältnisse schafft und dadurch eine bessere Ruderwirkung erzielt.
Skipper Der »Kapitän«, das heißt, der verantwortliche Führer einer Yacht, im Gegensatz zum Besitzer, der Eigner genannt wird.
slippen 1. Das Zuwasserbringen eines Bootes auf einem Slip, einer Bootsrampe. – 2. Schnelles Loswerfen einer Leine. »Auf Slip belegen.«
Slup Yachttyp mit Großsegel und einem Vorsegel. Die am meisten verbreitete Takelung.
Spant (das; Mehrz.: Spanten) Die Quer- und Längsrippen eines Schiffes. Der Kunststoff-Bootsbau kommt weitgehend ohne sie aus. Längsspanten werden auch Stringer genannt.
Speigatt Öffnungen im Schanzkleid oder in der Fußreling zum Wasserablauf.

Spiegel Der Abschluss des Hecks. Ist er einwärts geneigt, spricht man von einem einfallenden Spiegel, bei Neigung nach auswärts entsprechend von einem ausfallenden.
Spinnaker (auch Spi) Ein leichtes, bauchiges, lose (»fliegend«) an einem Baum gefahrenes Vorsegel für Kurse mit raumem und achterlichem Wind. Benannt mitunter auch nach dem Schnitt. So etwa der Starcut (Sternenschnitt), bei dem die Tuchbahnen strahlenförmig von den drei Ecken zur Mitte verlaufen.
spleißen Das dauerhafte Verflechten von Tauwerk. Entweder um zwei Enden miteinander zu verbinden oder um ein Auge zu bilden.
Spring Zusätzliche Festmacheleinen zu der Vor- und Achterleine, die eine Bewegung des Bootes in der Längsrichtung verhindern. Die Vorspring verläuft vom Vorschiff schräg nach hinten, die Achterspring vom Achterschiff schräg nach vorne.
Sprung Der Verlauf der Deckslinie, der auf Yachten nur selten waagerecht ist. Liegen Bug und Heck höher als der Mittelteil des Rumpfes, hat das Boot einen positiven Sprung, verläuft die Deckslinie umgekehrt, einen negativen Sprung.
Stag (das) Drahttauwerk zum Abstützen und Versteifen der Masten nach vorne und achtern. – Über Stag gehen, dasselbe wie wenden.
Stander 1. Für bestimmte Zwecke fertig gespleißtes Drahtende, z. B. der Bojenstander. – 2. Kurze dreieckige Flagge (Vereinsstander), im Gegensatz zum Wimpel, der auch dreieckig, aber lang und schmal ist.
Standerschein Die Berechtigung zum Führen des Club- oder Vereinsstanders.
stampfen Das Schaukeln eines Schiffes in der Längsrichtung, also um die Querachse, bei gegenanlaufender See.
Steuerbord (Stb) In Fahrtrichtung gesehen die rechte Seite eines Bootes. Rechts.
Steven Vorderer und hinterer Abschluss des Bootsrumpfes, entsprechend Vor- und Achtersteven.
Stevenrohr Die Durchführung der Propellerwelle durch den Bootsrumpf.
Streckbug Beim Kreuzen der Bug, über dem man die längeren Schläge machen kann, weil der Wind nicht genau vom Ziel her weht.
Stringer Versteifung des Bootsrumpfes in Längsrichtung (s. Spanten).
surfen Das »Reiten« auf dem Vorderhang einer Welle, bei dem die konstruktionsbedingte Rumpfgeschwindigkeit weit überschritten werden kann. Alle Gleitjollen können ins Surfen kommen, aber auch moderne Hochseerennyachten.

Takelage Sammelbegriff für Masten und Bäume, stehendes und laufendes Gut. Modernere Bezeichnung: Rigg.
Takelung Die Art und Weise, wie ein Boot getakelt oder geriggt ist: Slup, Kutter, Ketsch usw.
Tamp(en) Die beiden Enden einer Leine (seemännisch: eines Endes).
Terminal Endbeschlag an Drahttauwerk. Es gibt verschiedene Arten von Klemmen und Pressen, um Terminals haltbar auf dem Draht anzubringen. Augterminals sind Walz- oder Gewindeendstücke mit eingeformtem Auge.
Toggle Kniegelenk. An beiden Seiten gabelförmiges Verbindungsstück zwischen Wantenspanner und Pütting.
Tonne Bezeichnung von »schwimmenden Seezeichen«. Je nach ihrer Form bezeichnet man sie als Baken-, Spieren-, Spitz-, Stumpf-, Kugel- oder Fasstonnen. Unter den Bakentonnen gibt es wiederum Heul-, Leucht- und Glockentonnen.
Topp Spitze des Mastes.
Toppnant Aufholer für den Spinnakerbaum.
Toppzeichen Auf Baken oder Tonnen (landfesten und schwimmenden Seezeichen) angebrachte besondere Kennzeichen. Beispielsweise Kegel, Ball, Zylinder, Rhombus etc.
Törn 1. Eine Segelfahrt. – 2. Ein ungewollt in eine Leine eingedrehtes Auge. Eine vertörnte Leine = unklare Leine.
Trailer Ein- oder doppelachsiger Bootsanhänger. Bis zu einer Achsbelastung von 375 kg kann er ungebremst sein, darüber hinaus muss er eigene Bremsen haben.
Trapez Ein auf Gleitjollen oben im Mast befestigter Draht mit einem Gurt, in dem sich der Vorschotmann weit nach Luv aus dem Boot hängt, um als »lebender Ballast« die Stabilität zu erhöhen.
Traveller (engl. Laufkatze) Genaugenommen der Schlitten, an dem der Großschot-Fußblock auf einer Schiene oder einem Rohr gleitet. Inzwischen aber hat sich die Bezeichnung für die gesamte Einrichtung eingebürgert, die dem besseren Trimm des Großsegels dient.
Trimaran (auch Tri), Dreirumpfboot mit einem großen Mittelrumpf, in dem sich die Kajüte befindet, und zwei kleineren Auslegerrümpfen.
trimmen (der Trimm) Alle Maßnahmen, die ein Boot schneller machen und sein Seeverhalten verbessern.
Trolley (der) Leichter von Hand zu ziehender Bootstransportwagen, um Jollen über eine Rampe oder am Strand zu slippen.
Trysegel (sprich: Trei-) Ein kleines dreieckiges Segel aus schwerem Tuch. Es wird bei Sturm anstelle des Großsegels mit losem Fußliek gefahren.

überlappen Ein Begriff aus den Wettsegelbestimmungen für Regattasegler. Ein Boot überlappt, wenn es mit irgendwelchen Rumpf- oder Ausrüstungsteilen den achterlichsten Punkt eines Voraussegelnden überschneidet und somit nicht mehr »klar achteraus« liegt.
über Stag gehen Eine andere Bezeichnung für »wenden«.
über vorn Kommando zum Schiften von Vorsegeln.
Unterliek (das) Die untere Kante eines Segels. Beim Großsegel häufig auch als Fußliek bezeichnet.

Verdrängung (Deplacement) Gewichtsangabe für eine Yacht in kg oder t. Gewicht der Yacht = Gewicht des verdrängten Wassers.
verholen Ein Schiff mit Leinen von einem Platz zu einem anderen bringen.
Verklicker Drehvorrichtung für einen Stander am Masttopp zur Windrichtungsanzeige.
Verstagung Dasselbe wie »stehendes Gut«. Sammelbegriff für die Masthalterungen: Vor- und Achterstag und Wanten.
Vorschiff Der vor dem Mast liegende Teil eines Bootes. Entsprechend das Vordeck.
Vorschoter Derjenige, der nicht steuert, sondern die Vorschot bedient.
Vorsegel Alle Segel vor dem Mast, also Fock, Genua, Klüver, Spinnaker.

Want (das; Mehrz.: Wanten) Das stehende Gut rechts und links vom Mast. Kleine Boote haben nur ein Wantenpaar, größere Yachten mehrere (Topp-, Ober- und Unterwanten).
Wantenspanner Spannschrauben verschiedener Konstruktionen, die Wanten und Püttings (Rüsteisen) miteinander verbinden. Auf Jollen werden häufig nur Wantenhänger verwendet (Lochbänder mit Steckbolzen).
Waschbord Erhöhter Rand des Cockpits (s. Setzbord).
Wasser machen Ein Schiff leckt, ist undicht.
Wegerung Die innere Verkleidung des Rumpfes. Sie dient hauptsächlich der Isolation.
wegfieren Eine Verstärkung des Ausdrucks fieren (s. dort).
wenden Mit dem Bug durch den Wind gehen.
Winsch Mit einer Kurbel oder elektrisch zu bedienende Winde (Schotwinsch, Fallwinsch, Ankerwinsch).
Wirbelschäkel Schäkel mit einem drehbaren Auge oder drehbar verbundene Doppelschäkel.
wriggen, auch **wricken** Ein Ruderboot mit einem Riemen am Spiegel durch schraubenartige Bewegung vorwärtsbewegen.

Yawl Yachttyp mit Großmast und Besan, der außerhalb der Konstruktionswasserlinie steht.
Yardstick Von dem Engländer Zillwood Milledge 1951 ausgeknobelte Handikap-Methode, nach der Jollen und Yachten, Einrumpf- und Mehrrumpfboote gegeneinander segeln können. Jedes Boot erhält eine empirisch ermittelte Yardstick-Zahl, durch die die gesegelte Zeit geteilt wird.

zeisen Zusammen- oder anbinden, etwa aufgetuchte Segel. Zeiser = Bänder zum Zeisen der Segel.
zurren Zusammenschnüren, festbinden. Etwas seefest zurren.

Wie bekommt man den Führerschein?

Wer einen Sportbootführerschein erwerben will, muss folgende Anforderungen erfüllen:

- ❑ das 16. Lebensjahr vollendet haben;
- ❑ gesundheitlich, charakterlich und geistig geeignet sein (ausreichendes Hör-, Seh- und Farbunterscheidungsvermögen);
- ❑ zum Führen eines Bootes befähigt sein.

Diese seine Befähigung hat er vor einem Prüfungsausschuss des Deutschen Segler-Verbandes oder des Deutschen Motoryachtverbandes nachzuweisen. Die Zulassung zur Prüfung muss auf einem Formblatt der genannten Verbände bei dem zuständigen Prüfungsausschuss beantragt werden.
Diesem Antrag sind folgende Unterlagen beizufügen:

- ❑ Ein Lichtbild 38 x 45 mm, ohne Kopfbedeckung im Halbprofil.
- ❑ Ein ärztliches Tauglichkeitszeugnis (Formblatt der Verbände).
- ❑ Die Kopie eines gültigen Kfz-Führerscheins oder, auf Verlangen, ein amtliches Führungszeugnis, nicht älter als sechs Monate.
- ❑ Eine Erklärung, dass dem Bewerber keine (frühere) Fahrerlaubnis für Sportboote entzogen worden ist (auf der Rückseite des Antrags vorgedruckt).

Die Prüfung

Sie besteht aus einem theoretischen und einem praktischen Teil.

Theorie

Geprüft wird schriftlich und mündlich. Wer weniger als 60 Punkte erreicht, ist durchgefallen. Zwischen 60 und 71 Punkten ist eine mündliche Prüfung erforderlich. Mit 72 und mehr Punkten hat man bestanden und die mündliche Prüfung entfällt. Hilfsmittel dürfen nicht benutzt werden. Bei einem Täuschungsversuch gilt die Prüfung als nicht bestanden.

Praxis

Im praktischen Teil soll der Prüfungskandidat zeigen, ob er die zur sicheren Führung eines Segel- beziehungsweise Motorbootes erforderlichen Kenntnisse und Fähigkeiten besitzt.
Verlangt wird:

- ❑ Segel klarmachen, setzen und bergen, reffen und ausreffen.
- ❑ Manövrieren (Ab- und anlegen, festmachen, wenden, halsen, Mann-über-Bord, ankern, im Strom, im Schlepp).
- ❑ Steuern nach Schifffahrtszeichen und anderen Objekten oder Kompass.
- ❑ An seemännischen Knoten: Achtknoten, zwei halbe Schläge, Kreuzknoten, einfacher und doppelter Schotstek, Palstek, Stopperstek, Slipstek, Webeleinstek, belegen auf einer Klampe mit Kopfschlag.

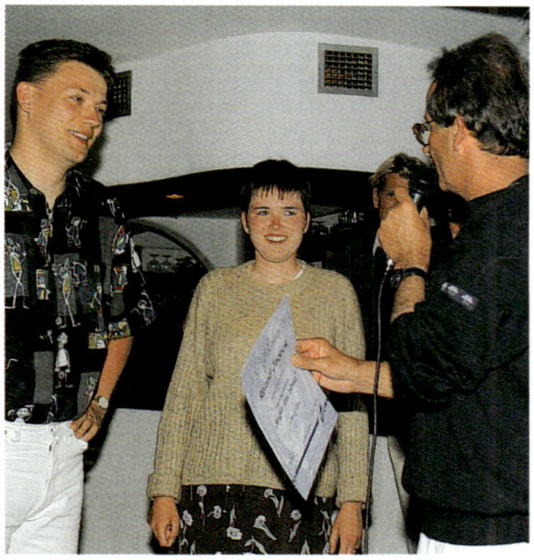

Hat man, auch mit der mündlichen Prüfung, nicht die erforderliche Punktanzahl erreicht oder in der Praxis die Prüfer mit seinen Manövern nicht überzeugen können, gilt die Prüfung als nicht bestanden, Man muss oder kann sie wiederholen. Allerdings frühestens nach Ablauf eines Monats. Bestandene Teile der ersten Prüfung – sei es Theorie oder Praxis – werden anerkannt und brauchen nicht wiederholt zu werden, sofern die Prüfung nicht länger als zwölf Monate zurückliegt.

Entzug des Führerscheins

Der Sportbootführerschein kann entzogen werden, wenn der Inhaber

- ❑ wegen Gefährdung des Schiffsverkehrs rechtskräftig verurteilt ist;
- ❑ wiederholt mit Geldbußen geahndete Zuwiderhandlungen gegen strom- oder schifffahrtspolizeiliche Vorschriften begangen hat;
- ❑ unter Alkoholeinfluss, der Einwirkung von Drogen oder anderen berauschenden Mitteln ein Boot geführt hat oder
- ❑ einer im Führerschein eingetragenen Auflage (etwa eine Sehhilfe zu tragen) nicht nachgekommen ist.

Der Sportbootführerschein wird entzogen, wenn sich herausstellt, dass er durch falsche Angaben oder arglistige Täuschung erschlichen wurde. Oder wenn sich im Laufe der Zeit ein körperliches Gebrechen oder eine geistige Beeinträchtigung zeigt, sodass der Führerschein-Inhaber den an ihn als Bootsführer gestellten Anforderungen nicht mehr gewachsen ist.

DIE 394 PRÜFUNGSFRAGEN MIT MODELLANTWORTEN

Die für die theoretische Prüfung verwendeten offiziellen Fragebogen des Deutschen Segler-Verbandes und Deutschen Motoryachtverbandes enthalten diese 394 Fragen. Für den »Allgemeinen Teil« sind 15 Prüfungsbogen von je 22 Fragen vorgesehen, für den Teil »Antriebsmaschine« 10 Bogen mit je 8 Fragen und für den Teil »Segeln« 10 Bogen mit je 15 Fragen, die unterschiedlich miteinander kombiniert werden. »Allgemeiner Teil« und »Segeln« allein bilden zugleich den offiziellen Fragenkatalog für den Segelschein A des Deutschen Segler-Verbandes. Neben jeder Frage finden Sie die so genannte Modellantwort. Sie soll Ihnen später, bei der schriftlichen Prüfung, die Formulierung der Antwort erleichtern. Diese Antworten brauchen natürlich nicht wörtlich wiedergegeben zu werden. Es genügt, wenn man die Fragen sinngemäß richtig beantworten kann. Wer in die mündliche Prüfung kommt, dem können Fragen aus dem gesamten Fragenkatalog gestellt werden. Allerdings nicht mehr solche, die von ihm in der schriftlichen Prüfung nicht richtig beantwortet waren.

Da nicht alle Fragen von gleicher Wichtigkeit sind, werden sie mit ein, zwei oder drei Punkten bewertet. Sie stehen neben der Nummerierung. Hat man beispielsweise eine mit drei Punkten bewertete Frage nur teilweise richtig beantwortet, erhält man nur einen oder zwei Punkte.

Und nun überprüfen Sie anhand der Modellantworten Ihr Führerscheinwissen nach der altbewährten Methode: Zunächst die Antworten abdecken und erst nachsehen, wenn man's nicht weiß.

Allgemeiner Teil

Allgemeines

1 ●●●

Welches sind die wichtigsten Verordnungen zur Regelung des Verkehrs auf den Binnenschifffahrtsstraßen?

Binnenschifffahrtsstraßen-Ordnung
Rheinschifffahrtspolizeiverordnung
Moselschifffahrtspolizeiverordnung
Donauschifffahrtspolizeiverordnung
Wassermotorräder-Verordnung
Wasserski-Verordnung

2 ●●

In welchen Vorschriften sind die Gewässer, auf denen die Binnenschifffahrtsstraßen-Ordnung mit den jeweiligen Sondervorschriften gilt, aufgeführt?

Im Teil II der Binnenschifffahrtsstraßen-Ordnung und den dazu erlassenen Regelungen für vorübergehende Abweichungen (Drei-Jahres-Verordnungen).

3 ●●●

Welche Verpflichtung haben Sie, wenn Sie ein Ihnen unbekanntes Revier befahren wollen?

1. Ich informiere mich über die dort geltenden Vorschriften, Fahrwasserbezeichnungen, Sonderregelungen.
2. Ich beschaffe mir das erforderliche Kartenmaterial.

4 ●●●

Weshalb muss sich der Schiffsführer vor dem Befahren fremder Gewässer über die dort geltenden Vorschriften informieren?

Damit er die dort möglichen Abweichungen der Verkehrs-, Führerschein- und Zulassungsvorschriften, sowie mögliche Fahrverbote für Teile der Wasserflächen oder zu bestimmten Zeiten berücksichtigen kann.

5 ●●

Wo kann man Verkehrsbeschränkungen erfahren und nähere Informationen über bestimmte Binnenschifffahrtsstraßen erhalten?

Bei den Dienststellen der Wasser- und Schifffahrtsverwaltung und der Wasserschutzpolizei.

6 ●

Bei welchen Dienststellen erhalten Sie nähere Informationen über Sondervorschriften auf bestimmten Wasserstraßen?

Bei den Dienststellen der Wasser- und Schifffahrtsverwaltung und der Wasserschutzpolizei.

7 ●●

Wer überwacht die Befolgung der schifffahrtspolizeilichen Vorschriften?

Die Wasserschutzpolizei.
Die Wasser- und Schifffahrtsverwaltung.

8 ●

Wer ist auf einem Fahrzeug für die Befolgung der schifffahrtspolizeilichen Vorschriften verantwortlich?

Der Schiffsführer.

9 ●● **Was ist zu tun, wenn vor Antritt der Fahrt nicht feststeht, wer Schiffsführer ist?**	Wenn nicht feststeht, wer Schiffsführer ist und wenn mehrere Personen zum Führen eines Fahrzeuges berechtigt sind, haben sie vor Antritt der Fahrt zu bestimmen, wer verantwortlicher Schiffsführer ist.
10 ● **Wie hat sich ein Schiffsführer zu verhalten, wenn er durch Übermüdung, Einwirkung von Alkohol, Medikamenten oder Drogen beeinträchtigt ist?**	Er darf das Fahrzeug nicht führen.
11 ●●● **Wie lauten die Grundregeln für das Verhalten im Verkehr auf den Binnenschifffahrtsstraßen?**	Alle Verkehrsteilnehmer haben Vorsichtsmaßregeln zur sicheren Führung des Fahrzeuges zu treffen, damit kein anderer geschädigt, gefährdet oder mehr als nach den Umständen unvermeidbar behindert oder belästigt wird.
12 ●●● **Wann darf man von den Grundregeln für das Verhalten im Verkehr auf den Binnenschifffahrtsstraßen abweichen?**	Bei unmittelbar drohender Gefahr müssen die Schiffsführer alle Maßnahmen treffen, die die Umstände gebieten, auch wenn sie dadurch gezwungen sind, von den geltenden Bestimmungen abzuweichen.
13 ●● **Wozu ist der Schiffsführer jedes Fahrzeuges verpflichtet, wenn sich in seiner Nähe ein Unfall ereignet?**	Jeder Schiffsführer ist verpflichtet, unverzüglich Hilfe zu leisten, so weit das mit der Sicherheit seines eigenen Fahrzeuges zu vereinbaren ist. Er ist als Beteiligter auch verpflichtet, die Feststellung seiner Person, seines Fahrzeuges und der Art seiner Beteiligung zu ermöglichen.
14 ●● **Wie hat sich der Schiffsführer bei einem Unfall mit drohender Gefahr für die Sicherheit der an Bord befindlichen Personen zu verhalten?**	Der Schiffsführer muss alle Maßnahmen treffen, die die Umstände zur Abwendung der Gefahr erfordern.
15 ●●● **Wie verhalten Sie sich nach einem Zusammenstoß?**	Grundsätzlich erste Hilfe leisten, Fahrzeug aus dem Fahrwasser bringen, erforderliche Daten beteiligter Personen und Fahrzeuge notieren. Erforderlichenfalls Wasserschutzpolizei oder andere zuständige Stellen verständigen.
16 ●●● **Worauf ist bei Hochwasser besonders zu achten?**	1. Eventuelle Geschwindigkeitsbegrenzungen. 2. Eventuelle Begrenzung der Fahrwasserbreite. 3. Sprechfunk auf Empfang schalten. 4. Eventuelles Fahrverbot beachten, insbesondere bei Überschreiten der Hochwassermarke I ohne Sprechfunk (Rhein, Oder).
17 ● **Bis zu welcher Länge gilt auf den Binnenschifffahrtsstraßen ein Sportboot als Kleinfahrzeug?**	Weniger als 20 m Länge.
18 ● **Wann gilt ein Sportboot nach der Binnenschifffahrtsstraßen-Ordnung nicht mehr als Kleinfahrzeug?**	Wenn es 20 m oder länger ist.
19 ●●● **Wann ist ein Fahrzeug »in Fahrt«?**	Wenn es weder vor Anker liegt noch am Ufer festgemacht ist noch festgefahren ist.
20 ● **Wann gilt ein Segelfahrzeug als Maschinenfahrzeug?**	Wenn es unter Segel und mit Motor oder nur mit Motor fährt.

21 ● **Welche Seite wird als Luvseite bezeichnet?**	Die dem Wind zugekehrte Seite.
22 ● **Welche Seite wird als Leeseite bezeichnet?**	Die dem Wind abgekehrte Seite.
23 ●●● **Was verstehen Sie 1. unter unsichtigem Wetter? 2. unter Nacht?**	1. Sichtbeeinträchtigung durch Nebel, Schneefall, heftige Regengüsse oder ähnliche Umstände. 2. Den Zeitraum von Sonnenuntergang bis Sonnenaufgang.
24 ●●● **Welche Kennzeichnungsarten für Sportboote gibt es?**	1. Amtliche Kennzeichen. 2. Amtlich anerkannte Kennzeichen. 3. Für Boote, die nicht kennzeichnungspflichtig sind, auch Kennzeichnung mit seinem Namen und dem Namen und der Anschrift des Eigentümers.
25 ● **Welche Stelle ist für die Zuteilung eines amtlichen Kennzeichens für Sportboote zuständig?**	Jedes Wasser- und Schifffahrtsamt.
26 ●● **Woraus bestehen die amtlich anerkannten Kennzeichen?**	1. Nummer des Internationalen Bootsscheins, 2. gefolgt vom Kennbuchstaben der ausstellenden Organisation.
27 ●● **Wie muss die Kennzeichnung an einem Sportboot angebracht werden?**	Beidseits des Bugs oder am Heck, 10 cm hohe Schrift (lateinische Buchstaben, arabische Ziffern) in dunkler Farbe auf hellem Grund oder in heller Farbe auf dunklem Grund.
28 ● **Wann muss ein Wassersportfahrzeug in das Binnenschiffsregister eingetragen werden?**	Ab 10 m^3 Wasserverdrängung.
29 ●● **Welche Papiere muss der Führer eines Sportbootes unter Antriebsmaschine mit mehr als 3,68 kW mit sich führen?**	1. Den Führerschein. 2. Den Nachweis über die Kennzeichnung.
30 ●● **Welche fernmelderechtlichen Voraussetzungen sind bei Sprechfunkanlagen zu beachten?**	1. Die Anlage muss zugelassen sein und der Regionalen Vereinbarung über den Binnenschifffahrtsfunk entsprechen. 2. Die Anlage darf nur eine Person mit Sprechfunkzeugnis bedienen.
31 ● **Sie haben Sprechfunk an Bord; was unternehmen Sie bei Annäherung an eine Schleuse?**	Entsprechenden Kanal schalten und bei der Schleuse melden.
32 ●●● **Was ist beim Anlaufen von Häfen zu beachten?**	1. Hafenpolizeiverordnung. 2. Sog- und Wellenschlag vermeiden. 3. Geschwindigkeitsbegrenzungen beachten. 4. Eventuell erforderliche Genehmigung einholen.
33 ●● **Warum ist in den Kanälen das Ankern verboten?**	Um eine Beschädigung des Kanalbettes zu vermeiden und um den Schiffsverkehr nicht zu behindern.
34 ●●● **Für welche Sportboote ist der Sportbootführerschein Binnen gesetzlich vorgeschrieben?**	Für Sportboote von mehr als 3,68 kW (5 PS) Motorleistung und weniger als 15 m Länge. Auf bestimmten Gewässern im Großraum Berlin für alle Sportboote mit Maschinenantrieb und für Segelfahrzeuge und Segelsurfbretter mit mehr als 3 m^2 Segelfläche.
35 ● **Auf welchen Gewässern gilt der Sportbootführerschein Binnen?**	Auf den Binnenschifffahrtsstraßen.

36 ●●
Wann wird der Sportbootführerschein Binnen entzogen?

Wenn der Inhaber nicht mehr tauglich ist oder sich durch sein Verhalten im Verkehr als unzuverlässig erwiesen hat.

Tag- und Nachtbezeichnung der Fahrzeuge und schwimmenden Geräte

37 ●●
Welchen Sichtwinkel und welche Farbe haben die einzelnen Bordlichter?

Topplicht: weiß 225°
Seitenlichter:
Backbord rot 112° 30'
Steuerbord grün 112° 30'
Hecklicht: weiß 135°

38 ●
Wann müssen die vorgeschriebenen Lichter von Fahrzeugen geführt werden?

Bei Nacht und unsichtigem Wetter.

39 ●
Welche Bordlichter dürfen auf Sportbooten verwendet werden?

Nur solche Lichter, deren Baumuster vom BSH oder DHI zur Verwendung auf Binnen- oder Seeschifffahrtsstraßen zugelassen sind.

40 ●
Welchen Anforderungen müssen die Bordlichter entsprechen?

Sie müssen die Baumusterprüfung des BSH oder DHI haben.

41 ●●
Sie sehen unten stehende Lichter. Welches Fahrzeug erkennen Sie?

Fahrzeug mit Maschinenantrieb in Fahrt von vorn.

*)

**) Viereckige Lichterdarstellung = Sektorenlichter; runde Darstellungen = Rundumlichter*

42 ●●
Sie sehen unten stehende Lichter. Welches Fahrzeug erkennen Sie?

Fahrzeug mit Maschinenantrieb in Fahrt von Steuerbordseite.

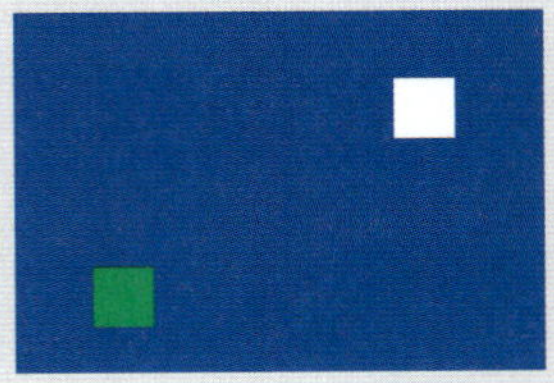

43 ●
Sie sehen unten stehende Lichter.
Welches Fahrzeug erkennen Sie?

1. Einzeln fahrendes Fahrzeug mit Maschinenantrieb über 110 m Länge von vorn.
2. Das erste Fahrzeug eines Schleppverbandes (Schlepper) von vorn.

44 ●●●
Woran erkennen Sie Anfang und Ende eines Schleppverbandes:
1. bei Tag?
2. bei Nacht?

1. Bei Tag erstes Fahrzeug einen gelben Zylinder, letztes Fahrzeug einen gelben Ball.
2. Bei Nacht erstes Fahrzeug zwei weiße Topplichter übereinander und gelbes Hecklicht, letztes Fahrzeug ein weißes Rundumlicht und ein weißes Hecklicht.

45 ●●
Was bedeuten unten stehende Tagsignale?

1. Erstes Fahrzeug eines Schleppverbandes,
2. Fahrzeuge, die geschleppt werden.

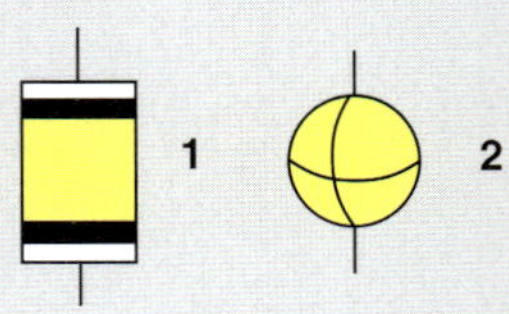

46 ●●●
Welche Lichter führt ein Schubverband?

Drei weiße Topplichter in einem Dreieck angebracht, die Seitenlichter (Backbord rot/ Steuerbord grün), drei weiße Hecklichter waagerecht nebeneinander.

47 ●●
Sie sehen unten stehende Lichter. Welches Fahrzeug erkennen Sie?

Schubverband in Fahrt von vorn.

48 ●
Sie sehen vor sich unten stehende Lichter. Welches Fahrzeug erkennen Sie?

Vorausfahrender Schubverband.

49 ●●
Sie sehen vor sich unten stehende Lichter. Welches Fahrzeug erkennen Sie?

Vorausfahrender Schubverband, der geschleppt wird.

50 ●
Sie sehen ein Fahrzeug, das unten stehende Lichter gesetzt hat; um welches Fahrzeug handelt es sich?

Eine nicht frei fahrende Fähre.

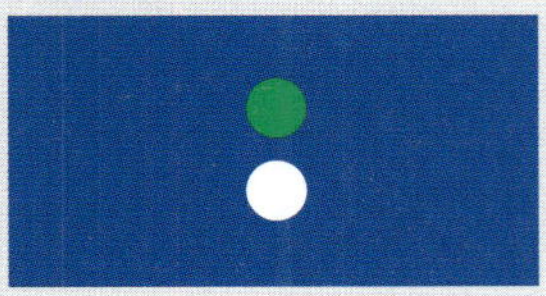

51 ●
Sie sehen ein Fahrzeug, das unten stehende Lichter gesetzt hat; um welches Fahrzeug handelt es sich?

Eine frei fahrende Fähre von vorn.

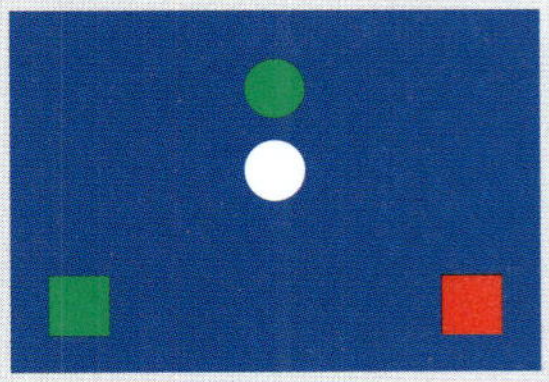

52 ●●●
Welche Lichter müssen motorisierte Kleinfahrzeuge führen, und wie müssen diese Lichter angebracht sein? Tragen Sie die drei Möglichkeiten unter Angabe der Farben und Sichtwinkel ein.

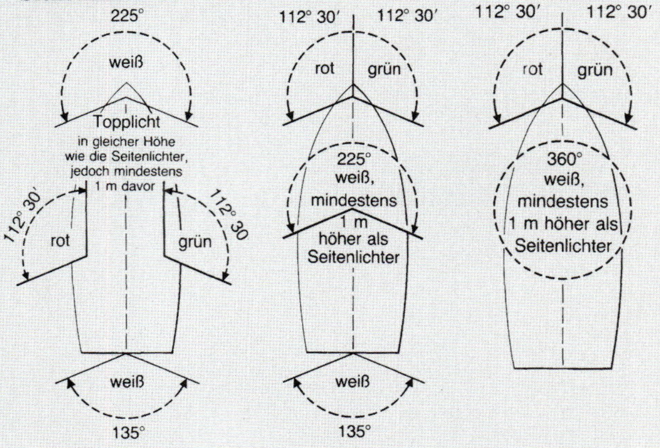

53 ●●●
Welche drei Möglichkeiten der Lichterführung gibt es auf Binnenschifffahrtsstraßen für Kleinfahrzeuge unter Segel?

1. Ein weißes, von allen Seiten sichtbares Licht. Bei Annäherung an andere Fahrzeuge ist ein zweites Licht zu zeigen, oder
2. Seitenlichter am oder nahe am Bug und Hecklicht, oder
3. Dreifarbenlampe im Topp.

54 ●
Welche Lichter müssen Kleinfahrzeuge ohne Maschinenantrieb mindestens führen?

Ein weißes, von allen Seiten sichtbares Licht.

55 ●●●
Sie sehen voraus im Fahrwasser unten stehende Lichter.
Was bedeuten diese Lichter, und wie verhalten Sie sich?

Schwimmendes Gerät bei der Arbeit oder ein festgefahrenes oder gesunkenes Fahrzeug. Vorbeifahrt an jeder Seite gestattet. Sog und Wellenschlag vermeiden.

56 ●●●
Sie sehen voraus im Fahrwasser unten stehende Zeichen. Was bedeuten diese Zeichen, und wie verhalten Sie sich?

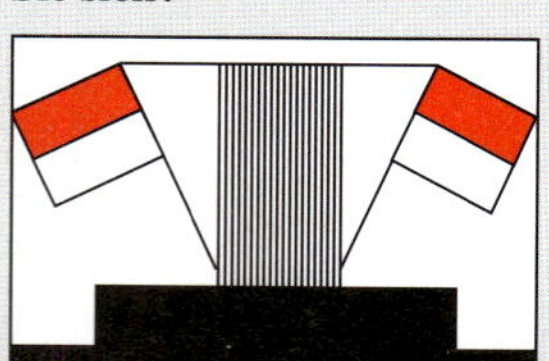

Schwimmendes Gerät bei der Arbeit oder ein festgefahrenes oder gesunkenes Fahrzeug. Vorbeifahrt an jeder Seite gestattet.
Sog und Wellenschlag vermeiden.

57 ●●●
Sie sehen voraus im Fahrwasser unten stehende Lichter.
Was bedeuten diese Lichter, und wie verhalten Sie sich?

Schwimmendes Gerät bei der Arbeit oder ein festgefahrenes oder gesunkenes Fahrzeug. Vorbeifahrt nur an der rot-weißen Seite gestattet; rote Seite gesperrt.
Sog und Wellenschlag vermeiden.

58 ●●●
Sie sehen voraus im Fahrwasser unten stehende Zeichen.
Was bedeuten diese Zeichen, und wie verhalten Sie sich?

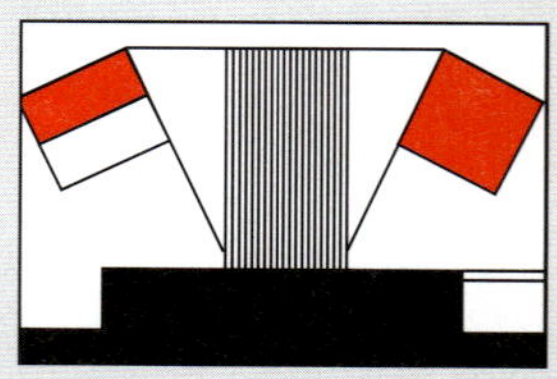

Schwimmendes Gerät bei der Arbeit oder ein festgefahrenes oder gesunkenes Fahrzeug. Vorbeifahrt nur an der rot-weißen Seite gestattet; rote Seite gesperrt.
Sog und Wellenschlag vermeiden.

59 ●●
Sie sehen voraus im Fahrwasser unten stehende Lichter.
Was bedeuten diese Lichter, und wie verhalten Sie sich?

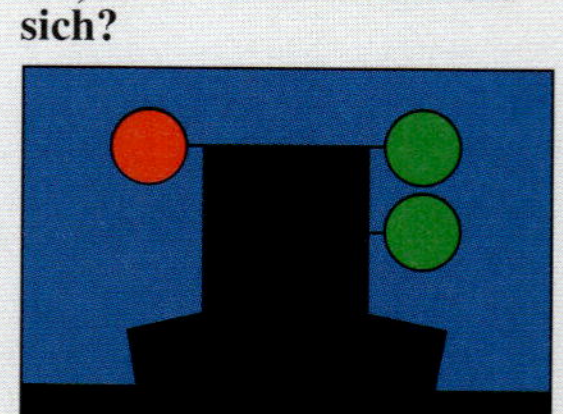

Schwimmendes Gerät bei der Arbeit. Vorbeifahrt nur an den grünen Lichtern gestattet; rote Seite gesperrt.

60 ●●
**Sie sehen voraus im Fahrwasser unten stehende Zeichen.
Was bedeuten diese Zeichen, und wie verhalten Sie sich?**

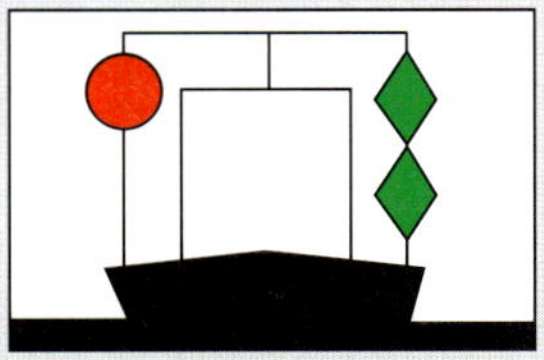

Schwimmendes Gerät bei der Arbeit. Vorbeifahrt nur an den grünen Doppelkegeln gestattet; rote Seite gesperrt.

61 ●●
**Sie sehen voraus im Fahrwasser unten stehende Zeichen.
Was bedeuten diese Zeichen, und wie verhalten Sie sich?**

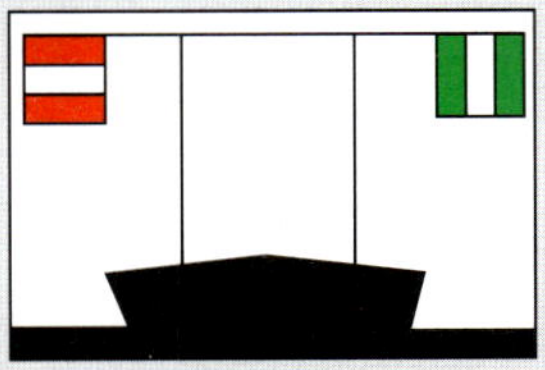

Schwimmendes Gerät bei der Arbeit. Vorbeifahrt nur an der grün-weiß-grünen Tafel gestattet; rot-weiß-rot gesperrt.

62 ●●
**Sie sehen voraus im Fahrwasser unten stehende Lichter.
Was bedeuten diese Lichter, und wie verhalten Sie sich?**

Schwimmendes Gerät bei der Arbeit. Vorbeifahrt an jeder Seite gestattet. Möglichst Sog und Wellenschlag vermeiden.

63 ●●
**Sie sehen voraus im Fahrwasser unten stehende Zeichen.
Was bedeuten diese Zeichen, und wie verhalten Sie sich?**

Schwimmendes Gerät bei der Arbeit. Vorbeifahrt an jeder Seite gestattet. Möglichst Sog und Wellenschlag vermeiden.

64 ●●
**Sie sehen voraus im Fahrwasser unten stehende Zeichen.
Was bedeuten diese Zeichen, und wie verhalten Sie sich?**

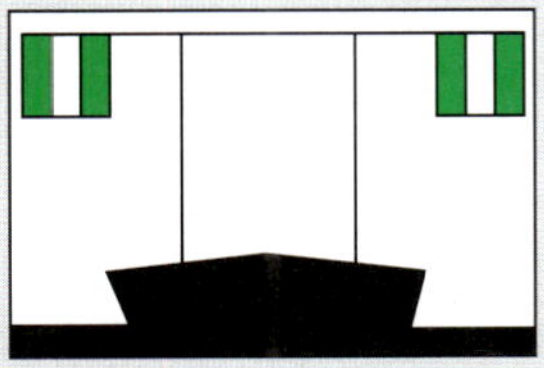

Schwimmendes Gerät bei der Arbeit. Vorbeifahrt an jeder Seite gestattet. Möglichst Sog und Wellenschlag vermeiden.

65 ●
Sie sehen auf einem Fahrzeug ein blaues Funkellicht. Um welches Fahrzeug handelt es sich?

Fahrzeuge der Überwachungsbehörden und Feuerlöschboote oder Wasserrettungsfahrzeug im Einsatz.

66 ●
Sie sehen auf einem Fahrzeug ein blaues Licht. Welche Bedeutung hat dieses Licht?

Fahrzeug hat entzündbare Stoffe geladen. Mindestabstand beim Stillliegen 10 m.

67 ●
Welche Bedeutung hat unten stehendes Zeichen?

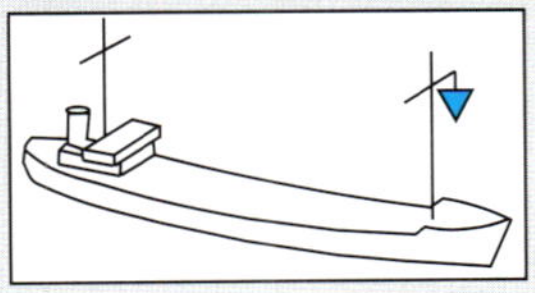

Fahrzeug hat entzündbare Stoffe geladen. Mindestabstand beim Stillliegen 10 m.

68 ●
Sie sehen auf einem Fahrzeug zwei blaue Lichter übereinander. Welche Bedeutung haben diese Lichter?

Fahrzeug hat gesundheitsschädliche Stoffe geladen. Mindestabstand beim Stillliegen 50 m.

69 ●
Welche Bedeutung haben unten stehende Zeichen?

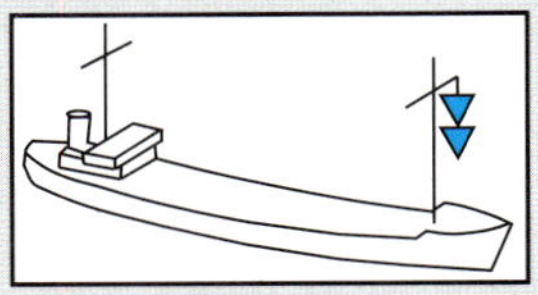

Fahrzeug hat gesundheitsschädliche Stoffe geladen. Mindestabstand beim Stillliegen 50 m.

70 ●
Sie sehen auf einem Fahrzeug drei blaue Lichter übereinander. Welche Bedeutung haben diese Lichter?

Fahrzeug hat explosive Stoffe geladen. Mindestabstand beim Stillliegen 100 m.

71 ●
Welche Bedeutung haben unten stehende Zeichen?

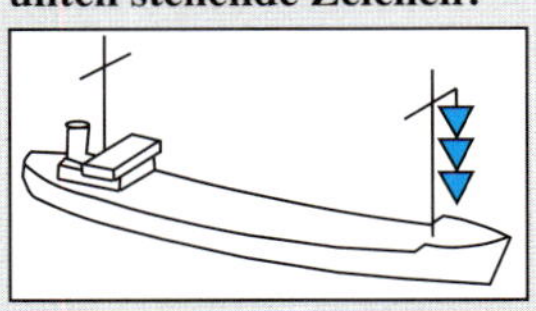

Fahrzeug hat explosive Stoffe geladen. Mindestabstand beim Stillliegen 100 m.

72 ●
Welches Fahrzeug führt am Bug einen roten Wimpel?

Fahrzeug mit Vorrang z. B. beim Schleusen.

73 ●
Welche Bedeutung hat der rote Wimpel?

Fahrzeug mit Vorrang z. B. beim Schleusen.

74 ●●
Sie sehen auf einem Fahrzeug unter Segel einen schwarzen Kegel, Spitze nach unten. Was bedeutet dieses Zeichen?

Das Fahrzeug fährt unter Segel und Motor und gilt als Maschinenfahrzeug.

75 ●●
Ein Fahrzeug zeigt an der Steuerbordseite seines Ruderhauses eine blaue Tafel mit weißem Funkellicht. Welche Bedeutung hat dieses Zeichen?

Fahrzeuge begegnen sich an Steuerbord. Dieses Zeichen gilt nicht für Kleinfahrzeuge, verpflichtet aber zu erhöhter Aufmerksamkeit.

76 ●●
Auf einem entgegenkommenden Fahrzeug sehen Sie über oder nahe dem grünen Seitenlicht ein weißes Funkellicht. Welche Bedeutung hat dieses Licht?

Fahrzeuge begegnen sich an Steuerbord. Dieses Zeichen gilt nicht für Kleinfahrzeuge, verpflichtet aber zu erhöhter Aufmerksamkeit.

77 ●●●
Sie fahren nachts hinter einem Fahrzeug der gewerblichen Schifffahrt zu Tal, das plötzlich an Steuerbord ein weißes Funkellicht zeigt.
1. Was bedeutet dieses Licht?
2. Wie verhalten Sie sich?

1. Begegnung mit einem Bergfahrer Steuerbord an Steuerbord.
2. Hinter dem Talfahrer bleiben, nicht überholen.

78 ●●●
Sie fahren hinter einem Fahrzeug der gewerblichen Schifffahrt in den Schleusenvorhafen ein. Aus der Schleusenkammer kommt ein Schiff, das an Steuerbord eine blaue Tafel mit einem weißen Funkellicht zeigt.
Was bedeutet dieses Zeichen?

Das aus- und das einfahrende Fahrzeug passieren sich an Steuerbordseite.

79 ●
Welches Licht setzt ein vor Anker liegendes Fahrzeug?

Ein weißes, von allen Seiten sichtbares Licht auf der Fahrwasserseite.

80 ●
Sie sehen auf einem stillliegenden Fahrzeug zwei weiße Lichter übereinander. Welche Bedeutung haben diese Lichter?

Ein Ankerlieger, dessen Anker die Schifffahrt gefährden kann.

81 ●●
Sie sehen nachts auf der Wasserstraße ein weißes Licht. Um was handelt es sich?

1. Um ein stillliegendes Fahrzeug.
2. Um ein schwimmendes Gerät, dessen Anker die Schifffahrt gefährden kann.
3. Um das Hecklicht eines Vorausfahrenden.
4. Um ein Ruder- oder Segelboot, geschlepptes oder gekuppeltes Kleinfahrzeug.

82 ● **Wie sind Anker am Tage bezeichnet, die die Schifffahrt behindern können?**	Mit einem gelben Döpper.

Sichtzeichen im Fahrwasser, am Ufer, an Brücken und an Schleusen

83 ● **Wie werden die Uferseiten – rechtes, linkes Ufer – bezeichnet?**	Bei Flüssen in Fließrichtung.
84 ● **Welche Zeichen begrenzen die Fahrrinne zum rechten Ufer?**	Rote Stumpftonnen oder Schwimmstangen, evtl. mit rotem Zylinder als Toppzeichen.
85 ● **Welche Zeichen begrenzen die Fahrrinne zum linken Ufer?**	Grüne Spitztonnen oder Schwimmstangen, evtl. mit grünem Kegel, Spitze nach oben als Toppzeichen.
86 ●● **Welche Fahrrinnenseite eines strömenden Gewässers hat ein Bergfahrer an seiner Steuerbordseite, und wie ist diese gekennzeichnet?**	Die linke Fahrrinnenseite, gekennzeichnet durch grüne Spitztonnen.
87 ●● **Sie fahren zu Tal. Voraus haben Sie eine rote, stumpfe Tonne.** **1. Auf welcher Fahrrinnenseite befindet sich diese Tonne?** **2. Auf welcher Schiffsseite lassen Sie diese Tonne bei der Vorbeifahrt liegen?**	1. Auf der rechten Fahrrinnenseite. 2. An meiner Steuerbordseite.
88 ●● **Sie fahren zu Berg. Voraus haben Sie eine rote, stumpfe Tonne.** **1. Auf welcher Fahrrinnenseite befindet sich diese Tonne?** **2. Auf welcher Schiffsseite lassen Sie diese Tonne bei der Vorbeifahrt liegen?**	1. Auf der rechten Fahrrinnenseite. 2. An meiner Backbordseite.
89 ●● **Sie fahren in der Fahrrinne gegen den Strom. Voraus haben Sie eine grüne Spitztonne.** **1. Auf welcher Fahrrinnenseite befindet sich diese Tonne?** **2. Auf welcher Schiffsseite lassen Sie diese Tonne bei der Vorbeifahrt liegen?**	1. Auf der linken Fahrrinnenseite. 2. An meiner Steuerbordseite.
90 ● **Was bedeutet eine grün-rot gestreifte Tonne oder Schwimmstange?**	Fahrrinnenspaltung.
91 ●● **Mit welchen Zeichen werden Hindernisse (Buhnen etc.) am rechten Ufer bezeichnet?**	Stangen oder rot-weiß gestreifte Schwimmstangen mit rotem Kegel, Spitze nach unten, oder rote Tonnen mit rot-weiß gestreiftem Aufsatz.
92 ● **Sie sehen voraus eine grün-weiß gestreifte Schwimmstange mit grünem Kegel, Spitze nach oben, oder eine grüne Tonne mit grün-weiß gestreiftem Aufsatz.** **An welcher Uferseite befinden sich diese Zeichen?**	An der linken Uferseite.
93 ●● **Welche Bedeutung haben gelbe Tonnen vor Brückenpfeilern?**	Es sind Tonnen mit einem Radarreflektor zur Kenntlichmachung der Brückenpfeiler auf dem Radarschirm.
94 ●● **Warum muss von den ausgelegten Tonnen ein ausreichender Sicherheitsabstand eingehalten werden?**	Weil die Tonnen durch Wasserstandsschwankungen, Wind- oder Strömungseinwirkung ihre Lage ändern können.

95 ●
Sie sehen an einer Brücke unten stehende Tafel. Welche Bedeutung hat diese Tafel?

Empfohlene Durchfahrt in beiden Richtungen.

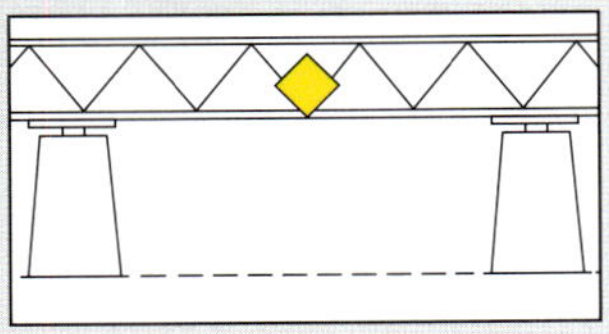

96 ●●
Sie sehen an einer Brücke unten stehende Tafeln. Welche Bedeutung haben diese Tafeln?

Empfohlene Durchfahrt. In der Gegenrichtung gesperrt.

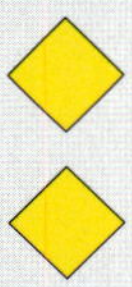

oder

97 ●
Sie sehen an einer Brücke unten stehende Tafel. Welche Bedeutung hat diese Tafel?

Durchfahrt durch diese Brückenöffnung ist für alle Fahrzeuge gesperrt.

98 ●
Sie sehen an einer Brücke unten stehende Tafeln. Welche Bedeutung haben diese Tafeln?

Die Brückenöffnung darf nur zwischen diesen Tafeln durchfahren werden.

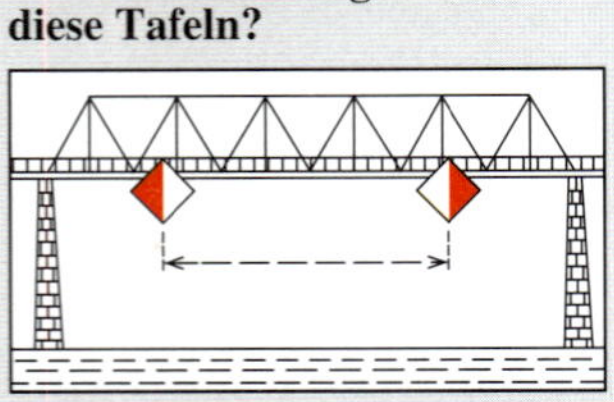

99 ●●
Sie kommen am Tage an die unten stehend gekennzeichnete Brücke. Welche Bedeutung haben diese Tafeln?

Gelb: Empfohlene Durchfahrt mit Gegenverkehr.
Rot/weiß: Seitliche Begrenzung der erlaubten Brückendurchfahrt.

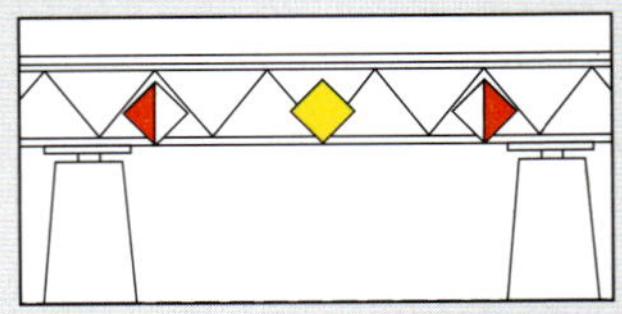

100 ●●
Sie kommen am Tage an die unten stehend gekennzeichnete Brücke. Was bedeuten diese Tafeln, und wo fahren Sie durch?

1. Durchfahrt ohne Gegenverkehr.
2. Verbot der Durchfahrt.

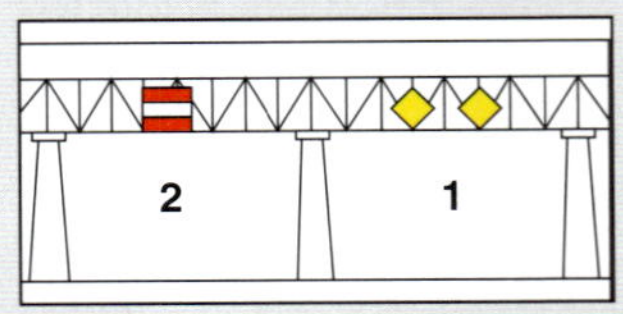

101 ●
Sie sehen am Ufer unten stehendes Zeichen. Welche Bedeutung hat dieses Zeichen?

Hinweis auf eine nicht frei fahrende Fähre.

102 ●●
Auf einem Fahrzeug oder in Ufernähe sehen Sie eine rot-weiße Flagge. Was bedeutet diese Flagge, und wie verhalten Sie sich?

Schutzbedürftiges Fahrzeug oder schutzbedürftige Anlage. Geschwindigkeit vermindern. Sog und Wellenschlag vermeiden.

103 ●●●
Welche Bedeutung hat die Tag- und Nachtbezeichnung dieser Fahrzeuge?

Schutzbedürftiges Fahrzeug oder schutzbedürftige Anlage. Vorbeifahrt in möglichst weitem Abstand. Geschwindigkeit vermindern. Sog und Wellenschlag vermeiden.

104 ●
Sie sehen unten stehendes Zeichen:
Welche Bedeutung hat dieses Zeichen?

Sog und Wellenschlag vermeiden.

105 ●●
Sie befinden sich auf einer Binnenschifffahrtsstraße und sehen unten stehendes Zeichen:
1. Welche Bedeutung hat das Zeichen?
2. Welche Lichter haben die gleiche Bedeutung?

1. Sog und Wellenschlag vermeiden.
2. Rotes über weißem Licht.

106 ●●●
Sie befinden sich nachts auf einer Binnenschifffahrtsstraße und sehen unten stehende Lichter.
1. Was bedeuten diese Lichter?
2. Wie ist das Tagsignal?

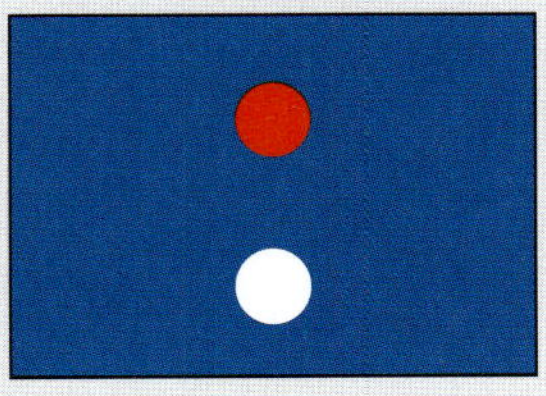

1. Sog und Wellenschlag vermeiden.
2. Rot-weiße Flagge/Tafel oder Tafel mit Wellenlinien.

107 ●●●
Sie sehen unten stehende Tafeln.
Welche Bedeutung haben diese Tafeln?

1 2

1. Gesperrte Wasserfläche; jedoch für Kleinfahrzeuge ohne Antriebsmaschine befahrbar.
2. Gesperrt für alle Fahrzeuge.

108 ●●
Sie sehen unten stehende Tafel.
Welche Bedeutung hat diese Tafel?

Schifffahrtssperre. Verbot der Durchfahrt für alle Fahrzeuge.

109 ●●
Sie sehen an der Einfahrt zu einer Wasserfläche unten stehende Tafel.
Welche Bedeutung hat diese Tafel?

Wasserfläche gesperrt. Ausgenommen Kleinfahrzeuge ohne Antriebsmaschine.

110 ●
Wie können geschützte Badezonen gekennzeichnet sein?

Durch gelbe Bojen oder Tonnen.

111 ●●
Wie verhalten Sie sich in unmittelbarer Nähe von Badeanstalten?

Abstand halten, auf Schwimmer außerhalb der Badeanstalt achten. Sog und Wellenschlag vermeiden.

112 ●
Sie sehen an einer Schleuse unten stehende Lichter.
Welche Bedeutung haben diese Lichter?

Keine Einfahrt.
Schleuse geschlossen.

113 ●
Sie sehen an einer Schleuse unten stehende Lichter.
Welche Bedeutung haben diese Lichter?

Keine Einfahrt.
Schleuse außer Betrieb.

114 ●
Sie sehen an einer Schleuse ein oder zwei grüne Lichter.
Welche Bedeutung hat dieses Licht bzw. haben diese Lichter?

Einfahrt bzw. Ausfahrt frei.

115 ●
Sie sehen an einer Schleuse ein rotes oder ein rotes und ein grünes Licht.
Welche Bedeutung haben diese Lichter?

Keine Einfahrt, Öffnung der Schleuse wird vorbereitet.

116 ●
Sie sehen vor einer Schleuse unten stehende Tafel.
Welche Bedeutung hat diese Tafel?

Vor dieser Tafel anhalten, bis Weiterfahrt freigegeben wird.

117 ●
Sie sehen unten stehende Tafel.
Welche Bedeutung hat diese Tafel?

Vorgeschriebene Fahrtrichtung.

118 ●
Sie sehen unten stehendes Zeichen.
Welche Bedeutung hat dieses Zeichen, wenn das rote Licht brennt?

Verbot der Einfahrt in einen Hafen oder eine Nebenwasserstraße.

119 ●
Sie sehen unten stehende Tafel.
Welche Bedeutung hat diese Tafel?

Die Zahl gibt den Abstand in Metern an, in dem man sich vom Ufer entfernt halten soll.

120 ●●
Sie sehen unten stehende Tafel.
Welche Bedeutung hat diese Tafel?

Die in Stundenkilometern angegebene Geschwindigkeit gegenüber dem Ufer darf nicht überschritten werden.

121 ●
Sie sehen unten stehende Tafel.
Welche Bedeutung hat diese Tafel?

Besondere Vorsicht walten lassen.

122 ●●
Sie sehen unten stehende Tafel.
Welche Bedeutung hat diese Tafel?

1. Überholen verboten.
2. Es gilt nicht für Kleinfahrzeuge, verpflichtet aber zu erhöhter Aufmerksamkeit.

123 ●●
Sie sehen unten stehende Tafel.
Welche Bedeutung hat diese Tafel?

Begegnen und Überholen verboten. Es gilt nicht für Kleinfahrzeuge, verpflichtet aber zu erhöhter Aufmerksamkeit.

124 ●
Sie sehen unten stehende Tafel.
Welche Bedeutung hat diese Tafel?

Wendeverbot.

125 ●●
Gilt für Kleinfahrzeuge ein durch Schifffahrtszeichen angezeigtes
1. Wendeverbot?
2. Überholverbot?

1. Ja.
2. Nein.

126 ●
Sie sehen unten stehende Tafel.
Welche Bedeutung hat diese Tafel?

Ende eines Ge- oder Verbotes bzw. einer Einschränkung in einer Fahrtrichtung.

127 ●●
Sie sehen unten stehende Tafeln.
Welche Bedeutung haben diese Tafeln?

1. Ankerverbot,
2. Festmacheverbot

jeweils auf der Seite der Wasserstraße, auf der die betreffende Tafel steht.

1 2

128 ●
Sie sehen unten stehende Tafel.
Welche Bedeutung hat diese Tafel?

Ankerverbot auf der Seite der Wasserstraße, auf der diese Tafel steht, und zwar von 50 m oberhalb bis 50 m unterhalb der Tafel.

129 ●
Sie sehen unten stehende Tafel.
Welche Bedeutung hat diese Tafel?

Festmacheverbot auf der Seite der Wasserstraße, auf der die Tafel steht.

130 ●
Sie sehen unten stehende Tafel.
Welche Bedeutung hat diese Tafel?

Liegeverbot auf der Seite der Wasserstraße, auf der die Tafel steht.

131 ●
Sie sehen unten stehende Tafeln.
Welche Bedeutung haben diese Tafeln?

Liegeverbot zwischen den Tafeln auf 1000 m auf der Seite der Wasserstraße, auf der sie stehen.

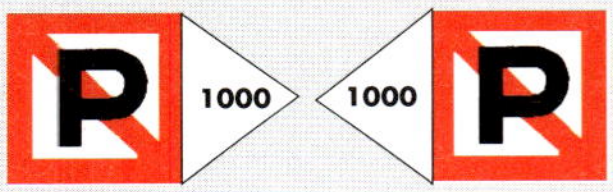

132 ●●
Sie sehen unten stehende Tafel.
Welche Bedeutung hat diese Tafel, und was ist zugleich verboten?

Empfohlener Wendeplatz. Stillliegen für alle Fahrzeuge verboten.

133 ●
An einer verbreiterten Stelle einer sonst engen Schifffahrtsstraße steht ein blaues Hinweisschild »Empfohlener Wendeplatz.« Was ist hier zugleich verboten?

Stillliegen (Ankern und Festmachen).

134 ●
Was bedeutet unten stehende Tafel?

Wehr.

135 ●
Liegeplätze können u. a. mit unten stehenden Tafeln bezeichnet sein. Bei welcher Tafel darf ein Kleinfahrzeug anlegen?

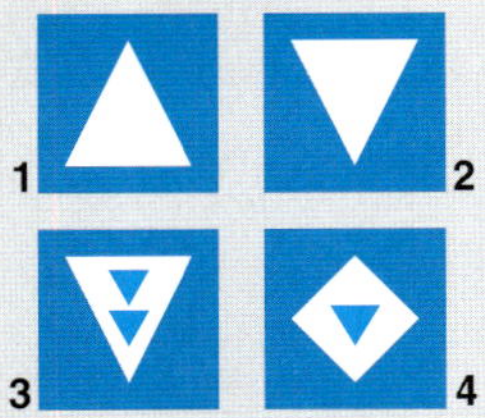

Nur bei Tafel 2.

136 ●
Liegeplätze können u. a. mit unten stehenden Tafeln bezeichnet sein. Bei welcher Tafel darf ein Kleinfahrzeug anlegen?

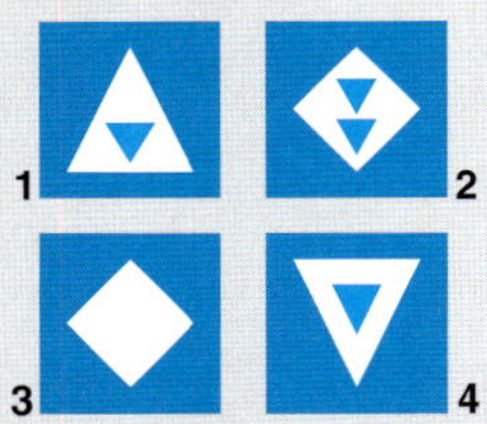

Nur bei Tafel 3.

Schallsignale

die auch von Kleinfahrzeugen gegeben werden dürfen

137 ●
Wie lang ist ein »kurzer Ton«?

Etwa eine Sekunde.

138 ●
Wie lang ist ein »langer Ton«?

Etwa vier Sekunden.

139 ●
Was bedeutet ein langer Ton?

Achtung.

140 ●
Was bedeutet ein kurzer Ton?

Kursänderung nach Steuerbord.

141 ●
Was bedeuten zwei kurze Töne?

Kursänderung nach Backbord.

142 ●
Was bedeuten drei kurze Töne?

Maschine geht rückwärts.

143 ●●
Was bedeuten vier kurze Töne?

Fahrzeug ist manövrierunfähig.

Schallsignale

die ausschließlich von der gewerblichen Schifffahrt gegeben werden

144 ●
Was bedeuten fünf kurze Töne?

Überholen nicht möglich.

145 ●
Was bedeutet unten stehendes Schallsignal?

▬ ●

Wenden über Steuerbord.

146 ●
Was bedeutet unten stehendes Schallsignal?

▬ ● ●

Wenden über Backbord.

147 ●●
Was bedeutet unten stehendes Schallsignal?

▬ ▬ ●

Überholen an der Steuerbordseite des Vorausfahrenden.

148 ●●
Was bedeutet unten stehendes Schallsignal?

▬ ▬ ● ●

Überholen an der Backbordseite des Vorausfahrenden.

149 ●●
Was bedeutet unten stehendes Schallsignal?

▬ ▬ ▬ ●

Hafen oder Nebenwasserstraße. Ein- oder Ausfahrt mit Kursänderung nach Steuerbord.

150 ●●
Was bedeutet unten stehendes Schallsignal?

▬ ▬ ▬ ● ●

Hafen oder Nebenwasserstraße. Ein- oder Ausfahrt mit Kursänderung nach Backbord.

151 ●●
Sie hören bei verminderter Sicht dreimal drei Töne in verschiedener Höhe. Welche Bedeutung hat dieses Signal?
Talfahrer, der mit Radarhilfe fährt.

152 ●
Sie hören eine Folge sehr kurzer Töne. Was bedeutet dieses Schallsignal?
Gefahr eines Zusammenstoßes.

153 ●●●
Sie hören eine Reihe von Tönen, abwechselnd kurz-lang-kurz-lang mit entsprechendem Lichtsignal. Was bedeuten diese Signale?
Bleib-weg-Signal. Gefahr durch gefährliche Güter, sofort Gefahrenbereich verlassen. Feuer und Zündfunken vermeiden (Explosions- und Katastrophengefahr).

Sicherheitsvorschriften

154 ●●●
Welche Signale bzw. Zeichen geben Sie, wenn Ihr Boot manövrierunfähig geworden ist?
Vier kurze Töne. Bei Tag eine rote Flagge, bei Nacht ein rotes Licht schwenken.

155 ●●●
Sie hören vier kurze Töne.
1. Was bedeutet das Schallsignal?
2. Welche optischen Zeichen können hierfür gegeben werden?
1. Fahrzeug ist manövrierunfähig.
2. Rote Flagge oder rotes Licht schwenken.

156 ●●●
Welche Signale bzw. Zeichen geben Sie, wenn Sie in Not sind und dringend Hilfe brauchen?
Gruppen von Glockenschlägen, wiederholte lange Töne geben.
Bei Tag eine Flagge oder einen sonstigen Gegenstand, bei Nacht ein Licht im Kreis schwenken.

157 ●●●
Sie sehen am Tage ein Fahrzeug, auf dem eine rote Flagge im Kreis geschwenkt wird.
1. Was bedeutet das?
2. Wie ist das Nachtsignal?
3. Wie verhalten Sie sich?
1. Von einem in Not befindlichen Fahrzeug wird Hilfe herbeigerufen.
2. Statt der Flagge ein Licht kreisen.
3. Ich leiste Hilfe, so weit das mit der Sicherheit meines Fahrzeuges vereinbar ist.

158 ●●●
Wie können Sie anzeigen, dass Sie in Not geraten sind und dringend Hilfe benötigen?
1. Am Tag.
2. Bei Nacht.
3. Durch Schallsignal.
1. Eine rote Flagge oder einen sonstigen Gegenstand im Kreis schwenken.
2. Ein Licht, das im Kreis geschwenkt wird.
3. Wiederholt lange Töne oder Gruppen von Glockenschlägen geben.

159 ●●
Auf dem Wasser ist ein Mensch in Not geraten. Wie verhalten Sie sich?
Wenn möglich Hilfe leisten. Sonst Hilfe holen.

160 ●●
Sie sehen auf einem Gewässer, dass ein Segelsurfer auf seinem Brett sitzt und immer weiter abgetrieben wird. Wozu sind Sie verpflichtet?
Zur Hilfeleistung, sofern dies ohne eigene Gefährdung möglich ist; sonst ist sofort Hilfe zu holen.

161 ●●
Welche Notsignale kann ein Segelsurfer auf Binnenschifffahrtsstraßen geben?
1. Optisch.
2. Akustisch.
1. Kreisförmiges Schwenken des Armes oder eines Gegenstandes.
2. Fortgesetzte lange Töne mit einer Pfeife.

162 ●●
Welche Notsignale kann ein Segelsurfer geben?
1. Kreisförmiges Schwenken eines Armes oder eines Gegenstandes.
2. Fortgesetzte lange Töne mit einer Pfeife.
3. Langsames Heben und Senken der seitlich ausgestreckten Arme.

163 ●●
Sie haben mit Ihrem Fahrzeug innerhalb des Fahrwassers Grundberührung. Welche Maßnahmen treffen Sie?
Wasserschutzpolizei oder Wasser- und Schifffahrtsverwaltung benachrichtigen.

164 ●
Warum ist eine Grundberührung im Fahrwasser meldepflichtig?
Damit das Hindernis beseitigt bzw. gekennzeichnet wird.

165 ●●●
Nennen Sie Bereiche, in denen die Geschwindigkeit zu vermindern ist, um Sog und Wellenschlag zu vermeiden.

1. Vor Hafenmündungen und in Häfen;
2. an Lade- und Löschplätzen;
3. an den üblichen Liegestellen;
4. an Fährstellen;
5. auf gekennzeichneten Strecken;
6. im Schleusenbereich;
7. an Badestellen.

166 ●●●
Warum soll ein Sportboot nicht dicht an ein großes, fahrendes Fahrzeug heranfahren?

Es kann durch dessen Sog mit dem Fahrzeug kollidieren, durch dessen Bug- bzw. Heckwelle kentern oder in dessen toten Winkel geraten.

167 ●●
Wie verhalten Sie sich beim Begegnen mit anderen Fahrzeugen in einem engen Fahrwasser?

Klaren Kurs zeigen, größtmöglichen Passierabstand einhalten, nötigenfalls Fahrt vermindern.

168 ●●●
Welche Gefahren können entstehen, wenn Sie von einem größeren Fahrzeug überholt werden?

Durch den Stau, Sog oder Schwell kann das Fahrzeug aus dem Ruder laufen, querschlagen oder kentern. Gefahr des Überbordfallens durch Krängung.

169 ●●●
Wie ist ein Überholmanöver durchzuführen?

Zügig und ohne die beteiligten Fahrzeuge zu behindern, Verkehrslage und eventuelle Schallzeichen beachten, ausreichenden Abstand halten.

170 ●●●
Wann dürfen Sie überholen, und was müssen Sie dabei beachten?

Das Überholen ist nur gestattet, wenn hinreichender Raum hierfür vorhanden ist und es ohne Gefahr ausgeführt werden kann. Genügend Abstand halten, schädlichen Sog und Wellenschlag vermeiden. Der Überholer ist grundsätzlich ausweichpflichtig.

171 ●●
Wann besteht die Gefahr eines Zusammenstoßes?

Wenn sich zwei Fahrzeuge einander nähern und sich die Peilung der beiden Schiffe zueinander nicht ändert.

172 ●
Wie weichen zwei Motorboote aus, die sich auf entgegengesetzten Kursen nähern?

Jeder muss nach Steuerbord ausweichen.

173 ●●
Zwei Motorboote nähern sich auf kreuzenden Kursen. Es besteht die Gefahr eines Zusammenstoßes. Welches Motorboot ist ausweichpflichtig?

Ausweichpflichtig ist das Fahrzeug, welches das andere an seiner Steuerbordseite sieht.

174 ●
Nachts kommt Ihnen ein Fahrzeug entgegen, das nur ein weißes Licht führt. Was ist das für ein Fahrzeug?

Kleinfahrzeug ohne Maschinenantrieb.

175 ●●
Wie müssen Ausweichmanöver durchgeführt werden?

Rechtzeitig, klar erkennbar und entschlossen.

176 ●●
Wie muss sich ein kreuzendes Kleinfahrzeug unter Segel am Wind in der Nähe eines Ufers gegenüber anderen verhalten?

Es darf ein anderes Kleinfahrzeug, das sein steuerbordseitiges Ufer anhält, nicht zum Ausweichen zwingen.

177 ●●
Wie beurteilen Sie unten stehende Ausweichsituation?
Begründung:

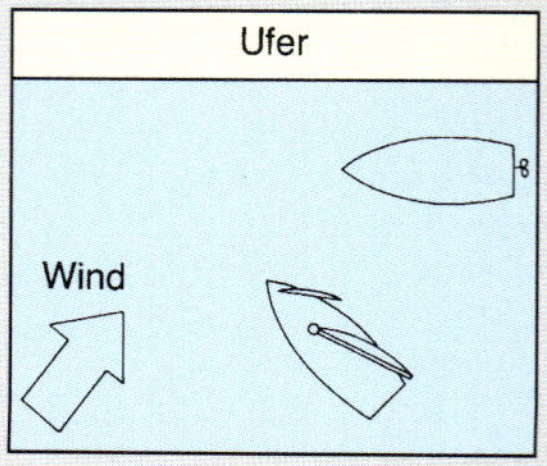

Das Segelboot ist ausweichpflichtig. Ein Fahrzeug unter Segel am Wind darf beim Kreuzen andere Fahrzeuge, die ihr steuerbordseitiges Ufer anhalten, nicht zum Ausweichen zwingen.

178 ●

Wie verhalten Sie sich als Führer eines Kleinfahrzeuges beim Begegnen mit
1. Fahrzeugen der gewerblichen Schifffahrt,
2. Fahrzeugen, die das blaue Funkellicht zeigen?

1. Kleinfahrzeuge sind gegenüber der gewerblichen Schifffahrt ausweichpflichtig. Sie müssen den für deren Kurs und zum Manövrieren notwendigen Raum lassen.
2. Ausweichen.

179 ●●●

Was veranlassen Sie, wenn während der Fahrt unsichtiges Wetter eintritt?

1. Geschwindigkeit den Sichtverhältnissen anpassen.
2. Lichter setzen.
3. Möglichst nächsten Hafen aufsuchen.

180 ●●

Sie fahren bei Sichtbeeinträchtigung ohne Radar und hören dreimal drei aufeinander folgende Töne von verschiedener Höhe.
1. Was bedeutet dieses Schallzeichen?
2. Was tun Sie?

1. Talfahrer, der unter Radar fährt.
2. Langen Ton geben, Funkmeldung absetzen und Fahrwasser möglichst verlassen.

181 ●

Warum soll man möglichst gegen Strom und Wind anlegen?

Weil das Fahrzeug sicherer zu manövrieren ist.

182 ●●●

Nennen Sie mindestens 6 Stellen oder Strecken, wo auch ohne besondere Bezeichnung ein allgemeines Liegeverbot besteht.

1. Auf Schifffahrtskanälen und Schleusenkanälen.
2. Unter Brücken und Hochspannungsleitungen.
3. In Fahrwasserengen und Hafeneinfahrten.
4. An Abzweigungen oder Einmündungen von Nebenwasserstraßen.
5. In der Fahrlinie von Fähren.
6. Im Kurs, den Fahrzeuge beim An- oder Ablegen an Landebrücken benutzen.
7. Auf Wendestellen.
8. In Wasserski- und Wassermotorradstrecken.

183 ●●●

Was ist zu beachten, wenn ein Sportboot geschleppt wird?

1. Dass die Schleppleine nicht in die Schraube kommt.
2. Plötzliches, ruckartiges Steifkommen der Schleppleine vermeiden.
3. Geschwindigkeit der Rumpfform des geschleppten Bootes anpassen.

184 ●●

Was verstehen Sie unter Rumpfgeschwindigkeit und wovon ist diese abhängig?

Die Höchstgeschwindigkeit in der Verdrängerfahrt. Sie ist von der Wasserlinienlänge abhängig.

185 ●●

Sie wollen geschleppt werden. Welche Ausrüstungsgegenstände halten Sie bereit?

Schleppleine, Fender und Bootshaken bereithalten.

186 ●

Wo befestigen Sie als Geschleppter die Schlepptrossen?

Möglichst weit vorne am Bug, nur an ausreichend befestigten Beschlägen.

187 ●●

Was ist beim Auslaufen aus einem Hafen zu beachten?

Andere Fahrzeuge, Schallzeichen und die Strömung.

188 ●●

Wie queren Sie mit Ihrem Boot einen Fluss?

Strömung berücksichtigen. Den Kurs anderer Fahrzeuge nicht behindern.

189 ●

Welche Vorbereitungen treffen Sie vor dem Einlaufen in eine Schleuse?

Leinen, Fender und Bootshaken bereithalten.

190 ●●

In welcher Reihenfolge laufen Fahrzeuge der gewerblichen Schifffahrt und Sportboote in die Schleuse ein?

Wenn vom Schleusenpersonal nicht anders bestimmt wird, fahren Sportboote hinter den Fahrzeugen der gewerblichen Schifffahrt in die Schleuse ein.

191 ●●●
Sie müssen zusammen mit Fahrzeugen der gewerblichen Schifffahrt schleusen, da eine eigene Bootsschleuse nicht vorhanden ist.
1. Bei welchem Lichtsignal dürfen Sie in die Schleuse fahren?
2. Wann fahren Sie in die Schleuse ein?

1. Zwei grüne Lichter nebeneinander oder ein grünes Licht.
2. Grundsätzlich nach den Fahrzeugen der gewerblichen Schifffahrt, es sei denn, der Schleusenwärter gibt eine andere Anweisung.

192 ●●●
Worauf müssen Sie beim Abschleusen besonders achten?

Auf den Drempel am Obertor. Die entsprechende Begrenzungslinie ist zu beachten. Auf sicheres Fieren der Leinen achten.

193 ●
Wie ist der Drempel am Obertor einer Schleuse bezeichnet?

Durch Farbmarkierungen an der Schleusenmauer.

194 ●●
Warum dürfen in einer Schleuse die Leinen nicht fest belegt werden?

Damit die Leinen gefiert bzw. durchgeholt werden können und im Notfall das Boot sofort losgeworfen werden kann.

195 ●●
Sie müssen zusammen mit Fahrzeugen der gewerblichen Schifffahrt schleusen. Worauf haben Sie bei der Schleuseneinfahrt unbedingt zu achten?

Hinter den Fahrzeugen der gewerblichen Schifffahrt einfahren. Sicherheitsabstand wegen Schraubenwasser der vorausfahrenden Fahrzeuge einhalten.

196 ●●●
Sie liegen zusammen mit Fahrzeugen der gewerblichen Schifffahrt in der Schleuse. Worauf haben Sie besonders zu achten?
1. Während der Schleusung.
2. Bei der Ausfahrt.

1. Leinen besetzt halten; nicht belegen.
2. Sicherheitsabstand wegen des Schraubenwassers der vorausfahrenden Fahrzeuge; Leinen nicht zu früh loswerfen!

Umweltschutz und Naturschutz

197 ●
In welchem Merkblatt finden Sie Hinweise für Ihr Verhalten zum Schutz seltener Tiere und Pflanzen sowie zur Reinhaltung der Gewässer?

In den 10 Goldenen Regeln für Wassersportler.

198 ●●
Was ist hinsichtlich der Reinhaltung der Gewässer verboten?

1. Kraftstoffe oder Öle oder Öl-Wassergemische einzubringen.
2. Abfälle über Bord zu werfen.

199 ●●
Was ist beim Umgang mit Ölen, Treibstoffen, Farben und anderen umweltschädlichen Stoffen an Bord unbedingt zu beachten?

Umweltgerecht entsorgen, Wasser nicht verunreinigen.

200 ●●
Was tun Sie mit Abfällen jeglicher Art, die an Bord anfallen?

Getrennt sammeln und in Aufnahmebehälter an Land bringen, keinesfalls über Bord werfen!

201 ●●
Weshalb sollten Sie das Anlaufen von Schilf- und Röhrichtzonen unbedingt meiden?

Weil diese Uferzonen vielfach Rast- und Brutplätze besonders schutzbedürftiger Vögel sind.
Regionale Vorschriften verbieten das Eindringen in die Zonen und fordern die Einhaltung von Mindestabständen.

202 ●●●
Weshalb sollten Sie seichte Gewässer in dichtbewachsenen Uferzonen meiden?

Weil diese seichten Gewässer vielfach Fischlaichgebiete sind, in denen auch schutzbedürftige Pflanzen vorkommen. Regionale Vorschriften verbieten das Eindringen in die Zonen und fordern die Einhaltung von Mindestabständen.

Sicherheitsausrüstung und sonstige Sicherheitsanforderungen

203 ●●●
Nennen Sie die wichtigsten Ausrüstungsgegenstände eines Sportbootes.
Wurfleinen, Feuerlöscher, rote Flagge, Taschenlampe, Kappmesser oder Axt, Bootshaken, Festmacherleinen, Werkzeug, Schleppleine, mind. 1 Anker, 2 Paddel, Rettungswesten, Verbandskasten, Schöpfeimer, Rettungsring.

204 ●●
Welche Anforderungen müssen an Rettungswesten gestellt werden?
Sie müssen ohnmachtssicher sein (mindestens DIN EN 393), d. h., sie müssen den Kopf einer bewusstlosen Person über Wasser nach oben halten und stets die Rückenlage garantieren.

205 ●
Weshalb sollten Sie auf einem kleinen Boot unbedingt Paddel mitführen?
Damit im Notfall das Fahrwasser freigemacht werden kann.

206 ●
Welchen Vorteil bietet ein Radarreflektor auf einem Sportboot?
Bessere Erkennbarkeit auf Radarbildschirmen.

207 ●
Welche Löschmittelmenge sollte ein Feuerlöscher auf einem Sportboot haben?
Mindestens 2 kg.

208 ●
Woran erkennen Sie, wann ein Feuerlöscher zu warten ist?
An der Prüfplakette.

209 ●●
Welche Maßnahmen ergreifen Sie, um einen Brand wirksam zu bekämpfen?
Luftzufuhr vermeiden bzw. unterbinden. Feuerlöscher erst am Brandherd in Tätigkeit setzen.

210 ●●●
Warum ist Flüssiggas (Propan, Butan) besonders gefährlich?
Es ist schwerer als Luft, geruchlos und bildet mit Luft ein explosives Gemisch.

211 ●●
Was ist bei Flüssiggasanlagen an Bord zu beachten?
Die Anlage muss durch einen Sachkundigen entsprechend den Richtlinien eingebaut sein. Sie muss regelmäßig überprüft werden.

212 ●●●
Was haben Sie beim Aufladen von Batterien an Bord zu beachten?
Batterieraum lüften, damit die beim Aufladen entstehenden Gase entweichen können. Auf festen Anschluss der Ladeleitung achten.

213 ●●
Wie warten Sie die Batterie Ihres Bootes?
Trocken halten, vor Oxydation schützen, Anschlusspole fetten, Kabel fest anziehen, Säurestand prüfen.

214 ●●
Was ist wichtig bei der Überwachung und Wartung Ihrer Bordbatterie?
1. Säurestand kontrollieren, evtl. destilliertes Wasser nachfüllen.
2. Pole stets sauber halten und einfetten.

215 ●
Mit welchem einfachen Gerät überprüft man den Ladezustand der Batterie?
Mit dem Säureheber.

Seemannschaft

216 ●
Welche Anforderungen stellt man an Tauwerk, das als Festmacher, Anker- oder Schleppleine dient?
Hohe Bruchlast, große Elastizität.

217 ●●
Wofür ist schwimmfähiges Tauwerk
1. vorteilhaft?
2. ungeeignet?
1. Für Wurfleinen und Sorgleinen an Rettungsringen.
2. Als Ankerleine.

218 ●●
Wozu dient ein Takling, wozu ein Spleiß?
Ein Takling sichert den Tampen vor dem Aufgehen, durch einen Spleiß wird geschlagenes Tauwerk miteinander verbunden.

219 ●
Wo können Sie sich über ausreichende Bemessung Ihrer Leinenausrüstung informieren?

In den Sicherheitsrichtlinien des DMYV und des DSV.

220 ●●●
Welche drei Anforderungen müssen seemännische Knoten erfüllen?

Seemännische Knoten müssen sich
1. einfach und schnell stecken lassen,
2. zuverlässig halten,
3. sich im entlasteten Zustand leicht lösen lassen.

221 ●●●
Wie belegt man
1. an einer Klampe?
2. an einem Pfahl?
3. an einem Ring?

Man belegt
1. an einer Klampe mit Kreuzschlägen und Kopfschlag,
2. an einem Pfahl mit Webeleinenstek oder Palstek,
3. an einem Ring mit Roringstek oder mit Rundtörn und zwei halben Schlägen.

222 ●
Wozu dient der Schotstek?

Mit dem Schotstek werden zwei ungleich starke Enden verbunden.

223 ●
Mit welchem Knoten wird die Vorleine an einer durchlaufenden Schlepptrosse belegt?

Mit dem Stopperstek.

224 ●
Mit welchem Knoten verhindern Sie das Ausrauschen eines Endes?

Mit dem Achtknoten.

225 ●
Wozu dient der Kreuzknoten?

Mit dem Kreuzknoten werden zwei gleich starke Enden verbunden.

226 ●
Wozu dient der Rundtörn mit zwei halben Schlägen?

Zum Festmachen an einem Ring oder einer Stange.

227 ●
Wozu dient der Webeleinenstek?

Der Webeleinenstek wird zum Belegen am Pfahl oder Poller verwendet, sowie zum Befestigen der Fender an Reling oder Handlauf (in Verbindung mit einem Slipstek).

228 ●
Wozu dient der Kopfschlag?

Zum Sichern der Leine beim Belegen einer Klampe.

229 ●●
Wozu dient ein Palstek?

Zum Schlagen eines sich nicht zuziehenden Auges, zum Festmachen am Poller oder Pfahl und zum Bergen und Sichern von Personen.

230 ●
Wozu dient der Fender?

Zum Schutz des Bootskörpers.

231 ●●●
Zeichnen Sie die Leinen ein, mit denen dieses Sportboot korrekt an der Pier festmacht! Benennen Sie diese fortlaufend vom Bug zum Heck!

1. Vorleine
2. Vordere Spring
3. Achtere Spring
4. Achterleine.

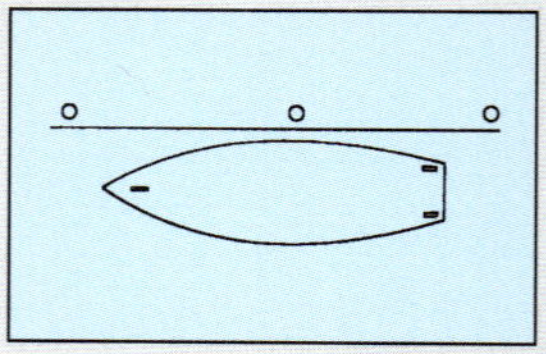

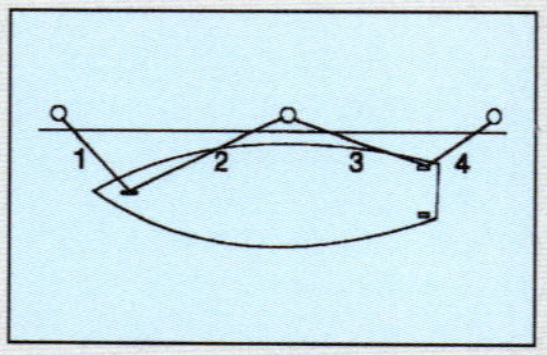

232 ●
Womit kann die Wassertiefe bestimmt werden?

Durch Handlot, Echolot oder Peilstange.

233 ●
Wie viel Ankerleine muss zum sicheren Liegen ausgesteckt werden?

Mindestens das 5fache der Wassertiefe.

234 ●
Wie viel Ankerkette muss zum sicheren Liegen ausgesteckt werden?

Mindestens das 3fache der Wassertiefe.

235 ●●
Wie stellen Sie fest, ob Ihr Anker hält?
Durch Peilen von Landmarken, Anfassen der Ankerkette oder Leine. Wenn diese vibriert oder ruckt, hat der Anker nicht gefasst.

Wetterkunde

236 ●●
Welche Faktoren sind hauptsächlich für das Wettergeschehen, also für Wind und Niederschläge ausschlaggebend?
Luftdruckänderung, Luftfeuchtigkeit und Temperatur.

237 ●●
Mit welcher Wetterentwicklung rechnen Sie bei schnell und stetig fallendem Luftdruck?
Schlechtes Wetter; Starkwind oder Sturm.

238 ●
Welches Wetter ist zu erwarten, wenn der Luftdruck langsam, aber ständig steigt?
Besseres bzw. schöneres Wetter.

239 ●●
Welche Maßeinheiten werden verwendet für
1. Luftdruck?
2. Windgeschwindigkeit?
1. Hektopascal (hPa).
2. m/s, km/h, Knoten (kn).

240 ●
Wo können Sie sich über das zu erwartende Wetter informieren?
Rundfunk, Fernsehen, örtliche Wetterstationen, telefonische Ansagedienste der Telekom.

241 ●
Warum müssen Sie sich vor dem Befahren eines fremden Reviers über die örtlichen Sturmwarnsignale und die diesbezüglichen Vorschriften informieren?
Weil sie von Revier zu Revier unterschiedlich sein können, ebenso die Vorschriften, z. B. Auslaufverbot bei Sturmwarnung.

242 ●●
Womit müssen Sie rechnen, wenn sich bei sommerlicher Schwüle um die Mittagsstunden Haufenwolken zu Cumulonimbuswolken großen Ausmaßes verdichten? Was tun Sie?
Mit einem Gewitter.
Das Boot wird darauf vorbereitet, Hafen oder geschützte Bucht ansteuern.

243 ●
Unter aufgetürmten Gewitterwolken erkennen Sie einen Böenkragen, der auf Sie zukommt. Wann sind die ersten heftigen Böen zu erwarten?
Wenn der Böenkragen annähernd über mir steht.

Antriebsmaschine

400 ●●

Welche Voraussetzungen muss der Führer eines Sportbootes mit einer Antriebsleistung von mehr als 3,68 kW (5 PS) und weniger als 15 m Länge auf Binnenschifffahrtsstraßen erfüllen?

Er muss im Besitz des Sportbootführerscheins Binnen oder eines gleich gestellten Befähigungsnachweises sein. Auf den Binnenschifffahrtsstraßen des innersten Ringes in Berlin auch für Sportboote mit weniger als 3,68 kW (5 PS).

401 ●●●

Welchen Anforderungen muss der Fahrzeugführer eines Sportbootes unter 15 m Länge
1. generell,
2. falls ein Motor unter 3,69 kW vorhanden ist,
3. falls ein Motor von mehr als 3,68 kW vorhanden ist, entsprechen?

1. Er muss gesundheitlich, charakterlich und fachlich geeignet sein.
2. Mindestalter 16 Jahre. Auf den Binnenschifffahrtsstraßen des innersten Ringes in Berlin Sportbootführerschein Binnen oder gleichwertiges Befähigungszeugnis.
3. Sportbootführerschein Binnen oder gleichwertiges Befähigungszeugnis.

402 ●

Welche Voraussetzungen muss der Rudergänger eines Sportbootes mit Antriebsmaschine erfüllen?

Er muss mindestens 16 Jahre alt und geeignet sein.

403 ●●

Sie fahren als Schiffsführer ein Kleinfahrzeug mit 10-PS-Motor.
Es sind mehrere Personen an Bord.
1. Dürfen Sie das Ruder auch einer Person überlassen, die nicht im Besitz eines Führerscheines ist?
2. Was ist dabei zu beachten?

1. Ja!
2. Der Rudergänger muss geeignet und mindestens 16 Jahre alt sein.

404 ●

Darf auf allen Binnenschifffahrtsstraßen Wasserski gelaufen werden?

Nein, nur an den durch Tafeln gekennzeichneten Stellen.

405 ●●

Wo darf man Wasserski laufen oder uneingeschränkt Wassermotorrad fahren?

Nur in den Bereichen, die durch entsprechende Tafeln hierzu freigegeben sind.

406 ●●●

Zu welcher Tageszeit darf auf den erlaubten Gewässerabschnitten
1. Wasserski gelaufen und
2. Wassermotorrad gefahren werden?

1. Von Sonnenaufgang bis Sonnenuntergang, sofern keine weiteren Beschränkungen, z. B. durch Zusatztafeln oder Sondervorschriften bestehen und die Sicht mehr als 1000 m beträgt.
2. Von 7.00 bis 20.00 Uhr und nicht vor Sonnenaufgang und nicht nach Sonnenuntergang, sofern keine weiteren Beschränkungen z. B. durch Zusatztafeln oder Sondervorschriften bestehen und die Sicht mehr als 1000 m beträgt.

407 ●●

Wodurch ist beim Wasserskilaufen sicherzustellen, dass der Schiffsführer sofort über etwaige Schwierigkeiten des Wasserskiläufers unterrichtet wird?

Im Boot muss eine zweite, geeignete Person mitfahren, die den Skiläufer ständig beobachtet und den Schiffsführer unterrichtet.

408 ●●

Mit welchen Personen muss das Zugboot beim Wasserskilaufen mindestens besetzt sein?

Mit dem Schiffsführer und einer geeigneten Person, die den Wasserskiläufer beobachtet.

409 ●

Wie muss sich der Wasserskiläufer bei der Vorbeifahrt an Fahrzeugen, Schwimmkörpern oder Badenden verhalten?

Er muss sich im Kielwasser des ziehenden Fahrzeugs halten.

410 ●●●
Was müssen Wasserskiläufer und der Schiffsführer des ziehenden Fahrzeuges gegenüber Verkehrsteilnehmern und Anlagen besonders beachten?

Durch Wellenschlag oder Sogwirkung dürfen
1. andere Verkehrsteilnehmer sowie Badende nicht gefährdet oder mehr als nach den Umständen unvermeidbar behindert oder belästigt werden;
2. Ufer, Regelungsbauwerke, schwimmende oder feste Anlagen oder Schifffahrtszeichen nicht beschädigt werden. Der Schiffsführer muss erforderlichenfalls die Geschwindigkeit vermindern und bei der Vorbeifahrt einen Abstand von mindestens 10 m einhalten.

411 ●●●
Wie haben Sie allgemein Ihre Geschwindigkeit einzurichten?

Geschwindigkeitsbeschränkungen beachten. Darüber hinaus ist die Geschwindigkeit der Verkehrslage, den Fahrwasser-, Witterungs- und Sichtverhältnissen anzupassen.

412 ●●●
Was heißt Sog und Wellenschlag vermeiden?

Ich beobachte meine Heckwelle, vermindere die Fahrt so weit, dass Wellenschlag nicht mehr entsteht.

413 ●●
Wie verhalten Sie sich beim Passieren von Kanus, Ruder- und Paddelbooten?

Rechtzeitig Fahrt vermindern. Ausweichen. Sog und Wellenschlag vermeiden.

414 ●●
Wie verhalten Sie sich, wenn Ihr Motorboot mit einem Segelboot auf Kollisionskurs liegt?

Immer und grundsätzlich nach Steuerbord ausweichen, am Heck umfahren, Bug nicht kreuzen.

415 ●●●
Von Backbord kommend, will ein Segelboot mit einem schwarzen Kegel, Spitze nach unten, den Kurs Ihres Motorbootes kreuzen. Wer ist ausweichpflichtig und warum?

Der Segler läuft unter Antriebsmaschine, gilt als Motorboot und ist ausweichpflichtig, weil er mich an seiner Steuerbordseite hat.

416 ●●
Ihrem Motorboot kommt nachts ein Fahrzeug entgegen, das Seitenlichter am Bug, aber kein Topplicht führt.
1. Was ist es für ein Fahrzeug?
2. Wer ist ausweichpflichtig?

1. Das andere Fahrzeug ist ein Kleinfahrzeug unter Segel.
2. Ich bin ausweichpflichtig.

417 ●●
Wie kann die Schadstoffentwicklung von Bootsmotoren verringert werden?

Durch richtige Luft-Kraftstoff-Gemisch-Einstellung und durch das richtige Mischungsverhältnis bei Zweitaktmotoren.

418 ●●●
Welche Filter sorgen für den sicheren Betrieb eines Verbrennungsmotors?

1. Wasserfilter.
2. Kraftstofffilter.
3. Ölfilter.

419 ●●
Welche Verbrennungsmotoren kommen als Bootsantriebe in Frage:
1. Nach der Kraftstoffart?
2. Nach den Arbeitsverfahren?

1. Diesel- und Benzinmotoren.
2. Zwei- und Viertaktmotoren.

420 ●●●
Welche Motor- und Antriebsarten kennen Sie bei Motorbooten?

1. Außenbordmotoren.
2. Innenbordmotoren mit Z- oder Strahlantrieb.
3. Innenbordmotoren mit Wendegetriebe und starrer Welle.

421 ●●
Welche Sicherheitseinrichtung muss eine eingebaute Tankanlage mit Deckeinfüllstutzen haben?

1. Entlüftungsrohr.
2. Absperrventil.

422 ●●●
Welche Maßnahmen treffen Sie vor und während der Treibstoffübernahme?

Motor abstellen. Kein offenes Feuer, keine elektrischen Schalter betätigen, nicht rauchen. Vorbereitungen treffen, dass evtl. übergelaufener Treibstoff sofort aufgefangen werden kann.

423 ●●
Weshalb muss der Tank des Außenbordmotors immer an Land nachgefüllt werden?
Um zu verhindern, dass Treibstoff oder Treibstoffdämpfe in das Bootsinnere oder Treibstoff ins Wasser gelangen.

424 ●●
Wie können Sie beim Tanken oder beim Ölwechsel verhindern, dass Treibstoff oder Öl in die Bilge gelangen? Was tun Sie, wenn es trotzdem geschehen ist?
Durch Verwendung eines großen Trichters bzw. einer Öl-Auffangwanne. Öl oder Treibstoff in der Bilge mit saugfähigen Lappen entfernen und entsorgen.
Räume lüften.

425 ●●
Warum ist verschüttetes Benzin im Boot besonders gefährlich?
Weil die Benzindämpfe schwerer als Luft sind und in der Bilge ein explosives Gemisch bilden.

426 ●●●
Was tun Sie, wenn Benzin in die Bilge gelangt?
1. Feuer und offenes Licht löschen.
2. Keine elektrischen Schalter betätigen.
3. Mit Schwamm oder Tüchern aufnehmen.
4. Bilge reinigen. Umweltschutz beachten.
5. Räume lüften.

427 ●●●
Was ist vor dem Anlassen des Motors zu beachten?
1. Maschinenraum lüften.
2. Kraftstoffstand prüfen, Kraftstoffhahn öffnen.
3. Schraube auskuppeln.
4. Ölstand für Motor und Getriebe prüfen.
5. Kühlwassersystem klar?

428 ●●
Worauf müssen Sie beim Starten des Motors achten, um zu verhindern, dass das Boot unkontrolliert und ruckartig anfährt?
Beim Starten muss die Schaltung auf »neutral« (Leerlauf) stehen, da sonst der Propeller (Schraube) sofort mitdreht.

429 ●
Warum darf der Propeller (Schraube) beim Starten nicht sofort mitdrehen?
Weil dadurch besonders ein kleineres Boot ruckartig anspringen würde, wodurch Personen über Bord fallen und verletzt werden könnten.

430 ●
Was müssen Sie unmittelbar nach dem Anlassen des Motors kontrollieren?
Kühlwasserdurchfluss und Öldruck.

431 ●●●
Wo kontrollieren Sie unmittelbar nach dem Anlassen einer größeren, eingebauten Maschine, ob diese einwandfrei arbeitet?
Ladekontrolleuchte, Öldruckkontrolle, Temperaturkontrolle, Kühlwasserthermometer, Drehzahlmesser, Kühlwasseraustritt.

432 ●●●
Während der Fahrt sollten Sie die Maschinenanlage ständig überwachen. Worauf achten Sie besonders?
1. Kühlwasseraustritt.
2. Motor- und Getriebetemperatur.
3. Öldruck und Ladekontrolle.
4. Drehzahlmesser.

433 ●
Sie haben Ihren Motor gestartet. Er läuft normal, wird aber beim Einkuppeln der Antriebswelle »abgewürgt«. Was kann die Ursache sein?
Blockierter Propeller, z. B. Tampen oder Plastik im Propeller (Schraube).

434 ●●
Ein kleiner Außenborder mit eingebautem Tank bleibt während der Fahrt immer wieder stehen. Was könnte die Ursache sein?
Belüftungsschraube im Tankdeckel nicht geöffnet – unsaubere Benzinleitung.

435 ●●
Worauf ist unbedingt zu achten, bevor Sie einen Außenborder mit Handstart anwerfen?
Vor dem Starten Propeller (Schraube) auskuppeln, da sonst das Boot ruckartig anfährt. Hierbei könnte die startende Person über Bord fallen, und falls eine weitere Person nicht an Bord ist, würde das Boot führerlos werden.

436 ●●●
Was sollten Sie stets tun, bevor Sie nach Ende einer Fahrt den Außenborder hochkippen oder abnehmen? Begründung.
Von dem im Leerlauf drehenden Motor den Tankschlauch abnehmen, bzw. Benzinhahn und Entlüftung schließen und Vergaser leerfahren, damit beim Hochkippen kein Benzin ausläuft.

437 ●
Was versteht man unter einem rechtsdrehenden Propeller (Schraube)?
Wenn er sich von achtern gesehen bei der Vorausfahrt im Uhrzeigersinn dreht.

438 ●
Was versteht man unter einem linksdrehenden Propeller (Schraube)?
Wenn er sich von achtern gesehen bei der Vorausfahrt gegen den Uhrzeigersinn dreht.

439 ●
Was versteht man unter der Ruderwirkung des Propellers (Schraube)?
Das seitliche Versetzen des Hecks. Seitenschub.

440 ●●
Weshalb ist die Kenntnis der Propellerdrehrichtung (Schraubendrehrichtung) für das Manövrieren unter Motor von Bedeutung?
Da der »Radeffekt« das Heck nach der einen oder anderen Richtung zur Seite versetzt und man diesen Umstand beim Manövrieren berücksichtigen muss.

441 ●●
Warum wird jedes Schiff mit einem Propeller (Schraube) und starrer Welle über Steuerbord und über Backbord verschieden große Drehkreise haben?
Weil der Propellerdrall (Schraubendrall) des Antriebs (Radeffekt) eine Drehrichtung unterstützt, der anderen entgegenwirkt.

442 ●
Welche Wirkung hat ein rechtsdrehender Propeller (Schraube) bei Vorausfahrt?
Er versetzt das Heck nach Steuerbord.

443 ●●
Welche Wirkung hat ein rechtsdrehender Propeller (Schraube) bei Rückwärtsfahrt?
Er versetzt das Heck nach Backbord.
Die Ruderwirkung des Propellers (Schraube) ist besonders stark.

444 ●●
Welches ist die günstigste Anlegeseite einer Yacht mit linksdrehendem Propeller (Schraube)? Begründung.
Die Steuerbordseite, weil das Heck beim Abstoppen mit Rückwärtsgang (Radeffekt) an die Pier gezogen wird.

445 ●●
Welches ist die günstigste Anlegeseite einer Yacht mit rechtsdrehendem Propeller (Schraube)? Begründung.
Die Backbordseite, weil das Heck beim Abstoppen mit Rückwärtsgang (Radeffekt) an die Pier gezogen wird.

446 ●
Wie legen Sie im Strom an einer Boje an?
Gegen den Strom anfahren, Bugleine festmachen, achteraus treiben lassen.

447 ●
Warum sollten Sie niemals aus voller Fahrt voraus in volle Fahrt achteraus schalten?
Weil dadurch das Getriebe bzw. die Kupplung beschädigt werden kann.

448 ●●
Wie können Sie den technisch einwandfreien Zustand und die Funktionsfähigkeit Ihrer Maschinenanlage weitgehend sicherstellen?
Durch regelmäßige Wartung der gesamten Maschinenanlage.
Angaben hierüber enthält die Betriebsanleitung.

449 ●●●
Weshalb sollten Sie die Betriebsanleitung für Ihren Motor immer an Bord haben?
Sie gibt Hinweise über die Wartung des Motors und enthält tabellarische Zusammenstellungen der möglichen Störungen.

450 ●●●
Was ist zu tun, wenn der Motor brennt?
Brennstoffzufuhr unterbrechen, Getriebe auskuppeln, Vollgas geben, um Leitungen und Vergaser leerzufahren, Motor bzw. Vergaser abdecken, um Brand zu ersticken, mit Feuerlöscher Brand bekämpfen.

451 ●●●
Was ist zu tun, wenn jemand über Bord gefallen ist?
Auskuppeln. Heck abdrehen, »Mann über Bord« rufen, Rettungsring werfen, gegen Strom und Wind anfahren, Propeller (Schraube) auskuppeln, Person bei stillliegendem Boot bergen.

452 ●●
Was tun Sie als Rudergänger sofort bei dem Ruf »Mann über Bord«? Begründung.
1. Auskuppeln.
2. Ruder auf die Seite des Überbordgegangenen legen, um Verletzungen durch den Propeller (Schraube) zu vermeiden.

Segeln

Allgemeine Vorschriften und Regeln

500 ●
Auf welchen Gewässern ist die Fahrerlaubnis für Sportboote unter Segel erforderlich?
Auf bestimmten Gewässern in und um Berlin.

501 ●●●
Sie befinden sich mit Ihrem Segelboot im Fahrwasser. Der Wind flaut völlig ab, der Motor lässt sich nicht starten. Was tun Sie?
Mit Paddeln oder Schlepphilfe das Fahrwasser freimachen.
Anker klarmachen.
Signale für Schifffahrt: Rote Flagge (nachts rotes Licht) schwenken.
Schallsignal (4 x kurz).

502 ●
Sie geraten ins Feld einer Segelregatta, ohne selbst Teilnehmer zu sein. Welche Ausweichregeln sind zu beachten?
Die der Binnenschifffahrtsstraßen-Ordnung.

Tag- und Nachtbezeichnung von Fahrzeugen

503 ●
Sie segeln bei Tag auf einer Binnenschifffahrtsstraße zu Berg. Wegen zunehmender Strömung entschließen Sie sich, den Motor mitlaufen zu lassen. Was müssen Sie jetzt noch tun?
Einen schwarzen Kegel mit der Spitze nach unten setzen.

504 ●
Sie segeln nachts auf einer Binnenschifffahrtsstraße und führen ein weißes Rundumlicht im Topp. Wie benutzen Sie zweckmäßigerweise die weiße Handlampe, die Sie bei Annäherung anderer Fahrzeuge zeigen müssen?
Die eigenen Segel anleuchten.

505 ●
Sie segeln nachts auf einer Binnenschifffahrtsstraße und haben Seitenlichter am oder nahe am Bug sowie Hecklicht gesetzt. Was müssen Sie ändern, wenn Sie den Motor anwerfen?
Topplicht (weiß) setzen.

506 ●
Sie segeln nachts auf einer Binnenschifffahrtsstraße und führen das Rundumlicht (weiß) im Topp. Welches zusätzliche Licht müssen Sie setzen, wenn Sie den Motor anwerfen?
Seitenlichter am oder nahe am Bug setzen.

507 ●●
Sie segeln nachts auf einer Binnenschifffahrtsstraße und wollen mit einem Licht auskommen.
1. Welches Licht führen Sie?
2. Wie müssen Sie die Lichterführung ändern, wenn Sie den Motor anlassen?
1. Dreifarbenlaterne (grün/rot/weiß) im Topp.
2. Dreifarbenlaterne ausschalten. Seitenlichter am oder nahe am Bug setzen, dazu Topplicht und Hecklicht (oder weißes Rundumlicht im Topp).

508 ●●●
Sie segeln mit einem anderen Boot zusammen. Bei Einbruch der Dunkelheit werfen Sie Ihren Motor an und nehmen das andere Boot in Schlepp.
1. Welche Lichter sind zu führen?
2. Welchen Einfluss auf die Lichterführung hat es, wenn Sie längsseits schleppen?
1. Schleppendes Boot: Lichter eines Kleinfahrzeuges mit Maschinenantrieb. Geschlepptes Boot: Weißes Rundumlicht.
2. Keinen; Sichtbarkeit der Seitenlichter gewährleisten.

Ausweichregeln

509 ●●
Sie segeln auf einer Binnenschifffahrtsstraße und liegen auf Kollisionskurs mit einer Motoryacht, die länger als 20 m ist.
1. Zu welcher Fahrzeug-Gruppe gehört diese Yacht nach der Binnenschifffahrtsstraßen-Ordnung?
2. Wer ist ausweichpflichtig?

1. Zu Fahrzeugen mit Maschinenantrieb, die nicht Kleinfahrzeuge sind.
2. Der Segler.

510 ●●
Sie segeln nachts auf einer Binnenschifffahrtsstraße, hoch am Wind mit Wind von Steuerbord.
Voraus kommt ein Fahrzeug in Sicht, von dem Sie das Topplicht über den beiden auseinanderliegenden Seitenlichtern sehen.
1. Wer ist ausweichpflichtig? Begründung.
2. Wie ist auszuweichen?

1. Ich, weil Kleinfahrzeuge allen Fahrzeugen mit 20 m oder mehr Länge ausweichen müssen.
2. Ich lasse dem Großfahrzeug ausreichend Raum. Ich darf nach Steuerbord oder Backbord ausweichen, muss aber klaren Kurs zeigen.

511 ●
Sie kreuzen auf einer Binnenschifffahrtsstraße unter Segel den Kurs eines Motorbootes.
Wer ist ausweichpflichtig?

Das Motorboot.

512 ●●
Zwei Kleinfahrzeuge unter Segel A und B liegen auf Kollisionskurs (Skizze);
A führt einen schwarzen Kegel im Mast.
1. Wer ist ausweichpflichtig?
2. Tragen Sie den Kurs des ausweichenden Fahrzeugs in die Skizze ein und begründen Sie das Manöver!

1. A.
2. A fährt unter Maschine und ist demzufolge dem Kleinfahrzeug unter Segel ausweichpflichtig.

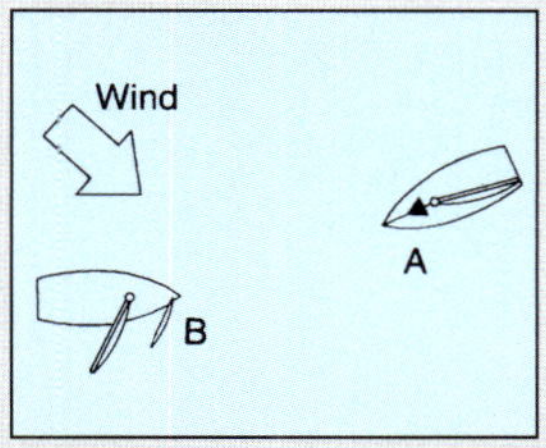

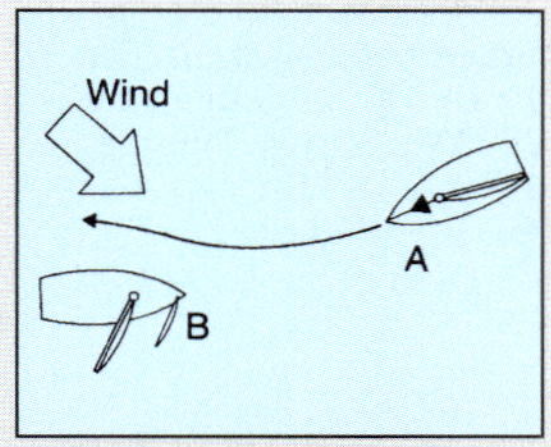

513 ●●
Sie kreuzen mit Ihrem Segelboot auf einer Binnenschifffahrtsstraße. In Fahrwassermitte kommt eine Motoryacht – ca. 15 m lang – auf Sie zu.
1. Wer ist ausweichpflichtig?
2. Unter welchen Voraussetzungen dürfen Sie wenden und nochmals das Fahrwasser kreuzen, wenn Sie nach Lee keinen Raum mehr haben?

1. Die Motoryacht.
2. Die Wende muss so rechtzeitig erfolgen, dass ein ausreichender Sicherheitsabstand gewährleistet ist.

514 ●●
Sie kreuzen nachts unter Segel das Fahrwasser. An Backbord sehen Sie die Lichter eines Fahrzeugs, das in spitzem Winkel Ihren Kurs kreuzen will (Skizze).
1. Um welches Fahrzeug handelt es sich?
2. Wer ist ausweichpflichtig? Begründung.

1. Kleinfahrzeug mit Maschinenantrieb.
2. Kleinfahrzeuge mit Maschinenantrieb müssen Kleinfahrzeugen unter Segeln ausweichen.

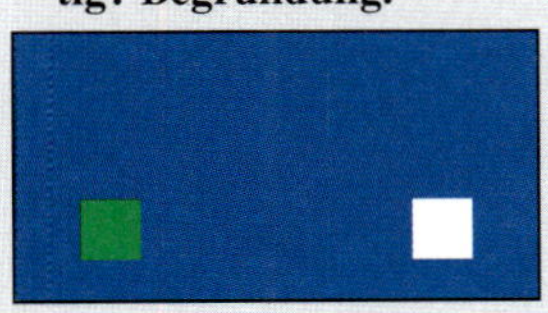

515 ●●

Sie kreuzen nachts unter Segel und Motor stromauf. Ein Fahrzeug kommt entgegen, das nur ein weißes Topplicht führt.
1. Was ist das für ein Fahrzeug?
2. Wer ist ausweichpflichtig?

1. Kleinfahrzeug ohne Maschinenantrieb.
2. Ich bin ausweichpflichtig.

516 ●●

Sie kreuzen nachts im Fahrwasser. Von achtern kommt ein Fahrzeug auf, das eine Zweifarbenlaterne am Bug und ein Topplicht führt. Um welches Fahrzeug handelt es sich und wer muss ausweichen?

Das aufkommende Fahrzeug ist ein Kleinfahrzeug mit Maschinenantrieb. Es muss dem Kleinfahrzeug unter Segel ausweichen.

517 ●●

Zwei Kleinfahrzeuge A und B unter Segel liegen auf Kollisionskurs (Skizze). Wer ist ausweichpflichtig? Begründung.

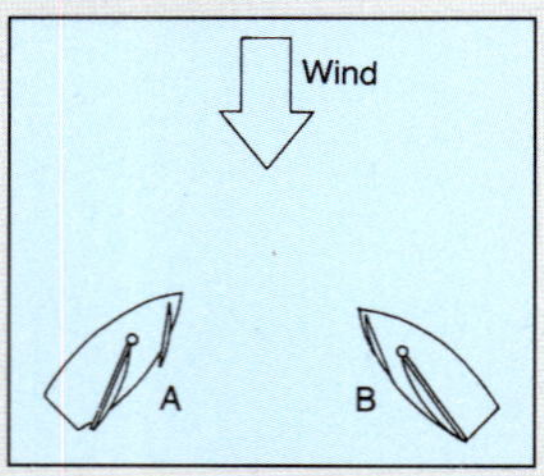

A ist ausweichpflichtig. Segelfahrzeuge mit Wind von Backbord müssen Segelfahrzeugen mit Wind von Steuerbord ausweichen.

518 ●●

Zwei Kleinfahrzeuge unter Segel liegen auf Kollisionskurs (Skizze). Wer ist ausweichpflichtig? Begründung.

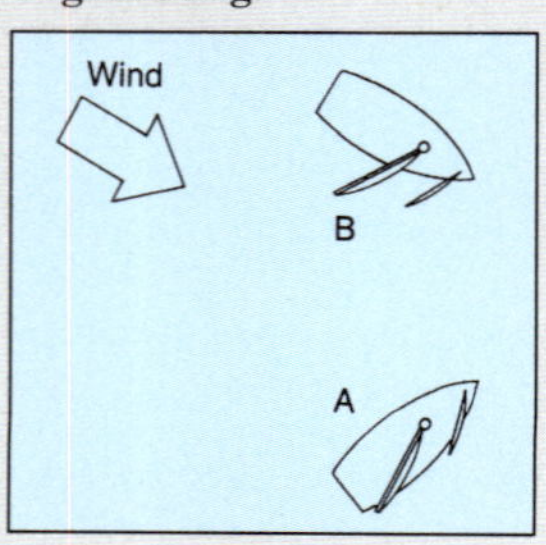

Boot B; das luvwärtige Boot muss dem leewärtigen ausweichen.

519 ●●

Sie segeln mit Wind von Backbord auf einer Binnenschifffahrtsstraße. Steuerbord querab segelt eine Jolle, ebenfalls mit Wind von Backbord. Es besteht Kollisionsgefahr. Wer ist ausweichpflichtig?

Ich bin ausweichpflichtig; das luvwärtige Boot muss dem leewärtigen ausweichen.

520 ●●●

Boote A und B liegen auf Kollisionskurs (Skizze).
1. Wer ist ausweichpflichtig? Begründung.
2. Wie muss der Ausweichpflichtige manövrieren, um seinen alten Kurs beibehalten zu können?

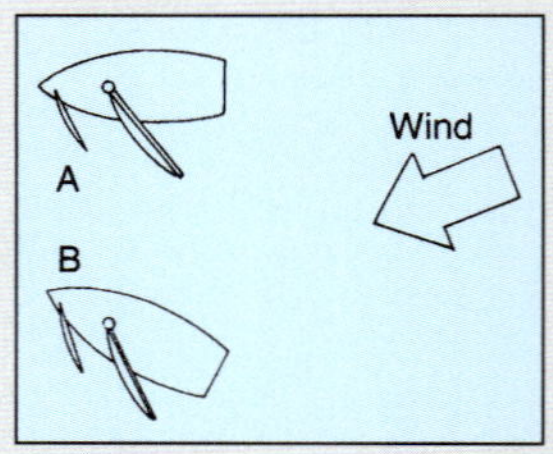

1. Boot A; das luvwärtige Boot muss dem leewärtigen ausweichen.
2. Eine Wende segeln oder in den Wind drehen und nach dem Passieren von B auf alten Kurs abfallen.

521 ●●

Sie segeln nachts auf Vorwindkurs stromab, Großsegel an Steuerbord. Backbord querab sehen Sie das grüne Seitenlicht eines Bootes, das kein Topplicht führt und immer näher kommt. Wer ist ausweichpflichtig? Begründung.

Ich bin ausweichpflichtig. Ein Boot mit Wind von Backbord muss ausweichen, wenn es nicht klar ausmachen kann, auf welchem Bug ein luvwärtiges Boot segelt.

522 ●●

Der seitliche Abstand zwischen den Booten A, B und C (Skizze) verringert sich ständig. Welches Boot kann nach den Ausweichregeln der Binnenschifffahrtsstraßen-Ordnung seinen Kurs beibehalten und warum?

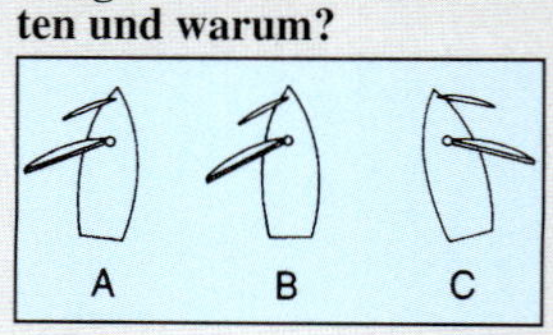

Boot A, weil leewärtig.

523 ●●●
Wer darf seinen Kurs beibehalten? Begründung.

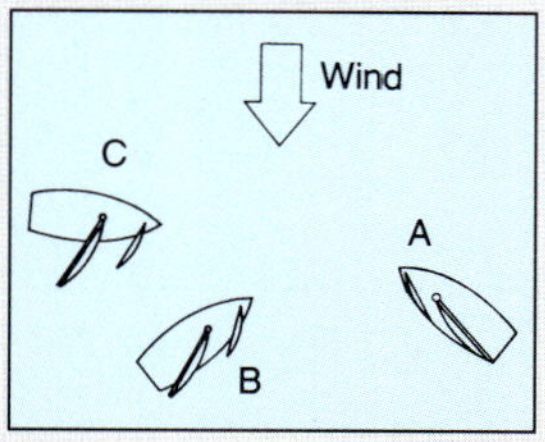

1. A gegenüber B und C, weil Fahrzeuge mit Wind von Steuerbord vor den Fahrzeugen mit Wind von Backbord Vorrang haben.
2. B gegenüber C, weil beide Fahrzeuge den Wind von der gleichen Seite haben und das leewärtige Fahrzeug Vorrang hat.

524 ●
Auf welcher Seite überholt auf Binnenschifffahrtsstraßen ein segelndes Kleinfahrzeug ein anderes segelndes Kleinfahrzeug?

Auf dessen Luvseite.

525 ●●●
Sie wollen auf einer Binnenschifffahrtsstraße mit der Jolle A das Segelboot B überholen (Skizze).
1. Zeichnen Sie den Kurs von A in die Skizze ein!

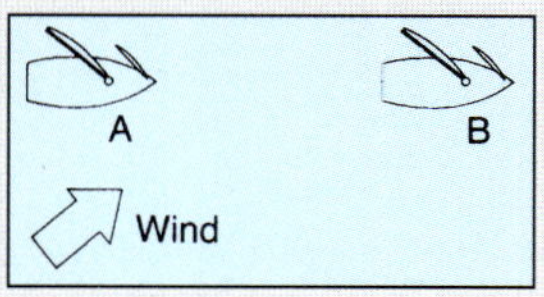

2. Beschreiben Sie das Manöver!
3. Worauf müssen Sie dabei achten?

1.

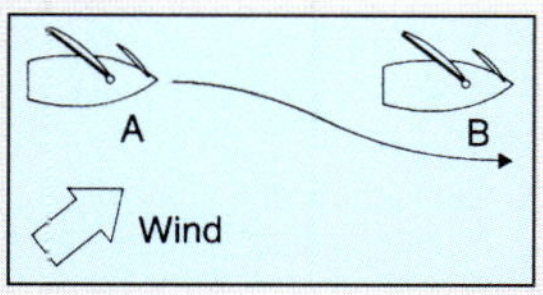

2. Ich muss auf der Luvseite von B überholen.
3. Ich muss mich freihalten und darf den übrigen Verkehr nicht gefährden.

526 ●●
Sie segeln auf einer Binnenschifffahrtsstraße und lassen den Motor mitlaufen. Ein Ruderboot kommt Ihnen auf Kollisionskurs entgegen. Wer ist ausweichpflichtig? Begründung.

Ich muss ausweichen. Kleinfahrzeuge mit Maschinenantrieb müssen Kleinfahrzeugen ohne Maschinenantrieb ausweichen.

527 ●
Sie segeln auf einer Binnenschifffahrtsstraße. Ein Ruderboot kommt Ihnen entgegen. Wer ist ausweichpflichtig?

Das Ruderboot.

Fahrzeug und Ausrüstung

528 ●
Welchen Vorzug hat geflochtenes Tauwerk gegenüber geschlagenem?

Geflochtenes Tauwerk ist geschmeidiger.

529 ●
Welche Eigenschaft hat vorgerecktes Tauwerk und wofür wird es vorwiegend verwendet?

Vorgerecktes Tauwerk ist wenig dehnbar und wird deshalb vorwiegend für Fallen verwendet.

530 ●
Weshalb eignet sich geflochtenes Tauwerk besonders gut für Schoten?

Weil es sehr geschmeidig ist.

531 ●
Welche Art von Tauwerk wird vorwiegend für Schoten verwendet, und weshalb?

Geflochtenes Tauwerk, weil es geschmeidig ist.

532 ●
Welche Art von Tauwerk wird vorwiegend für Fallen verwendet, und weshalb?

Vorgerecktes Tauwerk oder Drahttauwerk, weil es sich wenig dehnt.

533 ●
Welche Anforderungen stellt man an Tauwerk, das für Fallen dient?

Hohe Bruchlast, geringes Reck.

534 ●●
Zeichnen Sie in dieser Skizze ein:
1. Das Maß Lüa.
2. Das Maß LWL.
3. Alles, was zum Lateralplan des Bootes gehört (Schraffur).

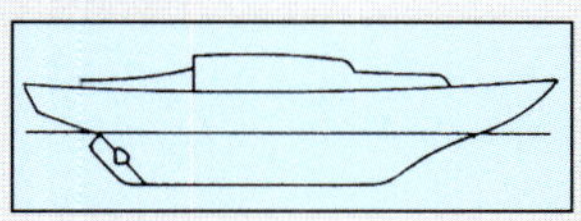

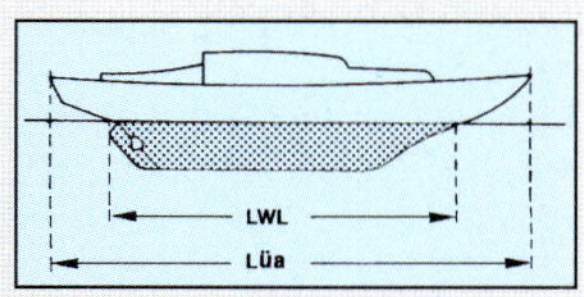

535 ●●
Was verstehen Sie unter »Rumpfgeschwindigkeit«, und wovon ist diese abhängig?

Die Höchstgeschwindigkeit in Verdrängerfahrt.
Sie wird von der Wasserlinienlänge bestimmt.

536 ●●
Wie heißen die unten stehend abgebildeten Spantformen?

1. S-Spant
2. Rundspant
3. Knickspant

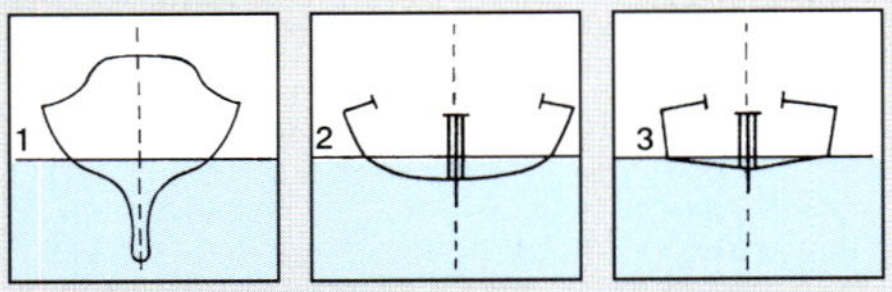

537 ●
Was verstehen Sie unter »Formstabilität«?

Die Fähigkeit eines Schiffes, durch seine breite Rumpfform (Auftrieb) der Krängung entgegenzuwirken.

538 ●
Was verstehen Sie unter »Gewichtsstabilität«?

Die Fähigkeit eines Schiffes, durch seinen tief liegenden Ballast der Krängung entgegenzuwirken.

539 ●
Welche Boote sind vorwiegend »gewichtsstabil«, welche sind »formstabil«?

Kielyachten sind vorwiegend gewichtsstabil, Jollen sind formstabil.

540 ●●
Welche Boote sind vorwiegend »formstabil«, und wodurch kann bei viel Wind die Stabilität erhöht werden?

Jollen; durch Ausreiten bzw. durch Benutzung der Trapezeinrichtung.

541 ●●
Wie verändert sich das aufrichtende Kraftmoment einer Jolle bei stetig zunehmender Krängung?

Es nimmt anfangs zu bis zum Erreichen eines kritischen Winkels, von da an immer schneller ab bis zur Kenterung.

542 ●
Wie verändert sich das aufrichtende Kraftmoment einer Kielyacht bei stetig zunehmender Krängung?

Es nimmt bis 90° Krängung zu.

543 ●●
Was verstehen Sie unter einem »Kimmkieler« (»Doppelkieler«), wo wird er vorwiegend gesegelt, und worin besteht sein Vorteil gegenüber anderen Kielbooten?

Eine Yacht mit zwei Seitenkielen. Sie wird vorwiegend in flachen Gewässern gesegelt, da ihr Tiefgang geringer ist.

544 ●
Was verstehen Sie unter einer »Kielschwertyacht«?

Eine Yacht mit flachgehendem Ballastkiel und zusätzlichem Schwert.

545 ●
Wie bezeichnet man die Takelungsart eines Bootes mit einem Mast und einem Vorsegel?

Slup.

546 ●
Was verstehen Sie unter »Sluptakelung«?

Einmaster mit einem Vorsegel.

547 ●●
Nennen Sie einige der Ihnen bekannten Takelungsarten von Yachten.

Kat, Slup, Kutter; Yawl, Ketsch, Schoner.

548 ●●
Wie heißen die Ecken und Kanten des Großsegels (Hochsegels)?

Ecken: Kopf, Hals, Schothorn.
Kanten: Vorliek, Unterliek, Achterliek.

549 ●●
Wie heißen die Ecken und Kanten des Vorsegels?

Ecken: Kopf, Hals, Schothorn.
Kanten: Vorliek, Unterliek, Achterliek.

550 ●●
Wozu dienen Segellatten, für welche Segel werden sie benötigt, und wie werden sie im Segel gehalten?

Der Formgebung und Aussteifung des Segels, besonders für Segel mit rundgeschnittenem Achterliek. Gehalten durch Lattentaschen.

551 ●
Weshalb dürfen Segel nicht über einen längeren Zeitraum killen?

Killen schädigt das Tuch und lässt Nähte aufgehen.

552 ●
Warum müssen auch kleine Schäden an den Segeln sofort repariert werden?

Weil unter Belastung (Winddruck) daraus schnell große Schäden werden.

553 ●
Welche Reffeinrichtungen kennen Sie?

Patentreff (= Rollreff), Bindereff.

554 ●●●
Wie wird ein Bindereff bedient?

Die Reffkausch am Vorliek wird niedergeholt, die am Achterliek niedergeholt und gestreckt. Der aufgetuchte Teil des Segels kann mit den Reffbändseln festgezurrt werden.

555 ●●
Was ist eine Dirk, und wozu dient sie?

Sie läuft vom Topp zur Baumnock und hält den Baum beim Reffen oder Segelbergen.

556 ●
Wodurch wirken die Bodenlenzventile einer Jolle, die unterhalb der Wasserlinie liegen?

Durch den Sog, der bei der Fahrt durchs Wasser entsteht.

Wind, Segelmanöver, Trimm

557 ●●
Vervollständigen Sie diese Skizze, und bezeichnen Sie dabei, vom Anstellwinkel des Segels ausgehend, den »wahren Wind« = W, »Fahrtwind« = F, »scheinbaren Wind« = S!

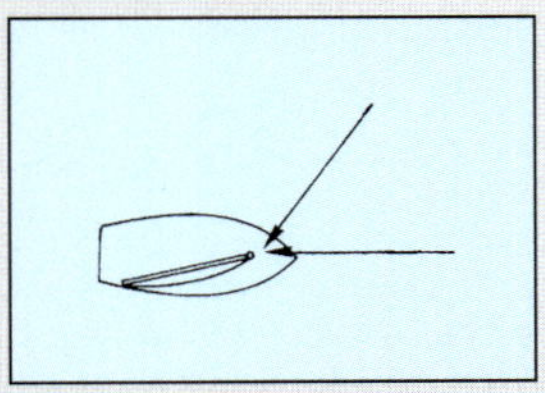

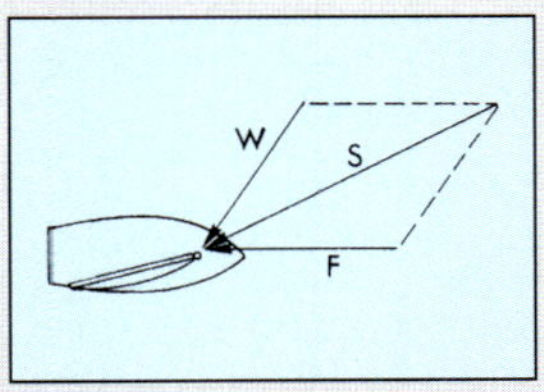

558 ●●
Ergänzen Sie in dieser Skizze das Windparallelogramm und bezeichnen Sie den »scheinbaren Wind« mit S, »Fahrtwind« mit F!

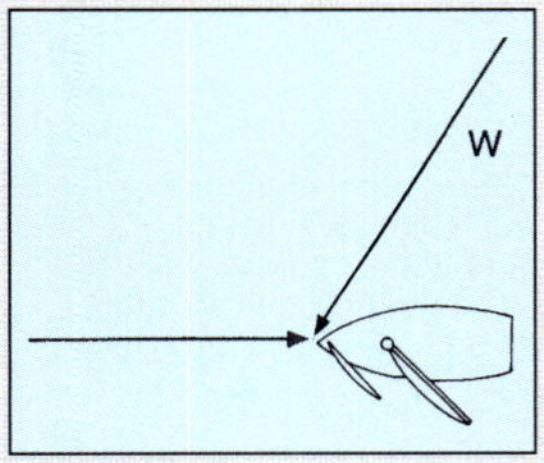

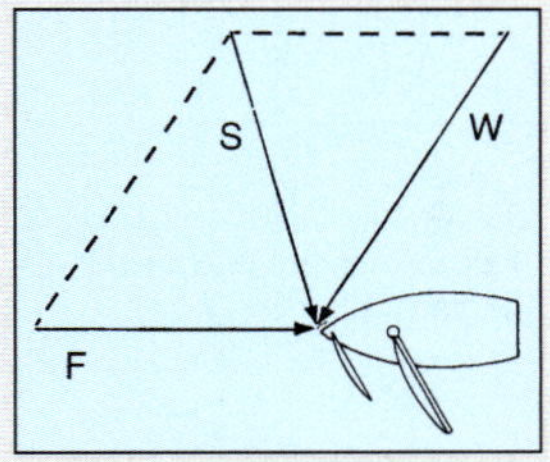

559 ●●
Woran können Sie die Richtung des »wahren Windes« erkennen?

An Flaggen oder anderen Anzeichen an Land; am Verklicker, wenn das Boot keine Fahrt macht oder auf Vorwindkurs segelt; an der Kräuselung des Wassers.

560 ●
Welcher Wind wird in Fahrt von Standern bzw. Verklickern angezeigt?

Der »scheinbare Wind«.

561 ●●
Was verstehen Sie unter dem Begriff »scheinbarer Wind«? Woran können Sie seine Richtung erkennen?

Die Resultierende aus »wahrem Wind« und »Fahrtwind«. Am Verklicker des Bootes in Fahrt.

562 ●
Wann kommen »wahrer Wind« und »scheinbarer Wind« auf einem segelnden Boot aus der gleichen Richtung?

Auf Vorwindkurs.

563 ●
Warum ist der »scheinbare Wind« auf einem Vorwindkurs schwächer als der »wahre Wind«?

Der »wahre Wind« vermindert sich um den entgegenstehenden »Fahrtwind«.

564 ●
Warum ist der »scheinbare Wind« auf einem Kurs hoch am Wind stärker als der »wahre Wind«?

Weil sich im Kräfteparallelogramm aus »wahrem Wind« und »Fahrtwind« ein größerer »scheinbarer Wind« ergibt.

565 ●●
Auf einem Amwindkurs mussten Sie reffen. Ein entgegenkommendes Boot gleichen Typs segelt ungerefft. Wie erklären Sie sich das?

Der »scheinbare Wind« ist auf Amwindkursen stärker, auf Raumschot- und Vorwindkursen schwächer als der »wahre Wind«.

566 ●●●
Beim Einfallen einer Bö auf Amwindkurs raumt der Wind häufig.
1. Warum ist das so?
2. Welchen Nutzen können Sie auf der Kreuz daraus ziehen?

1. Da der Fahrtwind zunächst gleich bleibt, der »wahre Wind« zunimmt, kommt der »scheinbare Wind« achterlicher ein.
2. Anluven, um keine Höhe zu verlieren.

567 ●●
Wie sollte das Schwert einer Jolle auf Vorwindkurs gefahren werden und warum?

Es sollte aufgeholt werden. Dadurch vermindert sich der Reibungswiderstand, aber auch die Gefahr der Kenterung bei einer unfreiwilligen Halse.

568 ●●
Wie verändern sich Abdrift und Krängung, wenn Sie das Schwert einer Jolle auf einem Amwindkurs etwas aufholen?

Die Abdrift wird größer, die Krängung nimmt ab.

569 ●●●
Welche Manöver hat das Boot auf dem eingezeichneten Kurs an den Punkten 1, 2 und 3 gefahren?

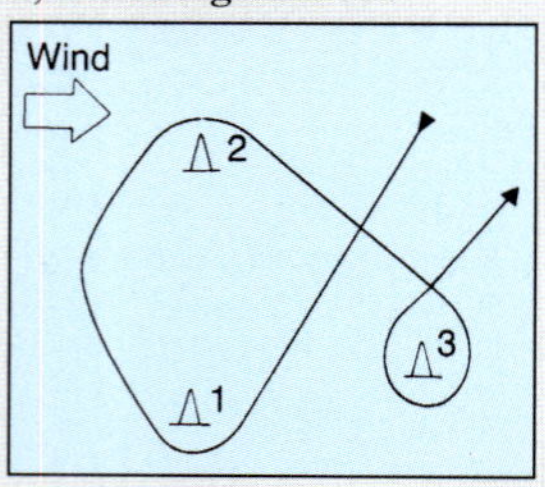

1. Wende
2. Halse
3. Q-Wende

570 ●●●
Welche Manöver sind bei den Punkten 1, 2 und 3 zu fahren, und welche Kurse zum Wind liegen auf den Strecken a, b und c an?

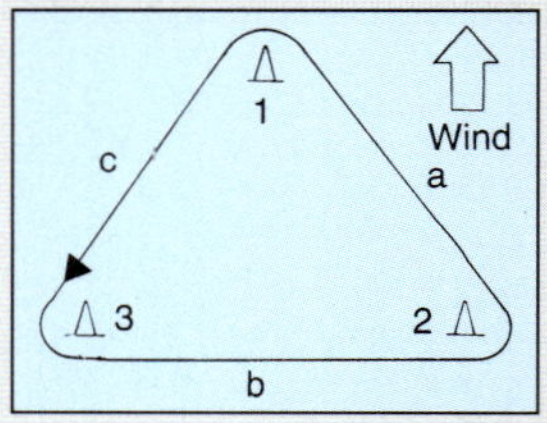

1 An den Wind gehen
2 Halse
3 Wende

a Raumwind
b Halbwind
c Am Wind

571 ●●
Von welchen Faktoren ist die Länge eines Aufschießers abhängig?

Geschwindigkeit, Form und Gewicht des Bootes; Wind, Seegang, Strömung.

572 ●
Wie soll eine Jolle bezüglich der Krängung gesegelt werden und weshalb?

Möglichst aufrecht, da sonst Abdrift und Luvgierigkeit zunehmen.

573 ●
Den Winkel zwischen der Richtung des »scheinbaren Windes« und der Stellung des Segels (Großbaum) nennen wir den »Anstellwinkel«. Wie finden Sie in der Praxis den optimalen Anstellwinkel, wenn Sie am Wind segeln?

Auffieren, bis das Großsegel im vorderen Teil durch den Abwind der Fock leicht einfällt, und dann wieder etwas dichter holen.

574 ●●
Wie wirkt sich z. B. auf einem Halbwindkurs ein zu dicht geholtes Großsegel auf die Geschwindigkeit des Bootes aus? Begründung.

Das Boot wird langsamer. Die Krängung nimmt zu, dadurch wächst die Luvgierigkeit, die durch Ruderlegen ausgeglichen werden muss.

575 ●●
Was versteht man unter »Auftuchen eines angeschlagenen Großsegels«, und wie wird dies gemacht?

Auftuchen bedeutet z. B. das Zusammenlegen des Großsegels auf dem Großbaum. Das Großsegel wird in Buchten auf den Baum gelegt und festgezurrt.

576 ●● **Wie wirkt sich ein Holepunkt, der zu weit vorne liegt, auf Stand und Beanspruchung des Vorsegels aus?**	Das Unterliek killt, das Achterliek wird übermäßig gereckt.
577 ●● **Wie wirkt sich ein Holepunkt, der zu weit achtern liegt, auf Stand und Beanspruchung des Vorsegels aus?**	Das Achterliek killt, das Unterliek wird übermäßig gereckt.
578 ● **Wie muss ein Segel bei leichtem Wind getrimmt werden?**	Es soll bauchig stehen.
579 ● **Wie muss ein Segel bei starkem Wind getrimmt werden?**	Es soll flach getrimmt werden.
580 ●● **Wie beeinflusst ein Unterliekstrecker den Trimm des Großsegels?**	Er reguliert die Spannung des Unterlieks parallel zum Baum. Je nach Zugkraft wird der untere Teil des Großsegels bauchiger oder flacher.
581 ●●● **Um auf Amwindkursen Ihre Jolle auf Kurs zu halten, müssen Sie die Pinne stets stark von der Seite der Segel wegziehen. Welcher Trimmfehler liegt vor, und wie kann er behoben werden?**	Das Boot ist luvgierig. Abhilfe: Großsegel reffen, flacher trimmen und etwas fieren; Schwert etwas aufholen; Gewichtsverlagerung nach achtern.
582 ●●● **Um auf Amwindkursen Ihre Jolle auf Kurs zu halten, müssen Sie die Pinne stets stark zur Seite der Segel hin drücken. Welcher Trimmfehler liegt vor, und wie kann er behoben werden?**	Das Boot ist leegierig. Abhilfe: Großsegel etwas dichter fahren oder bauchiger trimmen; Gewichtsverlagerung nach vorn.
583 ●● **Warum soll ein gut getrimmtes Segelboot leicht luvgierig sein?**	Weil es sich gefühlvoller steuern lässt und im Notfall (Bruch der Pinne, Mann über Bord) von selbst in den Wind schießt.
584 ● **Wodurch können Sie erreichen, dass das Boot von selbst in den Wind dreht, wenn Sie die Pinne loslassen oder über Bord fallen?**	Das Boot so trimmen, dass es leicht luvgierig ist.
585 ●● **Welchen Einfluss hat zunehmende Krängung auf den Trimm des Bootes? Begründung.**	Die Luvgierigkeit nimmt zu, weil der Segeldruckpunkt nach Lee auswandert.

Verhalten in besonderen Situationen

586 ●● **Was tun Sie mit Schwert und Ruder einer Jolle, wenn Sie das Boot an einer Boje liegen lassen?**	Schwert und Ruderblatt aufholen, damit das Boot frei schwojen kann.
587 ●● **Welche Gefahren entstehen bei einer unfreiwilligen Halse (»Patenthalse«), und durch welche Maßnahme kann dies der Vorschoter einer Jolle leicht vermeiden?**	Kentergefahr, Verletzungsgefahr, Über-Bord-gehen, Mastbruch. Der Vorschoter kann den Baum mit der Hand abstützen.
588 ●● **Sie segeln am Wind, plötzlich bricht das Luvwant.** **1. Was tun Sie sofort?** **2. Womit kann man das gebrochene Want provisorisch ersetzen?**	1. Wenden, um die unverstagte Seite des Mastes zu entlasten. 2. Durch ein Fall oder die Dirk.
589 ●● **Sie segeln bei starkem Wind nur unter Großsegel auf Amwindkurs. Plötzlich bricht das Vorstag.** **1. Was tun Sie sofort?** **2. Womit kann man das gebrochene Vorstag provisorisch ersetzen?**	1. Abfallen auf Vorwindkurs. 2. Durch die Fock oder ein Fall.

590 ●● **Warum soll der Rudergänger auch auf der Jolle bei allen Manövern, besonders aber bei Halsen, klare Kommandos geben und Rückmeldungen verlangen?**	Aus Sicherheitsgründen, um Verletzungen und Kenterungen zu vermeiden und den sauberen Ablauf des Manövers sicherzustellen.
591 ●● **Von welchem Zeitpunkt an sind auf dem Boot Rettungswesten zu tragen?** **1. Vom Nichtschwimmer?** **2. Vom Schwimmer?**	1. Immer. 2. Sobald die Gefahr des Kenterns oder Überbordgehens zunimmt.
592 ●● **Sie befinden sich mit Ihrer Jolle auf einem größeren Gewässer. Es wird Sturmwarnung gegeben. Was tun Sie?**	Rettungswesten anlegen. Segel reffen oder teilweise bergen. Legerwall meiden und versuchen, einen Hafen oder eine geschützte Bucht anzulaufen.
593 ●● **An welcher Stelle des Bootes wird ein Überbordgefallener wieder an Bord genommen?**	Je nach Bootstyp an der Luvseite oder über das Heck. In Lee besteht Kentergefahr und Behinderung durch die Großschot.
594 ● **Warum muss eine nach Kenterung wieder aufgerichtete Jolle als erstes gelenzt werden?**	Weil sie sonst instabil ist und leicht wieder kentern kann.
595 ●●● **Wie verhalten Sie sich, wenn Sie mit Ihrer Jolle gekentert sind und Sie sie nicht wieder aufrichten können?** **Was sollten Sie auf keinen Fall tun?**	Vollständigkeit der Mannschaft überprüfen, ggf. Hilfe leisten. Am Boot festhalten oder ggf. aufs Boot legen, Hilfe abwarten. Nie versuchen, schwimmend das Ufer zu erreichen!
596 ●● **Warum dürfen Sie von der Jolle nicht wegschwimmen, wenn sie gekentert ist und sich nicht wieder aufrichten lässt?**	Weil Entfernungen auf dem Wasser meist unter-, eigene Kräfte überschätzt werden. Außerdem finden Retter ein Boot leichter als einen Schwimmer.
597 ● **Der Wetterbericht sagt Windstärken um 5 (»frische Brise«, »frischen Wind«) voraus.** **Was bedeutet das für Jollen und Jollenkreuzer?**	Diese Windstärke stellt hohe Anforderungen bei ungerefften Segeln.

...und für die Praxis

BOBBY SCHENK
Hafenmanöver
ISBN 3-87412-137-2

ROLAND DENK
Handbuch Segeln
ISBN 3-7688-1556-0

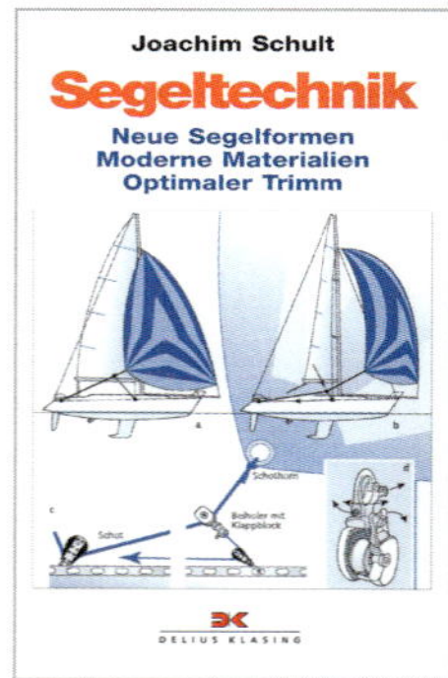

JOACHIM SCHULT
Segeltechnik
Neue Segelformen, Moderne Materialien, Optimaler Trimm
ISBN 3-87412-101-1

HANS DONAT
Bootsmotoren
Benzin und Diesel
ISBN 3-87412-102-X

ROLAND DENK
Segeln lernen
in Frage und Antwort
ISBN 3-7688-1480-7

HARALD SCHWARZLOSE
Kleine Yachten
Ausrüsten – Trimmen – Trailern
ISBN 3-7688-0904-8

WALTER STEIN / HARALD SCHULTZ
Wetterkunde
Für Wassersportler
ISBN 3-87412-116-X

ERICH SONDHEIM
Knoten – Spleißen – Takeln
ISBN 3-87412-171-2

Erhältlich im Buch- und Fachhandel oder unter www.delius-klasing.de/shop

DELIUS KLASING